2010 트렌드 웨이브

MBC 컬처 리포트

2010 트렌드 웨이브

MBC 컬처 리포트

북하우스

2010년 '미리 보기'를 클릭하다

콘텐츠 생산자는 남들보다 한 발 앞선 기획으로 승부해야 한다. 때문에 주변에서 일어나는 일들에 대해 항상 촉각을 곤두세우기 마련이다. 방송이 대중문화에 관심을 갖는 것은 기업이 사람들의 소비행태에 대해 궁금해하는 것만큼 중요하다. 그런데 그동안 방송국에서는 방송의 소비자인 5천만 인구가 무엇을 좋아하고, 앞으로 어떤 것에 관심을 갖게 될지에 대한 체계적인 연구가 다소 부족했던 것이 사실이다. MBC는 이를 자각하고 지난 2007년부터 트렌드 연구를 해왔다. 『MBC 컬처 리포트—2010 트렌드 웨이브』는 콘텐츠 기획자에게 직접적인 영감을 줄 수 있는 첫번째 트렌드 서적이자, 2010년 대중문화 흐름을 짚어줄 예상 답안지가 되어줄 것이다.

우리는 2010년 트렌드 예측을 하는 데 좀더 객관적이면서도 생생한 결과를 도출하기 위해 단순히 자료 검색에만 매진하기보다는 '발로 직접 뛰며 쓰는' 쪽을 택했다. iMBC 패널 460명을 대상으로 한 시청자 관심사 조사를 시작으로, 트렌드세터 trend setter 직업군 500명에 대한 설문조사를 마쳤다. 또한 트렌드리더 trend leader로 선정된 대학생 20명의 표적 집단 면접과 각계각층의 최고 전문가 30명에 대한 심층 인터뷰를 두 달에 걸쳐 진행했다. 그들은 각자의 위치에서 보고 느낀 사회의 흐름을 스케치해주고, 이를 바탕으로 펼쳐질 2010년의 이야기를 허심탄회하게 들려주었다. 우리는 이렇게 수집된 수백 명의 증언과, 온·오프라인상에 파편처럼 흩어져 있던 방대한 양의 자료를 결합해 16개의 주요 트렌드와 54개의 핵심 키워드를 도출해 냈다.

트렌드라는 퍼즐을 맞춰가는 과정은 흥미로웠지만, 완성된 모습은 마냥 유쾌하지만은 않았다. 2010년 트렌드 중 가장 눈에 띄는 것은 우리 사회의 '불안 코드'를 담은 현상들이었다. 2009년에는 유독 사람들의 불안 심리를 자극하는 일이 많이 발생했다. 경제불황, 유명인의 자살, 끔찍한 성범죄, 그리고 신종플루의 공포까지, 갖가지 사건이 팝업창처럼 튀어올라 사람들을 위협하고 무기력하게 만들었다. 다행히 최근에는 이러한 불안요소를 잠재워줄 만한 뉴스가 흘러나오고 있다. 주요 경제연구소들은 내년도 경기에 대한 낙관적인 전망을 내놓고 있고, 신종플루 환자발생도 고점을 지났다고 한다. 그럼에도 불구하고 2009년 한 해 동안 갖가지 충격파로 인해 한껏 높아진 심리적 경계의 벽은 2010년에도 쉽사리 무너질 것 같지 않을 것으로 전망한다.

게다가 사람과 사람 사이 소통의 단절로 인한 병리현상도 함께 꿈틀거리고 있다. 우리가 만난 전문가들은 하나같이 극단으로 치닫는 여론몰이와 서로에게 상처를 주는 온라인 공간의 잔인성에 대해 걱정하고 있었다. 네티즌들은 누군가의 사소한 언행이나 실수를 발견하면 그가 일반인이든 공인이든 가리지 않고 만신창이가 될 때까지 돌팔매질을 해댔다. 끝장을 봐야 겨우 멈추는, 중간지점이 없는 우리 대중문화의 극단적인 모습은 심히 염려스러웠다. '선플 달기 운동' 등을 비롯해 착한 온라인 공간을 만들자는 자성의 목소리가 조금씩 새어나오고는 있지만, 대세를 바꾸기에는 역부족으로 보인다.

정서적으로는 퇴행하고 있지만, 기술적으로는 폭발적인 성장세가 예상된다. 2010년에는 더욱 다양한 기술이 상용화되면서 우리의 일상을 재구성하게 될 것이다. IT전문가들은 2010년이 그동안 축적됐던 기술이 한꺼번에 폭발하며 화려한 꽃을 피울 '테크놀로지 빅뱅technology big bang' 원년이 될 것이라고 입을 모은다. 손바닥만 한 휴대폰이 컴퓨터의 역할을 대신하게 되고, 3D와 증강현실 기술은 우리에게 좀더 리얼한 세상을 선사하게 될 것이다. 또한 온라인과 오프라인을 자유자재로 넘나드는 '디지털 네이티브' 들은 전에 없던 독특한 문화를 형성하며 한국의 트렌드 지도를 앞장서서 그려나가게 될 것이다.

물론 이 안에 담긴 54개의 키워드 외에도 다양한 이야기가 거론될 것이다. 트렌드가 있으면 반反트렌드도 있기 마련이고, 또 이제는 마이크로 트렌드를 넘어 더 미시적인 나노 트렌드까지 등장하는 '트렌드 공존의 시대' 로 가고 있기 때문이다. 그러나 16개의 주요 트렌드는 대부분 이듬해에도 이어질 것이고, 몇 가지 트렌드는 한층 강화되거나 변형된 형태로 나타나게 될 것이다. 우리가 여러분에게 제공하는 것은 사과나무의 씨앗과도 같다. 그것이 얼마나 많은 가지를 치고, 몇 개의 열매를 맺게 될지는 아무도 모른다. 하지만 여러분은 이미 그것이 사과나무가 될 것이라는 것을 알고, 앞으로 열릴 사과를 가장 잘 활용할 수 있는 방법에 대해 큰 그림을 그려볼 수 있을 것이다. 모쪼록 이 책을 통해 많은 사람들이 영감을 얻을 수 있길 바란다. 자, 그럼 이제부터 2010년을 살아갈 우리들의 모습, '주요장면 미리 보기'를 시작한다.

트렌드 조사·연구 방법

사전 설문조사

조사대상　iMBC 패널 460명
조사기간　2009년 9월 9일 ~ 2009년 9월 15일
조사방법　인터넷조사
신뢰도　95% 신뢰구간, 표본오차 ±4.3%

본 설문조사

조사대상　온라인 리서치 전문회사 엠브레인Embrain의 '트렌드세터' 커뮤니티 가입자 및 광고·홍보/
건축·건설/문화·예술·디자인·패션/전문직/방송·언론·출판 총 5개 직업군 500명
조사기간　2009년 10월 1일 ~ 2009년 10월 6일
조사방법　인터넷조사
신뢰도　95% 신뢰구간, 표본오차 ±6%
조사내용　항목별 트렌드 키워드가 2009년에 미친 영향과 2010년에 미칠 영향력 비교평가 및
2010년에 강하게 나타날 문화 트렌드 키워드 예상

표적 집단 면접 Focus Group Interview

조사대상　대학생 트렌드리더 20명 선발
조사기간　2009년 9월 2일 ~ 9월 3일
조사내용　대학생들의 최근 관심사 및 가치관에 관한 그룹 면접

심층 인터뷰 In-Depth Interview

강명석 텐아시아 수석기자		**송혜진** 『조선일보』 엔터테인먼트부 기자	
김경훈 한국트렌드연구소장		**신유진** 『엘르 코리아』 편집장	
김덕희 갤러리아 명품팀 부장		**심정원** 한국CM전략연구소 책임연구원	
김병욱 PD, 〈지붕 뚫고 하이킥〉 연출		**안진혁** SK커뮤니케이션즈 서비스기획실장	
김의숙 파임커뮤니케이션즈 대표		**엄홍길** 엄홍길휴먼재단 상임이사	
김작가 대중음악평론가		**이상무** CJ엔터테인먼트 한국영화마케팅팀장	
김현정 교보문고 독서홍보팀		**이종현** 마스터플랜 프로덕션 대표	
김홍탁 제일기획 글로벌크리에이티브팀 수석국장		**이창우** 텐바이텐 대표	
나 건 세계디자인수도 서울2010 총감독		**장윤주** 모델 겸 가수	
문 석 『씨네21』 취재팀장		**정기윤** 하나투어 홍보팀장	
박영욱 블로그칵테일 대표		**정재옥** 크레디아 대표	
박은경 시니어파트너즈 대표		**조정미** 교보문고 컨텐츠개발팀	
송병준 그룹에이트 대표		**최익환** 영화감독	
송승환 PMC프로덕션 대표		**테 디** YG엔터테인먼트 프로듀서	
송형석 정신과 전문의		**호 란** 가수	

PART 01

정서적 허기

"왜 이렇게 먹어도, 먹어도 배가 고프지?"

방금 밥을 먹었는데도 또 다른 군것질 거리를 찾거나, 회식 후 늦은 밤 집에 갔을 때 공복감에 라면을 끓여 먹은 경험이 있는가? 분명히 섭섭하지 않을 정도로 먹어줬는데 내 배는 왜 자꾸 배고프다고 외치는 걸까? 『도시심리학』의 저자 하지현은 현대인들의 관계를 '역전의 식당'에 비유한다. 다시 올 가능성이 희박한 뜨내기들만 드나드는 역전 식당이 그저 목 좋은 곳에 자리 잡고 적당한 가격과 빠른 서빙으로 승부하면 되듯, 현대인들의 관계도 그렇다는 것이다. 일 때문이든 온라인상에서의 만남이든 이 사람 저 사람 관계는 많이 맺지만, 정작 '인간관계'라고 부를 수 있는 것은 점점 줄어들고 있다고 말한다.

"나는 널 보고만 있어도 배가 불러"라는 말이 그냥 상대방 기분 좋으라고 하는 말일까? 미국의 학자 로저 굴드Roger Gould는 사람에게 뱃속에 있는 위장 말고 '유령 위장'이 있다고 했다. 정서가 '배고플' 때, 즉 기분이 좋지 않거나 누군가가 그리울 때, 후회스러운 기억이 떠오를 때는 배가 고프고, 반대로 누군가와 친밀한 감정을 느끼거나 믿음이 생기면 공복감이 사라진다는 것이다.

정서적으로 배가 고플 때는 음식을 먹는다고 해결되지 않는다. 진짜 위장은 채워지지만 유령 위장은 여전히 비어 있기 때문이다. 그렇다면 왜 자꾸 늦은 밤 군것질거리를 찾게 되는지 알 것 같기도 하다. 지금 우리는 그 어느 때보다도 '정서적 허기'에 허덕이고 있다.

2009년은 여러모로 가혹한 해였다. 세계적인 경기불황의 여파로 가계소비가 꽁꽁 얼며 미래에 대한 불안감이 사람들을 억눌렀다. 어디 그뿐인가? 유명인사의 사망, 신종플루의 확산, 컴퓨터 바이러스의 공격, 각종 사이코패스형 범죄의 증가 등 주변에는 온통 신경을 곤두세우고 경계해야 할 일들이 넘쳐났다.

이렇게 우리 주변을 둘러싸고 발생한 경제적·사회적 위기는 개개인의 의식을 파고들어 정작 자신에게는 별 일이 없음에도 괜한 불안을 느끼게 만들었다. 이러한 불안은 자살이라는 극단적인 방식으로 표출되기도 했다. 통계청이 발표한 「2008년 사망원인통계」 따르면 지난해 자살로 숨진 사람은 인구 10만 명당 26명으로 집계돼 암, 뇌혈관질환, 심장질환에 이어 4위를 차지했다. 20, 30대의 경우에는 자살이 사망원인 1위를 기록했다.

가뜩이나 각박한 세상에서 살아남기 위해 내 한 몸 추스르기도 바쁜데 주변에 경계해야 할 것들이 많아진다는 것, 사회에 불안요소들이 증가하고 있다는 것은 앞으로 점점 더 진정한 관계를 통한 정서적 허기를 메울 기회가 줄어든다는 것을 의미한다.

관계에서 만족을 얻지 못한 사람들은 점차 자기 자신에게 집중하기 시작했다. '정'으로 질척대는 것을 거부하고 '쿨'한 인간관계를 지향하며 스스로 외톨이로 살아가는 것이 좋다는 '자발적 외톨이'가 생겨났다. 또한 "나는 지금 행복한가?"라는 질문을 던지며 그동안 받은 마음의 상처를 스스로 치유하고자 하는 움직임이 일고 있다.

현대인들의 정서적 허기는 어쩔 수 없는 사회현상일 것이다. 하지만 저마다 하나씩 달고 있는 유령 위장을 달래보려는 노력은 이미 우리 모두가 시작했다.

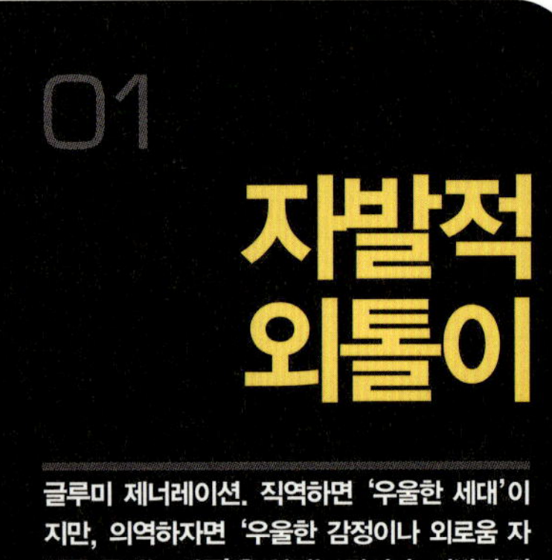

누구나 한 번쯤은 자신이 외톨이라고 느껴본 적이 있을 것이다. 휴대폰 속 수백 명의 전화번호가 있어도 정작 중요한 순간에는 혼자 남은 것 같은 외로움이 느껴지곤 한다. 속사포 랩 가수 아웃사이더의 노래 〈외톨이〉는 올 한 해 큰 인기를 끌었다. 사람에게 상처받고 외롭지만 이를 당당히 극복하지 못하고 마음의 문을 닫게 되는 감정을 담아 대중의 공감을 얻었다.

그런데 최근에는 혼자서 끙끙 앓는 외톨이보다는 혼자이기를 자처하는 '자발적 외톨이'가 증가하고 있다. 2~3년 전부터는 '글루미 제너레이션gloomy generation'이란 단어가 트렌드 키워드로 떠올랐다. 직역하면 '우울한 세대'이지만, 의역하자면 '우울한 감정이나 외로움 자체를 즐기는 이들'을 일컫는 말이다. 자발적 외톨이는 글루미 제너레이션과 일맥상통한다. 나 스스로 당당하게 외톨이의 삶을 택한 이들인 것이다.

외톨이라 하여 외부와의 연결을 모두 차단하고 방 안에서 모든 것을 해결하는 은둔형 외톨이 '히키코모리'와 비교해서는 안 된다. 자발적 외톨이들은 필요한 만큼의 인맥관리는 해준다. 다만 여가시간에 홀로 음식점에서 식사를 하고 다양한 문화생활을 즐기는 등 '밖에서 혼자 놀기'를 할 뿐이다.

1인 고기바나 라면집 등 혼자 온 손님들이 불편하지 않게 식사를 할 수 있는 음식점이 속속 생겨나고, 영화나 공연의 1인 티켓 예매율은 해를 거듭할수록 높아지고 있다. 1인 여행 패키지 상품이 생겨나고, 싱글 지정석이 있는 연극도 있다. 북카페가 혼자만의 고독을 '공유'하러 온 손님들로 넘쳐나는 것 또한 자발적 외톨이들의 증가를 반영한다.

외로움을 감수하고 실속을 찾다

외톨이가 되기를 자처한 이들은 다른 사람과의 적당한 심리적 거리를 유지하며 독립적으로 행동하는 것을 쿨하다고 생각하며, 남의 눈치를 보지 않고 내 시간을 계획대로 쓸 수 있다는 것에 매력을 느낀다. 다른 사람들에게 맞추느라 시간을 허비하느니 조금 외롭더라도 홀로 자기계발에 힘쓰겠다는 '실속형 사고방식'을 가진 사람들이다.

로버트 퍼트남Robert Putnam의 저서 『나 홀로 볼링』에는 1980년에서 1993년 사이

불판이 바 형식으로 되어 있는 고기촌플러스바

칸막이 라면집 이찌멘

미국의 볼링 인구가 10퍼센트 늘었지만, 팀에 가입해 서로 어울리는 '리그 볼링'은 40퍼센트나 줄었다는 흥미로운 통계가 나온다. 이는 시간과 경제적 압박, 잦은 이사, 텔레비전을 비롯한 기술과 매스미디어의 발달, 맞벌이부부 증가, 도시의 팽창으로 인한 장거리 출퇴근 등으로 사람들이 뿔뿔이 흩어지고 '공동체'라는 개념이 점점 사라지고 있기 때문이라고 한다.

한국도 이와 크게 다르지 않다. 급속한 핵가족화는 홀로 시간 보내기를 자연스럽게 만들었고, 한국 특유의 승자독식주의는 과도한 경쟁을 초래해 사람과 사람 간 소통의 단절을 불러왔다. 또 최근의 경기불황은 한창 활발하게 활동해야 할 청년들을 의기소침하게 만들었다.

이 세상에 과연 진심으로 외톨이가 되고 싶은 사람이 있을까. 자발적 외톨이의 '자발성'은 이렇게 각박한 사회에 대한 자기방어로 어쩔 수 없이 택한 측면이 강해

'신코쿤족'의 등장

집에서 저렴한 비용으로 여가생활을 즐기는 이들을 '신코쿤족新Cocoon族'이라고 한다. 원래 '코쿤족'은 누에고치 안에 들어앉은 것처럼 사회와 단절하고 혼자만의 세계에 몰입하는 이들을 가리키는 말이지만, 새로운 코쿤족은 다르다. 수입도 있고 사회생활도 하지만, 여가시간은 집에서 안락하게 보내기를 원한다. 이들은 각종 디지털 기기들을 집 안에 갖추고 쇼핑, 게임, 취미활동을 즐긴다.

코트라KOTRA가 최근 발표한 「금융위기 1년, 글로벌 소비 트렌드 변화」 보고서에 따르면, 전 세계적으로 경제위기 이후 사람들은 외출을 줄이고 집에서 보내는 시간이 많아졌으며, 집 안 활동과 관련한 제품에 대한 판매량이 늘어났다고 한다. 미국에서는 전자책과 DVD 대여업체 매출이 상승했고, 캐나다, 중국 등에서는 온라인게임 이용자가 크게 증가했다. 한국의 상반기 온라인게임 수출액이 작년 대비 43퍼센트 증가한 것은 이러한 신코쿤족의 증가를 뒷받침해주고 있다.

사람들이 집에서 머무는 시간이 늘어나면서 자연스럽게 외식外食보다는 내식內食을 택하는 이들이 많아졌다. 최근 CJ온마트에서 주부 1천 명을 대상으로 설문 조사한 결과, 응답자의 71.3퍼센트가 1년 전에 비해 외식 횟수가 줄었다고 답했다고 한다. 이는 건강에 좋은 먹을거리에 대한 관심과 함께, 경기불황으로 가계 예산이 줄어들면서 외식에 대한 경제적 부담이 생겼기 때문이다.

온라인 쇼핑몰 인터파크에 따르면, 커피메이커의 9월 매출은 전년 대비 60퍼센트 상승하고, 비교적 고가인 에스프레소머신도 12배나 매출이 증가했다. 홈쿠킹을 할 수 있는 제빵기, 프라이팬 등의 주방용품 판매가 특수를 누리고, 최근에는 호떡, 붕어빵 같은 길거리 표 간식도 집에서 만들어 먹는 비율이 늘어났다고 한다. 신세계 이마트에서는 11월 기준으로 호떡 프리믹스 매출이 지난해 같은 기간에 비해 26.9퍼센트 상승했고, 옥션의 호떡믹스 매출은 75퍼센트 올라갔다. 붕어빵틀도 인기리에 판매되고 있다고 한다.

씁쓸하기도 하다. 하지만 피할 수 없으면 즐기라고 했던가. 당당하게 '나는 외톨이!'를 외치는 이들의 생활방식은 현대사회를 살아가는 현명한 방법으로 자리 잡고 있다.

최근 신종 사이버 공간이 등장했다. 아이디도, 비밀번호도, 닉네임도, 심지어 로그인조차 필요 없는 공간. 이른바 '랜덤 채팅'이라는 사이트는 동시 접속한 익명의 사람들을 무작위로 연결시켜 일대일 대화를 할 수 있게 만든 곳이다. 클릭 한 번이면 곧바로 대화를 시작할 수 있다. 나는 '당신'으로, 상대방은 '낯선 상대'로만 표시된다.

굳이 채팅 사이트에 접속하지 않아도 자신의 블로그나 웹사이트에 채팅창을 달아 놓고 심심할 때면 바로 대화를 시작할 수도 있다. 혹자는 과거 PC 통신 시절의 가슴 설레던 채팅 느낌이 난다고도 말한다.

하지만 막상 채팅을 해보면 익명성을 등에 업고 욕설과 음담패설을 늘어놓는 사람이 적지 않고, 의미 없는 대화만 서로 주고받다 끝나는 경우도 많다. 예를 들어 '1, 2, 3, 4……' 번갈아가며 숫자 늘어놓기만 하거나, "어제 호랑이를 잡아먹었다" "네가 내 자식의 원수로구나" 하는 식의 허무맹랑한 대화로 공간을 채우기가 일쑤인 것이다. 그래도 말을 주고받기라도 하면 다행이다. 자기 할 말만 딱 하고 나가버리는 사람도 부지기수다.

고민을 물병에 담아 인터넷의 바다로

한 회사원이 만들어 자신의 블로그에 소개한 '물병편지' 프로그램도 화제를 몰고 왔다. 이 프로그램을 설치하면 파도가 치는 모래사장 플래시창이 뜨고, 편지가 담겨 있는 물병이 간간이 파도를 타고 배달된다. 이 편지는 누가 보냈는지도 모르고 (편지 송신자가 대놓고 밝히지 않는 이상), 거기에 답장을 쓴다고 해서 보낸 사람에게 간다는 보장도 없다. 그야말로 '랜덤'인 것이다.

배달된 편지를 열어보면 랜덤 채팅처럼 별의별 내용이 다 있다. 다른 점이 있다면 최초로 누군가가 보낸 편지에 자신의 생각을 덧붙여 다른 이에게 다시 편지를 띄워 보낼 수 있다는 것이다. 마치 게시판 글에 댓글을 달듯이 편지는 최초 메시지에 꼬리를 달고 계속 랜덤 여행을 한다. 운이 좋으면 자기가 보냈던 편지가 댓글을 한 아

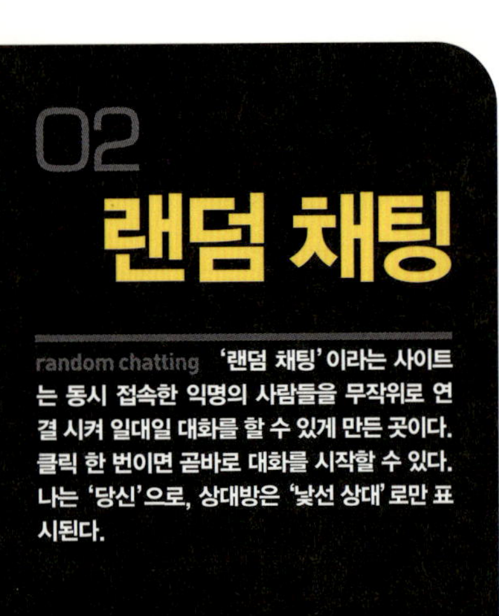

름 달고 다시 나에게 돌아올 수도 있다. 물병에 편지를 넣어 띄워보낸다는 아날로그적 발상 때문인지 물병편지에서 주고받는 메시지는 고민 상담이나 좋은 시 한 구절, 소소한 일상 이야기 등 랜덤 채팅보다는 한층 따뜻한 것들로 채워진다.

　요즘은 누가 어느 사이트에서 어떤 댓글을 달았는지 마음만 먹으면 IP추적을 할 수 있고, 내 미니홈피에 누가 다녀갔는지 추적기를 통해 알 수 있다. 심지어 몇 년 전에 온라인상에 아무 생각 없이 남긴 글이 훗날 자신을 곤란하게 만들기도 한다. 투명해졌지만 동시에 각박해졌다. 이런 상황에서 '서로를 꽁꽁 감추는 것'을 전제로 한 랜덤 채팅과 물병편지는 충분히 매력적일 수 있다.

　그러나 진실한 말을 할 수 없고, 성의 있는 답변을 할 수 없는 관계. 랜덤 채팅 공간에는 '공감'이 없다. 소통이라기보다는 그저 일방적인 내뱉음이고, 공허한 메시지와 무의미한 시간 때우기 용 관계가 난무한다. 인간관계에 대한 정서적 허기로 가득 찬 개인들이 이런 식의 비정상적인 접속을 통해서라도 '나라는 사람 여기 있소!'라고 외치고 싶어하는 게 아닐까. 조금 씁쓸하다. 결국 연결의 끈을 찾지 못하고 다시 공복감에 사로잡힐 테니 말이다. Ⓣ

자기 고민과 자아 찾기로 안 그래도 바쁜데 주변환경까지 삭막하다. 최선을 다해 살았는데 돌아오는 것은 건강 쇠퇴, 피로 누적, 스트레스뿐. "나는 과연 행복한 생활을 하고 있는가"라고 진지하게 생각해보게 된다. 하지만 별 수 있겠는가. 적자생존의 치열한 사회에 단련된 대중은 본능적으로 모든 것은 개인이 해결해야 한다는 강박에 시달리고 있다. 이 강박심리는 이제 사회생활을 하면서 받은 상처에 대한 치유조차 스스로 알아서 할 것을 종용하고 있다.

삼성경제연구소에서 2009년 9월에 발표한 「경제위기 이후의 新소비 트렌드」 보고서는 경제불황 이후에는 불황 중 누적된 심리적 내상을 치유하기 위한 소비가 증가하게 될 것이라고 예측했다. 내 마음의 소리에 귀를 기울이고 스스로를 독려하는 응원의 메시지를 보내는, 2010년은 자기치유의 해가 될 것이다.

03
자기치유

적자생존의 치열한 사회에 단련된 대중은 본능적으로 모든 것은 개인이 해결해야 한다는 강박에 시달리고 있다. 이 강박심리는 이제 사회생활을 하면서 받은 상처에 대한 치유조차 스스로 알아서 할 것을 종용하고 있다.

피정

피정이란 세상을 떠나서 조용하게 생각에 몰두한다는 뜻의 '피세정념避世靜念'에서 나온 말로 일정 기간 일상적인 생활의 모든 업무에서 벗어나 묵상과 자기 성찰 기도 등의 수련을 할 수 있는 고요한 곳으로 물러남을 뜻한다.

모든 것을 내려놓는 여행

일본의 오기가미 나오코荻上直子 감독의 2007년 영화 〈안경〉은 세상에서 가장 조용한 바닷가 마을에 휴가 온 사람들의 이야기를 담고 있다. 휴대폰조차 터지지 않는 오지에 모인 사람들은 아침마다 바닷가에 모여 기이한 체조를 하는가 하면 뜨개질이나 하면서 특별한 일 없이 하루하루를 보낸다. 쉼 없이 돌아가는 세상에서 문명의 이기를 벗어나 조용히 사색하는 시간을 갖는 등장인물들의 모습에 많은 이들이 공감했다.

'모든 것을 내려놓는 여행'이 조용히 부상하고 있다. 태어날 때부터 스트레스로 가득 찬 사람은 없다. 한해 한해를 살면서 저마다 하나씩 마음의 짐을 지고 살아가게 되니, 몸도 마음도 무거워진다. 내려놓는 여행은 그동안 먹고사느라 돌보지 못했던 내 마음의 이야기를 듣는, 오롯이 나에게만 집중하는 여행이다.

각종 명상여행 상품이 생겨나고 천년 고찰의 산사에서 지내는 '템플스테이' '피정여행'을 찾는 이들이 점점 많아지는 것도 이러한 내려놓음에 대한 욕구 때문이다. 내려놓는 여행에는 유흥거리도, 고성방가도 없다. 오로지 쉼과 치유만이 내려놓는 여행의 목적일 뿐이다.

내가 나에게 주는 선물, '셀프기프팅self-gifting'. 점점 강화되는 우리 사회의 개인주의와 맞물려 소비 역시 개인 중심, 자기 중심으로 돌아가고 있다. 생활에 필요한 물품을 스스로 구매하는 것을 셀프기프팅이라고 하지는 않는다. 셀프기프팅은 일반적인 소비와는 구분되는 개념으로, 남이 알아주지 않더라도 자기 자신에게 보상을 해주고, 이로써 위안을 삼는 소비를 말한다. 즉 셀프기프팅의 핵심은 '나에 대한 격려와 응원'에 있다.

LG경제연구원은 2009년 4월에 발표한 「경제위기 이후 소비자 트렌드의 방향」에서 전반적인 소득 감소로 대부분의 시장에서 트레이딩 다운trading down(실속 위주의 저렴한 제품 구매) 현상이 가속화되지만, 경기침체기의 우울한 분위기와 기분전환을 위해서 작은 탐닉이나 사치와 같은 소규모 트레이딩 업trading up(감성적 만족을 위해 가격이 비싸도 기꺼이 구매) 현상도 함께 나타날 것으로 분석했다.

MBC가 트렌드세터 500명을 대상으로 한 설문조사에 따르면, 최근에 자기 자신에게 선물을 한 적이 있다고 응답한 사람이 무려 70.6퍼센트에 이르렀다. '한 달 수입의 얼마만큼을 자기를 위한 소비에 쓰는가'에 대한 물음에 10~20퍼센트를 쓴다는 사람이 32.4퍼센트, 20~30퍼센트는 31.6퍼센트로 나타났다. 자기 소득의 40퍼

재미있는 경제지표

그린스펀 남성팬티지수

미 연방준비제도이사회FRB 전 의장이었던 앨런 그린스펀Alan Greenspan이 정리한 남성 팬티 판매율과 경기지표의 상관관계로, 남성 팬티 판매율이 높아지는 것이 경기가 회복되는 청신호라고 한다.

립스틱지수

미국 화장품 회사 에스티로더Estee Lauder가 정리한 지수로, 불황일수록 립스틱이 잘 팔린다는 내용. 상대적으로 적은 돈으로 외모에 색다른 변화를 주려는 소비자들의 심리를 반영한 것이다.

센트 이상을 쓴다는 사람도 12.6퍼센트에 달했다.

    셀프기프팅을 할 때는 돈을 지불함으로써 자신의 가치를 업그레이드할 수 있다는 믿음을 주거나, 기분을 '업'시킬 수 있는 상품과 서비스인지가 가장 중요하다. 비교적 저렴한 상품군에서 가장 비싼 상품을 사는 것도 만족스러운 셀프기프팅의 한 방법이다. 예를 들어 립스틱은 화장품 중 저렴한 상품군에 속하지만 립스틱 중에서 가장 고급 브랜드를 선택해 '나를 위해 사치했다'라는 느낌이 들게 하는 것이다. 이런 '작은 사치'의 경우 가방이나 구두에 비해 저렴하지만, 그래도 명품 브랜드를 구매했다는 기쁨 때문에 '나에게 확실히 썼다!'라고 느낄 수 있다고 한다. ⓣ

애완동물 시장이 점점 커지고 있다. '너는 펫Pet!'이라고 반말하기도 민망할 지경이다. 사람도 살기 힘든데 애완동물을 위해 과연 이렇게까지 해야 되는가에 대해서는 의견이 분분할 수 있다. 하지만 확실한 것은 그들이 단순한 동물 이상의 의미를 갖기 시작했다는 것이다.

사람 간에 소통할 수 있는 창구는 그 어느 때보다 많아졌지만 진솔한 관계, 진정한 대화는 점점 사라지고 있다. 1인 가구수가 증가하고, 최근에는 '딩크펫족Double Income No Kids + Pet族(아이 없이 애완동물을 키우는 부부)'도 많아지고 있다. 정서가 메말라가는 현대인들에게 애완동물은 좋은 친구가 되어준다. 애완동물을 키우면 정신건강에 도움이 된다는 것은 이미 많이 알려진 사실이다. 이제는 애완동물이라는 표현보다 '반려동물'이라는 표현이 더 자연스러워졌고, '개 팔자가 상팔자'라는 말도 잘 쓰지 않는다. 많은 이들에게 애완동물은 정서적 교감을 나누며 '내 곁을 든든하게 채워줄' 존재다.

초복이었던 지난 7월, 청도에서는 64인조 오케스트라의 베토벤 〈전원교향곡〉 1악장이 울려퍼졌다. 그런데 이상하다. 조용해야 할 연주장은 개 짖는 소리 혹은 개를 부르는 소리로 부산하다. 하지만 누구도 이에 불만을 갖지 않는다. 나의 사랑스러운 개들을 위한 콘서트, '개나 소나 콘서트'이기 때문이다. 개들이 초복에도 당당히 대접받는 '개나 소나 콘서트'는 애완견을 데리고 나온 가족 단위의 2천여 관객으로 좌석과 잔디밭이 가득 찼다. 청도가 소싸움 축제의 고장인 만큼 싸움소 세 마리도 특별 초청됐다.

'개들도 이런 세상이 있겠지'라는 취지에서 드보르자크의 〈신세계〉, 복날이라도 기죽지 말라는 뜻의 〈위풍당당 행진곡〉이 연주되었고, 게스트로 출연한 가수 양희은은 〈백구〉를 불렀다. 개 전용 화장실도 마련됐고, 혹시나 있을 싸움에 대비해 개의 몸집에 따라 좌석도 구별하는 섬세함을 보였다. '개나 소나 콘서트'는 처음부터 끝까지 '개의, 개에 의한, 개를 위한' 공연이었다.

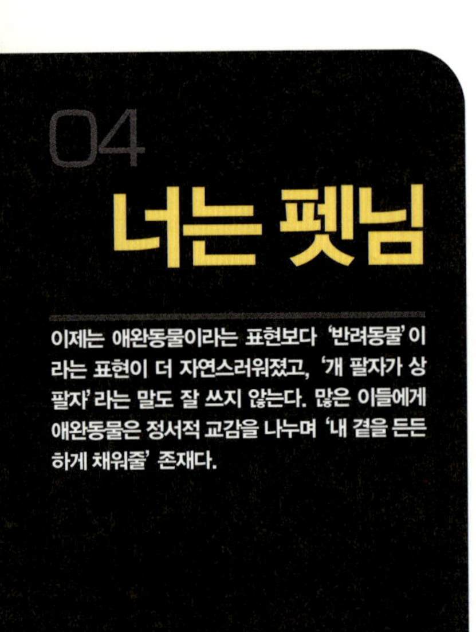

초복인 지난 7월 청도에서 열린 '개나 소나 콘서트'는
애완견을 데리고 나온 가족 단위의 2천여 관객으로
좌석과 잔디밭이 가득 찼다. 청도가 소싸움 축제의 고장인 만큼
싸움소 세 마리도 특별 초청됐다. '개나 소나 콘서트'는 처음부터
끝까지 '개의, 개에 의한, 개를 위한' 공연이었다.

애견 귀걸이

애견 요구르트

지능훈련 장난감

이미 우리보다 먼저 반려동물 개념이 생긴 외국에서는 애견을 위한 다양한 상품들이 출시되고 있다. 유아에게 사주는 두뇌강화 장난감처럼 강아지를 대상으로 한 지능훈련 장난감이 있고, 강아지를 대상으로 한 SNS(소셜네트워킹서비스)도 있다. 애견 전용 레스토랑, 패션에 민감한 강아지 패셔니스타를 위한 향수, 다이아몬드 귀걸이, 그리고 그들의 웰빙생활을 위한 유기농 디저트까지 사람이 가질 수 있는 물건과 누릴 수 있는 서비스의 애완동물 버전이 모두 있다고 생각하면 될 정도다.

일본에 있는 애완동물 교육센터 애니멀플라자는 가입비만 3만 1500엔이고, 애완견 교육 48회 코스 수업료가 34만 엔이 넘는다고 한다. 아이들 유치원보다 비싼 이곳은 '애완견 교육은 생후 3~7개월이 중요하다고 생각하는' 고객들로 성황이다.

그저 먼 나라 이야기만은 아니다. 최근에는 한국에도 점점 다양한 상품과 서비스가 생겨나고 있다. 한국애견협회에 따르면 한국의 애견 인구는 약 1천만 명으로 전체 인구의 20퍼센트 정도를 차지하고 있다고 한다. 애견 전용 화장실, 애견 캠프, 애견 호텔, 애견 미용실, 애견 가구, 애견 장례식장 등 반려동물에 대한 국민의 관심이 높아지면서 연간 반려동물 관련 산업의 경제적 가치는 최소 1조 원 정도가 된다고 추정하고 있다.

　의학의 발달로 사람의 수명이 늘었듯, 주인들의 애완동물에 대한 사랑과 지식이 쌓이면서 애완동물의 수명도 덩달아 늘었다. 애완동물의 스트레스 해소를 위한 산소방과 노화방지를 위한 건강보조식품이 인기를 끌고 있고, 애완동물이 다치거나 병이 났을 때 보험금을 주는 애완동물 전용보험도 생겨났다. 이쯤 되면 어느 날 갑자기 강아지가 벌떡 일어나 '한잔 하러 갈까?'라고 말을 걸어올 것만 같다. 🅣

개들도 통역이 되나요?

펫님들의 기분을 분석하기 위한 개 통역기도 나왔다. 일본의 완구업체가 개발한 바우링걸Bow-lingual은 울음소리에 따라 개가 느끼는 감정을 분석해준다. 강아지의 옆구리를 찔러 나오는 울음소리에선 "됐어, 그만해, 그만 좀 해"라는 문자가 뜨고, 식구들이 모른 척하자 "좀더 관심을 가져줘"라는 메시지가 올라오기도 한다. 아직은 장난감 수준이라는 의견도 있지만, 50여 가지 견종에 따라 다양한 번역이 가능하도록 세심한 노력을 가하기도 했다.

또한 SBS 〈동물농장〉에서는 개 웃음소리를 유료판매하기도 했다. 개들도 인간과 비슷하게, 다른 개들이 웃는 소리를 들려주면 함께 기분이 좋아진다고 한다. 매일 싸우던 개들에게 웃음소리를 들려주니 싸움을 멈추기도 하고, 우울증에 빠져 잘 걷지 못하던 개는 웃음소리를 듣고 힘차게 걸으려 노력하는 모습을 보이기도 했다.

스토리텔링을 하는 제품이 살아난다

interview
01

이창우

텐바이텐 대표

"이제 제품브랜드가 아니라 '몰브랜드'로 승부해야 해요. 쇼핑몰 자체가 하나의 브랜드가 되어야 한다는 생각이죠. 제품 하나하나보다 주인을 신뢰하게 되는 거죠. 주인장이 선택했으면, '이 사람은 나랑 좀 맞는 사람인 것 같으니 믿고 가자'는 식이 되는 거죠."

Q 텐바이텐에서 아이템을 고르실 때는 어떤 면을 생각하세요?

당연히 디자인적인 측면을 가장 많이 보고요. 이 상품을 어떻게 포장했을 때, 개개인의 스토리를 담을 수 있겠다 싶은 상품이 있으면 고릅니다.

Q 스토리를 담는다는 게 무슨 뜻인가요?

예를 들면, 트로닷trodat이라는 스탬프가 있는데, 사실 오피스 용품이지만 좀더 감성적으로 쓸 수 있는 활용방안 같은 걸 제시해주죠. 자기가 원하는 문장을 만들어서 개인용 도장이 될 수 있게 하는 겁니다.

마스킹 테이프라고 불리는 종이테이프도 있어요. 그것도 원래는 제도용품이거든요. 패턴이나 컬러가 들어간 종이테이프인데, 이걸 조금씩 뜯어서 붙여가며 자기 물건을 꾸미는 식이죠. 감성적인 개인화가 가능한 물품이 잘 팔리는 것 같아요.

공산품도 나만의 특별한 것이 된다

그리고 디지털 디바이스가 지금 굉장히 다

트로닷   마스킹 테이프

양하게 나오는데, 아이폰 같은 히트아이템은 계속 메인으로 남아 있잖아요. 여기에 부가되는 액세서리가 계속 늘어날 것 같아요. 공산품을 사용해야 하는 환경은 받아들이지만, 자기만의 것으로 커스터마이징customizing하려는 시도가 계속되는 거죠. 사무용품의 경우도 최종적인 소비라기보다, 거기서부터 뭔가 창조가 시작될 수 있다는 생각을 하는 것 같아요.

Q 작은 쇼핑몰들이 살아남는 마케팅 전법은 무엇일까요?

이제 인터넷 쇼핑몰은 대부분 G마켓과 같은 대형몰에 흡수돼서, 특정한 카테고리를 전문적으로 취급하는 전문몰들이 거의 없어졌어요. 살아남은 전문몰들은 제품 하나하나에 조금 더 정성을 들일 수밖에 없어요. 고객들도 그것을 원하고요.

실제로 쇼핑몰은 아니지만 안경을 취급하는 아이스토리eye-story.com라는 사이트가 있는데, 안경 하나 갖고 굉장히 많은 이야기들을 담아내면서, 사람들과 커뮤니티를 이루거든요. 사실 안경이라는 게 공산품에 불과하잖아요. 하지만 아이스토리 친구들은 사람들에게 브랜드나 상품에 대해서 굉장히 차근차근 천천히 소개를 해줍니다. G마켓처럼 한눈에 들어오진 않을지 모르지만, 친절한 점원처럼 상세히 설명해주는 게 잘 먹히는 것 같아요.

제품의 단점까지 조곤조곤

그리고 구매자분들은 솔직한 걸 굉장히 좋아하는 거 같아요. 대기업 제품들의 광고를 보면 강한 이미지 위주의 마케팅을 추구하거든요. 하지만 저희는 오히려 제품의 단점도 얘기해주면서 조곤조곤 설명해주려고 합니다.

 텐바이텐에서 만드는 격월간지
『히치하이커』도 친절한 점원의 서
비스인가요?

네. 맞아요. 저희도 『히치하이커』를 만들 때
는 시행착오를 겪었죠. 처음에는 약간 카탈로
그 같았어요. 제품을 소개하고, 이벤트나 광고
도 하고 그랬는데, 네번째 정도부터는 기획방
향이 완전히 바뀌었죠. "아, 이건 이렇게 가면
안 된다"는 생각에, 그냥 사진 에세이집으로
하자고 했어요. 그러면서도 활용법은 간접적
으로 충분히 소개가 될 수 있는 것 같았고요.

『히치하이커』는 마일리지로만 판매가 되거
든요. 그래서 '돈 주고도 못 사는 책'이라는 콘
셉트를 만들었죠. 이런 부분은 잘 먹혀서 지금
은 출시하면 거의 매진이 돼요. 단순히 제품소
개나 강한 비주얼이 아니라 거기 담긴 스토리
자체에 사람들이 호감을 갖고 열광하기 때문에
가능한 거 같아요.

 인터넷을 통한 유통이 발전하다
보니, 결국 최저가격 검색에서 살아
남는 제품만 독식하게 되는 상태가
된 것 같은데요.

말씀하신 대로 상품 자체는 쇼핑몰마다 크게 다르지 않아요. 저희가 독특한 아이템을 독점 수입해와도, 일주일 만에 다른 쇼핑몰에도 찾을 수 있는 시대이니까요. 더욱이 패션 같은 경우에는 전국 공통으로 동대문에서 물건을 가져오거든요.

이제 제품브랜드가 아니라 '몰브랜드'로 승부해야 해요. 쇼핑몰 자체가 하나의 브랜드가 되어야 한다는 생각이죠. 제품 하나하나보다 주인을 신뢰하게 되는 거죠. 주인장이 선택했으면, "이 사람은 나랑 좀 맞는 사람인 것 같으니 믿고 가자"는 식이 되는 거죠.

Q 앞으로 히트할 것 같다고 느껴지는 아이템이 있나요?

티셔츠같이 가볍게 구매할 수 있는 상품 쪽에서, 아티스트나 유명 연예인들과 공동 프로모션을 하는 제품들이 많이 나올 것 같아요. 사실 올해도 굉장히 많이 나오긴 했어요. 하지만 대부분 기업의 홍보수단이었거든요. 그런데 이게 검증이 되면서, 내년부터는 이런 식의 콜래버레이션 상품들이 훨씬 많이 나올 듯해요.

연예인들은 그림이나 글씨를 쓸 수도 있겠죠. 일러스트 작가가 함께하는 디자인도 생각해볼 수 있어요. 기존의 다이어리는 문구업체나 인쇄업체가 만들었는데, 여행 전문 포토그래퍼가 함께 기획해서 만든다든가, 아니면 작가분이 파리에서 쓴 글과 사진을 덧붙여서, 1년 365일짜리 다이어리를 만든다는 식으로 영역 간의 오버랩도 될 것 같아요.

실용성보다는 감성을 구매한다

그리고 편지지가 생각나네요. 요즘 편지 안 쓰는데도 많이 사더라고요. 실제로 그걸 사서 보낸 사람은 별로 없을 것 같아요. 단지, 그 상품이 소개됐을 때 "아, 편지 한번 썼으면 좋겠다"는 마음이 있으니까 구매는 했겠죠.

그러니까 실제 편지를 쓰지는 않더라도, 그 상품을 구매하면서 편지를 주고받는 그 감성을 한번 경험하는 거거든요. 그것만으로도 그 고객이 만족을 하는 것 같아요. 실제 고객평에도 편지를 썼다는 말은 없어요. 너무 예뻐요, 오랜만에 느껴보는 편지에 대한 느낌이었어요, 이런 글들만 올라오니까요.

고객들이 원하는 게 꼭 기능이나 활용뿐만이 아니죠. 쉽게 말해 구매를 통해서 감성에 대한 대리경험만을 시켜줘도 소비할 이유로는 충분하다는 거죠. **T**

차가운 슬픔의 시대, 뜨거운 웃음의 시대

interview
02

김병욱

PD, 〈지붕 뚫고 하이킥〉 연출

"깔끔하게 헤어지는 모습이 실제로 세련되게 보이고 멋있는데, 사실 마음으로는 이런 걸 받아들이는 게 쉽지가 않거든요. 물론 옛날에도 쉽지 않았을 텐데, 아마 쿨한 척만 했겠죠. 이제는 자기 자신한테 솔직하게 변해가는 경향이 있는 것 같아요."

Q 〈지붕 뚫고 하이킥〉을 만드실 때 가장 염두에 두신 것은 무엇인가요?

우리가 너무 쿨하고 시크한 세대만을 지향하는 것 같았어요. 최근 10년 동안은 드라마도 그런 세대를 그리며 가고 있었어요. 하지만 이제 점점 그런 빠른 흐름에서 도태되는 사람들이 많이 생겼다는 걸 느꼈죠.

저조차도 많이 도태되기 시작했다는 생각이 들거든요. 이 상태로 계속 가면 아웃사이더가 되거나 소외돼서 지내겠구나 하는 생각을 종종 해요. 예전에는 새로 나온 휴대폰 기능도 바로바로 배우곤 했는데, 이제 더는 못 따라가겠더라고요. 저 말고도 그런 사람들이 점점 늘어나는 것 같긴 해요. 빠르게 돌아가는 세상에서 낙오한 사람들이라고나 할까, 그런 사람들을 위한 이야기를 하고 싶었어요.

뜨거운 이야기를 통해 반대로 가고 싶었다

그래서 이번 시트콤을 만들 때는 좀 반대로 가보고 싶었죠. 쿨하지 않아요. 핫한 스토리죠. 식모 이야기도 나오는 약간 복고풍이잖아요. 청승맞은 것도 있고, 심지어 신파도 담았어요.

인터뷰 | 김병욱

깔끔하게 헤어지는 모습이 실제로 세련되게 보이고 멋있는데, 사실 마음으로는 이런 걸 받아들이는 게 쉽지가 않거든요. 물론 옛날에도 쉽지 않았을 텐데, 아마 쿨한 척만 했겠죠. 이제는 자기 자신한테 솔직하게 변해가는 경향이 있는 것 같아요. 〈지붕 뚫고 하이킥〉은 그런 뜨거운 감정들을 담으려고 했어요.

요즘 젊은이 보면 크게 두 부류가 있는 것 같아요. 먼저 너무 실용적인 사람들이죠. 자격증이나, 이력 관리, '스펙'에 너무 일찍부터 인생을 걸죠. 물론 저희 세대에서도 미래를 위해 준비하는 일들은 있었지만, 너무 어릴 때부터 계산적인 틀에 인생을 맞춰 움직이는 것 같아

요. 요즘엔 봉사활동까지도 이런 복잡한 맥락을 계산하며 참여한다고 하더라고요.

두번째는 지나치게 감각적인 삶을 지향하는 사람들이죠. 너무 시크하고 쿨한 척만 하는 거예요. 사실 월급은 쥐꼬리만 하고 사는 건 '개털'인데도 루왁 커피 마시고 해외여행 다니면서 그걸 멋이라고 생각하는 사람들이죠. 어찌 보면 이게 세련되고 감각적인 삶 같지만, 일종의 허세이기도 하거든요. 과시욕에 극단적으로 빠져드는 사람들이죠.

두 부류의 사람들이 많아지면서, 애정을 표현하는 데도 시크하고 쿨한 것만 찾는 것 같아요. 결국은 모든 것이 누군가에게 보이기 위한

거죠. 삶이라는 게 그것보다는 더 진실한 면이 있는데, 너무 표피적으로 살고 있는 것 같아요. 원초적인 따뜻함 같은 걸 찾아야 하지 않을까 하는 생각이 들었어요. 삶이라는 건 그것보다 훨씬 구질구질하겠지만 훨씬 절절한 것이 있잖아요. 〈지붕 뚫고 하이킥〉에서는 그런 감정들을 담고 싶은 욕심이 있었어요.

Q 이번 시트콤에는 돈에 관련된 에피소드도 많아진 것 같아요.

TV를 보면 사람들이 정신적인 것에만 가치를 두고 그게 최고라고 생각을 했던 것 같아요. 하지만 실제로는 우리가 발 딛는 기반이라는 게 살얼음판이라서 언제 무너질지 모르거든요. 사람들은 생각보다 경제적이나 물질적인 것에 많이 지배받는데 말이죠.

경제적인 것에 지배받는 현실도 그린다

사실 제 친구들 10명 중에 9명은 아직도 생활을 꾸리는 일에 대해서 걱정해요. 방송하는 사람들이야 삶의 의미를 찾고 고차원적인 애기를 하는데, 제 친구들은 그런 얘기 못 해요. 돈 이야기 외에는 관심이 없어요. 실제로 우리 삶이라는 게 40대가 넘어가도 안정되지 못하고, 항상 밥벌이를 하는 것 자체가 되게 심각 문제거든요. 물질이 우리를 많이 지배한다는 생각을 해요.

사실 시트콤에서 막연히 꿈을 말하기보다는 눈앞에 있는 이익을 이야기하는 게 오히려 현실적인 것 같았어요. 저는 사실 아직도 먹는 문제가 굉장히 큰 걱정거리라 생각을 해요. 2009년이나 됐으니까 굶는 문제 같은 건 다 해결됐을 것 같지만 사실 해소가 안 됐거든요.

Q 40대뿐 아니라, 젊은 사람들도 여유가 없긴 마찬가지인 것 같아요.

하긴 디시인사이드dcinside.com 같은 데 들어가서 보면, 그 친구들이 MBC 편성 이야기까지 해요. 최근에는 PD의 성향하고 속내까지도 읽고 글을 쓴다는 게 느껴져요. 제가 보기에 과도한 관심 같긴 하더라고요. 다른 많은 것들에 관심을 가질 나이인데, 놀랄 정도로 TV에 빠져 있는 것 같더라고요. 할 일이 없어서라기보다, 오히려 길게 여가를 사용할 여유가 없으니까 짧게 즐길 수 있는 TV에만 빠져 있는 것은 아닌가 하는 생각이 들죠.

불황을 거치면서 젊은 사람들이 이런저런 출구가 다 막힌 상태라 삭막한 건 사실이거든요. 요즘 젊은 친구들 보면 굉장히 공격적인 것 같죠? 사실 말로는 되게 공격적이지만 현실에서는 무기력해요. 늙은 분들은 오히려 "젊은 애들이 야망이 없다"라고 이야기하시잖아요.

처연한 현실을 담은, 세련된 코미디

이런 상황들이 강팍한 마음을 만드는 것 같아요. TV도 그런 영향을 받았어요. 한국 코미디는 자학적으로 웃기는 걸 좋아하거든요. 웬만한 자극으로는 안 통하니까요. 하지만 외국 시트콤을 보면 고유의 쿨한 웃음들이 있거든요. 그런데 그걸 우리나라에 갖고 오면 잘 안 통하죠. 그런 웃음 자체가 굉장히 밋밋하다고 생각하기 때문이에요. 비극도 마찬가지예요. 비극도 좀 덜 비극적이어도 되고, 약간 세련되게 표현할 수 있는데 우리나라 이야기는 너무 노골적이죠.

Q 김병욱 표 시트콤은 항상 가정 이야기가 중심축이었습니다. 감독님이 생각하는 이상적인 가정이란 어떤 모습일까요?

사람들이 한동안 미국 시트콤 〈프렌즈Friends〉에 열광했던 것은 가정이 그리웠기 때문일 거예요. 그건 친구의 관계가 아니라 사실 가정이었거든요. 요즘 세대에서 가정은 꼭 혈연이어야만 하는 건 아닌 것 같아요.

점점 사람들이 소통 부재의 시대에서 살고 있는데, 가정에서 그걸 채워줘야 해요. 이번 시트콤에서 〈프렌즈〉와 가장 흡사한 가족이라고 하면 자옥이네 집이라고 할 수 있겠죠. 하지만 거긴 위계도 있고 한국적인 정서도 담겼죠. 제 생각엔 수직적인 위계보단, 수평적인 소통이 활발한 가족의 모습이 지금 우리에게 필요한 것은 아닌가 싶어요.

이런 면에서 순재네 가족은 의도적으로 비튼 모습이에요. 어떻게 보면 요즘 젊은이들이 꿈꾸는 모습이잖아요? 돈 많이 버는 안정적인 식구들. 하지만 실제로 돈이 가져다줄 수 없는 게 있다는 걸 보여주고 싶었어요. 순재네 가족이 대화 없이 살아가는 모습이 좀 쓸쓸하죠. 역설적이게도 신애네 가족은 가장 돈이 없고, 식구들이 떨어져 살지만 이 가족이야말로 소통이 가장 잘되는 가족이죠. 이런 것을 좀 보여주고 싶었어요. **T**

PART 02

디지털
네이티브

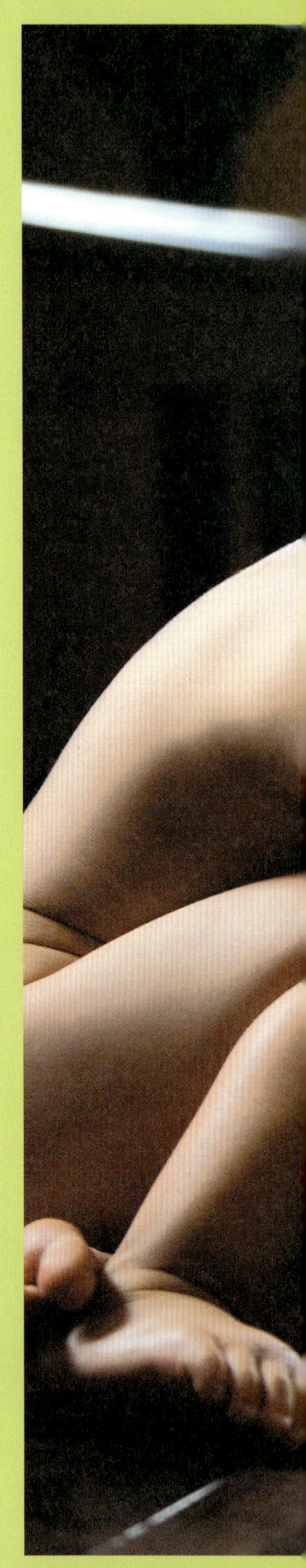

갓 대학생이 된 이들이 PC통신을 활발하게 즐기던 1990년대 중반. 매스컴에서는 이들을 X세대라 부르며 신종 인류의 탄생을 조명했다. 컴퓨터로 리포트를 쓰고 채팅으로 연애를 하는 디지털 1세대의 모습을 기성 세대는 흥미롭게 지켜봤다.

하지만 호기심과 함께 다가오던 디지털 문화는 낯설었고, 대중들에게는 여전히 학습이 필요했다. 당시만 해도 워드프로세서를 잘 다루지 못하는 친구들을 위해 장당 몇 백 원을 받으며 타자를 쳐주는 아르바이트까지 존재했다. 오늘날의 외국어 열풍만큼이나 캠퍼스에는 컴퓨터와 친해지기 위한 '가열찬' 노력이 있었고, 학교 전산실에는 땀 흘리며 타자 게임을 익히고는 뿌듯해하던 복학생들도 많았다.

10여 년의 세월이 흘렀다. 당시의 X세대들에게 디지털 기기는 후천적인 학습대상이었다면, 지금의 아이들에게 디지털은 선천적인 능력이라 여겨질 만큼 자연스럽다. 아이들은 "엄마 아빠"를 내뱉고 난 뒤 네이버 주니어로 단어를 익히고, '깍두기 공책' 대신 채팅창에 '짧은 글짓기'를 하며 자라난다. 아날로그 물건보다 손때 묻은 디지털 기기에 오히려 향수를 느끼는 세대. 해외에서 외국어를 익힌 '네이티브 스피커native speaker'에 빗대어 이들은 '디지털 네이티브digital native'로 불린다.

"컴퓨터만 하고 공부는 언제할래?"라는 꾸중을 듣고 자랐던 디지털 네이티브는 역사상 가장 진화된 인류로 여겨지기 시작했다. 디지털 네이티브가 대학을 졸업할 때가 되면 이미 50만 개 이상의 광고를 시청하고, 20만 개 이상의 이메일과 인스턴트 메시지를 주고받는다고 한다. 또한 휴대폰과 비디오게임에 각각 1만 시간 이상을 사용하고, TV시청에 2만 시간 이상을 쏟아부어왔다. 디지털 기기에 대해선 '실미도 급'의 훈련을 받은 이 세대는 한 번에 여러 가지 일을 처리하는 멀티태스킹에 능하며, 디지털 도구들을 자신의 확장된 오감으로 능숙하게 다룰 줄 안다.

또한 네트워크를 통해 정보를 수집하고, 유통시키는 능력도 뛰어나다. 언론사를 통해 정보가 통제되던 시절은 지나고, 이제는 오히려 언론사가 네티즌들의 정보력에 의지하고 있다. 부지런한 연예부 기자의 출입처는 기획사나 방송사가 아니라, 네티즌들이 상주하는 디시인사이드dcinside.com의 갤러리가 되어버렸다. 하지만 디지털 시대의 정보수집 능력은 서로를 옭아매는 족쇄가 되기도 한다. 사적인 영역은 점점 사라지고 있다. 바코드를 찍고, 카드를 긁고, 로그인을 하고, 메일을 주고받는 순간, 디지털 기기들은 비행기의 블랙박스처럼 당신의 인생을 기억한다. 온라인 활동을 왕성하게 해온 세대일수록 더 많은 흔적을 공공의 장소에 남기게 되는 셈이다. 중학교 시절, 호기심에 다운받은 가학적인 섹스 비디오의 리스트가 칠순잔치까지 따라다닌다는 것은 우습기보다 위협적으로 느껴진다.

실제로 웹디자이너 히서 암스트롱Heather Armstrong은 자신의 블로그 두스dooce.com에 상사의 험담과 회사에 대한 불만을 올렸고, 이것이 발각되어 회사에서 해고당했다. 그도 담담하게 해고를 받아들이며 "나처럼 블로그에 회사험담을 올리지 말라"라는 경고를 블로그에 다시 올렸다. 이 사건은 세계적인 관심을 받았고 '인터넷에 올린 글로 인해 해고를 당하다'라는 뜻의 '두스드dooced'라는 단어를 사전에 등재시켰다. 디지털 시대가 앓고 있는 수많은 부작용들을 겪으며, 어떤 이들은 다시 아날로그로 돌아가자며 힘겨운 투쟁을 한다. 휴대폰과 인터넷을 없애자고 주장하며, 잠시 동안 지구의 불을 끄자는 운동을 벌이기도 한다.

디지털 네이티브는 분명 그들의 부모보다 한껏 커져버린 능력으로 다양한 가능성을 만들었다. 하지만 0과 1로 조합된 자신의 정체성에 대해 혼란스러움을 느끼기도 한다. 이들은 결국 정반합의 변증법을 거쳐갈 것이다. 천재 혹은 괴물로 불리는 디지털 네이티브는 지금 혹독한 성장통을 겪는 중이다.

20세기 꼬마들이 동네 어귀를 몰려다녔듯 디지털 네이티브는 세계의 웹사이트를 골목처럼 뛰어다니며 논다. 그 시절 꼬마들이 빈 병을 모아 구멍가게에 내다팔아 용돈을 벌었다면, 새로운 인류는 세계의 네트워크를 이용해 주머니를 채우는 법을 알고 있다.

지금은 흥미 있는 이야깃거리만 있어도 돈이 되는 시대다. 블로거들이 광고를 싣거나 유료 회원제를 운영해 수익을 창출하는 일들은 이미 고전적인 방법이 되었다. 요즘에는 개인 블로그에 너무 많은 광고가 걸려 있어 글을 읽기 불편할 지경에 이르렀다. 최근에는 유튜브 YouTube도 "히트 동영상 제작자와 수익을 나눌 것"이라고 선언했으니, 볼거리를 만들어 돈을 버는 괴짜들은 더 많아질 것이다.

블로거의 수익은 때로 상상을 초월한다. 미국의 재미교포 2세 아널드 김 Arnold Kim은 버젓한 의사직을 때려치우고 전업 블로거로 살고 있다. 김씨는 오히려 "의사를 그만두니, 식구들과 보낼 시간이 많아서 즐겁다"라며 태평한 소리를 한다. 그는 의과대학을 다닐 때 취미로 만들었던 맥루머스닷컴 MacRumors.com을 기술 분야 블로그 가운데 가장 인기 있는 사이트로 키워놓았다.

맥루머스닷컴은 컴퓨터회사인 애플 Apple에 대한 정보와 소문, 신제품 정보를 담은 전문 사이트다. 『뉴욕타임스』는 맥루머스닷컴이 "애플 공식 사이트보다 더 높은 신뢰와 권위를 갖고 있다"라고 평가했다. 한 달 방문객이 무려 440만 명, 페이지뷰는 4천만을 넘는다. 맥루머스닷컴은 미국에서 가장 가치 있는 블로그 가운데 2위에 뽑혔고, 전문가들은 적어도 2500만 달러가 넘는 가치가 있다고 평가한다. 실제로 김씨는 블로그 운영만으로 억대의 수익을 거둬들였다.

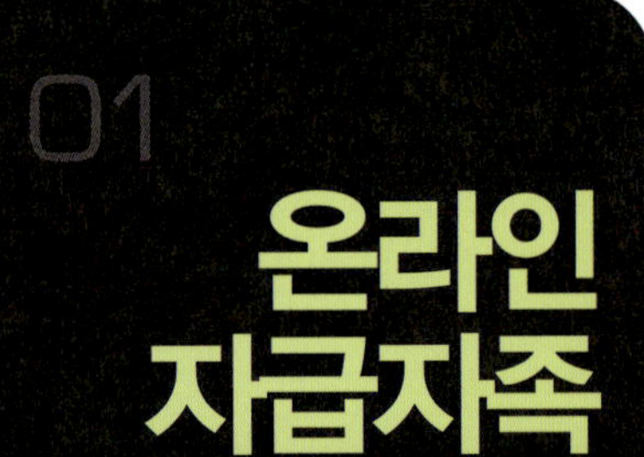

맥루머스닷컴

가진 것은 무엇이든 판다

물론 네트워크를 이용해 억만장자가 되는 행운이 모두에게 돌아가는 것은 아니다. 하지만 클릭 몇 번만으로 용돈벌이 정도는 할 수 있다. 디지털 네이티브가 뛰어다니는 P2P망은 현대판 봉이 김선달의 세계다. 필요와 공급이 만나면 무엇이든 팔아치울 수 있는 신세계다.

먼저 홍대의 벼룩시장을 온라인에 옮겨놓은 것 같은 엣시닷컴etsy.com이 있다. 2005년 당시, 목수이자 웹디자이너였던 로브 캘린Rob Kalin은 자신이 만든 목공예품을 좀더 특별한 곳에서 팔기 원했고, 고민 끝에 직접 온라인 쇼핑몰을 구축했다. 그가 만든 수공예품 전문 P2P쇼핑몰인 엣시닷컴은 재택근무를 원하는 여성들이 누구나 한 번쯤 꿈꾸는 세계인의 장터로 변했다. 이곳에서 150개국 240만 명의 회원들은 집에서 손수 만든 3백만 점의 수공예품을 거래하며 활발히 움직이고 있다.

더 사소한 거래도 P2P에선 가능하다. 그곳에는 내 승용차 옆문의 빈 공간에 광고를 해주면 매달 100유로를 준다는 사이트도 있고, 헤어진 남자친구가 선물했던 반지를 대여해주는 사이트도 있다. 해외여행 가는 길에 짐 좀 날라주십사 하고 부탁하는 곳과 자기가 찍은 섹스 비디오테이프를 거래하는 고약한 사이트까지 존재하는 세상이다.

소액대출부터 고리대금까지

그렇다고 인터넷 공간에는 어떻게든 돈을 긁어모으려는 수전노만 있는 것은 아니다. 마음이 넉넉한 사람들은 P2P방식으로 제3세계를 돕기도 한다. 가난한 사람들을 위해 담보 없이 소액대출을 해주는 키바kiva.org는 방글라데시의 그라민Gramin은행을 P2P형태로 구현했다.

현재 전세계 50만 명이 키바에 가입해 가난한 이들을 돕고 있다. 키바의 참여자들은 프로필과 사업계획을 읽고서, 자신이 마음에 드는 사업에 1인당 25달러까지 빌려줄 수 있다. 십시일반으로 거둬진 금액은 사업당 몇 천

P2P거래를 통한 자동차 벽면광고

1백만 달러짜리 홈페이지?

누더기처럼 다닥다닥 광고만 가득 붙어 있는 복잡한 사이트. 대학등록금을 걱정하던 21세 청년 알렉스 튜Alex Tew는 1백만 달러 홈페이지milliondollarhomepage.com를 만든 뒤, 1픽셀당 1달러만 내면 5년간 광고를 해주겠다고 공고했다. 이 기막힌 아이디어는 인터넷을 통해 전세계에 퍼지더니, 결국 웹페이지 한 장에 담긴 1백만 픽셀을 모조리 팔아치웠다. 그는 이 한 장의 홈페이지로 1백만 달러를 벌어들인 셈이다.

알렉스는 이후에도 픽셀로또pixelelotto.com라는 이름의 홈페이지를 제작했다. 1픽셀당 2달러로 분양 가격은 상승했지만, 반응은 더 좋았다. "픽셀 속에 숨겨진 상금을 찾아라"라는 콘셉트로 진화했기 때문이다. 홈페이지에 광고된 사이트 중 10개를 방문한 사람은 누구나 응모가 가능했으며, 그중 한 명에게 1등 상금을 지급한다. 약 2만8천 명이 응모했고 케냐에 사는 한 네티즌이 최근 15만 달러의 주인이 되었다고 한다.

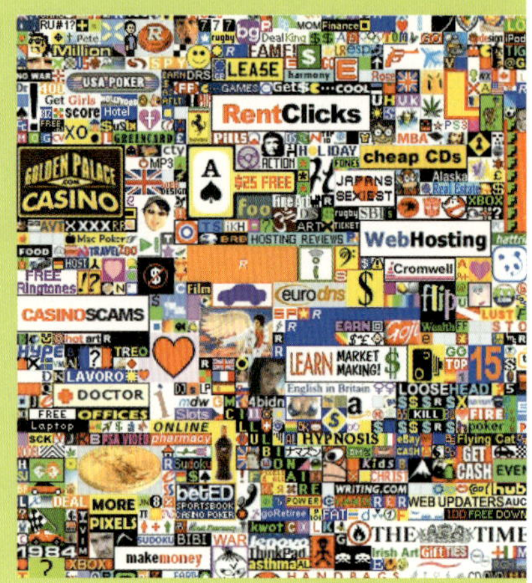

달러까지 모인 뒤 가난한 나라에 희망을 주는 사업이 돼주고 있다. 대출금 상환율은 무려 98퍼센트에 이르며, 대부분의 투자자들은 상환받은 금액을 또 다른 누군가에게 빌려주는 선순환을 이어가고 있다.

반면에 국내에는 P2P금융 형식의 인터넷 사채업도 등장했다. 대출자와 예금자를 일대일로 연결한다는 형식은 키바와 비슷해 보이지만, 실제로는 연이자율이 30퍼센트를 넘는 고금리 정책을 고수한다. 투자자 입장에서만 보자면 번듯한 재테크 수단 같기도 하다. 하지만 연락을 두절하거나 회피하는 채무자도 그만큼 많아, 실질적으로는 울상을 짓는 투자자가 허다하다.

클릭 한 번으로 일손도 나눈다

네트워크를 이용해 나눌 수 있는 것은 돈뿐이 아니다. 해피빈 자원봉사자 사이트 happybean.naver.com의 경우, 전국의 사회단체에서 필요한 일꾼을 실시간으로 연결하고 있다. 착한 청년들이 지도 위의 자기 동네를 클릭하면, 근처 사회단체에서 요청한

‘도배·장판 봉사’ ‘점자책 입력’ ‘벽화 그리기’ 등 7천여 건의 자원활동 리스트를 볼 수 있다.

네트워크는 자원봉사자들과 사회단체를 효율적으로 연결해주고, 필요한 재화를 현명하게 분배하는 중이다. 클릭 한 번으로 시에라리온의 꼬마친구에게 닭을 선물할 수 있는 시대. P2P시스템은 무겁게 움직이는 정부보다 훨씬 똑똑하게 ‘보이지 않는 손’의 역할을 하고 있다.

지금 P2P망은 거리와 시간의 제약을 뛰어넘어, 돈과 추억과 희망을 거래하고 있다. 우리는 P2P를 통해 싼값에 중국 청소년의 노동력을 착취할 수도 있다. 이웃집에 떡을 건네듯 아프리카의 목마른 친구에게 물병을 전해줄 수도 있다. 양날의 검으로 성장한 지구 위의 촘촘한 네트워크. 이 촘촘한 신경망이 그들의 윗세대가 역부족으로만 느꼈던 지구의 묵은 문제들을 해결하는 현명한 도구가 될 수 있길 바란다. ⓣ

‘삶을 바꾸는 대출’을 제공하는 키바

디지털 시대의 놀이 “Can you see me?”

온·오프라인이 결합된 디지털 시대의 술래잡기. 오프라인 참여자는 GPS와 휴대용 컴퓨터를 장착한 채 자신의 위치를 노출시킨다. 온라인 참여자는 이를 확인하고, 키보드를 조작해 가상의 아바타를 도망치게 한다. 오프라인 술래가 GPS를 이용해 실제 도로에 표시된 온라인 아바타를 찾아내면 ‘아웃!’

블래스트 시어리 Blast Theory에서 만든 게임으로, 런던 셰필드에서 진행됐다. 당시 게임 시간은 총 6시간 30분으로, 51분간 술래에게 잡히지 않은 도망자가 최고기록을 세웠다.

인터넷은 시공간을 좁혀놓았다. 반대로 세계인과의 접촉점은 넓혀놓았다. 최근에는 일대일 언어교환이 활성화되고 있다고 한다. 한국어를 배우고 싶은 외국인과, 외국어를 배우고 싶은 한국인이 만나 서로의 선생님이 되어주는 것이다. 국내에 들어오는 외국인이 늘어나면서 '가케하시'(일본어), '라오 상하이'(중국어), 'Huh'(영어)와 같은 외국어 카페를 중심으로 언어교환 모임은 활발이 이루어지고 있다.

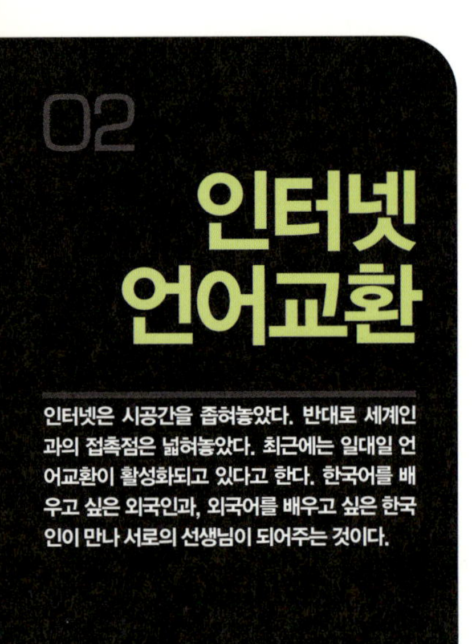

랑게이트lang-8.com는 온라인 언어교환 사이트다. 이곳에 접속하면 세계 180개국 원어민들이 개인 교사가 되어, 당신이 쓴 일기를 수정해주고 조언도 해준다. 물론 당신도 교사가 될 수 있다. 외국인들이 한글로 깨알같이 타이핑한 일기를 능숙하게 체크한 뒤, 친절하게 수정해주면 된다.

티티포유tt4you.com 역시 일대일 언어교환을 원하는 세계인들의 집결지다. 이곳에서도 서로의 선생님이 되어 외국인과 채팅을 할 수 있고, 온라인 전화를 이용해 회화연습도 할 수 있다. 서로의 필요에 의해 자원봉사를 하는 것이므로 물론 무료다.

공짜로 세계여행 하시겠습니까?

외국어를 익혔다면 직접 세계로 나갈 수도 있다. 하지만 가난한 배낭여행족에게 언제나 고민이 되는 것은 비용 문제다. 먹는 것이야 슈퍼마켓에서 해결한다고 해도 잠자리에 쓰는 큰돈은 아쉽기만 하다.

"헛간이라도 상관없는데 공짜로 재워줄 만한 곳 없을까?"라고 생각하는 열혈청년이라면 먼저 공항에서 노숙하는 법부터 익히자. 슬리핑인에어포트sleepinginairports.net에 가면 노숙하기 좋은 세계의 공항 랭킹과 공항 노숙의 노하우를 친절히 알려준다. "탑승지점보다는 도착지점이 오히려 잠자기에는 아늑하다"라며 자잘한 조언을 던지는 이 사이트에 의하면, 우리의 인천공항은 영광스럽게도(?) 노숙하기 좋은 세계의 공항 2위에 랭크되어 있다.

랑게이트

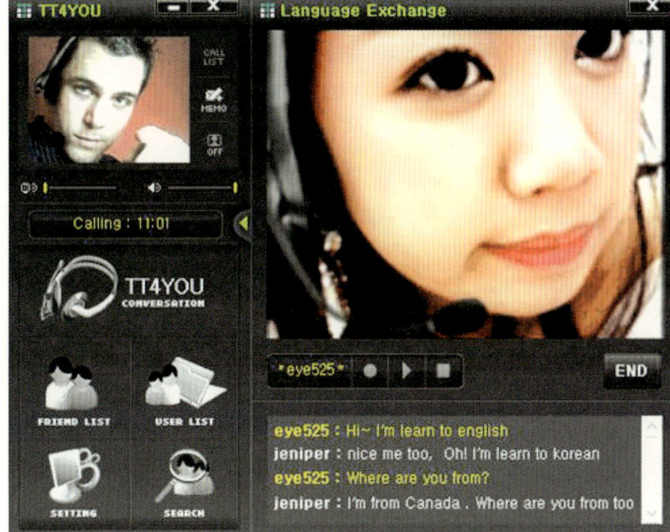

티티포유

외국에 도착한 뒤, 무료 현지숙박을 원한다면 카우치서핑couchsurfing.com의 문을 두드리는 것도 좋다. 이 사이트는 "원한다면 우리집 소파couch에서 그냥 하룻밤 주무세요"라는 간단한 아이디어로 출발했다. 자신의 집에서 기꺼이 하룻밤을 자도록 허락하는 친절한 집주인과 공짜 잠자리를 찾는 해외여행객들은 이곳에서 매일 밤 인사를 나누며 약속을 정한다. 물론 당신도 한국으로 놀러 오는 외국여행자를 초대할 수 있다. 이미 한국 지역엔 5천 명의 호스트가 있다.

디지털 네이티브의 신조어들

흠좀무 흠, 이게 사실이라면 좀 무서운데

넘사벽 넘을 수 없는 4차원의 벽

열폭 열등감 폭발

버정 버스정류장

버카충 버스카드 충전

듣보잡 듣도 보도 못한 잡놈

설리 설레는 리플

레알돋음 진짜 소름이 돋을 정도로 감동스러운 일

주부얼 주먹을 부르는 얼굴

롬족 Read-Only-Member, 읽기만 하는 가입자

습호 스포일러

즐쿰 즐거운 꿈 꾸세요

아르방 아르바이트생

두부에러 DB에러

네티건 네티즌+훌리건

우방 우주방어

이얼싸 이기적인 얼굴 사이즈

짜게 식다 차갑게 식어버리다

역변태 성형수술을 해서 오히려 못생겨진 사람

순삭 순식간에 삭제당하다

해외 네티즌들이 사용하는 약어

Anything NTHING

Are you OK RUOK

Before B4

Be seeing you BCNU

By the way BTW

But Bt

Cutie QT

Call me CM

Date D8

Dinner DNR

Did you DJA

Everyone E1

Easy EZ

Excellent XLNT

Face to face F2F

Fate F8

Forever 4Evr, 4E

Great GR8

Hate H8

I see IC

Into N2

Just for fun J4F

Just a minute(second) JAM(S)

Late L8

Mate M8

Prayer Pryr

Rate R8

See you later CU L8R

Speak SPK

Something Sth

Thanks THX

Today 2DAY

Tomorrow 2MORO

That Dat

Want to WAN2

What WOT

Wait W8

Wait for me W4M

Weekend Wknd

하지만 카우치서핑은 완전한 안전을 보장하지는 않는다. 간단한 메일 교환만으로 '거래'가 성사되기 때문에 독버섯 같은 위험도 도사리고 있다. 가끔씩 해외언론에서는 카우치서핑과 연관된 성폭행 기사가 뜨기도 한다.

이를 방지하기 위해서 기존 숙박자로부터 추천을 많이 받은 친구를 선택하는 것

카우치서핑

홈익스체인지

이 요령이다. 반대로 다른 외국인들에게 선택받기 위해서는 자신의 프로필을 깔끔하고 매력적으로 꾸며 수상한 인물로 보이지 않게 하는 정성도 필요하다.

휴가기간에 집을 바꾸실래요?

상상이 안 가겠지만 미국, 유럽, 호주, 뉴질랜드 등에서는 휴가를 위해 서로 집을 통째로 바꾸는 통 큰 사람들도 있다. 홈익스체인지homeexchange.com는 조건이 맞으면 휴가기간에 집과 자동차를 서로 맞교환하는 승부사들의 공간이다. 현재 127개국 2만7천여 가구의 대인배들이 집을 교환하려 대기하고 있다. 아직 한국인은 없는 상태다.

이들은 "숙박비에 대한 부담을 완전히 없애고, 현지 주민들 속으로 들어가 생활할 수 있다는 것이 최고의 장점"이라고 설명한다. 하지만 기물을 파손하거나, 화재가 발생하는 등의 다양한 사고가 일어날 수 있으므로 상세한 계약서를 작성하는 준비도 필요할 것 같다. ⓣ

공구함에 담긴 망치는 몇 년 동안 아무 말도 않았다. 망치는 그저 망치인 채로 조용히 녹슬어갈 뿐이었다. 하지만 디지털 기기는 소통하려 한다. 단순한 도구에 그치지 않고 상호작용을 원하며, 때로는 인간에게 명령하고 기질을 바꿔놓기도 한다.

빠른 회신을 기다리는 '퀵백quick back 세대'는 반응이 없으면 안달하는 이 시대의 초상이다. 문자로 메시지를 보낸 뒤, 바로 답이 없으면 전화로 확인해 채근하는 이들을 말한다. 어른들은 물론 "요즘 애들은 도무지 참을성이 없다"라며 꾸짖는다. 하지만 디지털 네이티브는 사실, 참을 필요가 없는 환경 속에서 자라났다.

디지털 환경은 언제나 즉각적인 응답을 해주었다. 메신저와 문자메시지, 휴대폰은 언제나 실시간으로 작용했다. 게임을 할 때면 스코어가 즉각적으로 표시되어 결과를 알려줬고, 괴물들을 해치우면 캐릭터는 실시간으로 성장을 해나갔다. 지식을 찾을 때에도 하이퍼링크가 걸린 웹페이지를 넘나들며 궁금한 것들을 실시간으로 해결할 수 있는 환경이 조성되어 있었다.

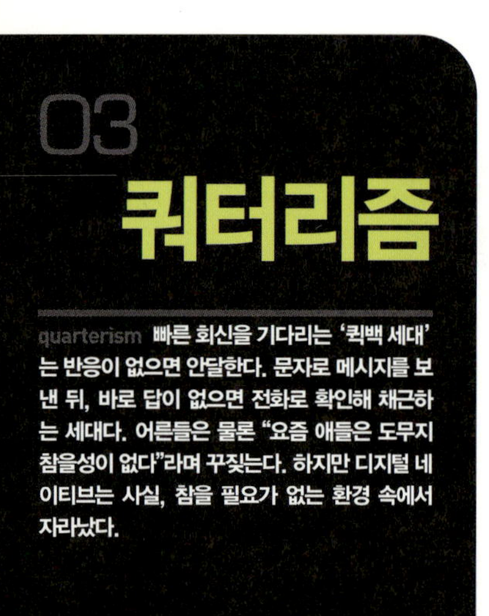

1초도 참을 수 없는 '초미세 지루함'

이 때문일까. 버스를 기다리거나, 대형마트의 계산대 앞에서 줄을 서거나, 배달시킨 음식이 도착하길 기다려야 할 때, 손은 자연스럽게 휴대폰으로 가고 있다. 특별한 업무에 집중하지 않을 때, 현대인들은 보통 3분에서 6분마다 한 번씩 휴대폰을 만지작거린다. 디지털 네이티브는 그 짧은 시간도 고통으로 여기기 시작한 것이다.

'초미세 지루함' 정도로 해석될 수 있는 '마이크로 보어덤micro boredom'은 하루에 20번 정도까지 발생한다고 한다. 하지만 세상은 이 짧은 여백조차 허락하지 않을 태세다. 최근 한 IT업체에서는 그 초미세 지루함이 찾아오는 시간에 휴대폰 광고를 내보내려고 준비 중이라 하니 말이다.

디지털 기기를 손에 쥐고 있어도 초조하기는 마찬가지다. 최근에는 '유령진동 중

후군phantom vibration syndrome'을 겪는 이들도 많다. 이 증후군을 겪는 사람들은 "진동이 오는 것 같아 전화기를 꺼냈지만 실제는 전화가 오지 않은 경우가 허다하다"라고 고백한다. 또한 중요한 전화를 놓치는 것은 아닌지 강박증을 느끼며 자꾸만 휴대폰을 꺼내 수시로 확인하는 사람들도 늘고 있다. 상대적으로 집중력도 떨어졌다. 쿼터리즘quarterism은 한 가지 일에 15분 이상 집중하지 못하는 이 시대 젊은이들의 성향을 집약한 단어다.

빠른 시절일수록 단순한 것이 먹힌다

디지털 네이티브의 이런 속도감에 맞추기 위해, 기업의 핵심가치도 변하고 있다. 삼성경제연구소는 "최고의 혁신기업이 가지고 있는 핵심 경쟁력은 단순simple함"이라고 발표했다.

연구소는 애플의 예를 들었다. 화려한 버튼과 복잡한 기능으로 세계의 MP3 업체들이 치장하고 있을 때, 아이팟iPod은 고집스레 단순함을 추구했다. 빠르게 클릭하

단순함을 고수하는 아이팟 디자인

고 스킵skip하는 디지털 네이티브에게도 한눈에 파악되는 확실한 디자인. 다른 제품이 골치 아픈 이야기를 하고 있을 때, 아이팟은 단순함으로 또렷이 존재감을 보였고 결국 세계를 정복했다.

CM전략연구소 심정원 책임연구원 역시 "최근에는 복합적인 메시지를 전달하는 광고에 대해서 소비자가 반응하지 않는다"라고 말한다. 실제로 2009년에는 CM송을 통해 제품명을 반복한다거나, 유머를 내세운 단순한 광고의 효율이 높은 것으로 나타났다. 자극적인 '후크' 부분만을 지나치게 강조하며 단순해진 최근 가요의 트렌드도 이런 성향을 반영한 것이다.

'빨리빨리' 한국인은 IT시대의 우수 유전자

반면 외국인들은 이런 빠른 반응과 급한 성격이 한국을 IT강국으로 이끌었다며 긍정적인 평가를 하기도 한다. 새로운 기술을 거부감 없이 흡수하고, 인터넷 콘텐츠에 대해서도 폭발적인 상호작용을 보이는, "한국의 '빨리빨리' 문화야말로 세계가 본받아야 할 IT시대의 경쟁력"이라며 벤치마킹하고 싶어한다.

더불어 창조적인 업무환경을 마련하지 못하는 기성세대의 문제가 더 크다고 지적하는 이도 있다. 사실 디지털 네이티브는 온라인게임의 레벨을 올리기 위해서라면 진득이 자리에 앉아 며칠 밤을 몰입할 줄도 안다. 전문가들은 "업무환경에 도전성과 재미, 성취감을 부여할 수 있다면, 이들의 창조적인 역량은 폭발할 것"이라며 앞으로의 조직문화가 어떻게 변해야 할지 시사하고 있다.

테트리스 게임을 닮은 삶의 방식

그럼에도 불구하고 재미만을 추구하며 질주하는 디지털 네이티브들에게는 제동 장치가 필요할 것 같다. 이들이 직관적이고 감각적인 아이디어를 순간적으로 뱉어 내는 데는 천재적으로 변했는지 모르지만, 통찰과 사색의 능력은 점점 사라지고 있기 때문이다.

인터넷 게시판이 강한 공격성과 말초적인 반응만을 보이는 것 역시 이러한 영향 때문일 것이다. 한 심리학 전문가는 "단순한 자극에도 떼로 몰려와 즉각적으로 반응을 토해내는 지금의 '넷심'은 민주주의보다 오히려 파시즘이 자라기 좋은 환경"이라며 우려하고 있다.

디지털 시대는 테트리스 게임과 닮아 있다. 빠르게 변화하고 반사적으로 결정해야 살아남을 수 있다. 하지만 테트리스 게임에서 처리하지 못한 블록들이 차오르듯, 현대인의 문제도 복잡하게 쌓이고 있다. 쉬지 않고 블록을 처리해오던 요란한 손동작을 멈추고 자리에서 일어나 생각을 가다듬을 시간이 되었다. Ⓣ

검색업체 구글의 에릭 슈미트Eric Schmidt 회장은 펜실베이니아대학 박사학위를 받으며 "컴퓨터를 끄라"고 조용히 충고했다. 그는 "당분간 아날로그 생활을 하면서 무엇이 인생에서 가장 중요한 것인지 찾을 필요가 있다"라며 젊은이들의 성찰을 촉구했다.

04

디지털 디톡스

컴퓨터 없는 24시간, 이젠 상상할 수 없나요

결국 디지털의 번쩍거리는 환경에 반기를 드는 게릴라들도 생겨났다. 캐나다 문화운동 그룹 애드버스터Adbuster는 2009년 '디지털 디톡스Digital Detox'라는 제목을 걸고 회원들과 함께 일주일간의 언플러그unplug 도전을 시작했다. 이 기간에는 트위터Twitter나 페이스북Facebook, 아이폰iPhone, 엑스박스Xbox를 사용하지 못한다. 물론 TV도 꺼야 한다.

한 참가자는 디지털 디톡스를 통해 '자신이 새롭게 배운 10가지'를 이야기했다. 그는 "종이와 펜을 새롭게 발견하게 되는 순간"이었다고 고백했다. 또한 클릭을 반복하며 초조하게 확인하지 않더라도 "이메일은 당신을 기다려주니 조급해하지 말라"라고 조언했다. 갑자기 걸려오는 휴대전화에 반사적으로 반응하는 식의 대화가 줄고 "생각을 정리한 뒤, 필요한 말을 할 수 있게 된 것도 큰 변화"였다고 그는 또박또박 말했다.

컴퓨터는 물론 아예 전기를 사용하지 말고 '디지털 휴식'을 취하자는 운동도 있다. 3월 28일 8시 30분, 전세계 80여 나라 1600지역은 한 시간 동안 전깃불을 끈다. '어스 아워Earth Hour'라 불리는 이 시간이 되면 지구는 서쪽에서 동쪽으로 한 시간씩, 어둠의 파도타기를 하며 휴식을 취하게 된다. 파리 에펠탑, 시드니 오페라하우스, 뉴욕 타임스퀘어, 이집트의 피라미드까지. 세계의 명소도 이 시간이 되면 어두워진다. 우리나라 역시 서울타워, 한강교량, 시청 본관 등의 불을 껐다. 도시 전체로는 창원이 2009년 최초로 참여했다. 구글Google도

한 참가자는 디지털 디톡스를 통해
'자신이 새롭게 배운 10가지'를 이야기했다.
그는 "종이와 펜을 새롭게 발견하게 되는 순간"이었다고 고백했다.
또한 클릭을 반복하며 초조하게 확인하지 않더라도
"이메일은 당신을 기다려주니 조급해하지 말라"라고 조언했다.

'어스 아워'에 불 꺼진 에펠탑

홈페이지의 바탕화면을 흰색에서 검은색으로 바꾼 뒤 "불을 껐습니다. 이제 여러분의 차례입니다"라며 동참을 촉구했다.

하지만 이런 시도들에도 불구하고, 디지털에 대한 저항운동은 대부분 이벤트 행사에 그치는 것처럼 보인다. 이미 디지털이라는 큰 파도를 넘어선다는 것은 역부족일까? 아이러니하게도 디지털 사용을 멈추자는 지구적인 캠페인조차도 인터넷을 통해 유통되고 있으니 말이다. 게다가 디지털 반대 행사를 마친 다음날엔 결과를 확인하기 위해 해당 사이트가 폭주하기도 한다.

'정적'이 상품이 되는 시대

전남 송광사, 남해 두미도와 같이 휴대폰이 터지지 않는 공간들은 최근 인기여행

지로 떠오르는 중이다. 기지국 설치를 허락하지 않는 이곳의 가장 큰 관광상품은 '정적'이다. 할 수 있는 일이라고는 산책과 낚시 정도가 전부지만, IT강국의 빽빽한 네트워크에서 탈출하고 싶은 이들에게는 좋은 피난처가 되고 있다.

디자인용품을 유통하는 텐바이텐 이창우 대표도 최근 편지지 판매량에 변화가 있다고 설명했다. 그는 "실제로 사용하는지 모르지만, 편지지 수요 자체는 분명 늘었다"라고 말했다. 광속을 달리며 정보를 전달하는 피곤함에서 벗어나 천천히 또박또박 생각을 주고받는 일이 예전보다 훨씬 낭만적으로 느껴지는 시대가 온 것이다. ⒯

블로그는 계속해서 진화할 것이다

interview
03

박영욱

블로그칵테일 대표

"인터넷 서비스가 모바일로 확장되면 '블로깅'의 개념 역시 확장될 겁니다. 이제는 블로깅이 단순히 블로그에 글을 올리고, 이를 남들에게 보여주는 형태를 넘어서 다른 블로거들과 네트워크를 맺고, 이들을 관리하고, 자기 글을 퍼뜨리는 모든 행동을 포괄하는 용어로 재정의되겠지요."

Q 최근 저작권법 문제로 인터넷 공간이 후끈 달아올랐습니다. 꼬마가 손담비의 〈미쳤어〉를 부른 UCC가 저작권 문제로 삭제되면서 일반인들도 전보다 관심을 갖게 된 것 같아요.

저작권법 같은 경우는 올해 온라인 업계의 큰 화두였어요. 저작권자의 권리를 지켜준다는 취지는 매우 바람직하지만, 이제 막 인터넷에서 새로운 UCC 등의 창작물이 생겨나고 있는데 자칫 이들의 창작능력을 저해하지는 않을까 걱정하고 있어요. 저작권은 보호해야 하지만, 그렇다고 일반인들이 이걸 합법적으로 이용할 수 있는 방법은 사실 제대로 구축되어 있지 않거든요. 당분간 저작권법은 이에 대한 찬반논란과 법의 적절한 적용기준 마련 문제로 계속 뜨거운 이슈가 될 것 같아요.

Q 올해는 트위터나 미투데이 같은 마이크로 블로그가 화제가 됐죠.

트위터가 국내에 알려지게 된 건 오바마 대통령이 후보 시절에 사용하면서부터였던 것 같아요. 여기에 김연아 선수나 김주하 앵커, 소설가 이외수, 원더걸스 등이 트위터를 한다는 게

화제를 불러오면서 많은 사람들이 트위터를 이용하기 시작했죠. 미투데이도 마찬가지로 G드래곤이나 2NE1 같은 인기 스타들이 이용하면서 일반인에게 확산된 케이스예요. 예전에 싸이월드도 연예인들이 시작하면서 대중들의 관심이 높아졌잖아요.

Q 마이크로 블로그가 한국에서 성공할지에 대해서는 의견이 분분하던데요.

저는 일단 긍정적으로 보고 있어요. 저도 요새 트위터를 자주 이용하고 있는데, 길 가다가 좋은 풍경 있으면 휴대폰 사진으로 남기게 되잖아요. 예전에는 그걸 공유하려면 친구들에게 일일이 보내야 했지만, 이제는 그냥 제 트위터에 올리면 간단히 수많은 사람들에게 자동적으로 퍼져요. 일종의 그룹 문자메시지의 역할을 하는 거죠. 덕분에 사람과 관계 맺기와 유지하기가 수월해지는 것 같아요.

마이크로 블로그가 뜬다고 해서 기존의 블로그 이용률이 낮아진다는 건 아니에요. 트위터에서 쓰는 글은 주로 짧은 생각, 좋은 글귀들이거든요. 이런 것들을 많은 사람과 공유하고 싶은데 트위터가 좋은 도구가 되어주는 것이죠. 현재의 블로그와 마이크로 블로그는 두

영역이 각자의 역할을 하면서 커나갈 거예요.

Q 얼마 전까지도 '블로그 마케팅'이란 말이 어색했는데, 이제는 국내에서 어느 정도 자리를 잡은 듯해요.

초창기에 기업에서 블로그를 이용할 때는 단순히 기업이나 상품에 대해 '좋은 글 300개 남기기' 이런 식으로 해서 검색결과 창을 도배하는 형태, 혹은 블로그에 배너를 다는 등 TV 광고처럼 블로그도 하나의 광고매체로만 인식했어요. 하지만 소비자들이 엄청난 양의 광고를 접하고 있는 상황에서 블로그조차 광고판으로 인식되면 오히려 부작용이 생기겠죠.

그래서 어떻게 하면 블로그 안에 좀더 설득력 있고 진실한 메시지를 담아서 사람들을 공감시킬지, 그리고 그게 바이러스처럼 잘 퍼져나갈 수 있게 할지 고민한 결과가 '블로그 마케팅'이었어요.

이러한 기업의 의식 변화는 공식 블로그만 봐도 알 수 있어요. 예전의 기업 블로그는 기업 소식을 일방적으로 전달하는 홈페이지 형태였어요. 그런데 이제는 전문적인 캐릭터가 직접 운영하면서 사람들이 친근하게 다가갈 수 있게 변하고 있어요. 통보가 아닌 소통의 장이 되는 거죠. 작년만 하더라도 기업의 공식

블로그 리스트는 A4용지 한 장도 안 될 정도
였는데 이제는 그 수가 엄청나게 늘었어요.

파워블로거, 수익 창출의 날개를 펴다

요즘은 파워블로거들의 움직임도 흥미로워
요. 파워블로거들은 자발적으로 블로그 시장
의 가치를 찾고 수익을 창출하는 방안에 대해
다양한 도전을 하고 있어요. 자기가 스스로 몇
만 명의 방문자를 보유하고 파워가 있음을 입
증해 보이며 기업과 손잡고 상품을 마케팅하
기도 해요. 또 블로그를 통해 창업을 하는 경
우도 많아지고 있어요. 블로그의 특성상 고객
과 동등한 위치에서 커뮤니케이션할 수 있고,
한번 괜찮다고 입소문이 나면 블로그에서 블
로그로 알려지는 홍보 효과도 매우 크거든요.

시골 생활을 사진과 동영상으로 자연스럽게
보여주며 유기농 돼지고기를 산지에서 직접
배송해준다거나, 한 달에 만 원을 내면 나를
위한 사연이 담긴 소중한 선물을 보내주는 등
신선한 콘셉트를 내세운 블로거들이 화제를
일으키고 있죠. 블로그의 특성상 소비자의 반
응이 즉각적으로 오기 때문에 기본적으로 '신
뢰'를 바탕으로 한 감성 마케팅을 하죠.

Q 요즘은 올블로그나, 다음의 뷰 같

은 여러 블로그 글을 한 곳에 모아주
는 메타블로그 사이트가 점점 많아
지는 것 같아요.

얼마 전 서울시나 문화체육관광부에서도
직접 만들었을 만큼 수많은 메타사이트들이
생겨나고 있어요. 하지만 한국의 메타사이트
는 주로 콘텐츠 유통 쪽에 집중하는, 굉장히
초보적 단계라고 할 수 있어요. 블로그 글 중
에 괜찮은 콘텐츠를 자사의 메인 화면에 띄우
는 정도로 메타사이트가 이용되고 있죠.

메타블로그 사이트, 이제는 네트워크다

하지만 앞으로의 메타사이트는 블로거들 간
의 커뮤니케이션을 활성화시킬 수 있는 방안
을 찾아내야 한 단계 발전할 수 있을 거예요.
이제는 블로그도 굉장히 많아졌고 블로그를
구독하는 사람들도 많아졌잖아요. 이들을 성
향과 관심사에 따라 분류하고, 또 어떤 사람이
좋은 블로거인지, 블로그에 대한 평판이 어떤
지, 어떤 식으로 블로그 네트워크를 맺고 있는
지 등을 이용자가 찾아볼 수 있게 해줘야 해
요. 수많은 블로그를 보유하는 게 중요한 것이
아니라, 블로거들을 어떻게 하면 잘 관리하고
카테고리화할 수 있는가에 집중해야겠지요.

Q 2010년 온라인 시장의 화두는 무
엇이 될까요?

앞으로는 온라인 서비스를 휴대폰에서도 자
유롭게 이용할 수 있게 될 거예요. 아직 초기
단계이지만 아이팟의 앱스토어처럼 국내에서
도 오픈 어플리케이션 시장이 등장하고 있고,
인터넷 업체들도 모바일 쪽으로 점점 영역을
확장하는 추세예요.

지금까지는 스마트폰의 성장이 미미했어요.
그건 스마트폰에 대한 욕구 자체가 없었기 때
문이죠. 휴대폰으로 SNS 기능을 불편 없이 이
용할 수 있고, 좀더 많은 정보를 받아볼 수 있
고, 링크정보나 동영상, 사진을 좀더 쉽게 감
상하고 싶다는 욕구가 충족될 때 비로소 스마
트폰 시장은 폭발적으로 성장할 수 있는 거죠.

인터넷 서비스가 모바일로 확장되면 '블로
깅'의 개념 역시 확장될 겁니다. 이제는 블로
깅이 단순히 블로그에 글을 올리고, 이를 남들
에게 보여주는 형태를 넘어서 다른 블로거들
과 네트워크를 맺고, 이들을 관리하고, 자기
글을 퍼뜨리는 모든 행동을 포괄하는 용어로
재정의되겠지요. **ⓣ**

인터뷰 | 박영욱

인디스타만 알고 인디음악은 모른다

interview
04

호란

가수

"만약 제게 '전지전능한 힘'만 있다면, 시청률이 0.5 퍼센트가 나와도 폐지되지 않을, 장르별 음악방송을 만들고 싶어요. 월요일에는 재즈, 화요일에는 포크, 수요일에는 록을. 고등학교 점심시간에 요일별로 다른 음악을 틀어주는 것처럼 한번 해보고 싶어요."

Q 음악계에서 가장 큰 이슈가 되고 있는 것은 무엇일까요?

대중문화 쪽은 단연 걸그룹이었죠. 걸그룹 그 이상도 이하도 없는 것 같았어요. 예전 방송을 보면 아주 대중적인 음악이라고 해도 댄스와 발라드는 공존했잖아요. 하다 못해 트로트라도 있었는데 지금은 정말 발라드도 없고 트로트도 없고 오로지 걸그룹만이 대세라는 생각이 들어요. 저도 보기에는 좋은데, 방송하기는 힘들더라고요.

Q 왜 이렇게 걸그룹이 잘되는 것 같으세요?

그냥 그때마다 흐름이 있는 것 같아요. 바로 전에는 보이밴드들이 다 쓸었잖아요. 동방신기, 슈퍼주니어, 2AM, 2PM 같은 보이밴드들이 확 올라오다가 어느새 이렇게 된 걸 보면 그때그때 니즈가 달라지는 것 같아요.

사실 클래지콰이가 나왔을 때도 그런 느낌이었거든요. 사람들이 댄스나 대중가요만 좋아하다가 "딴 거 없나?" 하는 와중에 클래지콰이가 나왔고, 그때는 잠깐 일렉트로니카가 각광을 받았죠. 그렇게 한 번씩 지나가는 이슈인 것 같아요. 이래서는 안 된다는 비판의 대상도 아닌 것 같고요.

　아마 다음에는 또 다른 게 나오지 않을까 싶
어요. 어쨌든 지금으로서는 저도 굉장히 보기
가 좋아요. 사실 요즘 외국에서 사오는 곡들도
많잖아요. 그래서 아이돌의 음악이라고 해서
음악성이 떨어진다거나, 퍼포먼스가 떨어진
다거나 하는 그런 것들이 없어요. 외모, 퍼포
먼스, 음악, 그런 것들이 같이 수준이 높아지
는 것 같아서 반갑기도 하죠. 대신 저희들이
무대 설 땐 '뻘쭘'하기도 하고, 마음이 좀 복잡
해요.

Q 한편에서는 일렉트로닉한 요소
도 무척 강해졌는데요.

　요즘 나오는 가요들은 대부분 일렉트로닉
한 요소를 차용하고 있죠. 이건 외국 팝시장
을 봐도 비슷한 흐름인 것 같아요. 다만 일렉
트로니카의 현학적인 느낌을, 이제는 좀더 쉽
게 받아들일 수 있도록 풀어주려는 노력이 있
는 듯해요.

일렉트로닉 음악이 쉬워진다

　일반적으로 일렉트로니카 하면 떠오르는 것
이 '중독성'이잖아요. 예전에는 반복적인 사운

드가 강했다면, 최근에는 멜로디 자체가 중독적인 쪽으로 간다고 할까요. 최근 브라운아이드걸스의 노래도 그런 모습을 보여준 것 같고요. 결국 트렌드에 의해서든, 어떤 필요에 의해서든 일렉트로니카를 하는 사람들이 대중음악 시장과의 접점을 찾아나가려고 노력하는 것이 지금의 전반적인 흐름이죠.

Q 요즘엔 대중음악과 인디음악의 경계가 허물어진다는 느낌이 들던데요.

인디라는 존재에 대해 사람들이 익숙해지는 것 자체는 굉장히 좋은 상황이지만 단지 몇몇 스타가 나왔을 뿐, 미디어에서 말하는 것만큼 그 벽이 실제로 많이 허물어지지는 않은 것 같아요. 오지은, 장기하, 요조, 이런 식으로 인디에서 스타가 나온다는 것은 굉장히 고무적인 일이지만, 아직까지도 사람들이 인디음악 자체를 일부러 더 찾거나 관심을 갖는 것 같지는 않아요.

예를 들어 장기하 씨의 경우 인터넷을 비롯한 미디어에서 스포트라이트를 굉장히 많이 받게 되었잖아요. 그렇기 때문에 장기하 씨를 알게 되고, 좋아하게 되고, 섭외하게 된 거지, 처음부터 대중들이 처음부터 "이런 존재가 있네!" 하면서 인디음악계의 장기하를 알고 달려간 것은 아니었잖아요.

물론 인디음악계에 대한 이러한 접근은 대중이 인디음악에 가까워질 수 있는 물꼬를 트는 역할로서는 굉장히 좋다고 봐요. 김C 같은 경우도 인디음악을 굉장히 오래하셨던 분이고 음악도 잘하시는 분인데, 사람들은 그냥 예능 프로그램을 통해서 알고 있잖아요. 그런 김C에 대한, 장기하에 대한, 요조에 대한 개인적 관심이 인디음악 전반에까지 좀 퍼졌으면 좋겠어요. 아직까지는 그저 일방적인 정보를 앉아서 받아들이는 수준이죠. 흥미가 생긴다면 좀더 적극적으로 음악을 찾아 듣는 분위기가 됐으면 좋겠어요.

Q 요즘엔 미니홈피 대신 미투데이 하시죠, 계기가 있으신가요?

미니홈피는 지금 휴면상태에 있어요. 트위터는 기획사의 권유로 시작했지만 사실 미니홈피는 데뷔하기 전부터 자발적으로 시작했어요. 그래서 내 일기도 써놓고 그랬죠. 사실 저는 처음 미니홈피를 시작할 때만 해도 디카가

없었어요. 그래서 텍스트 중심으로 갔었죠.

그런데 이게 사람들에게 노출이 되고, 사람들이 그곳을 통해 얻고자 하는 것들도 달라졌죠. 그들의 욕구에 맞추려다보니 공연사진도 올려야 하고, 다른 것도 올려야 하더라고요. 결국 팬 서비스 차원에서 운영을 하니 부담스럽기도 하면서 점점 재미가 없어졌어요.

온라인상의 소통은 서비스가 아니죠

그러던 중 미투데이라는 게 나왔는데, 이건 되게 단순한 한 줄짜리 텍스트로만 소통을 하잖아요. 굉장히 즉각적인 반응이 나타나고, 굳이 정제되지 않은 모습이어도 되고, 가식을 떨 필요도 없어요. 욕만 안 쓸 뿐이지, 제 편한 말투도 쓰고요. 팬들을 위해 억지로 '서브'한다는 느낌도 없고요. '인터넷 오타쿠'적인 제 느낌에 잘 맞은 거예요.

Q 그렇다면 트위터 같은 매체가 셀리브리티의 홍보수단으로서 효용이 높다고 생각하시나요?

요즘 네티즌들은 굉장히 민감하고, 똑똑해요. 팬들과 마음 놓고 소통할 수 있는 공간에서 연예인의 태도를 내보이는 순간, 팬들은 나와 소통하고 있다는 느낌보다는 연예인의 액션을 보고 있다는 느낌이 들겠죠. 그러면 네티즌들이 먼저 흥미를 잃을 거라고 생각해요. 물론 정보 전달은 되겠죠. 몇 날 몇 시에 공연해요. 티켓 삽시다. 이러면 다른 데서 못 보던 애들이 미투데이에 와서 정보를 얻을 수는 있겠죠. 하지만 매력을 얻지는 못할 거예요.

지금 제 미투데이에 그래도 많은 분들이 오셔서 댓글도 달면서 놀고 계신데, 여기서 실시간 댓글로 채팅도 하고 그래요. 이런 건 제가 여기서 완벽하게 무장해제를 하고 있기 때문이라고 생각해요. 그래서 전 그곳이 지금처럼 약간은 사적인 공간이었으면 해요. 저 자신을 보여줄 수 있는 정말 새로운 매체이기 때문에 지금 그 공간에 굉장히 흡족하고 있고, 그래서 이 분위기 그대로 갔으면 좋겠어요.

Q 최근 연예인들은 작가, 미술가, 음악가 등 다양한 활동을 하잖아요. 과거에 비해서 연예인이 자아를 더 드러내는 것 같아요. 이런 게 팬들이 원하는 모습인 것 같기도 하고요.

저는 제 성격을 안 드러냈으면 더 인기를 얻을 수 있지 않았을까 하는 생각을 가끔하는데. (웃음) 예전에는 가수면 가수, 연기자면 연기자, 이렇게 하나만 파고드는 분위기였어요. 하지만 지금은 전체적으로 제작자들이나 연예인들이나 좀더 융통성 있게 연예인이라는 한 개인의 욕구를 표출시킬 수 있는 분위기를 조성하고 있는 것 같아요.

연예인의 자아, 개인의 욕구

구혜선 씨도 배우로서 굉장히 성공하신 분이지만, 글을 쓰고, 그림을 그리고, 전시를 하는 것이 팬들의 요구로 인해 이루어진 것은 아닐 거예요. 아마도 개인이 가지고 있던 욕구를 기획사에서 받아줘서 '그래 한번 해보자'라는 식의 융통성이 생긴 것 아닐까요. 그래서 결과적으로는 팬들까지도 좀더 편하게 받아들이고 있는 것 같기도 해요.

다른 한편으로는, 전체적인 쇼 비즈니스 시장이 어려워지다보니 여러 가지 창구를 찾고 있다는 생각도 들어요. 예를 들어 연예인들이 쓴 소설이나 에세이, 여행책 같은 경우, 갑자기 재능 있는 연예인들이 생겼다고 하기보다는 출판계의 불황과도 분명 연관이 있다고 생각하거든요. 결국 이러한 여러 가지 요소들이 맞물려서 나온 현상이라고 생각하고 있어요.

Q 예측하시는 2010년 음악계의 트렌드가 있으신가요?

이왕이면 발라드가 다시 돌아왔으면 좋겠어요. 사실 우리나라 사람들은 언제나 발라드를 원하잖아요. 마음을 울리는 그런 애절한 발라드를 늘 원하는 사람들이기 때문에, 분명히 언젠가는 돌아올 것이라는 생각이 들어요.

아이돌은 항상 잘되어왔지만, 지금 아이돌의 원톱 시대와 댄스음악이 너무 오래 지속되었기 때문에 이제 발라드가 돌아올 때가 되지 않았나 해요. 지금과 같은 댄스 일색에서는 정말 다른 장르의 여지가 없어요.

물론 대중의 한 사람으로서는 눈도 즐겁고, 귀도 즐겁지만, 활동을 하는 음악인으로서는 수많은 장르의 음악인들이 출구가 없어 힘들어하고 있죠. 하지만 발라드가 다시 각광을 받는다면, 지금 나오지 못하고 있는 팀들이 조금 더 융통성 있게 활동할 수 있을 것 같기도 하고, 그렇게 된다면 밴드의 활동이나 재즈도 조금 더 수월하게 묻어갈 수 있겠죠.

 만일 지금 호란 씨에게 전지전능한 힘이 있다면 문화적인 분야에서 고치고 싶은 부분은 무엇인가요?

만약 제게 '전지전능한 힘'만 있다면, 시청률이 0.5퍼센트가 나와도 폐지되지 않을, 장르별 음악방송을 만들고 싶어요. 월요일에는 재즈, 화요일에는 포크, 수요일에는 록을. 고등학교 점심시간에 요일별로 다른 음악을 틀어주는 것처럼 한번 해보고 싶어요.

고등학교 음악방송 같은 프로그램을 만들고파

저는 사실 대중들이 그 음악을 싫어해서 안 듣는 것이 아니라 몰라서 안 듣는 것이라고 생각해요. 그만큼 접근할 수 있는 창구들이 많지 않기 때문에 대중의 흥미를 유발할 수 있는 채

널들이 있으면 하는 바람이 있죠. 꼭 TV 채널이 아니더라도, 그랜드민트페스티벌처럼 요즘 많이 생긴 음악 페스티벌들이 그러한 역할을 하려고 노력하고 있어요. 지속적으로 유지되고 있는 것을 보면 어느 정도의 성과를 얻고 있는 거겠죠. 이런 활동들이 관심이 없는 사람들한테도 좀더 수월하게 전해질 수 있는 창구가 되었으면 좋겠다는 생각이 들어요. 🅣

PART 03
뷰티풀
루저

얼마 전에 방송을 탄 스포츠 브랜드의 광고는 경기에서 아깝게 진 선수의 모습을 보여주고 "마지막까지 최선을 다했다면 모두들 그걸로 만족한다"라는 내레이션을 들려준다. 그리고 곧바로 되묻는다. "그것이 진심인가?" "The winner takes it all (승자가 모든 것을 갖는다)"이란 카피와 내레이션으로 마무리되는 이 광고는 심히 공감이 가면서도 한편으로는 씁쓸한 마음을 지울 수 없다. 승자독식은 비단 스포츠경기에만 국한되는 개념이 아닌 것 같기 때문이다.

세계적인 경제불황과 갈수록 심해지는 양극화로 '루저 loser 문화'가 확산되고 있다. 2009년 8월 기준으로 우리나라의 실업자는 정부 통계에 잡히지 않는 이들까지 포함해 100만 명에 육박하며, 체감실업률은 11퍼센트라고 한다. 경기회복 분위기에도 불구하고 20대와 30대 취업자수는 19년 4개월 만에 최저수준으로 떨어졌다. 한창 진취적인 꿈을 꾸고 활발한 경제활동을 시작해야 할 청년들이 일자리를 찾지 못하고 백수생활을 하고 있는 것이다.

간신히 백수를 모면하고 직업을 갖게 된다 해도 상황이 크게 나아지지 않을 수도 있다. 비정규직으로 평생을 살아갈지도 모르는 '88만원 세대', 평생 뼈가 부서지도록 일해도 가난에서 벗어나지 못하는 '워킹푸어 working poor' 등 청년들이 살아가야 할 세상은 온통 비관적인 전망들뿐이다. 열심히 공부해서 너도나도 대학에 들어가고 장밋빛 미래를 꿈꿨던 청년들은 갑자기 나침반을 잃고 불안한 항해를 할 수밖에 없다. 비단 청년들만이 아니다. 이미 직장이 있는 사람들도 언제 회사를 나가야 할지 몰라 전전긍긍하거나 혹시 있을지 모를 구조조정에 대비해 제2의 커리어를 쌓기 위해 정신이 없다.

이런 답답한 상황 속에서 젊은이들은 스스로를 '루저'라고 부르기 시작했다. 자조적인 표현이기는 하지만, 루저 문화의 내면을 가만히 들여다보면 생각보다 그렇게 우울하지만은 않은 것 같다. 2009년의 루저 문화는 패배의식으로 가득한 비관적인 성향을 띠지 않으며, 어딘가 있을 '위너winner'를 향한 공격성도 보이지 않는다. '난 인생의 패배자야'라고 비관하기보다는 '지금 난 하찮다. 하지만 당장 어찌할 수 없으니 일단은 어떻게든 즐겨보자'는 긍정의 힘이 느껴지는 것이다.

이렇게 청년들의 루저 문화가 어둡지 않을 수 있는 이유는 그것이 소수만이 공유하는 것이 아니기 때문이다. 나 혼자만 백수가 아니라 내 친구도 백수고, 혼자만 힘든 게 아니라 다 같이 힘든 시기이다. 승자는 과연 어디에 있는지 모르겠지만, 어쨌거나 우리 모두 다 같이 루저인 세상에 살고 있는 것이다.

그래서 요즘 시대가 말하는 루저는 단어의 뜻 그대로 패배자를 뜻하는 것만은 아니며, 나와 비슷한 처지에 놓여 있는 사람들, 즉 백수이거나 혹은 하는 일이 있어도 거기에서 큰 만족이나 의미를 느끼지 못해 방황하는 이들이 '당신은 혼자가 아니야, 나도 여기 있어'라고 외치는 일종의 공감 코드인 것이다.

다시 서두의 스포츠 브랜드 광고로 돌아가보자. 그리고 내레이션의 순서를 바꿔보자. 방황하는 영혼들이 만들어낸 지금의 루저 문화가 언젠가는 우리 사회의 인식을 이렇게 바꿔놓을 수 있을 것이라는 희망을 가져본다.

"The winner takes it all."
"그것이 진심인가?"
"마지막까지 최선을 다했다면 모두들 그걸로 만족한다."

01

쩌리짱
겉절이 중 으뜸

쩌리짱은 '겉절이 중의 으뜸'이라는 뜻으로, 〈무한도전〉 멤버 정준하에게 붙은 별명이다. 방송에서 매번 주변부만 맴돌고 핵심에서 빗나간 멘트를 날리는 정준하를 어느 순간부터 '겉절이'라고 부르기 시작했다.

MBC 인기 예능프로그램 〈무한도전〉은 출연자들의 캐릭터에 딱 들어맞는 별명으로 여러 차례 센세이션을 불러일으켰다. 그런데 최근에는 '쩌리짱'이라는 정체불명의 별명이 등장했다.

쩌리짱은 '겉절이 중의 으뜸'이라는 뜻으로, 〈무한도전〉 멤버 정준하에게 붙은 별명이다. 방송에서 매번 주변부만 맴돌고 핵심에서 빗나간 멘트를 날리는 정준하를 어느 순간부터 '겉절이'라고 부르기 시작했다. 그런데 그는 스스로 겉절이임을 순순히 인정하고, 그것을 당당하게 캐릭터로 승화했다. 다른 멤버들이 정준하가 겉절이 세계에서 최고가 되고자 노력한다며 겉절이 뒤에 '짱'을 붙여주면서 '(겉)절이짱 → 쩌리짱'이라는 기상천외한 별명이 탄생하게 되었다.

텔레비전 속에서 인생의 루저를 주제로 한 개그는 항상 있어왔다. 주류에 편입되지 못한 자신을 보통 사람보다 못난 사람으로 낮추고 비굴한 행동을 하는 것이 웃음 포인트였다. 그런데 2009년의 루저 개그는 왠지 모르게 이전과 느낌이 다르다. 거기에는 '당당함'이 숨어 있다. 자신이 설사 1인자 주변 축에도 끼지 못하는 '겉절이'일지라도, 보잘것없는 외모에 어눌한 말과 행동을 일삼는 '쭈구리'로 불려도 실망하는 모습을 보이거나 남들에게 주눅 들지 않는다. 오히려 "뭐 보태준 것 있냐!"며 당당할 따름이다.

〈무한도전〉뿐만이 아니다. 얼마 전 종영한 MBC 〈오빠밴드〉와 KBS2 〈천하무적

뷰티풀 루저

쩌리짱

잉여인간

청백전

야구단〉〈남자의 자격〉 등의 버라이어티쇼를 이끄는 이들이 바로 루저 캐릭터들이다. 주요 캐릭터들의 면면을 살펴보면, 대중들의 선망의 대상인 연예인이 맞긴 한데 어딘지 모르게 '찌질'하다. 전성기는 한참 전에 지났고, 나이 때문인지 체력은 저질이며 외모도 썩 훌륭하지 않다. 모아놓으면 다 큰 어른들이라는 게 믿기지 않을 정도로 엉성하고 속이 좁으며 자주 투덜댄다. '오합지졸'이란 말이 절로 나온다. 그런데도 시청자들은 이러한 루저 캐릭터들에게 아낌없는 찬사를 보내고 있다.

시청자들은 1인자로 올라서고픈 마음은 굴뚝같으나 몸이 뜻대로 따라주지 않는 루저 캐릭터들에게 동질감을 느끼고 이들의 도전에 응원의 박수를 보낸다. 그리고 동시에 실제인지 설정인지 헷갈리는 그들의 리얼한 '루저짓'을 감상하며 실소와 함께 묘한 우월감을 느끼기도 한다.

싼티 나는 찌질이들에게 응원을

루저 캐릭터 하면 '싼티테이너'도 빼놓을 수 없다. 요즘 텔레비전 속 그들의 활약이 엄청나다. 싼티테이너는 '싼티+엔터테이너'의 준말로, 손발이 오그라들게 만드는 안면몰수 퍼포먼스와 시키면 무조건 다 하는 저자세 등 '싼티 나는' 행동을 주특기로 삼는 엔터테이너를 말한다. 스스로를 '싼티 아카데미 원장'이라 부르는 방송인 붐으로부터 시작된 연예계의 싼티 물결은 '여자 노홍철' 김나영을 거쳐 최근에는 아이돌 스타 2AM 조권에게까지 옮겨갔다. 엽기 듀오 노라조는 촌스러운 가사와 퍼포먼스로 싼티의 절정을 보여줬다. 이들을 가만히 꼬집어보면 외모나 실력에서 다른 이에게 뒤처지진 않는데, 어딘가 모르게 '5프로' 모자란다.

이런 모자람 때문에 싼티테이너들은 대중과 스타 사이의 징검다리 역할을 한다. 붐이나 김나영이 '내가 제일 좋아하는 연예인' 리스트에는 오르지 못할지라도, 연예인치고는 너무도 자신을 낮추는 '저렴한' 자세가 친근감을 주면서 점점 더 호감형으로 어필하고 있다. 시청자들은 루저로 출발한 그들이 과연 어디까지 올라갈 수 있을지 소리 없는 응원을 보내고 있다.

모름지기 눈앞에 빤히 보이는 스토리는 재미가 없는 법. 이미 1인자를 꿰차고 있는 스타보다, 루저들이 만들어가는 리얼 성장스토리는 한 치 앞도 가늠할 수 없기에 매력적이다. 영화나 드라마 속 루저들은 매번 실패하고 무시당하지만 기다리다보면 항상 기막히고 기적적인 '한 방'이 있지 않던가. 2010년 텔레비전 속 쩌리짱들과 싼티테이너들이 과연 기적의 한 방을 날릴 수 있을지 기대해보자. ⓣ

최근 20대 젊은이들을 중심으로 '잉여인간剩餘人間'이라는 말이 유행하고 있다. 말 그대로 '쓰고 남은 인간, 남아도는 인력'이란 뜻이다. 19세기 러시아 문학 속의 잉여인간은 '일반인보다 뛰어난 지성을 가졌지만 방관자적 자세로 무료한 소일만 반복하는 귀족들'의 모습을 표현한 말이었다. 한국에서는 전후戰後 현실사회에 적응하지 못하고 소외된 사람들의 이야기를 다룬 손창섭의 단편소설 「잉여인간」이 있었다.

젊은이들이 말하는 잉여인간은, 사회적으로 이렇다 할 역할 없이 뒹굴거리는 백수, 온라인 공간에서 별 의미 없는 행동을 일삼는 사람을 말한다. 또 잉여인간들이 하는 무의미한 행위를 통틀어 '잉여짓'이라고 부르며, 최고의 잉여짓을 한 사람에게는 '잉여킹'이라는 호칭까지 붙여준다.

재미있게도 잉여킹은 일본 애니메이션 〈포켓몬스터〉의 몬스터 중 하나인 '잉어킹'에서 유래했다. 〈포켓몬스터〉의 잉어킹은 힘도, 스피드도 없고 제자리에서 팔딱팔딱 뛰는 것이 전부인 전투력 제로인 몬스터다. 누리꾼들은 '잉여'와 '잉어'의 발음이 비슷하고, 이 둘의 속성도 거의 같다 하여 '잉어킹'이라는 단어를 만들어냈다.

한국의 인터넷 문화를 창조했다고 해도 과언이 아닌 디시인사

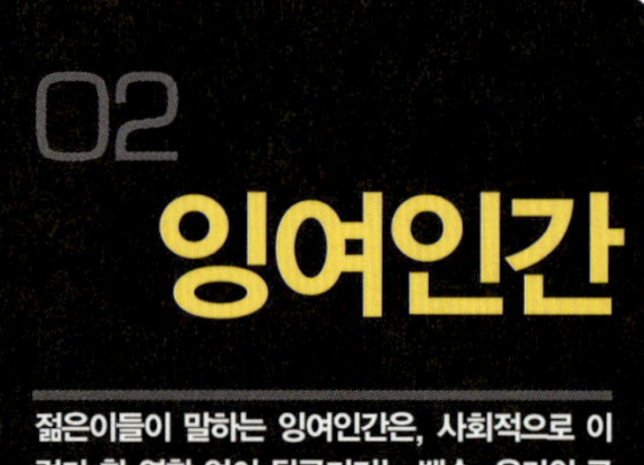

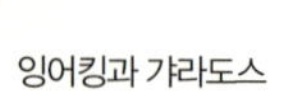
잉어킹과 갸라도스

이드에는 '자랑거리 갤러리'가 있다. 남들에게 자랑하고 싶은 것을 올리는 공간인데, 거기에는 진짜 자랑할 만한 자신의 장기나 사연도 올라오지만 대부분은 '내가 당신보다 더 잉여인간'이라는 것을 경쟁하는 듯한 내용으로 채워진다. "동전 쌓다 동전이 붕괴한 게 자랑"이라며 하루 종일 동전 쌓기를 반복한 과정을 상세히 보여준 게시물, "유학 와서 공부는 안 하고 5년 동안 로또만 한 게 자랑"이라며 그동안 모은 로또를 바닥에 깔고 찍은 사진, "츄파춥스로 레몬에이드 만들어 먹은 게 자랑"이라며 레몬맛 사탕을 녹여서 마시기까지의 모습 등. 거기에는 "잉여력 폭발" "내가 봐도 병신짓" 등 자학적인 멘트도 필수로 첨가된다. 자기가 직접 해놓고는 스스로를 시니컬하게 비난하고, 또 그걸 남들에게 자랑하듯 보여주는 것이다.

'잉어킹' 노는 개천에서 용 난다

언뜻 보면 이해할 수 없는 이러한 행동에는 자신의 처지를 웃음거리로 만들어 남에게 주목받고 싶어하는 심리가 담겨 있다. 또한 답답하고 내 마음대로 되지 않는 현실세계에 대한 도피의 방법으로도 볼 수 있다. 현실에서는 소외당하고 인정받지 못하지만, 자랑거리 갤러리에서는 화제의 주인공이 될 수 있다. 아주 사소하고 의미 없는 행동을 해도 주목받고 칭찬받을 수 있는 곳, 비록 주류사회는 아니더라도 '잉여계의 1인자'로 올라설 수 있는 기회가 있는 것이다. 자랑거리 갤러리는 자랑거리가 아닌 것으로 주목받고 싶은 이들이 만들어가는 역설적인 공간이다. 이러한 잉여짓을 할 만큼 현실이 갑갑한 사람이 나 말고도 또 있다는 것을 확인하고 안도의 숨을 내쉬며 묘한 공감대를 형성한다.

지금은 비록 전투력 제로에 남들에게 무시당하는 잉어킹이지만 그 사실을 알고 있는지? '잉어킹'이 진화하면 엄청난 파워를 가진 용 '갸라도스'가 된다는 것을. 젊은 잉여세대가 지금 당장 할 수 있는 것은 무의미한 제자리 뛰기뿐일지도 모르지만 그 안에는 엄청난 내공이 숨어 있고, 언젠가는 잠재돼 있던 능력이 폭발해 우리 사회를 힘차게 뛰게 만들 것이라고 믿어본다. ⓣ

청년실업은 이미 전세계적인 문제이다. 한국에 '88만원 세대'가 있듯이 일본에는 '잃어버린 세대'가 있고, 이탈리아에는 '1000유로 세대', 그리스에는 '600유로 세대'가 있다. 사회의 에너지가 될 젊은이들이 직장을 갖지 못한다는 것은 매우 우울하고 심각한 현실이지만, 실업을 주제로 기상천외한 창작물을 만들어냄으로써 우울한 분위기를 쇄신하려는 움직임도 활발하게 일어나고 있다.

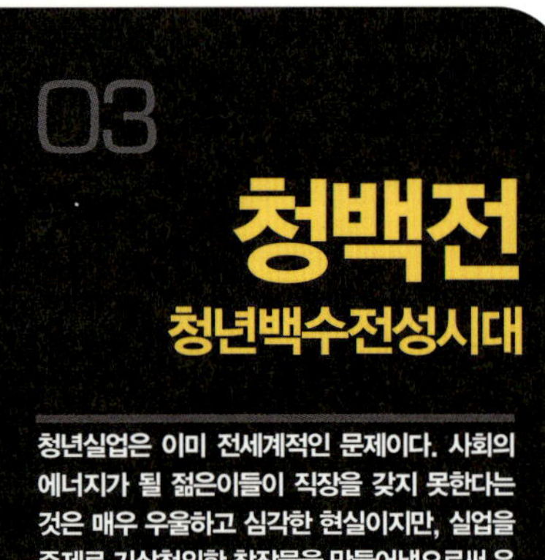

일본에는 '가난뱅이의 별'로 불리는 백수활동가 마쓰모토 하지메松本哉가 있다. 그는 자본주의 사회에 저항하는 유쾌한 퍼포먼스로 유명한 사람이다. 일본 자본주의의 상징인 롯폰기힐스에 "롯폰기를 불바다로! 크리스마스를 쳐부수겠다!"는 내용의 전단을 뿌려 수백 명의 경찰 병력이 몰려들게 해놓고는 막상 불바다 대신 불을 지펴 찌개를 끓여 나눠먹거나, 꽁치를 구워 크리스마스 커플들 사이로 비린내를 폴폴 풍기는 퍼포먼스를 펼쳤다. 2005년부터는 '아마추어의 반란'이란 재활용 가게를 열고, 버리는 게 미덕인 자본주의 사회에 반항하고 있다.

그의 저서 『가난뱅이의 역습』에는 돈 없이도 맨몸으로 살아갈 수 있는 서바이벌 생활기술과 가난뱅이의 등골을 빼먹는 사회에 대항할 수 있는 반란의 노하우가 유머러스하게 소개돼 있다. 그는 가난해서 아무것도 할 수 없다는 젊은이들에게 공짜로 유쾌하게 살 수 있는 방법을 알려주었고, 이런 노하우들은 경제난으로 일자리를 얻지 못한 채 자괴감에 빠져 있던 일본 젊은이들에게 큰 호응을 얻었다.

일본에 가난뱅이의 역습이 있다면 한국에는 전국백수연대가 있다. 전국백수연대는 지난 1998년에 생겨 2006년에는 서울시에 정식등록까지 마친

어엿한 비영리 민간단체다. 전국백수연대 대표가 운영하는 온라인 카페 백수회관 cafe.daum. net/backsuhall은 회원수가 1만5천 명이 넘는다. 홈페이지 대문에는 "벽지 시골마을에도 마을회관, 부녀자회관, 노인회관이 있는데 백수들을 위한 회관은 왜 없단 말인가"라며 백수임을 당당히 밝히고 해결책을 찾아보자는 백수회관 설립의 취지가 설명돼 있다. 그의 말처럼 백수회관은 백수들이 마음 놓고 신세한탄을 할 수 있는 공간이다. 취업이 되지 않아 답답하다는 20대, 아르바이트도 구하기 힘들다는 대학생들이 많다. 또한 고달픈 백수생활에 대한 고민을 털어놓거나, 백수들이 서로에게 남기는 격려의 댓글도 가득하다. 최근에는 백수연대 회원들이 '독도쿠키사업단'을 꾸려 쿠키를 만드는 사업에도 착수했다. 백수라고 가만히 앉아서 한숨 쉬는 게 아니라 사업을 구상하고 고용을 창출하는 자구책을 마련하기 시작한 것이다.

실업자 올림픽과 에어 야키니쿠

실업, 피할 수 없다면 즐겨라

'즐거운 실업funemployment'이라는 단어가 미국을 중심으로 유행하고 있다. 즐거운 실업이란 20, 30대의 젊은이들이 실업기간 동안 여행, 독서, 재충전 등의 시간을 보내다는 것으로, 일자리를 잃는 것이 항상 비극적인 사건은 아니라는 움직임이다. 실업기간에 구인란을 뒤지고, 인생을 한탄하며 전전긍긍하는 삶을 사는 것보다 그동안 직장 때문에 하지 못했던 일을 느긋하게 즐긴다는 것이다. 물론 그 전제는 통장 잔고가 있을 때까지다. 돈이 다 소진되는 순간 또다시 치열한 노동시장으로 뛰어들어가야 하겠지만, 일단은 '즐거운 휴식 모드'를 갖자고 생각한다.

지난 4월, 미국 뉴욕의 톰킨스 스퀘어 공원에서 사상 최초로 실업자 올림픽 Unemployment Olympics이 열렸다. 해고통지서만 있으면 누구나 참석할 수 있는 이 올림픽은, 사무실 전화 멀리 던지기, 팩스 부수기, 상사에게 고함지르기 등의 게임으로 승자를 가렸다. 실업자 올림픽의 주최측은 "실업은 무조건 감추고 부끄러워해야 할 것이 아니며, 실업자 올림픽은 같은 처지에 놓인 사람들끼리 모여 서로를 격려하는 생산적 행사"라며 앞으로 매년 열게 될 것이라고 밝혔다. 실업자들이 모여서 올림픽을 한다는 발상과 그 안에서 진행되는 게임이 웃음을 자아내기는 하지만, 참가자 수가 해마다 늘지는 않았으면 하는 바람이다.

일본에서 개발한 눈으로 고기를 구워먹는 사이트, 에어 야키니쿠airyakiniku.cosaji.jp는 고기를 사먹을 능력이 없는 백수들을 위한 곳이다. 이용방법은 간단하다. 밥과 양념만 준비한 뒤 노트북에 에어 야키니쿠 사이트를 띄우면 된다. 화면에 불판이 나오면 먹고 싶은 고기 종류를 선택한다. 그리고 정말 생생하게 구워지는 고기를 눈으로 보고, 구워지는 소리를 감상하며 밥을 먹기만 하면 된다. 그야말로 일본판 자린고비다. 보고 나면 고기를 더 먹고 싶어진다는 단점이 있지만, 고기를 먹고 싶어도 먹지 못하는 사람들을 위한다는 발상이 재미있다. Ⓣ

취업난 신조어

캥거루족 직업을 구하지 못해 부모에게 얹혀사는 족속

토페인 토익이 만병통치약인 줄 알고 토익만 공부했다가 취업도 못 하고 폐인이 된 족속

A매치 데이 금감원, 한국은행 등 가장 높은 급여와 복리후생, 가장 긴 정년을 보장하는 국책은행들의 입사시험이 겹친 날

3대 입시 클러스터 고교 때는 대치동 입시 학원가, 대학시절에는 신림동 고시촌, 졸업 뒤엔 노량진 공무원 학원가

낙바생 낙타가 바늘구멍으로 들어가듯이 어려운 관문을 뚫고 취업한 사람

38선 민간 사기업 체감 정년 38세

조기 조기 퇴직자

이태백 20대 태반이 백수

이구백 20대의 90퍼센트가 백수

십장생 10대도 장차 백수가 될 것을 생각해야 한다.

사오정 사기업 정년은 45세

오륙도 사기업에서 56세까지 다니면 도둑놈

▶ 출처: 『서울신문』

단순해지는 인간,
휩쓸리는 여론,
무서워지는 사회

송형석
정신과 전문의

"사람이 놀면서 창조성을 개발하고 협상도 하고 생각의 다양성도 익히는 건데, 지금 아이들이 어디 놀아봤나요? 애들은 그저 부모가 시키는 것만 지독하게 하고 있잖아요. 그것 때문에 요즘 애들은 자발성이나 생각의 유연성이 굉장히 부족해요."

Q 사실 네트워크는 엄청나게 발달했고 얘기할 수 있는 통신수단도 많아졌습니다. 하지만 진중한 얘기를 할 수 있는 공간은 오히려 없어진 것 같습니다.

깊은 얘기를 할 기회 같은 것도 이제는 인터넷으로 만들어야 할 시점인데, 지금과 같은 분위기에선 불가능하죠. 지금은 오히려 인터넷 때문에 나라가 이상하게 가는 것 같아요.

진지한 이야기가 서로 차분히 오가는 게 아

니라, 자기 얘기만 막 토해놓고 떠나는 거죠. 좀 있다가 정신이 좀 돌아오면, "싫으면 말고, 아니면 말고" 이런 식으로 책임을 피하는 인간들이 전체 사회의 담론 같은 걸 만들어내고 있잖아요.

어떤 루머에 국가 전체가 휩쓸리다가 바로 잊어버리고 하는 이런 식의 큰 파동이 앞으로 몇 년간은 지속될 것 같아요. 실은 국가적인 이슈 중에서 인터넷을 통해 여론몰이가 되고 있는 것들이 굉장히 많아요. 사람들은 그게 자기의 자발적인 의견이라고 착각을 하거든요.

그런데 저는 그게 아니라고 생각해요. 암만 봐도 어떤 전체적인 히스테리처럼 보일 때가 많거든요.

Q 어떤 식으로 해결이 될 수 있다고 보시나요? 정책적인 방안이 있을까요?

그저 자정이 되기를 기다려야겠죠. 제가 만약 "이런 식의 소통은 문제가 있다"라고 얘기하면 지금 수준에선 "뭐야 넌! 통제하려는 것이

인터뷰 | 송형석

냐" 하고 난리칠 거예요. 일단 가만히 있어야겠죠. 이런 식의 문제를 앞으로 5년에서 10년은 더 겪은 뒤에야 사람들이 "아 더 이상은 안 되겠다" 하고 생각할 것 같아요. 곪을 대로 곪고 나서야 뭔가 법적인 장치를 제안해가겠죠.

Q 최근에 이런 식의 군중심리가 작용한 대표적인 예가 2PM 박재범 이슈일 텐데요.

저는 박재범 사태에서 '왕따 문화'에 완전히 익숙해진 20대를 보면서 분노하게 되더라고요. 사실 저희 때도 왕따와 비슷한 건 있었어요. 하지만 그러면서도 "왕따는 나쁘지"라는 확실한 인식도 있었죠. 지금 20대 중반 초반이나 10대들은 "왕따? 할 수도 있지"라는 싸늘한 생각을 가진 것 같아요.

상처 준 뒤에도 웃고만 있는 잔인한 세대

재범이라는 가수가 인터넷에 적어놓은 글을 봤어요. "어라? 요것 보게" 하면서 그게 옳다 그르다를 생각하지 않고 일단 마음에 안 드니까 밟아뭉개고 보는 거예요. 그런 뒤에 그 가수는 쫓겨나듯이 떠나버렸는데도, "이래선 안 된다"고 생각하는 게 아니라, "학생 때 생각도

나고 재밌네, 좀 미안도 하고!"라고 싱긋 웃으면서 이야기하고 있는 모습들을 봤어요. 굉장히 잔인해보이고, 무서워요. 왜냐하면 기본적인 도덕심 자체가 지금 망가져 있다는 얘기거든요. 이런 하향평준화 속에서 연쇄살인범도 쉽게 자랄 수 있는 거예요.

Q 사람들이 아군과 적군으로 나누거나, 흑백논리로만 이야기 하는 경향도 강해진 것 같아요.

제가 소아상담으로 옮긴 지 6~7년밖에 되지는 않지만 청소년들이 갈수록 점점 단순해지는 것을 봐요. 『놀이하는 인간』 같은 책에서 언급하듯이, 사람이 놀면서 창조성을 개발하고 협상도 하고 생각의 다양성도 익히는 건데, 지금 아이들이 어디 놀아봤나요? 애들은 그저 부모가 시키는 것만 지독하게 하고 있잖아요. 그것 때문에 요즘 애들은 자발성이나 생각의 유연성이 굉장히 부족해요.

"상류층이냐 하류층이냐"만 생각해

그런데 이게 과연 어린이들만 문제겠느냐는 거죠. 지금의 대학생들도 비슷하게 가는 중일 겁니다. 지금 청소년들은 자라면서부터 늘 경

제적인 논리와 잣대를 보았으니까 "돈을 많이 버느냐, 적게 버느냐, 상류층이냐, 하류층이냐" 머릿속에서 이것만 생각하게 됐어요. 돈이 많지만 정신적으로 빈약한 사람은 좀 무시할 수도 있고, 반대로 돈은 없지만 지식이 풍부한 사람들은 존경해줄 수도 있잖아요. 그런데 그런 가치를 인정 안 해요.

독재시대보다 후퇴한 내면의 자율성

웃기는 건, 개개인의 인격차원에서 보면, 과거 독재정권일 당시에 오히려 사람들이 더 자유롭게 살았던 것 같아요. 지금은 민주화 사회라고 그러는데 내적인 자율성은 더 사라졌어요. 내면의 자율성이라는 것은 사회적 체계나 정치적 체계 문제가 아니라는 거죠. 인간이 어떤 식으로 양육되느냐의 문제지.

어릴 때부터 자기가 마음껏 결정할 수 있게 해놓으면 20, 30대가 되더라도 자기는 할 수 있다고 생각을 하는 거고, 세 살 때부터 열 살 때까지 부모들이 계속 쪼면서 키우면 나중에 30대가 돼도 말로는 '안 됩니다, 그런 거' 하면서도 자기도 모르게 남들이 시키는 대로 갑니다. 큰 틀에서는 그렇게 움직이는 거죠. 이런 게 무서운 건데 저는 이미 지금 세대는 그런 식으로 굳어졌다고 생각해요. 앞으로도 그렇게 갈 거라고 생각해요.

Q 그럼 지금 젊은이들이 존경하는 롤모델이라고 할 만한 사람은 누가 있을까요?

제가 보기엔 지금 20대에겐 안철수 씨 정도가 이상적인 롤모델이 될 것 같아요. 그분은 도덕관도 있고 성실성도 있죠. 그리고 중요한 건 돈도 잘 번다는 사실이죠.

이런 불안정한 시기에서 지금 사람들이 제일 바라는 건, '안정적으로 살고 싶다'입니다. '잘산다'가 아니에요. 지금 우리나라 사람들은 돈 많이 버는 것이 아니라, 우리나라 사회에서 안정된 위치를 지키고 싶다는 욕망이 제일 강합니다. 그런데 조금 착각을 하는 거죠. "적어도 이 정도는 벌어야 안정이지"라는 생각에 빠져서, 끝도 없는 노력을 하고 있습니다. **T**

서른, 어른이 되지 못한 어른

조정미
김현정

교보문고 컨텐츠개발팀
교보문고 독서홍보팀

"다들 어른 포장은 하고 살죠. 하지만 정신적·경제적으로는 부모에게서 독립을 못 하고 있어요. 20, 30대의 베이비붐 세대 아버지들은 계속 권력이 있고 돈이 많죠. 그러니 그 아래서 20, 30대는 스스로 유능함을 느끼기가 어렵고, 자신의 존재에 대해 자꾸만 고민하게 되는 것이죠."

Q 최근 서점에 가보면 다양한 주제의 심리학책들이 엄청나게 많더라고요. 이런 심리학책들의 주 타깃은 어떤 사람들인가요?

심리학책 읽는 사람들 연령조사를 해봤더니 남자와 여자가 차이가 있더라고요. 여자는 25~29세로 30세 전에 가장 많이 읽고요, 남자는 35~39세로 40세 전에 많이 읽어요. 남녀가 딱 10년 차이가 나요. 그러니 찾는 심리학책의 종류도 다르겠죠. 여자는 25~29세에 맞는 연애심리, 『미술관에는 왜 혼자인 여자가 많을까?』처럼 싱글들이 공감하는 이야기를 읽죠.

심리학 읽는 여자, 남자 다르다

반면 남자들은 보통 '마흔 살 전후가 위험하다'고들 하잖아요. 바람나기도 쉽고, 공허감도 크게 느끼고. 하지현의 『도시심리학』, 우종민의 『남자심리학』 이런 책들의 타깃은 젊은 아이들이 아니에요. 젊은 남자들은 몸에만 관심 있지 심리에는 관심이 없거든요. 남자들은 40세를 바라볼 때쯤 마음도 공허하고, 이 회사는 언제까지 다닐까 같은 미래에 대한 고민도 하고 그런 것 같더라고요.

또 재미있는 것은 여자들은 마흔 넘어가면

인터뷰 | 조정미·김현정

몸에 관심을 갖고, 건강과 가정생활 쪽에 관심이 많아져요. 그런데 남자들은 마흔이 넘으면 시를 읽더군요. 김용택의 『참 좋은 당신』, 정호승 시집, 연애시 아니면 향토적인 것, 어머니, 고향, 이런 시를 읽는 거죠. 여자들은 마흔 넘으면 시를 읽지 않죠. 참 다르죠?

Q 재미있게도 최근 들어 '서른'이라는 나이가 들어간 심리학책이 특히 눈에 많이 띄더라고요.

참고로 서른 살을 키워드로 삼은 책의 경우 여자는 29세, 남자는 34세가 가장 많이 산답니다. 『심리학이 서른 살에게 답하다』『서른 살 직장인 책읽기를 배우다』『설운 서른』『서른 살의 달리기』 등 서른을 다룬 책들이 참 많죠.

Q 서른 살을 주제로 한 책들이 이렇게 쏟아지는 이유가 뭘까요?

우리나라가 20, 30대 자살률이 세계 1위라고 하잖아요. 요즘 우리 사회의 키워드는 '어른이 되지 못한 어른'인 것 같아요. 최근 출간된 『그녀는 왜 혼자서 구두를 고르지 못할까』라는 책은 요즘 20, 30대가 부모와 자신의 인생 사이에서 방황하는 모습을 잘 보여주고 있

어요. 다들 어른 포장은 하고 살죠. 하지만 정신적·경제적으로는 부모에게서 독립을 못 하고 있어요. 결혼 이후에도 아이가 생기면 부모가 키워줘야 하고, 부모가 결혼한 자식에게 생활비 쓰라고 돈을 대주기도 하죠. 20, 30대의 베이비붐 세대 아버지들은 계속 권력이 있고 돈이 많죠. 그러니 그 아래서 20, 30대는 스스로 유능함을 느끼기가 어렵고, 자신의 존재에 대해 자꾸만 고민하게 되는 것이죠.

Q 심리학책 외에도 요즘 잘되는 책에는 어떤 코드가 있을 것 같은데요.

최근에는 '쉬운 것'이 많이 팔려요. 쉽게 영어 배우기, 쉬운 건강서, 쉬운 헬스트레이닝 등 쉽게 습득할 수 있다는 것에 사람들이 반응하더라고요. 『잉글리시 리스타트』 『시원스쿨』 『잉글리시 아이스브레이크』 같은 책들은 20, 30대는 물론이고 40대들도 많이 읽어요. 이미 공부를 하려고 했다가 여러 번 실패한 사람들이죠. '쉽고 간단하게 배울 수 있다'라는 점에 끌려서 다시 책을 사게 되는 거예요.

독자들의 진입장벽을 낮춰라

2009년에는 이런 식으로 독자가 느낄 진입장벽을 확 낮춘 책들이 잘 팔렸어요. 다이어트 관련 책도 마찬가지예요. 예전에는 다이어트 책에 나온 대로 실행하려면 정말 고행을 해야 했거든요. 근데 요즘의 다이어트 책은 참 쉬워요. 『거꾸로 다이어트』 같은 경우 '너무 안 먹지 말고 차라리 먹어라' '고통스럽게 하면 요요현상 생긴다' '삽겹살 먹되, 야채 많이 먹고 밥을 먹지 마라' 이런 식으로 누구나 쉽게 실행에 옮길 수 있는 내용으로, 좌절을 느끼지 않게 해주고 있죠.

역사문화 분야에서 상위권의 책들을 보면, 여기서도 하룻밤에, 하루 만에 읽을 수 있는 것, 간단하게 보기, 쉽게 보기 같은 타이틀이 잘되고 있어요. 다른 사람에게 이야기해주기 편한 책을 보는 거예요. 최근에는 『읽지 않은 책에 대해 말하는 법』이란 책까지 나왔죠. 사람들은 점점 쉽고, 실행에 옮길 수 있는 내용을 찾고 있는 것 같아요.

Q 2010년에는 어떤 내용의 책이 사람들의 마음을 사로잡을 수 있을 것으로 예상하세요?

『소프트 파워』, 리처드 탈러의 『넛지』처럼 진정한 리더십에 대한 이야기가 나오지 않을까 싶어요. 한 2년 전에 〈MBC스페셜〉 '야마다 사장, 샐러리맨의 천국을 만들다'라는 프로그램을 본 적이 있는데요, 선풍기로 이력서를 날려서 과장을 선택하는 괴짜 사장 이야기였어요. 3년의 출산휴가, 5년마다 전사원 해외여행 등 말도 안 되는 이야기가 나오더라고요. 그런데도 그 회사는 70세 정년 보장이 되고, 연봉은 대기업 수준이래요. 목표를 강조하는 게 아니라 사원을 믿고 맡기고 감동시키는 리더십으로 회사가 잘 굴러가는 거죠. 이런 부드러운 리더십에 대한 이야기가 앞으로 자주 나오지 않을까 싶어요.

개인의 사회적 책임에 대한 이야기도 이제 등장할 때가 된 것 같아요. 특히 인터넷에서의 익명성에 대한 이야기 말이에요. 여론이 호도되면 어떤 결과가 일어나는지 정말 여러 번 확인을 했죠. 좀더 당당하게 나를 드러내고, 내가 올바른 주장을 하는 진정성, 사회적 책임에 대한 방향성을 제시해주는 책이 인기를 얻지 않을까 예상하고 있어요. **T**

PART 04

콘셉트 워킹

저명한 과학자와 문화인류학자 들은 '걷기'가 인류 문명 발전에 매우 중요한 역할을 했다고 말한다. 200종이 넘는 영장류 가운데 인간만이 유일하게 두 발로 직립보행을 했고, 그 덕에 두 손으로 도구를 발명하여 에너지를 축적할 수 있었다. 축적된 에너지는 뇌를 활성화했고, 그 결과 언어가 발달할 수 있었다는 것이다.

하지만 걷기에 힘입어 진화해온 인간은 수많은 세월 동안 '걷기의 한계'를 뛰어넘기 위한 피나는 노력을 해왔다. 산업화가 진행되면서 걷기는 진보의 상징이라기보다는 게으름 혹은 퇴보의 상징이 되어버렸다. 기술의 진보에 눈을 뜬 문명인들은 두 다리로 걷는 것을 대체할 수 있는 무언가를 만들기 위해 끊임없이 노력했고, 자동차와 고속열차, 초음속 제트기와 잠수함, 그리고 빛의 속도로 우주를 날아가는 로켓 등 다양한 신화를 만들어냈다.

문명과 기술의 진보가 인간의 생각이나 가치체계의 변화 속도를 추월하게 되자 '걷기'가 가졌던 고유의 미덕과 철학은 이내 사라지게 되었다. 삶의 방향이나 의미보다는 속도가, 일의 과정보다는 조금이라도 빨리 목적지에 도달하는 것이 더 중요해졌다.

그러나 어느 순간 사람들은 세상 모든 것에 긍정적인 면만큼이나 부작용도 있고, 강렬한 빛은 그만큼 깊고 어두운 그림자를 만들어낸다는 것을 깨달았다. 기술의 혁명이 가져온 '빠름'은 그 속도를 따라잡지 못하는 사람들을 불안하게 만들었고, 자신들이 급작스럽게 얻게 된 풍요로움과 효율성 대신 중요한 무언가를 잃어버린 것은 아닌지 되돌아보게 된 것이다.

‘빨리 더 빨리, 높이 더 높이’를 외치던 사람들은 이제 ‘느리게 살기’와 ‘천천히 걷기’에 새로운 관심을 기울이고 있다. 과거에 여행이라 하면 가능한 빨리, 많은 곳에 도착해 자신이 그곳에 다녀왔음을 증명하는 ‘인증샷’을 찍는 것이 전부였다. 마치 여행도 일처럼 성과가 중요했던 양 말이다. 하지만 지금의 여행은 다르다. 사람들은 이제 천천히 걸으며 길에서 바라보는 풍광을 즐기고 정서적 충족감을 만끽하는 것이 훨씬 더 가치 있다고 생각한다. 최종 목적지보다 그 과정 자체를 중시하게 된 것이다.

걷기는 이제 여행산업에서도 핵심적인 요소로 자리 잡아가고 있다. 스페인 산티아고의 도보순례에서 시작된 세계적인 걷기 여행 열풍은 이제 일본의 작은 섬 시코쿠四國의 ‘오헨로お遍路 순렛길’을 지나 국내의 ‘제주올레’까지 숨 가쁘게 이어지고 있다. 불황으로 인해 예전처럼 쉽게 해외로 나기기 어려운 이들은 ‘제주올레’를 선택하고 “올레!”를 외쳤다.

이제 우리는 빠르고 안락한 자동차와 초고속 열차에서 내려 두 발로 거친 땅을, 딱딱한 아스팔트 위를 걷는다. 조금은 느긋하게 살아보기 위해서든, 뒤엉킨 자신의 인생을 찬찬히 뒤돌아보기 위해서든, 혹은 마른 몸이 각광받는 세상에서 대책 없이 불어나는 뱃살을 빼기 위해서든 사람들은 오늘도 각자의 이유와 목적을 가지고 조용히 길 위를 걷는다.

올레, Ole!

오헨로 순례길은 '걷는 젠'이라고 불렸다. 걷는 것 자체를 수행이자 참선으로 여긴 것이다. 그러나 이제 그 길은 일상 속 평범한 사람들, 이를테면 애인에게 버림받은 남녀, 실직으로 절망에 빠진 중년남자, 꿈을 찾아 갈팡질팡하는 청소년 등 조용히 자신을 성찰할 수 있는 사람들을 따뜻하게 품어주고 있다.

여행은 점차 '점'에서 '선'으로 변하고 있다. 에펠탑이나 만리장성 앞에서 찍은 사진도 언제부터인가 시시해 보인다. 오히려 산티아고 길 800킬로미터를 걷고 돌아온 유명인의 경험담이나, 〈1박2일〉 여섯 악동들이 길가에서 뿌리는 유쾌한 웃음이 환영받는 시대가 되었다. 이제 여행은 단순히 점을 찍는 1차원적 여행에서 공간과 공간 사이를 잇는 2차원적 여행으로 진화하기 시작했다.

길 위에서 깨닫는 인생, 순례자의 길 걷기

'산티아고 가는 길Camino de Santiago'은 2000년 전 예수의 열두 제자 중 한 명이었던 야고보가 복음을 전하기 위해 걸었던 순례자의 길이었다. 이 길은 브라질의 파울로 코엘료Paulo Coelho가 쓴 『순례자』가 엄청난 반향을 일으키면서 점차 사람들에게 알려지기 시작했다. 코엘료는 잘나가는 회사의 중역이었지만 수시로 인생의 허무에 빠졌고, 결국 사표를 던지고 무작정 스페인으로 떠난다. 그리고 아주 오래전의 순례자처럼 800킬로미터의 머나먼 길을 걸으며 삶의 가치와 인생의 깨달음을 얻게 된다.

'인생'이란 단어로 종종 치환되곤 하는 '길'의 서정성과, '순례'의 종교적이고 철학적인 함의가 삶에 지친 사람들을 묘하게 끌어당기면서 산티아고 가는 길은 이제 해마다 600만 명이 찾는 세계에서 가장 유명한 길이 되었다. 지구 각지에서 온 수많은 이들은 저마다 걸어야 하는 이유를 가슴에 품고 지금도 저 시골길을 묵묵히 걷고 있다.

얼마 전 IT계열의 좋은 직장을 그만두고 영화계에 뛰어들었지만 실패하고, 시코쿠를 걸으며 마음을 정화한 서른두 살 김지영 씨의 이야기를 담은 『남자한테 차여서 시코쿠라니』라는 책이 화제가 되었다.

일본 열도를 이루는 4개의 섬 중 가장 작은 섬 시코쿠에는 88곳의 사찰을 찾아다니며 길을 걷는 '오헨로 순렛길'이 있다. 1200년 전 일본 역사상 가장 위대한 승려로 추앙받는 코보 대사弘法大師의 자취를 따라가는 고행의 길은 그 거리만 1400킬로미터에 이른다. 시속 5킬로미터로 걷는 사람이 하루 6시간을 쉬지 않고 걸어도 한 달 반이 걸리는 엄청난 거리다.

본래 오헨로는 수행승과 행자 들이 종교적 구도의 목적으로 걸었던

곳이다. 특히 시코쿠는 불로불사不老不死의 영지로 여겨져서 불치병 환자나 죽음을 눈 앞에 둔 사람들이 실낱같은 희망을 가지고 찾는 곳이기도 하다. 그래서 오헨로 순렛길은 '걷는 젠禪, 선'이라고 불렸다. 걷는 것 자체를 수행이자 참선으로 여긴 것이다. 그러나 이제 그 길은 일상 속 평범한 사람들, 이를테면 애인에게 버림받은 남녀, 실직으로 절망에 빠진 중년남자, 꿈을 찾아 갈팡질팡하는 청소년 등 조용히 자신을 성찰할 수 있도록 사람들을 따뜻하게 품어주고 있다.

절박한 삶의 끝자락에서, 혹은 일시적으로 찾아온 인생에 대한 회의와 갈등의 문턱에서 사람들은 순례자의 길을 찾아나선다. 7, 8킬로그램이 되는 무거운 배낭을 자신의 어깨에 짊어지고, 낯선 동행에게서 생각지도 못한 위로를 얻으며, 먼지 나는 오래된 길을 자신의 두 다리로 묵묵히 걷는다. 수백 년 동안 앞서 걸어갔던 선배 순례자들이 얻었던 그 '무언가'를 자신도 발견하기를 바라는 기대와 간절함을 안고 말이다.

자연에서 치유받다, 에코 힐링 워킹

우리는 자연이 사람을 치유할 수 있다는 것을 오랜 경험을 통해 알고 있다. 현대의학의 눈부신 발전은 인류의 수명을 놀라울 정도로 연장시키고 있지만 어찌된 일인지 사람들은 점점 더 건강에 대해 불안을 느끼고 있다. 그리고 오랫동안 잊고 있었던 자연이 가진 신비한 힘에 대해 새삼 주목하기 시작했다.

그린, 에코, 친환경, 웰빙 등 새롭게 각광받기 시작한 이 단어들은 본래 친숙하지 않던 다른 단어들과 절묘하게 결합되면서 새로운 문화를 만들어내고 있다. 일상적인 걷기 역시 '에코eco'라는 접두어로 대변되는 자연 생태계, 그리고 그 치유healing의 능력과 만나면서 독특하고 새로운 영역을 개척해가고 있다. 물질문명과 빠른 속도의 삶에 지친 사람들은 느리고 여유로운, 친환경적인 삶을 꿈꾸며 무공해 자연의 길을 걷고, 길 위에서 치유, 즉 '에코 힐링eco healing'을 경험한다.

일부 과학자들은 숲 속의 황톳길을 걷기 전과 후의 스트레스지수를 측정하여 그 효과를 검증하기도 하고, 의사들은 지속적인 걷기를 통해 성인병을 고친 성공사례들을 세미나에서 의욕적으로 발표한다. 숲에서 나오는 피톤치드phytoncide가 뇌의 기능을 증진시키고 정서적인 안정감을 준다는 의학 논문들은 매우 흥미롭다.

국내에서 이러한 친환경 길 걷기의 흐름을 주도하고 있는 것은 제주올레다. 제주어로 올레란 '거리에서 대문까지의, 집으로 통하는 아주 좁은 골목길'을 뜻한다. 2007년에 '사단법인 제주올레'가 발족되면서 시작된 이 프로젝트는 아름다운 섬의 이국적인 풍광과 지자체의 전폭적인 지원에 힘입어 지난 2년간 비약적인 성장과 발전을 거듭했다. 현재 14코스까지 개발되었고, 이미 20만 명이 넘는 사람들이 다녀갔다.

제주올레의 성공은 국토의 수많은 길들이 재발견될 수 있는 계기를 마련해주었다. 지자체들은 저마다 그들의 고장을 홍보할 수 있는 길 만들기에 나섰고, 상대적으로 비용이 적게 드는 관광 인프라인 길을 테마로 관광상품들이 쏟아졌다. 지리산의 자연과 역사, 문화가 담긴 '지리산 둘레길', 백두대간과 동해를 잇는 트레킹 코스 '바우길', 강원도의 청량하고 싱그러운 산소를 맛볼 수 있는 '산소O_2길', 전남의 2500킬로미터 해안선을 따라 걷는 '남도 갯길', 평화와 생태를 주제로 하는 'DMZ 길' 등이 그것이다. 이름 없던 오솔길과 들판, 갯벌과 해안선들은 그 길을 걷는 사람들 덕분에 신비한 치유의 능력을 가진 친환경 길로 거듭나고 있다. **T**

제주올레

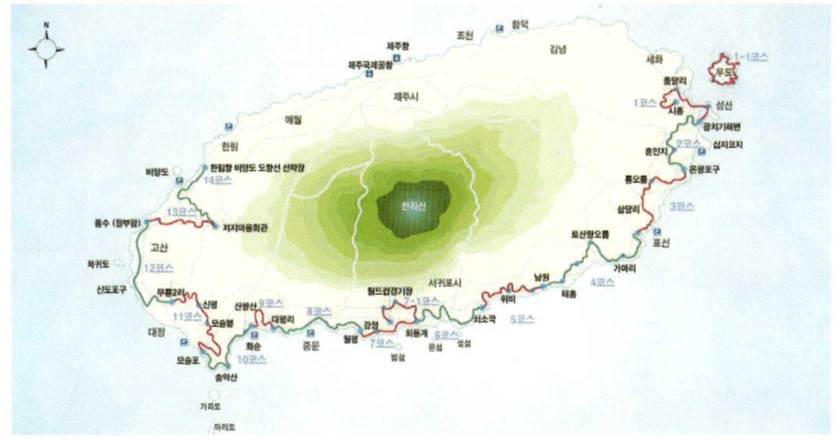

걷기가 인생의 철학적 고찰이나 휴식, 건강에만 초점이 맞춰진 것은 아니다. 항상 새로운 것에 목마른 세계의 젊은이들은 디지털 기기와 걷기를 결합시킨 놀이를 만들어내거나, 도심 속 새로운 콘셉트의 길을 창조해낸다. 이미 닦인 길, 남들이 다 걸어다니는 길보다는 내 마음대로 만드는 길을 선택하는 이들이 늘어나고 있는 것이다. 그들에게 걷기란 '재미있는 놀이', 즉 '걷기 놀이walking play'이다.

두발로 그린, 세상에서 가장 큰 낙서

페루의 나스카Nazca 평원에는 고래, 꽃, 벌새, 기하학 무늬 등 신비스러운 문양이 몇 킬로미터에 걸쳐 분포돼 있다. 이 그림들을 보려면 적어도 300미터 높이의 공중에서 내려다봐야 한다. 누가, 무슨 의미로 그렸는지는 아직까지 밝혀지지 않아 미스터리로 남아 있다.

그런데 나스카 평원의 미스터리를 연상케 하는 일이 세계 곳곳에서 벌어지고 있어 눈길을 끈다. 스웨덴의 예술가 에릭 노르데난카르Erik Nordenankar는 지난 2008년 세계에서 가장 큰 자화상을 그렸다. 캔버스는 다름 아닌 오대양 육대주, 도구는 펜이 아니라

GPS 추적장치가 든 서류가방이었다. GPS 가방은 미리 약속해둔 경로를 따라 DHL로 운송됐고 정확히 55일 후 6대륙 62개국을 거쳐 스톡홀름으로 돌아왔다. GPS 추적장치에 기록된 여정은 고스란히 그림으로 남았다.

영국의 예술가 제레미 우드Jeremy Wood도 GPS 기반의 예술을 하는 것으로 유명하다. 그는 영국의 변두리 지역을 걷거나 혹은 차를 타고 몇 마일에 걸친 GPS 그림을 그린다. 홈페이지gpsdrawing.com에는 수많은 GPS 아티스트들이 전세계에서 보낸 다양한 그림이 전시돼 있다.

이러한 거대한 그림그리기 놀이는 아티스트들만 하는 것은 아니다. 미국에서는 일반인들이 도시 위에 그리는 방대한 GPS 낙서들이 속속 탄생하고 있다. 지도 공유 사이트 에브리트레일everytrail.com에 방문하면 미국의 괴짜들이 그린 거대한 그림을 감상할 수 있다. 이들은 스마트폰에 탑재된 GPS와 함께 도시를 걸어다니며 거대한 그림을 만들어낸다. 뉴욕 근방의 항구 위에 안경을 쓴 교수의 이미지를 새기는가 하면, 해변과 어울리는 물고기 그림 형태로 산책을 하는 등 신개념 회화를 창조하고 있다.

GPS를 이용한 걷기는 단순한 놀이에 그치지 않고 공익적인 캠페인에 이용되기도 한다. 2008년 가을, 애리조나대학 연구진은 건강의 중요성을 알리기 위해 축구 경

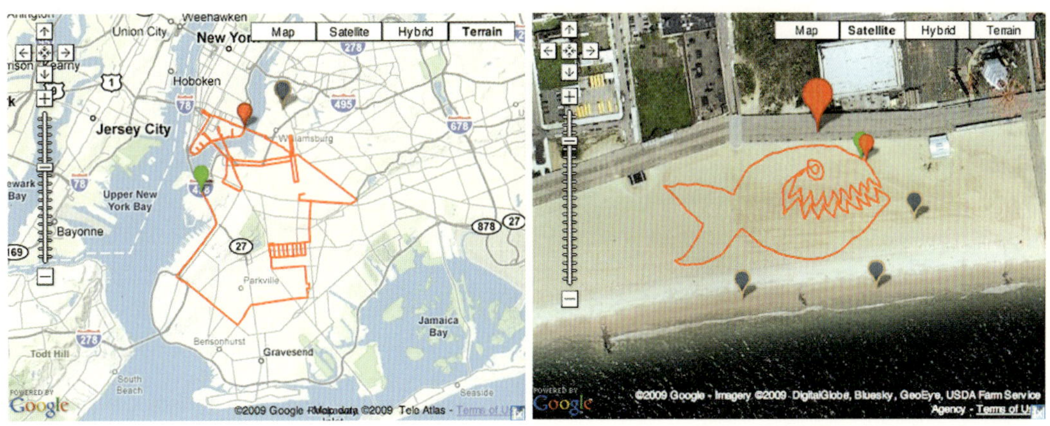

지하철 노선도에 따라 걷기

기장을 당근과 생선 등 건강에 관계된 주제의 모양대로 걷는 'GPS 그림 그리기' 행사를 열어 인기를 얻기도 했다.

두 다리만 있다면 도시도 놀이터가 된다

한국의 괴짜들이 즐기는 걷기 놀이는 이보다 좀더 하드코어에 가깝다. 2009년 여름 디시인사이드의 누리꾼들 사이에서는 지하철 노선 정복 놀이가 화제가 되었다.

군대에서 갓 전역한 한 남자가 5호선 라인을 따라 상일동에서 여의도까지 도보로 행군을 하며 이를 사진에 담은 것이 시발점이었다. "이동의 자유가 없던 2년간의 군 생활을 정리하는 차원"에서 시작한 개인적인 여행이었지만, 이에 자극을 받은 누리꾼들은 수일 간격으로 8호선, 분당선, 2호선 등을 도보로 정복하며 역의 사진을 찍어 기록으로 남겼고, 닉네임 '원천영업소'가 대망의 1호선 75개 역 185킬로미터 구간을 7일에 걸쳐 정복하는 것으로 일단락됐다. 지하철 노선도 걷기는 젊은이들에게 "도시의 삭막한 길도 놀이로 전환시킬 수 있음"을 보여준 유쾌한 도전이었다. T

걷기가 사람들의 관심사로 대두되면서 이제는 단순한 걷기를 넘어서 잘 걷는 것, '워킹 웰walking well'에 대한 관심도 높아졌다. 이를 실현시켜줄 기술을 탑재한 다양한 걷기 보조기구들이 속속 등장하며 사람보다 더 든든한 디지털 길동무digital companion가 되어주고 있다.

스마트폰 저리 가라, 스마트 슈즈의 시대

초기의 워킹화는 나이든 사람, 관절이 좋지 않은 사람 들을 위한 신발이었다. 보통 신발을 신고도 얼마든지 걸을 수 있는 데 굳이 워킹화를 사야 할 필요성을 느끼지 못했고, 워킹화라는 이름을 달고 나온 상품도 거의 없었다. 그런데 최근 걷기가 트렌드로 자리 잡으며 브랜드별로 앞다투어 다양한 워킹화를 내놓고 있다.

최근의 워킹화는 단순히 자세를 잡아주는 수준을 뛰어넘어 첨단기술을 탑재하기 시작했다. 신발 밑창의 특수장치가 지속적으로 몸의 균형을 잡도록 해 하체근육 효과를 높여주는 운동화, 성장칩을 장착해 뛰거나 걸을 때 다리 운동에 필요한 자극을 주어서 키를 크게 해주는 실내화, 몸에 좋은 호르몬 분비를 촉진해 기분을 전환시키는 워킹화 등 그야말로 신발이 진화하고 있다는 표현이 딱 맞을 정도다. 인공지능 칩이 있어서 개인 정보를 입력하면 권장 체중, 일일 권장 칼로리 소모량 등의 데이터를 산출해주는 운동화도 있고, 사람이 걷는 에너지를 전기에너지로 변환해 배터리를 충전하고 LED로 어두운 길을 밝힐 수 있는 운동화, 심지어 노인이 길에서 갑자기 쓰러졌을 때 위험 사실을 알리는 경보음 장치와 치매환자의 위치를 즉각적으로 파악할 수 있는 GPS 운동화까지 출시됐다.

두 배로 즐기는 걷기의 즐거움

가까운 거리도 무심코 택시를 타는 사람들. 택시워커Taxiwalker는 그런 사람들에게

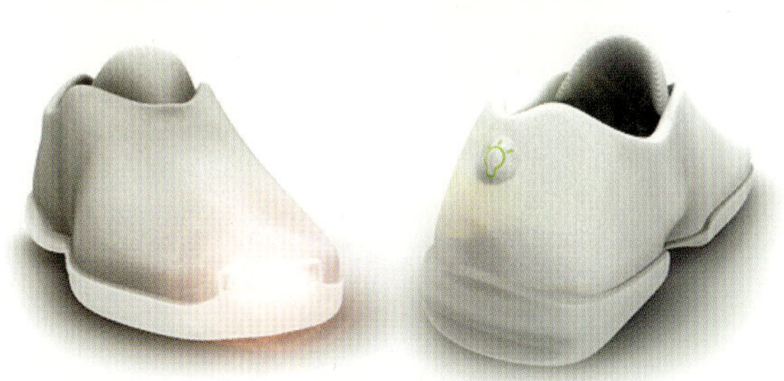

인공지능 칩이 있어서 개인 정보를 입력하면
권장 체중, 일일 권장 칼로리 소모량 등의 데이터를 산출해주는
운동화도 있고, 사람이 걷는 에너지를
전기에너지로 변환해 배터리를 충전하고
LED로 어두운 길을 밝힐 수 있는 운동화도 있다.

신개념 만보계 택시워커

지도 프로젝터 맵터

경각심을 일깨워주고, 걷는 재미도 느끼게 해 주는 일석이조의 독특한 만보계이다. 보통 우리는 만보계를 통해 걸음 수, 소모 칼로리, 시간, 메모리 기능 등을 체크할 수 있지만 택시워커는 이를 약간 더 발전시켰다. 만약 자신이 걸은 거리를 택시를 타고 이동했다면 요금이 얼마가 나왔을까를 알려주는 것이다. 지역별 택시요금에 따라 요금 변경도 가능하고, 걷는 속도나 거리에 따라 요금이 할증되기도 한다니, 먼 거리도 일부러 걷고 싶은 마음이 생기게 만드는 고마운 기기다.

길치라서 혼자 산행이 두려운 사람들도 이제는 당당하게 홀로 길을 나서도 되겠다. 세계적인 디자인 공모전 2009 IDEA에서 은상을 수상한 맵터Maptor는 지도와 프로젝터가 결합해 벽이나 땅바닥, 손바닥 등에 투사할 수 있는 지도 프로젝터다. 블루투스를 적용해 무선으로 지도를 다운로드 받을 수 있고 화면 축소와 확대가 가능하다. 또한 GPS를 탑재하고 있기 때문에 지도상에서 현재 내가 어디에 있는지 위치를 표시해준다. ⓣ

관광에서 여행으로!

interview
07

정기윤

하나투어 홍보팀장

"관광이라고 하면 옛날 패키지 상품처럼 여기저기 보고, 사진 찍고 이런 것만 반복했는데 이제는 체험을 중시하는 여행으로 바뀌었어요. 여행지에 가서 등산을 한다든지 하는 경험을 하고 싶어해요."

Q 2009년 여행업계는 아무래도 불황의 영향이 컸죠?

일단 경기침체로 수요가 굉장히 많이 줄었어요. 환율도 많이 올랐잖아요. 여행업계에서도 가격을 내린 상품들을 많이 내놨어요. 기존에는 옵션을 더하면서 가격이 더 올라갔다면, 이제는 그런 것들을 다 빼고, 여행 본연의 것들만 넣어 가격을 최대한 낮춘 상품들이 많아졌어요.

그리고 요즘 트렌드 중 하나가 자유여행이잖아요. 기존의 빡빡한 관광코스 일정을 많이 빼고, 자유롭게 즐기라고 놔두는 상품에 대한 선호가 늘었어요. 에어텔 상품의 매출도 많이 늘었고요. 만약 4박5일 방콕 여행이라면, 첫째날은 쉬거나 하고 싶은 것을 하고, 둘째날에 뭔가 보고 싶다고 하면 현지에서 원데이 투어를 선택해요. 반나절 투어도 있고요. 그런 식으로 세세하게 조합하는 여행이 인기가 많아요.

Q 특히 젊은 층에서 선호하는 여행 방식은 조금 다를 것 같은데요.

핵심 키워드 중 하나가 '실속여행'이에요. '땡처리' 같은 상품도 많이 팔려요. 땡처리닷컴 072.com 같은 사이트도 지난해 히트를 쳤죠. 그

리고 상대적으로 저렴한 국내여행 쪽으로 많이 몰리기 시작했어요. 제주 여행 같은 경우는 굉장한 호황을 이뤄서 항공권을 구하기도 힘들었어요. 제주올레와 같은 프로그램은 당연히 성공했죠. 〈1박2일〉이나 〈패밀리가 떴다〉와 같은 프로그램의 영향으로 장기간 멀리 가는 여행보다 짧게 움직이는 여행에 대한 선호가 높았어요.

캠핑에 대한 수요도 늘었어요. 기존의 고급 숙소를 찾기보다 자기들이 직접 텐트 치고 지내는 것을 즐기는 사람도 많아졌어요.

Q 스스로 만들어가는 여행을 더 좋아한다고 할 수 있겠네요.

사실 여행사에서 개인별 여행을 상품화하기는 그다지 쉽지 않죠. 여행사에서는 소극적으로나마 미국 캠핑카 여행 같은 것을 연결해주는 방식을 취하고 있고요. 이미 노스페이스는 전국 고등학생들의 교복이라면서요. 그만큼 그런 아웃도어 제품들이 일상화가 많이 된 거예요. 등산에 대한 수요와 함께 캠핑에 대한 수요도 자연스럽게 늘어난 거죠. 저희도 트레킹 상품을 많이 개발하고 있고, 사람들이 꽤 많이 찾아요. 국내 산행들을 많이 다니다가 해외도 한번 가볼까 하면서 점점 확대되는 것 같아요.

업계에서는 '관광에서 여행으로'라는 얘기들이 많이 나와요. 관광이라고 하면 옛날 패키지 상품처럼 여기저기 보고, 사진 찍고 이런 것만 반복했는데 이제는 체험을 중시하는 여행으로 바뀌었어요. 여행지에 가서 등산을 한다든지 하는 경험을 하고 싶어해요.

Q 특별히 새롭게 부각되는 여행지가 있나요? 아니면, 과거에는 많이 갔지만 요즘에는 찾지 않는 곳도 있을 것 같고요.

목적지는 자꾸 다양화되고 있어요. 자꾸 남이 안 가본 데를 찾아달라고 해요. 요즘에는 '특수지역 상품'이라는 게 나와요. 여행금지구역에 찾아가다가 사고 나는 사람들도 많이 있고요.

거기다가 옛날에 많이 가던 베이징, 도쿄 같은 곳도 달라졌어요. 저희 상반기 히트상품 중에 '젊은 북경'이라고 있어요. 사실 북경관광 상품들이 다 비슷해요. 만리장성 갔다가 자금성을 거치는 식의 정해진 코스들이 있거든요. 하지만 이제는 재방문객들이 늘고 있잖아요. 그래서 기존에 갔던 코스 말고, 조금 더 젊은 사람들에게 초점을 맞춰서 사람들이 잘 가지 않던 새로운 루트를 만드는 거죠. 여행도 다품종 소량생산 체제로 가는 거예요.

지역적으로는 캄보디아의 상승세를 이어 라오스가 뜨고 있어요. 사실 라오스는 아직 생소한 지역이거든요. 아직은 직항편도 없고, 교통도 불편하지만 거길 찾는 사람들이 꽤 있죠.

Q 제주도 이외에 국내에서 인기 있는 지역은 어디인가요?

우리나라는 한 지역에만 머무르는 상품은 거의 없어요. 우리는 서울 구경만 하더라도 하루면 다 봤다고 생각하지 않나요? 그렇다보니까, 우리나라를 일주하는 상품이 인기가 높죠. 동부권, 남부권, 서부권 이렇게 나눠놓긴 했어요. 연세 드신 분들은 많이 찾아요.

사실 우리나라 사람들도 국내여행을 많이 가긴 하는데, 다들 여행사 통해서 가진 않아요. 그러다보니 여행상품을 개발하는 게 쉽지 않았거든요. 사실 우리나라도 여러 가지 좋은 관광 아이템들은 있지만 상품화가 쉽지 않았어요. 기존에는 그게 돈이 안 됐거든요.

국내 여행상품의 개발도 활발해져

이제 조금씩 상품개발이 되고 있으니까 외국 사람들도 많이 오리라고 생각합니다. 일본만 하더라도 국내여행이 굉장히 활성화되어 있거든요. 일본의 경우 JTB라는 여행사가 가장 큰데 그곳 매출의 70퍼센트가 국내여행이에요.

젊은 분들을 위한 국내여행으로는 찜질방에서 자는 초저가 상품이 있어요. 무박2일로 떠나거든요. 버스 타고 가서 찜질방에서 자고, 관광하는 테마여행이 있어요. 젊은 분들 중에서 직장 다니며 준비할 시간이 없는 분들을 위한 당일 여행인 셈이죠.

Q 자기치유여행이라는 테마도 각광을 받고 있는 것 같은데요.

예전에는 아주 유명한 뭔가를 보고 와야 했어요. 랜드마크가 있으면 거기가 목적지가 됐는데, 지금은 그냥 떠나는 것 자체가 목적이 되는 거예요. 일상에서 벗어나서 자신을 되돌아볼 수도 있고, 여러 가지 생각이 들 수도 있겠죠.

최근 직원들이 상품으로 제안한 것 가운데, 치료여행이 있었어요. 의학적 치료가 아니고, 동남아나 유럽에 있는 유기농 리조트에 머무는 겁니다. 직접 재배한 재료로만 만든 음식을 먹으며 쉬다 오는 거죠. 일주일이나 한 달씩 치료를 위해 머무는 스파리조트가 있기도 해요.

2세 미만의 영아 데리고 임산부 여행

그리고 소개해드리고 싶은 것은 최근 많아지고 있는 임산부를 위한 여행이에요. 원정출산은 아니고요, 출산을 앞둔 엄마 아빠가 같이 여행을 떠나 좀 쉬면서, 병원 관계자들과 출산에 대한 교육 프로그램에 참가하는 거예요. 출산 후에 아기를 데리고 갈 수 있는 여행도 있어요. 현지에는 아이들에게 필요한 물품들이 다 구비되어 있는 상태고, 보모가 있으니 아기도 돌봐주죠.

'플라잉베베' 같은 재미있는 상품도 있죠. 사실 해외여행 갈 때 만 24개월이 넘지 않으면 비행료가 무료거든요. 여행상품의 경우도 10퍼센트만 내면 되고요. 하지만 24개월이 넘으면 80퍼센트를 내야 해요. 출산을 하면 아기 옆에서 거의 2~3년 붙어 있어야 하는데, 더 자라기 전에 차라리 떠나는 거죠. 실제로 외교통상부에서 조사해보니 2세 미만 유아들의 여권 발급이 크게 늘었대요. 예전에 비해서 이제는 "아기는 아기고 나는 나다"라는 식의 사고가 늘어난 것 같아요. T

예술과 여행이 함께하는 특별한 체험

interview
08

정재옥

크레디아 대표

"여행의 가장 중요한 핵심은 가서 '무엇을 경험할 수 있는가'와 '누구와 갈 수 있는가'예요. 요즘 두드러지는 트렌드는 전혀 모르는 사람과 여행을 가는 것보다 같은 취미, 즉 공연 애호가라는 공통점이 있는 사람들끼리 공통된 화제를 가지고 여행을 가지는 거죠."

Q 최근 공연계에서는 관객에게 특화된 공연이나 서비스를 제공하려는 노력이 상당해 보입니다.

예술이나 공연은 공급자 측면에서 사치재일 수도 있지만, 최근에는 공공재 성격이 강해졌거든요. 이제는 정부나 지자체에서도 문화가 살아야 된다고 인식하고 있어요. 그러다보니 공연장이 급증하고 있습니다.

불과 4~5년 만에 100여 곳이던 공연장이 300군데가 됐고, 이게 600개까지 올라가요. 예전에 서울시에 5대 공연장(세종문화회관, 예술의전당, LG아트센터, 국립극장, 호암아트홀)이 있었다면, 지금은 구 단위마다 공연장이 생겼어요. 게다가 하이서울페스티벌이나 서울시에서 하는 무료행사, 세종문화회관의 '천 원의 행복' 등 너무나 많은 공연물들이 쏟아지고 있잖아요. 단순한 가격경쟁으로 들어가면 백전백패를 할 수밖에 없죠. 그래서 저희 브랜드 클럽발코니의 경우, 제품의 차별화를 할 수밖에 없는 거예요.

정부미 같은 공연을 하기에는 역부족인 환경

예를 들어 공연을 쌀에 비유하자면, 우리가 정부미를 많이 만들어서 서민들을 돕는다는 발상은 버렸어요. 우리는 재원도 없고 능력도 없는 데다가 그런 식의 공연에 대해선 지금 너무 많은 공급자들이 생기고 있으니까 그쪽에서 하라고 놔두는 거죠.

저희는 반대 관객층을 더욱 철저히 쪼개서, 기타 애호가들이 100퍼센트 만족할 수 있는 페스티벌을 만들거나, 고전음악 쪽으로 가거나, 아니면 가격이 비싸도 애호가들이 꼭 한번 가보고 싶어하는 연주자의 공연을 기획하는 중입니다.

Q 뉴욕에서 뮤지컬을 보고 오는 '42번가 습격사건'과 같은 공연여행상품과 같이 새로운 결합도 생기는 것 같습니다.

사실 작년에는 규모가 더 큰 시도를 해봤어요. 유럽에서도 처음 시도된 건데, 전세계 애호가들을 대상으로 크루즈 1500명 규모의 크루즈에 태워서 8박9일 동안 빈 필하모닉이 여행객들과 같이 생활을 하는 거예요. 게다가 주빈 메타Zubin Mehta가 지휘하고 랑랑郎朗이 협연을 하죠. 지중해를 돌면서 이탈리아나 스페인의 유서 깊은 극장에서 공연을 정식으로 세 번 하고, 배 안에서는 매일 리허설과 실내악을 해주는 거예요. 보통 크루즈 관광의 경

우, 한국에서 10명 이상 단체로 나가는 경우가 거의 없대요. 고작해야 2명이나 4명 정도 가는 수준인데, 무려 85명이 갔어요. 사실 570만 원에서 1100만 원까지의 싸지 않은 상품이었는데도 말이죠.

 공연여행상품은 앞으로도 계속 성장할 것으로 보시나요?

여행의 가장 중요한 핵심은 가서 '무엇을 경험할 수 있는가'와 '누구와 갈 수 있는가'예요. 요즘 두드러지는 트렌드는 전혀 모르는 사람과 여행을 가는 것보다 같은 취미, 즉 공연 애호가라는 공통점이 있는 사람들끼리 공통된 화제를 가지고 여행을 가자는 식이에요.

사람과 음악이 있는 살롱 음악회가 늘어난다

이런 분위기는 요즘 굉장히 늘어나고 있는 살롱 음악회의 분위기와 비슷해요. 바쁜 CEO 들이라면 좋은 사람도 만나고, 미션도 공유를 하고, 또 와인이나 음악도 있으면 좋겠지요. 이런 게 살롱 음악회예요. 살롱 음악회는 친밀감을 느낄 수 있고 서로 느끼는 동질감이 크기 때문에 그 수요는 지금 굉장히 늘어나고 있죠. 게다가 일반 공연장에서 만나는 게 아니라,

로댕 갤러리나 윤보선 전 대통령 고택과 같은 곳에서 듣는 공연은 이색적인 체험이 되기도 하니까요. 이런 곳에서 연주자와 친밀하게 이야기를 나누고, 음악도 듣고 좋은 사람들을 만나는 즐거움을 느끼게 되는 것이죠.

 올해와 같은 불황일 경우에도 최상위층을 대상으로, 해외 뮤지션을 초청하는 방식은 여전해 보입니다.

경기가 좋지 않으면 제작비가 비싼 공연은 들여오기가 힘들어요. 또 요즘엔 저가 공연 중에서도 좋은 공연들이 많기 때문에 비싼 공연을 보려는 사람들은 점점 줄어들죠. 그래서 국내에서는 알려지지 않은 공연을 수입할 경우는 티켓을 1천 장도 팔기 힘든 것이 클래식 시장의 현실이에요. 반면, 실력과 관계없이 유명세가 있는 연주자가 온다고 하면 표는 어느 정도 팔 수 있어요. 그렇다보니, 'The winner takes it all', 즉 잘 나가는 공연 몇 개가 시장을 모두 장악해버리는 상황이 되는 거죠. 그래서 해외에서는 인정받지만 국내에는 알려지지 않은 연주자를 알리는 작업은 거의 하지 못하게 돼요.

게다가 세금이 너무너무 비싸요. 개런티가 10만 달러면 28퍼센트가 원천세거든요. 국내

에서 세금과 숙박료, 항공료까지 추가되면 본토보다도 제작비가 훨씬 비싸져요. 이런 식으로 공연기획을 꼭 해야 하는가 회의가 들 때도 있죠. 그래서 단순 수입방식은 좀 자제를 하고 우리의 새로운 아이디어를 찾아야 할 때가 온 것 같아요.

클래식의 대중화 바람을 일으킨 디토

예를 들어서 저희가 생각한 것은 새로운 관객을 찾아나서는 일이었어요. 기존 클래식 애호가가 아닌, 일반적인 클래식에 관심을 갖는 여성은 어떤가. 이들을 타깃으로 도전한 것이 디토DITTO예요.

해외에서 인정받는 연주자임에도 불구하고 잘 알려지지 않아, 혼자 공연을 했다면 1천 장의 표도 못 파는 연주자들이 디토페스티벌에 합류하여 같이 성공할 수 있는 길을 찾게 된 거죠. 디토는 앙상블 자체를 친근한 페스티벌로 만들었어요. 정말 좋은 연주자들이 함께하고 내용은 클래시컬하게 가고, 친근한 패밀리 프로그램을 그 안에 결합시켜, 궁극적으로는

앙상블 디토의 멤버들

시장을 넓히는 것이 목적이에요. 미술 애호가까지 끌고 올 수는 없을까 하는 생각도 하고 있죠. 결국 디토 앙상블은 서양에서 온 클래식이지만, 아시아 젊은 연주자들을 통해 세계로 뻗어나간다는 장기 비전을 가지고 있어요.

중요한 게, 보통 공연을 보기 위해서는 평균 4시간 반을 소비한다고 해요. 미국의 경우 그날 쓰는 돈의 35퍼센트만 티켓 값이고, 베이비시터 값이 15퍼센트, 그날 저녁식사가 30퍼센트, 주차비가 10퍼센트, 공연을 위해 굉장히 많은 비용을 쓰는 거죠. CEO 같은 분들은 뭐 시간당 급료가 1백만 원 수준인데 4시간을 허비한다는 건 450만 원을 쓰고 오는 셈이잖아요.

CEO는 공연 한 번 보는 데 450만원?

그렇기 때문에 당연히 공연장에 와서 듣는 것은, 집에서 듣는 음악과 차별점을 주어야 한다고 생각해요. 가능하면 연주자들이 손님들하고 눈을 맞추거나 하는 '인터랙티브'한 점

도 살리려고 하죠. 저희 같은 경우 〈겨울 나그네〉라는 공연이 좀 인상적이었어요. 그땐 조명을 아예 끄는 것이 아니라, 공연이 끝날 때 서서히 암전을 시켰어요. 결국 사람이 무대에서 서서히 어두워져서 안 보이게 된 게 한 30초, 이런 식으로 결국 암흑이 됐을 때 아주 진한 감동이 있었거든요. 공연은 듣는 것도 중요하지만 보여주는 것도 중요한 요소니까요.

저희 기획사는 클래식의 재미와 감동을 많은 사람들에게 공유시키겠다는 것이 기본 목표예요. 지금은 유튜브를 통해 연주자들의 공연이나 연습하는 모습을 동영상으로 올려서 보는 수준이지만, IPTV가 활성화되고 나면 문화적 격차도 없앨 수 있다고 생각해요.

예를 들어, 초등학교 교과서에 나오는 클래식의 종류가 150곡이라면, 이 곡들을 동영상으로 만드는 거죠. 연주자들이 해설을 하고 이 영상을 IPTV를 통해서 전국의 초등학생들이 음악 시간마다 항상 볼 수 있게 한다면, 물론 공간적 감동이야 덜하겠지만 문화적 혜택을 줄 수 있는 가장 확실한 방법이 될 것이라 생

디토의 피아니스트 임동혁

각해요. 서울에 사는 아이나, 저쪽 산간에 사는 아이나 똑같이 "이건 〈동물의 사육제〉란다"라는 리처드 용재 오닐의 설명을 들으며 음악을 경험해보는 것도 좋겠죠.

Q 디토 프로젝트를 통해 스타연주자도 많이 탄생할 것 같은데요.

한국에서 일반 사람들에게 클래식 연주자들의 이름을 말해보라고 하면, 아직까지 정명훈, 조수미, 금난새, 장영주, 장한나 정도를 대답하고 더 이상 말하지 못하는 경우가 많아요. 즉 우리는 클래식 스타가 적은 편이라는 거죠.

일반적으로 스타가 있어야 사람들이 관심을 갖고, 공연을 오거나 음악을 듣기 때문에 디토 프로젝트는 한 명, 한 명을 스타로 만들려는 노력을 지속적으로 하고 있어요. 또한 관객이 가장 찾지 않는 실내악을 활성화시키기 위해 디토에 디자인적인 요소와 감성적인 요소를 가미하고 있고요. 매년 여름, 정말 멋진 세계인들이 즐길 수 있는 페스티벌로 만들기 위해 앞으로도 계속 노력할 예정이에요. 🅣

PART 05

일상적 안심

하루하루를 편히 보내고 싶어하는 것은 인간의 당연한 욕구가 아닐까? 하지만 이 당연한 욕구가 충족되기에 우리가 사는 이 세상은 걱정거리로 넘쳐난다. 베이비파우더와 화장품에서 석면 탈크가 검출되고, 식품 속에는 멜라민에 중금속까지 발견되는 시대. 당장 우리의 건강을 해칠 수도 있는 굵직굵직한 사건들이 잊을 만하면 터진다. 어디 그뿐인가? 별별 신종 범죄가 창궐하며 밤길, 아니 낮길도 다니기가 무서워지고, 컴퓨터 부팅 한번 잘못했다가 디도스DDos 공격으로 좀비 PC가 되어버리기도 한다.

이런 일들은 철저히 나의 의지와는 상관없이 일어나는 일이기에 더욱 불안하게 느껴질 수밖에 없다. 또한 우리는 각종 미디어와 기술의 발달로 이제 지구 반대편에서 일어난 사건사고도 순식간에 우리 눈과 귀로 전달되는, '아는 것이 병'인 시대에 살고 있다. '일상적인 안심'은 점점 더 의심과 경계의 벽을 높이 쌓게 되는 현대인들이 추구할 수밖에 없는 '일상적인 트렌드'로 자리 잡아가고 있다. 이제 주변의 모든 것들은 관심의 대상이자, 의심의 대상이다.

특히 웰빙이 삶의 중요한 가치로 부상하면서 건강에 대한 관심이 매우 높아진 이후, 다른 것은 다 제쳐두고라도 먹을거리에 대해서는 그 어느 때보다도 엄격한 잣대를 들이대고 있다. '출신성분'이 불분명한 먹을거리는 이제 더 이상 식탁에 오를 수 없고, 혹시라도 있을 원산지 조작에 대한 의심으로 사람들은 '생협'과 같은 폐쇄형 커뮤니티에 기꺼이 돈을 내고 가입하기도 한다.

이렇게 소비자의 경계가 높아지는 만큼 기업들은 상품의 모든 정보를 공개하기 시작했다. "우리는 이런 것도 드러낼 수 있을 만큼 한 치의 부끄러움이 없다"라며 소비자의 이성에 호소한다. 제품에 함유된 성분표시는 기본이고, 누가, 어디에서, 어떤 방식으로 만들었는지까지 알려준다. 소비자의 '신뢰'는 이제 기업이 살아남기 위한 필수조건이 될 것이다.

일상적인 안심은 범죄의 위협으로부터 안전하길 원하는 욕구와도 직결된다. 최근에 발생한 충격적인 아동 성폭력 사건은 언제 일어날지 모를 범죄에 대한 불안감을 증폭시켰다. 범죄에 대한 공포는 '위치추적과 CCTV가 개인의 사생활을 침해한다'는 논란의 목소리를 잠재울 정도로 강력해지고 있다. 보안과 경비 관련 산업이 성장을 거듭하고 있고, 최근에는 범죄 발생률을 낮추는 디자인에 대해서도 활발히 연구가 진행되고 있다.

뭐니 뭐니 해도 올해 전세계적인 최대 이슈는 신종플루일 것이다. 처음에는 남의 나라 일처럼 시작되더니 이제는 한국의 인기스타도 걸리고, 사망자도 연이어 발생하는 '최악의 공포'가 되어버렸다. 학교는 휴교령이 내려지고, 병원은 예방접종을 하러 온 사람들로 인산인해를 이룬다. 신종플루에 대한 공포는 세계 각국에 이와 관련된 웃지 못할 새로운 문화를 양산했고, 2009년식 대인공포증을 만들어내기도 했다. 또한 마스크, 손세정제, 체온계 등은 최고 히트상품으로 등극했다.

가만히 둘러보면 우리 주변은 온통 위험한 것, 피해야 할 것들로 넘쳐난다. 그리고 과거에는 그냥 아무 생각 없이 지나쳤을 법한 것도 이제는 의심을 품고 불안을 느낀다. 그만큼 사람들은 안전에 대해 민감해졌고, 보호받고 싶은 욕구는 더 커졌다. 사람들이 일상생활에서 작은 안심을 얻을 수 있도록 배려한 서비스들은 2010년뿐만 아니라 앞으로도 각광받을 것이다.

얼마 전 MBC 〈불만제로〉에서는 오래전에 만들어진 모피제품을 '묻지마' 식으로 할인판매한다는 내용이 방송됐다. 태그와 라벨에 표시된 사이즈도 다르고, 동일한 품번인데도 디자인이 다른 제품이 등록되어 있기도 했다. 부식되기 쉬운 모피제품임에도 제조년월일조차 표기되어 있지 않았다. 그뿐인가? 동대문에서 떼어온 의류가 '라벨 갈이'를 통해 유명 디자이너 브랜드로 돌변하기도 한다.

MBC 〈불만제로〉와 KBS 〈소비자 고발〉에 방송되는 아이템 중에는 우리가 그동안 '속았다! 당했다!'는 생각에 분노를 참지 못할 것들이 수도 없이 많다. 일부 판매자들의 이야기이기는 하지만 소비자들은 "어디 세상 무서워서 믿고 물건 살 수 있겠나?"하는 생각이 절로 들기 마련이다.

최근 서울우유의 시장점유율이 44퍼센트에 육박한다는 기사가 나왔다. 별다른 비법이 있는 것도 아니었다. 단지 우유 상단에 유통기한 외에도 제조일자를 병행 표기한 다음부터 판매량이 급증했다는 것이다. 소비자들이 신선한 우유를 선택할 수 있도록 제조일자라는 기준을 제공한 게 판매량 향상에 결정적이었다는 내부의 분석이다. 단지 하나의 정보를 더 추가했을 뿐인데, 소비자들이 열렬히 반응한 것이다.

이제 소비자들은 마트에서 장을 볼 때 상품 안에 들어간 작은 성분 하나하나까지도 꼼꼼하게 체크해본다. 인체에 해로운 물질이 첨가되지 않았는지 따져보는 것이 가장 큰 관심거리겠지만, 앞으로는 첨가성분 외에도 상품이 담고 있는 다양한 정보에 접근하고자 하는 소비자들이 많아지게 될 것으로 예상된다.

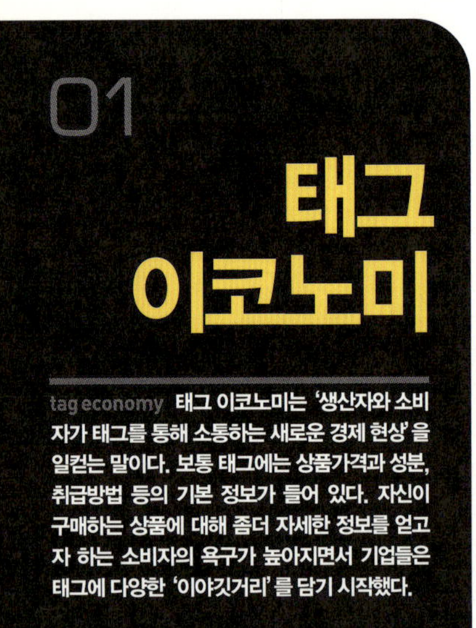

01

태그
이코노미

tag economy 태그 이코노미는 '생산자와 소비자가 태그를 통해 소통하는 새로운 경제 현상'을 일컫는 말이다. 보통 태그에는 상품가격과 성분, 취급방법 등의 기본 정보가 들어 있다. 자신이 구매하는 상품에 대해 좀더 자세한 정보를 얻고자 하는 소비자의 욕구가 높아지면서 기업들은 태그에 다양한 '이야깃거리'를 담기 시작했다.

상품도 이력서가 필요한 시대

김경훈 한국트렌드연구소장은 '생산자와 소비자가 태그를 통해 소통하는 새로운 경제 현상'을 태그 이코노미tag economy라 명명했다. 보통 태그에는 상품가격과 성분, 취급방법 등의 기본 정보가 들어 있다. 그런데 자신이 구매하는 상품에 대해 좀더 자세한 정보를 얻고자 하는 소비자의 욕구가 높아지면서 기업들은 태그에 다양한 '이야깃거리'를 담기 시작했다.

지난해 광우병 파동으로 수입산 쇠고기에 대한 불신이 높아진 이후, '한우 이력추적제'가 전면 시행돼 한우의 사육 단계뿐만 아니라 유통과정까지 소비자가 추적할 수 있게 되었다. 대형마트에 비치된 이력 확인 단말기를 통해서나 인터넷 사이트 mtrace.go.kr, 혹은 휴대전화를 통해 한우에 적힌 개체식별번호를 입력하면 '한우가 내 손에 오기까지의 이력서'를 조회해볼 수 있다.

농축산물의 생산과 유통과정에 대한 신뢰도를 높여 소비자를 안심시키려는 움직임은 점점 더 활발해지고 있다. 최근 한 대형마트는 양념육에까지 이력추적제를 도입해 원재료에 대한 정보뿐만 아니라, 양념에 들어가는 참깨, 참기름 등의 재료에 대해서도 제조사, 제조일자, 유통기한, 원산지를 제공해 소비자들에게 좋은 반응을 얻었다. 영광굴비 추석세트에는 "항상 최선의 노력을 다하겠다"라는 '영광굴비 특품사업단' 단장의 인사말이 녹음된 음성카드가 들어 있기도 하고, 상품을 소개하는 카탈로그에는 누구 문중에서 몇 백 년간 내려온 비법으로 몇 대 종부가 담근 간장세트라는 '간장 신화'도 소개돼 있다. 항생제가 들어 있지 않다는 증거로 DNA검사확인서를 동봉한 축산품까지 등장했다. 그들은 처음부터 끝까지 "고객님, 우리 제품은 믿고 안심하세요!"를 외치고 있다.

인터넷의 보급과 바코드, 전자태그RFID 기술이 발달하며 소비자는 원하는 정보를 얻을 수 있고, 그로써 자신이 상품에 대한 통제력을 갖고 있다는 사실에 안심한다. 기업 입장에서는 투명하게 상품공정에 대한 정보를 제공해 소비자를 각종 의심이나 걱정으로부터 해방시켜줌으로써 신뢰할 수 있는 기업이라는 이미지를 구축할 수 있다.

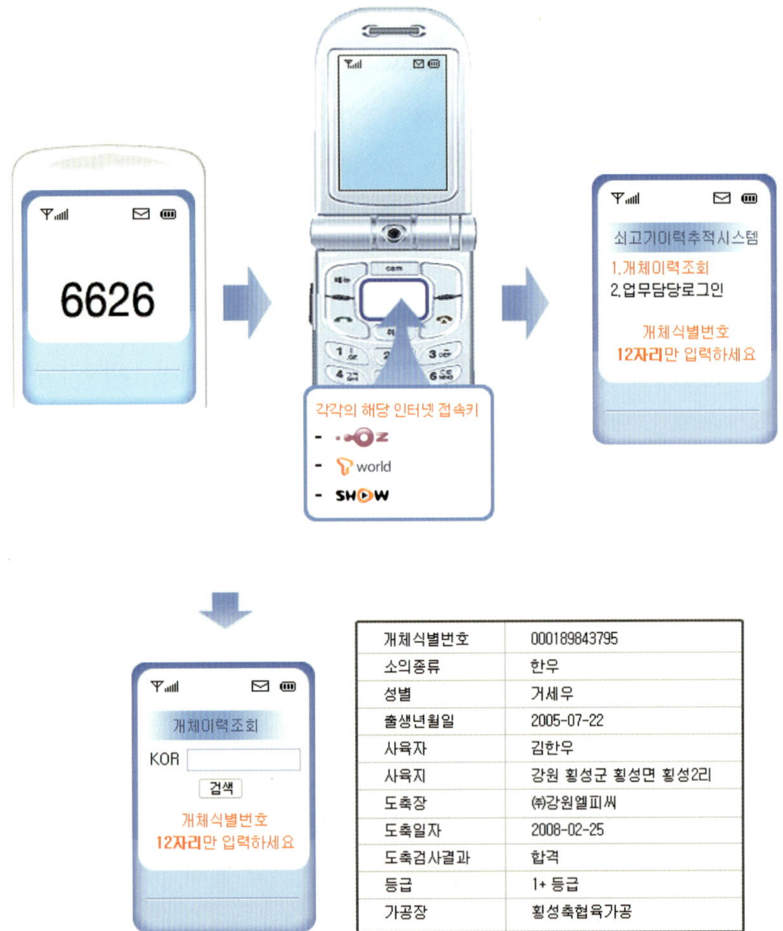

개체식별번호	000189843795
소의종류	한우
성별	거세우
출생년월일	2005-07-22
사육자	김한우
사육지	강원 횡성군 횡성면 횡성2리
도축장	㈜강원엘피씨
도축일자	2008-02-25
도축검사결과	합격
등급	1+ 등급
가공장	횡성축협육가공

해외에서는 최근 들어 건강과 직결된 먹을거리에 대한 정보 외에도 제품을 통해 다양한 정보를 제공해주는 움직임이 일고 있다. 제조·유통의 기본정보 외에, 상품이 제작되기까지 탄소가 얼마만큼 배출되는지부터, 생산자가 어디에 살고 어떤 캐릭터의 소유자인지까지도 소비자에게 '친절히' 알려준다. 이러한 움직임에는 자사 제품에 브랜드 스토리를 부여함으로써 다른 제품과 차별화하려는 기업들의 마케팅 전략이 반영돼 있다.

일례로 뉴질랜드의 양털 의류업체인 아이스브레이커Icebreaker의 경우 의류 구매 후 웹사이트에서 제품에 부착된 바코드baacode, 양이 '바아baa~' 하고 운다 하여 바코드barcode를 재미있게 이름 붙임를 웹사이트에 입력하면 자기 옷을 짠 양털실이 어디에서 생산됐는지 알 수 있다. 또한 양치기의 모습, 양털 수거부터 가공까지의 전과정이 동영상과 스틸컷으로 제공되기도 한다. 청정지역에서 지내고 있는 양의 모습과 농부의 어색하면서도 진솔한 모습은 소비자에게 신뢰감을 줄 뿐만 아니라 '나는 뭔가 특별한 상품을 소유하고 있다'라는 우월감을 주기도 한다.

앞으로 소비자들은 바코드를 웹사이트에서 입력해보는 '번거로움'을 감수하면서까지 상품이 어떻게 해서 내 손에 오게 되었는지, 과연 안전한 것인지를 확인하고 싶어할 것이다. 이는 그만큼 우리 주변에는 건강을 위협하거나 태생이 어디인지도 모를 가짜 상품들이 난

무하고 있다는 뜻이기도 하다. 상품에 대해 일일이 이력서를 쓰고, 증거사진을 남겨야만 믿음을 줄 수 있는 지금의 상황이 조금 슬프긴 하지만, 태그 이코노미는 무너진 사람 사이의 신뢰를 어떻게든 회복해보자는 국제적인 흐름으로 자리매김할 것이다. 가격으로만 승부하던 시대는 이제 갔다. 앞으로의 상품은 소비자에게 전방위적인 신뢰감을 주어야만 경쟁에서 살아남을 수 있다. T

1982년 미국 범죄학자 제임스 윌슨James Wilson과 조지 켈링George Kelling이 발표한 '깨진 유리창 이론'은 동네에 깨진 유리창 하나를 방치해두면 사람들이 '그래도 되는가 보다'라고 생각하며 거칠게 행동하게 되고, 결국 도시 범죄가 증가하게 된다는 이론이다.

이후 뉴욕시는 깨진 유리창 이론을 반영한 치안대책을 세우게 된다. 먼저 대표적인 우범지대였던 지하철에 지저분하게 씌어 있던 낙서를 지우고, 쓰레기를 치우기 시작했다. 또한 교통신호 위반, 노상방뇨 등의 경범죄를 철저히 단속하고 났더니 뉴욕 내 범죄 발생률이 엄청나게 줄었다. 이제 뉴욕은 전세계인이 한 번쯤 가보고 싶은 멋진 도시로 변모했다.

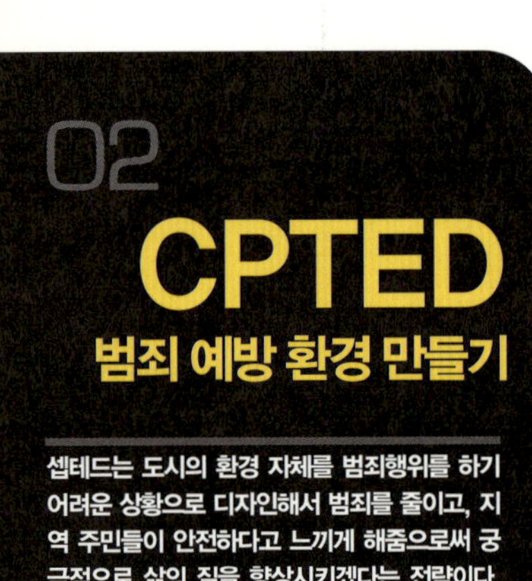

디자인으로 범죄발생률을 줄이다

'깨진 유리창 이론'은 도시의 환경이 사람들의 정서에 얼마나 큰 영향을 끼치는지 잘 보여준다. 이렇게 환경과 범죄와의 상관관계에 따라 등장한 것이 환경설계를 통한 범죄예방, 즉 셉테드CPTED, Crime Prevention Through Environment Design이다. 셉테드는 도시의 환경 자체를 범죄행위를 하기 어려운 상황으로 디자인해서 범죄를 줄이고, 지역 주민들이 안전하다고 느끼게 해줌으로써 궁극적으로 삶의 질을 향상시키겠다는 전략이다. 이미 영국·미국·일본 등에서는 이러한 셉테드 개념이 성공적으로 정착해 성과를 거두고 있다. 특히 지난 10년간 셉테드 전략을 추진해온 영국과 미국의 플로리다주에서는 총 범죄 및 재산 범죄의 수가 꾸준히 감소하고 있다고 한다.

이미 우리나라의 범죄 발생은 2003년 이후 한 해 200만 건을 넘어서고 있다. 특히 최근에는 각종 사이코패스형 범죄와 성폭행 사건 등이 연이어 발생하면서 사람들의 불안감이 점점 높아져 셉테드의 필요성에 대한 논의가 활발해지고 있다. 지난 3월, 서울시가 국내 최초로 '범죄 예방 환경설계 지침'을 개발해 일부 뉴타운 지역을 중

1982년 미국 범죄학자 제임스 윌슨과 조지 켈링이 발표한
'깨진 유리창 이론'. 동네에 깨진 유리창 하나를 방치해두면
사람들이 '그래도 되는가보다'라고 생각하며 거칠게 행동하게 되고,
결국 도시 범죄가 증가하게 된다는 이론이다.

심으로 셉테드가 적용되기 시작했다. 앞으로는 전국의 모든 도시와 건축물에 의무 적용하자는 움직임도 함께 진행되고 있어, 당분간은 셉테드가 전국적인 관심사로 부각될 것으로 예상된다.

건설회사들은 차로와 보행공간을 완전 분리한다든가, 가로등을 낮게 설치해 서로의 얼굴을 확인할 수 있게 하는 등 아파트 단지를 건설하는 데 범죄 예방 기법을 접목하는 '크라임 프리crime free' 디자인을 적용하고 있다. 또한 최근에는 주민의 동의하에 CCTV를 설치하는 지역도 점점 늘어나 2009년 8월 말 기준으로 전국에 설치된 방법용 CCTV가 무려 16,563대로, 지난해 말 대비 2배로 늘었다고 한다. 판교 신도시에는 범죄자의 도

범죄자는 내 손바닥 안에

미국의 아이팟 어플리케이션 스토어에 상위권에 랭크
된 범죄자 위치추적기 offender locator 는 자신의 주변에
성범죄자가 있는지, 혹은 성범죄자가 사는 곳이 어디
인지에 대한 정보를 알려준다. 지도 위의 점을 클릭하
면 GPS기반으로 성범죄자의 사진과 주소, 생년월일,
범죄내역 등이 뜬다.

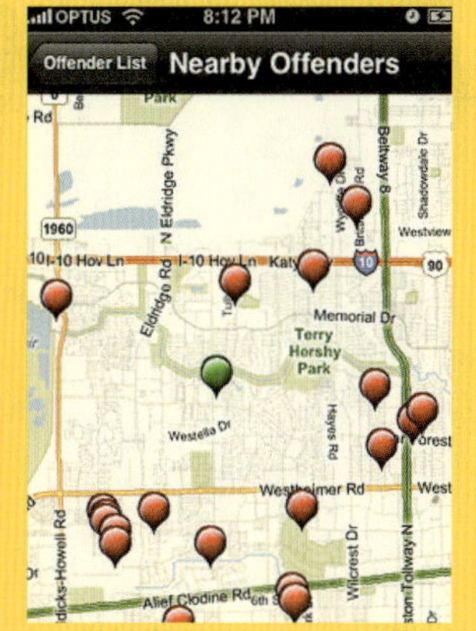

범죄자 위치추적기 화면

주로를 막다른 골목에 이르게 해 쉽게 도망갈 수 없게 만든 쿨데삭 cul de sac, 막다른 골목
설계도 도입된다고 한다. T

전세계적으로 신종플루가 확산되고 이로 인한 사망자가 연이어 발생하면서 사람들은 언제 신종플루에 감염될지 모른다는 불안감에 사로잡혀 있다. 마스크를 쓴 사람만 보면 슬슬 곁을 피하거나, 지하철에서 입을 막지 않고 재채기를 했다고 말다툼이 일어나기도 하고, 백신을 맞으러 온 사람들이 너무 많아 밖에서 떨다보니 '예방접종 하러 왔다 신종플루 걸려 돌아간다'는 말이 나오는 등 웃지 못할 해프닝까지 연출되고 있다.

기획재정부와 통계청에 따르면 신종플루의 여파로 2009년 3 · 4분기 여행업 매출은 지난해 같은 기간에 비해 무려 24.9퍼센트나 급감했다고 한다. 학생들의 수학여행이 줄줄이 취소되고, 기업들의 사업상 출장도 크게 감소하고 있다. 또한 사람들이

몰리는 유원지나 테마파크 등의 놀이공원 업종도 3·4분기 매출이 지난해보다 7.6
퍼센트 감소해 신종플루가 경제에 미치는 파급력이 만만치 않은 것으로 조사됐다.

　적절한 처방이나 약도 정작 환자 본인이 믿지 않고 의구심을 가지면, 약을 먹어도
잘 낫지 않게 되는 현상을 '노시보 효과nocebo effect'라 한다. 이는 가짜약을 투여했음
에도 나을 거라는 심리 효과 때문에 환자의 상태가 실제로 좋아지는 현상인 '플라시
보 효과placebo effect'와 반대되는 개념이다. 지금 우리 사회는 연일 쏟아지는 신종플
루 관련 소식과 이와 관련된 다양한 루머들로 주변의 모든 것이 조심스럽고 의심스
러운 심리적인 건강 노이로제, 노시보 효과를 겪고 있다.

　따라서 최근에는 이러한 신종플루에 대한 불안을 조금이나마 완화시켜 안심하고
생활할 수 있게 해주는 상품이나 서비스가 각광받고 있다. 신종플루 발생 이후 가장
큰 히트상품은 바로 손세정제일 것이다. 손세정제 제작량이 엄청나게 늘면서 주원
료인 알코올이 일시적으로 바닥났다는 이야기도 들려온다. 실험용 알코올을 써야
하는 각 대학 화학과, 약대, 의대는 물론 화장품 및 페인트 회사까지 물량 확보에 실

패하는 현상까지 일어났다는 것이다. 물론 손세정제가 손에 잔존하는 바이러스를 죽이는 데 효과적일 수 있을 것이다. 하지만 그 실제적인 효과보다도 이를 자주 사용함으로써 '나는 신종플루로부터 안전하다'라고 느끼는 심리적 안정이 손세정제를 히트상품으로 만들지 않았을까.

신종플루, 신문화를 만들어내다

신종플루의 창궐과 그로 인한 사람들의 공포는 전세계적으로 전에 없던 새로운 문화와 히트상품을 만들어내고 있다. 최근 미국의 건강 전문 잡지 『헬스Health』에서 '신종플루가 바꾼 사회 문화 8가지'를 소개해 화제가 됐다. 그 내용을 간략히 소개하면 다음과 같다. ① 전세계적으로 볼에 입을 맞추는 등의 접촉이 필요한 인사법을 피하게 되었고, ② 뉴욕에서는 가톨릭교 신도들끼리 악수를 자제한다든가, 이슬람교에서 기도할 때 쓰는 매트를 개인이 지참해야 하는 등의 종교문화도 변화시켰다. ③ 집단감염을 막기 위한 재택수업과 재택근무가 가능해지고, ④ 돼지고기를 먹지 않아 양돈산업에 큰 타격을 주었고(실제로 돼지고기에서 신종플루균이 발견된 일은 거의 없지만), ⑤ 멕시코 여행을 기피하게 되고(가장 먼저 신종플루 환자가 발견되었다는 이유로), ⑥ 기침과 재채기의 에티켓을 강조하게 되었으며, ⑦ 인플루엔자 예방접종이 크게 늘었다. ⑧ 마지막으로 신종플루 예방관련 상품이 불티나게 팔렸다는 것이다. 한국의 실정과는 맞지 않는 것도 있지만, 대체로 우리도 비슷하게 겪고 있는 것이기에 흥미롭다. 이렇게 변화한 사회문화 현상은 공포감에 의해 학습된 것이기에 앞으로 신종플루가 잠잠해진 뒤에도 한동안 지속될 것으로 예상된다.

해외에서 신종플루는 다양한 아이디어 상품을 만들어내고 있다. 전형적인 특수상품인 마스크, 손세정제, 체온계 외에 손에 의한 감염을 막기 위해 팔뚝으로 문을 열수 있게 고안한 '팔뚝 손잡이'와 신종플루 바이러스도 제거해준다는 공기청정기, 휴대용 자외선 살균기 등이 인기를 얻고 있다.

또 최근 프랑스에서는 뺨에 키스하는 전통적인 인사를 꺼리게 되면서 본의 아니게 인간관계가 서먹해질 수 있다는 지적이 나옴에 따라 '르 예스Le Yes'라는 배지가 고안되기도 했다. 이 배지는 '키스나 악수를 하지 않아도 내 마음은 당신과 인사하고 있다'는 뜻을 담고 있으며 전용 사이트에서 3개에 6유로씩 판매되고 있다.

신종플루 감염을 피하고 싶다면 헬스맵healthmap.org을 이용해 보는 것도 좋을 것 같다. 헬스맵 사이트에서는 전세계의 질병 지도를 보여주는데, 신종플루가 세계 어느 곳에서 발병하고 있는지, 어디를 피해 휴가를 가야 할지 체크해볼 수 있다. 또한 얼마 전 미국에서는 헬스맵을 반영해 신종플루 현황을 알려주는 아이폰용 어플리케이션이 나왔다. MIT미디어랩과 보스턴 어린이병원이 개발한 '아웃브레이크 니어 미Outbreaks near Me'는 자신 주변에서 발생한 신종플루의 발생 현황을 알려준다. 새로운 감염자가 생기면 실시간으로 업데이트되며, 반대로 아이폰 이용자가 지역의 감염

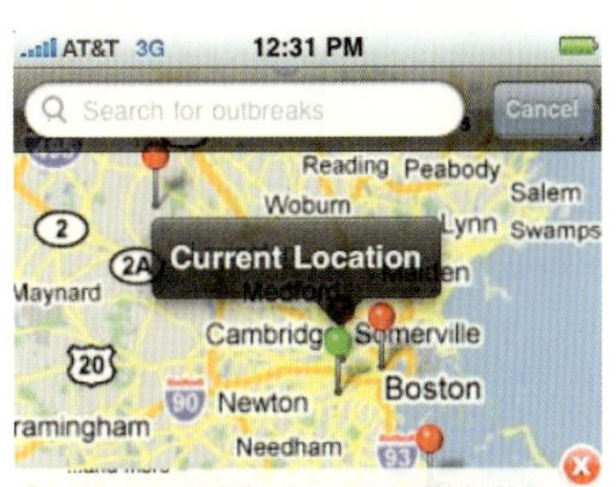

한국에서는 마스크를 쓰면 오히려 서로를 피하게 된다는
이야기가 있지만, 세계 각국의 젊은이들은 이왕 써야 할 마스크이니
좀더 재미있고 개성이 드러난 마스크를 쓰자며
각종 캐릭터 마스크 상품을 출시하기도 했다.

상황을 알려줄 수도 있다. 이 어플리케이션은 지역 주민들이 신종플루 확산 현황을 정확히 알 수 있고, 이에 대한 대응방안을 적절히 마련할 수 있다는 점에서 긍정적으로 평가받고 있다.

이왕이면 엣지 있게, 신종플루 패션

신종플루가 확산되며 길거리에서 마스크를 쓴 사람들을 많이 만나게 된다. 한국에서는 마스크를 쓰면 오히려 서로를 피하게 된다는 이야기가 있지만, 세계 각국의 젊은이들은 이왕 써야 할 마스크이니 좀더 재미있고 개성이 드러난 마스크를 쓰자며 각종 캐릭터 마스크 상품을 출시하기도 했다. 신종플루가 패션 아이템을 창조해낸 것이다. 손세정제 또한 브랜드별로 앞다투어 출시되고 있는데, 단순한 손세정제를 넘어 좋은 향을 첨가하거나, 가방 고리로 달고 다닐 수 있도록 용기를 예쁘게 디자인한 제품이 인기를 얻고 있다고 한다.

얼마 전 일본에서는 신종플루를 예방할 수 있는 양복이 출시돼 화제를 불러일으켰다. 하루야마 트레이딩에서 만든 이 양복은 빛을 쬐면 산화작용을 일으켜 바이러스를 죽이는 이산화티탄을 옷에 입혔다고 한다. 겉으로는 일반 양복과 전혀 다르지 않아 보인다. 일본인들은 우리 돈으로 70만 원 정도 하는 이 양복을 사기 위해 아침부터 줄을 서서 기다렸다고 한다. Ⓣ

착한 가족영화에 관객이 몰린다

interview
09

이상무

CJ엔터테인먼트 한국영화마케팅팀장

Q 한국의 영화시장 규모는 어느 정도인가요?

우리나라에는 영화관 스크린이 2200개가 있고, 국민 1인당 영화관에서 영화를 보는 연평균횟수는 3회가 넘습니다. 전세계 1위인 미국이 5회 정도 되고요. 일본은 약 2회밖에 되지 않습니다. 물론 인구가 우리보다 두세 배 많아서 시장 자체는 크지만 1인당 관람횟수로 보면 우리나라가 꽤 높은 편이에요. 서울 지역만 따로 떼어본다면 1인당 관람횟수가 5회를 넘어갑니다. 이미 전세계적으로 영화 소비를 가장 많이 하는 수준에 와 있는 거죠.

Q 2009년에 인기를 얻은 영화들에는 어떤 특징이 있었나요?

2008년 하반기부터 뚜렷하게 나타나고 있는 현상인데요, 〈과속스캔들〉〈7급 공무원〉〈해운대〉〈국가대표〉같이 소위 '착한 영화'가 인기를 얻고 있어요. 내용이 착하면서 편안하고, 자연스러운 웃음을 줄 수 있는 영화, 거의 전체 관람가 혹은 12세 관람가 등급으로 가족들이 함께 보기에 적절한 영화들이었죠.

우리나라 사람들은 코미디를 굉장히 좋아해서 영화 속에 웃음 코드가 많이 들어가요. 왜 예전에 한때 조폭 코미디가 유행했잖아요. 그 때는 누가 누구를 때리는 가학적인 것, 우습게 넘어지는 슬랩스틱, 욕설, 성희롱 등 굉장히 자극적인 코미디가 인기를 얻었어요. 그런데 요즘 관객들은 그런 코미디를 아주 싫어해요. 또 몇 년 전에는 〈작업의 정석〉 같은 빅 캐스팅의 로맨틱 코미디물이 인기를 얻었죠. 그런데 요새는 또 이런 장르가 잘 먹히지 않아요.

여러 세대가 공감하는 영화가 성공

현재 한국에는 가족이 함께 영화를 관람하는 '가족영화 시장'이 형성되고 있어요. 이런 현상이 가능하게 된 것은 영화관을 적극적으로 체험했던 세대들이 부모가 되었다는 이유가 가장 커요. 영화를 활발히 소비하던 이들이 30, 40대, 소비 주도층으로 성장하게 된 거죠. 또 할머니, 할아버지가 영화 관람에 합류하고 있다는 점도 한몫하고 있어요. '머리 하얀 분들이 영화관에 나타나면 1천만 (관객)'이라는 영화계 속설이 있는데요, 보통 이분들은 영화 개봉하고 3~4주차쯤 영화관에 오시곤 했거든요. 그런데 올해 〈해운대〉 때는 개봉 첫 주부터 보러 오시더라고요. "〈태극기 휘날리며〉 재미있더라, 〈괴물〉은 봤더니 그건 나랑은 안 맞더라" 이런 식으로 1년에 한두 편 정도는 자

신들도 공유할 수 있는 영화가 있다는 것을 몇 년간 경험적으로 알게 된 거죠.

MBC 〈선덕여왕〉처럼 40퍼센트를 넘어서는 드라마가 영화로 치면 1천만 영화예요. 저희는 그래서 최근 시청률 30퍼센트가 넘어간 드라마들의 공통 키워드를 분석하고 있어요. 연령대별로 누가, 어떤 식으로 좋아하는지 등을 철저히 분석해요. TV 드라마도 마찬가지지만, 가족영화는 넓은 타깃을 공략할 수 있어야 해요. 그 이야기는 곧 '주인공이 여러 명'이란 뜻이죠. 〈해운대〉에도 주인공이 많죠. 각 세대가 영화를 관람하면서 감정을 이입할 사람과 나잇대에 맞는 코드가 있기 때문에 가족 모두에게 어필할 수 있었던 것입니다.

Q 최근 영화시장은 불황의 영향을 많이 받고 있을 것 같은데요.

아시다시피 최근 영화계가 어려워서 제작편수가 반으로 줄어들었어요. 2~3년 전에는 일년에 한국 영화가 100편씩 개봉됐거든요. 그런데 올해에 개봉했거나 할 예정인 영화를 다 합쳐봤자 50편 정도밖에 안 돼요. 2010년에도 개봉 예상 영화는 한 40편, 많아야 50편 정도 될 것으로 보고 있어요.

이는 영화에 투자를 할 사람이 없어졌거나 소극적인 투자로 변했다는 얘기고, 그건 투자자들이 상업적으로 더욱더 안전한 기획을 원하게 됐다는 거죠. 그러다보니 영화를 만들고자 하는 창작자나 감독 들은 투자를 받기가 더 힘들다고 얘기를 하시죠. 많이 안타깝지만, 사실 영화관에 걸릴 영화들은 이게 상업적으로 얼마만큼 성공을 담보할 수 있는가가 제일 큰 이슈가 되었어요. 너무 깊이 있게 작가주의적인 관점을 영화에 담으려고 하면, 고예산으로는 제작하기 어려워지고 결국 저예산으로 내려갈 수밖에 없고, 또 저예산으로 내려가다보면 캐스팅도 잘 안 되고, 화면이 단순해지니 관객이 들기 어려워진다는 악순환이 발생하죠.

Q 일본의 경우에는 텔레비전에서 히트했던 제작물들이 영화로 다시 성공하는 경우가 많은데, 국내에서도 이런 식의 기획이 성공할 수 있을까요?

한국은 일본과는 조금 다르게 생각해야 될 것 같아요. 일본은 소장 문화가 발달돼 있고 매우 마니아적인 기질이 있죠. 배용준, 최지우 주연의 〈겨울연가〉가 얼마 전에 일본에서 애니메이션으로 제작됐잖아요. 일본은 같은 내용을 TV 버전으로, 극장 버전으로, 또 애니메이션 버전으로 봐도 좋아해요. 그렇지만 한국인들은 다르죠. "나 이미 그 이야기 다 알아!" 하면서 좀처럼 관심을 갖지 않아요. 정보 위주로 콘텐츠에 접근하기 때문이죠.

물론 만화나 소설 원작을 영화로 찍는다면 이야기는 조금 달라져요. 영화로 구현되면 배우가 있으니까 전혀 맛이 달라지잖아요. 기대감이 생기는 거죠. 예를 들어, 윤태호의 만화 〈이끼〉를 영화로 만든다면 사람들이 관심을 갖겠죠. 하지만 영화 〈친구〉를 TV 드라마 버전으로 기획했을 때, 한국 정서에서 또다시 인기를 얻기는 정말 힘든 것 같아요.

Q 그 외에도 한국 관객들의 특징이 또 있을까요?

한국 관객들은 유독 스토리에 집착하는 성향을 보여요. 특히 한국 영화의 스토리에 대해서는 외화에 비해 매우 엄격한 잣대를 들이대곤 합니다. 개봉한 한국 영화가 스토리의 완성도가 떨어지거나 관객들이 원하는 방향대로 흘러가지 않으면 곧바로 외면을 해요. 자신이 원하지 않는 결말은 싫어하죠. 바로 입소문이 좋지 않게 나는 거예요. 이런 성향은 TV 드라마에도 똑같이 적용되겠죠. 드라마 방송할 때면 시청자 게시판에 누구누구 캐릭터 다 바꿔버리고, 결론도 이렇게 만들라, 바꿔라 하고 항의하잖아요. 대중이 동의할 수 있는 스토리로 영상을 만들어야 흥행에 성공할 수 있어요.

Q 2010년 영화계를 어떻게 전망하시는지.

올해 가장 큰 히트작이었던 〈해운대〉가 제한적이기는 했지만 어느 정도 CG 기술이 대중의 눈높이를 만족시켰던 것 같아요. 〈해운대〉의 성공을 보고 많은 사람들이 용기를 얻었어요. "저 정도는 우리가 해낼 수 있구나"라고 말이죠. 그리고 "저 정도 수준으로 하려면 30~40억으로는 어림없고 한 백 몇 십억이 드는구나" 이런 판단 기준을 알게 해줬어요. 앞으로 이를 바탕으로 대작 영화들이 기획될 가능성이 높아요. 적어도 100억 원대의 영화들이 기획될 것이고요. 내용 측면에서는 온가족이 함께 볼 수 있는 영화, 전체 관람가나 12세 관람가 내용의 영화들이 꾸준히 관객을 찾아오지 않을까 예상하고 있어요.

 한국의 많은 스타들이 할리우드
로 진출하고 있는데요.

물론 배우 본인에게도 의미가 크겠지만, 한
국 배우들이 글로벌하게 상영되는 영화에 자
꾸 출연해 얼굴을 알리면 '코리아'라는 브랜
드를 세계에 알릴 수 있고, 한국 영화가 해외
여러 시장에 진출할 수 있는 좋은 기회가 되
는 거죠. 예를 들어 배우 이병헌이 할리우드
에 진출하고 인기를 얻으면 이게 미국에서만
끝나는 게 아니라, 이병헌이 나온 다른 한국
영화들이 전세계에 알려질 수 있는 좋은 기회

를 잡는 거죠.

배우뿐만이 아니에요. 비교적 인지도를 쌓
은 국내 감독들도 해외 진출을 적극적으로 하
고 있어요. 〈박쥐〉의 박찬욱 감독이나 〈놈놈
놈〉의 김지운 감독의 경우 외국 프로듀서와
함께 현지에서 영화를 찍을 준비를 하고 있어
요. 김지운 감독은 프랑스 스릴러 고전 〈맥스〉
를 리메이크한 영화를 내년쯤 미국 필라델피
아에서 찍을 예정이고, 박찬욱 감독은 코스타
가브라스Costa Gavras 감독의 〈액스, 취업에 관
한 위험한 안내서〉 리메이크작을 할 예정이
죠. 결국 감독만 한국 사람인 영화인 거예요.

앞으로는 한국, 중국, 일본 혹은 태국 같은 나라가 함께 공동작업하는 일이 많아질 것으로 예상합니다. 특히 태국은 우리나라의 5분의 1도 안 되는 제작비로 잘 찍을 수 있다는 점이 매력적이죠. 〈해운대〉가 해외에서 대단하다는 소리를 들었던 것은 130억을 가지고 찍었기 때문이에요. 할리우드 영화처럼 1억 달러, 2억 달러로 저렇게 찍었으면 허접하다 하겠죠. 그런데 "너희들은 어떻게 1백억 대의 돈으로 이렇게 만들었냐"라며 믿지 않는다고 해요. 태국도 〈옹박〉 같은 영화는 몇 억밖에 들지 않았지만 우리나라 액션 영화보다 훨씬 더 잘 찍거든요.

이처럼 이제 영화계는 국적 불문하고 창작자와 자본과 제작자가 함께 뒤섞이는 시대가 올 거라고 생각해요. 외국 감독을 모시고 와서 영화를 찍는 것도 추진하고, 우리 감독을 해외 프로젝트에 내보내기도 하죠. 또한 기획 자체에 각국의 배우를 섞어서 두 개 이상의 언어가 영화에 나오게 할 수도 있고, 다양한 측면의 공동작업이 많아지겠죠. 

농담 같은 메시지만 받아들이는 시대

interview
10

심정원

한국CM전략연구소 책임연구원

"2000년 초반에는 TTL 같은 심오하고 형이상학적인 광고가 통했어요. 그랬는데 이제 경기가 어려워지니까 이런 게 골치 아픈 거죠. 사람들이 분위기가 밝고, 유쾌한 광고를 좋아하더라고요. 이젠 광고가 공감을 얻으려면, 심플하면서 이해하기 쉽게 만들어야 돼요. 10세 어린아이도 이해할 수 있고, 60대 노인이 봐도 이해할 수 있는 그런 광고들이 먹히죠."

Q 2009년 광고업계에 가장 많은 영향을 미친 것은 아무래도 불황이겠죠?

소녀시대, 동방신기, 슈퍼주니어, 원더걸스가 다 치킨 모델로 활동했어요. 예전 같으면 상상조차 못 했던 일이거든요. 보통은 개그맨 차지였죠. 사실 작년에 경기불황으로 치킨업체가 많이 늘어나면서 치킨 브랜드만 300여 개 정도가 됐어요. 소자본으로 창업하기도 좋다 보니까 치킨 브랜드 간에 경쟁률이 워낙 치열해진 거죠. 그 가운데서 인지도를 높이려면, 결국에는 빅모델이 가장 쉬운 방법이거든요. 사회 전반적으로 아이돌이 인기도 많았고요.

불황은 탄산음료를 마신다

불황으로 일어난 현상은 또 있어요. 그동안 웰빙 바람이 불어서 식음료계 광고에서 코카콜라만 빼고 탄산음료가 거의 사라졌거든요, 그런데 경기 불황이다보니, 가격이 저렴한 탄산음료 CF가 급증을 했어요. DK라든지 데미소다를 비롯해 쉐이크붐붐 같은 어린이 음료도 광고로 다시 나왔고요. 써니텐이나 환타 같은 경우에는 정말 수년 만에 국내 지상파 광고에 나온 셈이에요. 반면에, 웰빙 바람을 타며 집중적인 캠페인을 했던 차 음료는 움츠러들었어요. 올해는 옥수수수염차나 17차를 제외하고는 지상파 광고를 거의 중단했죠.

Q 빅모델의 활약은 여전한가요?

2009년에는 담비팩트라든가 연아햅틱폰같이 스타를 브랜드로 연결시킨 광고가 많았죠. 예전에는 '장동건이 광고하던 거'라는 식으로 사람들 간에 소통을 했는데 이제는 달라졌어요. 아예 광고 자체에서 연예인 이름을 상품명으로 붙여버렸죠.

빅모델 중 가장 힘이 있던 것은 스포츠 스타 김연아였죠. 인터넷에 '연아의 하루'라는 농담이 등장할 정도로, 김연아가 두드러진 활약을 보여주었어요. 보통 스포츠 스타들이 광고하는 업종이 한정돼 있는 데 비해서, 김연아는 다양한 업종의 모델로 활동했어요. 효과 조사에서도 어느 것 하나 떨어지는 것 없이 다 높게 나왔어요. 김연아가 나이는 어리지만 다양한 이미지와 파워를 지닌 거라고 평가되고 있다는거죠. 최근 6개월 동안 연속적으로 광고모델 호감도 1위를 차지했어요.

사실 스포츠 스타가 장기간 1, 2위권을 다툰 적이 없었거든요. 박지성이나 추성훈도 5, 6위 정도하다가 경기 시즌이 끝나면 사라졌는데,

김연아는 경기하고 상관없이 장기집권하는 식이에요. 박태환은 일반적인 패턴을 따랐죠. 작년 베이징 올림픽 때 반짝하다가, 사람들 기억 속에서 올림픽이 잊혀지면서 순위에서 떨어져 나갔어요.

드라마와 연관된 광고 효과 쑥쑥!

그리고 그동안 두각을 보이던 예능 버라이어티 출연진의 CF 파워는 한풀 꺾이고, 인기 드라마 주인공들의 파워가 세졌어요. 〈내조의 여왕〉이나 〈꽃보다 남자〉 출연진들이 광고모델로 대거 기용되면서 제2의 전성시대를 가져왔죠. 〈찬란한 유산〉의 이승기랑 한효주도 상당히 높게 나왔고요.

이승기가 나온 지펠 아삭 광고도 선호도가 의외로 높게 나왔더라고요. 이승기랑 매칭도 안 되고, 〈아삭송〉도 큰 의미는 없는 것 같았는데. 그런데도 광고 효과가 높게 나타난 건 이승기 파워이자 드라마 파워라는 생각이 들었어요.

Q 빅모델을 제외한 채 아이디어만으로 성공한 사례는 없었나요?

KT의 쿡이나 올레 캠페인이 주목할 만했어

요. 우리나라에서도 독창적인 스토리와 크리에이티브만으로도 성공할 수 있다는 사례를 보여줬죠. 모델비도 거의 들지 않았잖아요. 광고비는 SK텔레콤에 비해 반 정도밖에 안 썼거든요. 그런데도 불구하고 광고 효과는 더 높게 나타나고 있습니다.

올레의 경우, 연속성을 가지지만 매편 지루하지 않게 스토리를 만들었어요. 그런데 SK는 '비비디바비디부' 하나 가지고 계속 우려먹으니까 소비자들이 쉽게 질려버렸죠. 광고효과가 한두 달까지는 유지됐지만 3개월째 가면서 확 떨어지는 추세를 보이더라고요.

Q 광고 내용에도 변화가 있을 텐데요.

2000년 초반에는 TTL 같은 심오하고 형이상학적인 광고가 통했어요. 그랬는데 이제 경기가 어려워지니까 이런 게 골치 아픈 거죠. 사람들이 분위기가 밝고 유쾌한 광고를 좋아하더라고요.

이젠 광고가 공감을 얻으려면, 심플하면서 이해하기 쉽게 만들어야 돼요. 10세 어린아이도 이해할 수 있고, 60대 노인이 봐도 이해할 수 있는 그런 광고들이 먹히죠.

그리고 단순한 CM송을 쓰는 광고 효과가 높아졌어요. 후크송 같은 CM송도 많이 나왔고요. 차태현이 나오는 〈하이마트송〉은 소비자 조사를 하면 언제나 효과가 높게 나오는 편이에요. 자신도 모르게 가사를 따라한다고 하더라고요. CM송은 너무 칙칙하면 안 되고 단순하고 경쾌하고 재미있어야 된다는 원칙을 지킨다고 들었어요.

그리고 유머 코드가 담기지 않으면 성공하기 어려운 것 같아요. 하지만 유머도 억지스럽게 웃음을 끌어내는 것보다, 생활 속의 공감을 이끄는 방식이 성공했어요. 예를 들어 쿡의 '신생아 편' 같은 경우는 단순하지만 공감을 이끌어내는 데 성공해 사람들에게 통했죠.

반면에 개그맨들이 개그프로에서 썼던 것을 광고에 그대로 응용해서 웃음을 자아내던 방식은 이젠 잘 안 통해요. 실제로 〈분장실의 강선생님〉 팀이 프로그램 콘셉트를 그대로 가지고 광고에 몇 편 출연했는데, 호감도가 별로 높지 않았어요. **T**

PART 06
집단지성

플라톤은 소수의 엘리트집단이 국가를 이끄는 철인정치를 꿈꿨다. 그가 오늘의 인터넷 환경을 봤다면 무엇이라 했을까? 플라톤은 어쩌면 '트위터의 메시지 중 40퍼센트는 쓰레기'라는 통계자료를 들고 와서, 인생을 소모하는 인터넷 따위는 폭파시키라고 주장할지 모른다. 혹은 인터넷 여론에 대해 "광폭하고 무지한 네티즌들이 만들어낸 중우정치의 씨앗"이라며 흥분할 수도 있겠다.

반면에 오픈소스 지지자들은 대중의 지혜를 믿는다. 이제 IT기업들은 그동안 연구해온 수십억 원 가치의 기밀을 기꺼이 공개한 뒤, 함께 발전시켜가자고 대중을 선동한다. 이들은 시민들의 머리에서 나온 '골 때리는 아이디어'가 세상을 진보시킬 것이라고 생각하는 이상주의자들이다.

공공의 두뇌를 수용하기 위해서는 높디높은 마천루가 아니라, 열린 광장이 필요하다. 다행스럽게도 오늘날의 인터넷은 세계시민들이 모이는 광장이 되어주고 있다. 오픈소스 지지자들은 이 광장에서 자신의 비밀을 기꺼이 꺼내놓는다. 그러고는 지구인 중 누군가가 자신들의 문제를 함께 풀어주기를 기대한다. 기쁨은 나누면, 두 배가 되고 슬픔은 나누면 반이 된다고 한다. 하지만 지식을 나누면, 삼십 배, 육십 배, 백 배의 결실을 맺을지도 모르겠다.

'사공이 많으면 배가 산으로 간다'라는 말이 있다. 하지만 크라우드소싱 추종자들은 하나보다는 둘의 머리가 낫다고 주장한다. 이들은 수천만 대중의 머릿속에 자신들을 먹여살릴 번뜩이는 아이디어가 있다고 여긴다.

아웃소싱의 확장 개념인 크라우드소싱은 생산과 서비스 과정에 불특정 다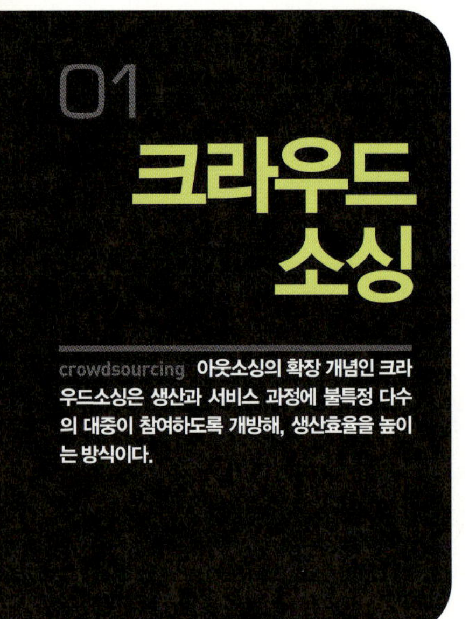수의 대중이 참여하도록 개방하여, 생산효율을 높이는 방식을 말한다. 예를 들어, 이들은 성 안에 갇힌 공주를 구하기 위해 특수부대를 키우지 않는다. 동화 속 이야기처럼 인터넷 곳곳에 공고를 붙이고는 용기과 지혜를 가진 용사들이 도전하기를 기다린다. 물론 성공한 용사에게는 두둑한 상금을 수여한다. 크라우드소싱 지지자들은 "불확실성은 있겠지만, 어쨌거나 이게 싸게 먹히는 방법"이라며 흡족하게 계산기를 두드리는 중이다.

01 크라우드소싱

crowdsourcing 아웃소싱의 확장 개념인 크라우드소싱은 생산과 서비스 과정에 불특정 다수의 대중이 참여하도록 개방해, 생산효율을 높이는 방식이다.

크라우드소싱, 인터넷 인력시장?

크라우드소싱의 수준은 레벨에 따라 천차만별이다. 하지만 무한경쟁 시장과 흡사한 인터넷은 대부분 간단한 용역을 초저가로 거래한다. 예를 들어 아마존amazon.com에서 개발한 미캐니컬 터크 Mechanical Turk의 경우, 싸구려 심부름센터에 가깝다. 설문조사, 통화내용 받아적기, 사이트 내용 요약하기 등 의뢰자가 간단한 요청을 하게 되면, 세계의 노동자가 컴퓨터로 업무를 수행하고 소정의 수수료를 받는 식이다.

하지만 미캐니컬 터크에서 일어나는 '단순 노가다'는 때로 경이로운 작업이 되기도 한다. 지난해 미국의 데이터베이스 전문가 짐 그레이Jim Gray가 바다에서 실종됐다. 그의 친구들은 짐 그레이의 동선을 추적해 인공위성 사진을 받아왔고, 수색을 위해 이 사진들 속에서 그의 요트를 찾고자 했다. 하지만 조사해야 하는 사진은 무려 56만 장. 어마어마한 양이었다.

친구들은 미캐니컬 터크에 이 작업을 의뢰했다. 세계인들이 이 이벤트에 뛰어들어 사진 속의 요트를 찾아다니자 56만 장을 분석하는 작업은 5일 만에 끝났다. 비록 요트를 찾는 데는 실패했고 짐 그레이는 여전히 실종자로 남았지만, 인터넷 공간에서 일어나는 품앗이가 가진 가능성을 뚜렷하게 보여줬다.

시시한 업무 말고 어마어마한 상금을 내건 크라우드소싱은 없을까? DVD 대여 업체인 미국의 넷플릭스Netflix는 방문자를 위한 추천시스템을 만들고자 했다. 이 회사는 기존 시스템의 정확도를 10퍼센트만 올려주면 무려 100만 달러를 준다고 통크게 공고했고, 세계의 브레인들이 득달같이 달려들었다.

하지만 정확도 10퍼센트를 올리는 것은 생각보다 난해했던 모양이다. 3년이 지나서야 벨코어스 프래그매틱 케이오스BellKor's Pragmatic Chaos팀이 100만 달러를 거머쥐었다. 뜨거운 호응에 고무된 넷플릭스는 현재 2차 공모를 준비하고 있다. 짧은 기간에 해결할 수 있는 화끈한 과제를 기대하라고 한다.

아마존의 미캐니컬 터크

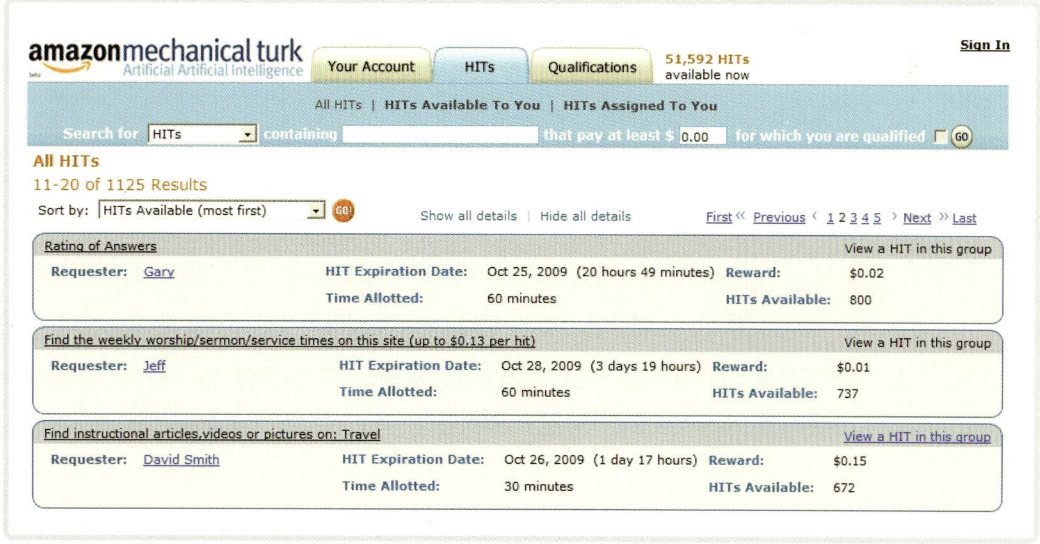

우리 아이 이름도 크라우드소싱으로 지을까

사실 크라우드소싱은 대부분 컴퓨터와 IT 분야가 차지하고 있다. 하지만 한동안 인기를 얻었던 네임위즈와 같은 작명 사이트는 크라우드소싱을 재미있게 적용했다. 의뢰인이 상금을 걸고 가게이름, 제품브랜드 등에 대한 네이밍 공고를 하면 네티즌들이 참여해 작명을 해준다. 보통 100여 가지의 이름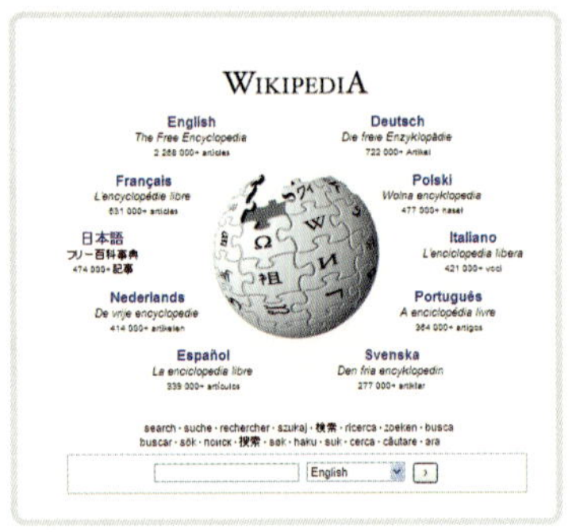이 올라오는데, 마감 후 48시간 동안 일반인의 추천을 통해 성적을 매긴다. 의뢰자는 다양한 아이디어를 받을 뿐 아니라, 네티즌 투표를 함께 볼 수 있어 실제로 대중들이 어떤 이름을 좋아하는지도 판단할 수 있다.

위키피디아wikipedia.org처럼 대중들의 지식을 모아 정리한 곳도 늘어나고 있다. 위지아wisia.com는 네티즌의 의견을 받아, 모든 품목의 베스트 5위를 선정하는 사이트다. 자취생 마른반찬, 가격 대비 우수 화장품과 같은 단순한 품목부터 시작해, 미팅에서 킹카를 얻는 법, 추석 때 며느리가 듣고 싶은 말 등 심오한(?) 생활의 진리까지 담았다. 무엇부터 시작해야 할지 모르는 막연한 상황에서, 위지아의 추천을 받으며 아이디어를 발전시키는 것도 좋을 것 같다.

크라우드소싱, 지구를 구해다오

크라우드소싱은 이처럼 소소한 생활의 지혜를 빌리기도 하지만, 때로 인류의 문제를 해결하려는 과감한 도전도 한다. 다국적 제약회사인 엘리릴리Eli Lilly에서 사내 네트워크로 시작했던 이노센티브innocentive.com는 세계 150여 개 나라의 10만 석학이 연결된 크라우드소싱 사이트로 자라났다. 이 사이트를 이용해 자신의 연구소에서 풀리지 않는 문제에 대해 상금을 걸고 포스팅하면 세계의 석학들이 문제에 도전한다. 처음에는 유기합성 화학분야에서 출발했지만 이제는 화학·생물학·생명과학

집단지성이 부활시킨 추억의 과자 비29

집단지성은 때로 추억을 되살려놓기도 한다. 1981년 탄생했다가 1990년대 들어 사라진 농심 과자 비29는 크라우드소싱으로 다시 태어났다. 2007년 카레맛 과자 비29를 그리워하는 마음으로 이주영 씨는 인터넷 카페를 개설했다. 특별한 홍보도 없었지만 그 시절의 향수를 가진 네티즌들 1700여 명은 이곳에 집결했다.

이들은 농심 측에 수차례 비29의 재생산을 청원했다. 의견이 받아들여지고 본격적인 재생산이 논의되자 농심은 카페회원들과 의견을 수렴하여 원형에 가까운 제품을 만들어냈다. 카페회원들은 당시의 식감, 향 등을 떠올리며 사전테스트 등에 적극적으로 참여했을 뿐 아니라, 비29의 포장지 일러스트레이션을 맡기도 했다. 2009년 비29는 결국 부활했으며, 카페회원들은 기념파티를 열었다.

등의 영역을 넘나들고 있으며, 문제해결률은 무려 40퍼센트를 넘는다.

특이한 것은 타 전공분야의 전문가에 의해 많은 문제들이 해결되고 있다는 점이다. 전통적인 테크닉을 통해 한계에 부딪힌 문제들은 종종 다른 방향에서 돌파구가 발견되곤 한다. 또한 학계에서 주목받지 못하고 있는 과학자들도 이노센티브에서는 동등하게 경쟁할 수 있다는 점도 매력적이다. 실제로 60세가 넘는 캐나다의 노과학자 에드 멜카렉Ed Melcarek의 경우 이노센티브에 제시된 문제를 풀며 그동안 약 11만 5천 달러의 상금을 받았다고 한다.

2008년 12월에는 에이즈 백신 개발과 연관된 과제가 포스팅되어 많은 사람의 관심을 받았다. 에이즈 백신을 만들기 위해서는 단백질 응고와 관련된 문제를 해결해야 하는데, 세계에이즈백신추진본부는 이 문제에 대해 상금 50만 달러를 걸었다. 아쉽게도 문제는 해결되지 못한 채 종료되었지만 앞으로도 인류의 고민을 해결하고자 하는 문제는 계속 출제될 것이고, 지구인들은 이를 풀고자 함께 고민할 것으로 보인다. ⓣ

서기 190년, 후한을 차지한 동탁을 토멸하기 위해 조조·손견·원소 등 18제후들은 동맹군을 결성했다. 폭압자 동탁을 쳐부술 수 있는 방법을 찾고자 이들은 힘을 모았고, 전략을 짜기 위해 서로의 비밀을 나누는 데 주저하지 않았다.

선두를 따라잡고 싶어하는 IT 후발주자들도 서로의 비밀을 나누기 시작했다. 오픈소스open source는 일반인에게도 프로그램 코드를 공개해, 누구나 프로그램을 수정·발전시킬 수 있도록 하는 정책이다. 이들은 오픈소스 정책을 통해 초야에 묻혀 있는 개발자들의 참여를 이끌고 있다. 이같은 방식은 평균 개발비용을 50퍼센트나 감소시킨다고 한다.

레고 역시 대중의 지혜를 믿은 기업이다. 1998년 레고는 MIT와 손잡고 레고로봇인 '마인드스톰Mindstorm'의 출시를 준비했다. 마인드스톰은 모터와 동력, 감지센서를 비롯해 아이폰까지 연결할 수 있는 차세대 장난감으로 야심차게 기획된 상품이었다. 하지만 출시를 몇 주일 앞두고, 스탠퍼드 대학원생들이 마인드스톰의 제어장치 프로그램을 해킹한 뒤 모든 소스를 인터넷에 공개해버렸다. 스탠퍼드 악동의 장난에 자극받은 세계의 해커들도 소스를 변형시킨 뒤, 해괴한 로봇들을 줄줄이 탄생시켰다.

사실상 레고 측은 그동안 많은 연구투자비를 들여 만든 핵심기술을 도용당한 상황이었다. 하지만 경영진은 오히려 "창조력을 제한하는 일은 레고의 목적과 맞지 않다"라고 선언하며, 마인드스톰의 OS소스를 만천하에 공개하는 정책을 과감하게 펼쳤다. 그동안 불법적인 해킹으로 인해 꺼림칙해하던 공학도들은 오픈소스 정책이 발표되자, 더욱 적극적으로 개발에 참여하는 열성팬이 돼주었다. 더구나 마인드스톰의 탄생 과정에서 겪은 일련의 비화가 퍼지면서 엄청난 마케팅 효과를 얻게 되기도 했다.

현재 마인드스톰 구매자의 70퍼센트는 성인이다. 물론 레고가 초기에 생각한 방향과는 차이가 있겠지만, 마인드스톰은 히트했고 지금도 레고의 효자상품으로 활약

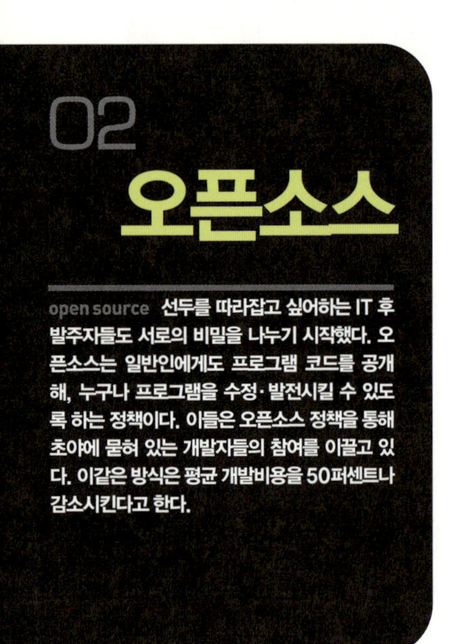

CNN 선정, 가장 멍청한 아이폰 어플리케이션 10

집스 아이폰 센서를 이용해 지퍼를 올렸다 내렸다 하는 게임. 속옷의 모양을 바꿀 수 있는 옵션도 있다. 0.99달러.

섹시걸 토크 알파벳을 누르면 섹시한 여성들의 목소리로 읽어준다. 0.99달러.

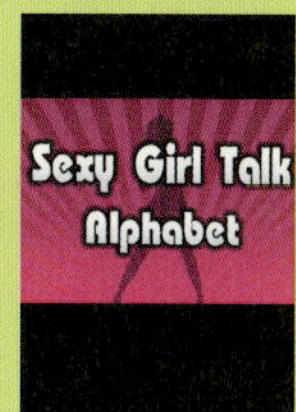

아이냅 사무실에서 몰래 낮잠을 잘 수 있도록 타자치는 소리, 글 쓰는 소리와 같은 소음을 내준다. 0.99달러.

헤어클리닉 주파수를 이용, 모발이 나도록 자극한다는 프로그램. 아이팟을 켠 채 머리에 가져다 대면된다. 3.99달러.

지문 누르기 화면에 나타난 지문을 오래 누르기만 하면 되는 게임. 12시간이 넘는 기록을 가진 사람들도 있다. 무료.

변기 가랑이 사이로 보이는 변기에 소변 누는 게임. 맥주를 마실수록 변기는 흔들려 보인다. 0.99달러.

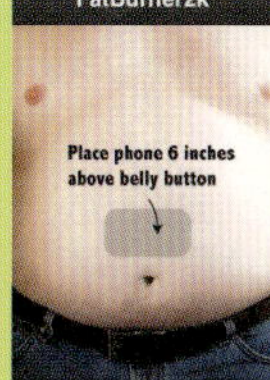

팻버너2K 아이팟의 진동을 이용해 뱃살을 빼겠다는 프로그램. 버튼을 누르고 배 위에 올려놓으면 된다. 0.99달러.

소 옮기기 그냥 손가락으로 소를 옮기면 되는 단순한 게임. 0.99달러.

TAXI 택시가 잘 잡히지 않을 때, 아이팟 화면에 택시라는 글자를 띄워 주목받도록 하는 프로그램. 무료.

코딱지 여러 가지 형태의 코딱지를 튀기는 게임. 0.99달러.

한다. 그리고 개발자들조차 상상하지 못한 다양한 창조물로 세상을 놀라게 하고 있다. 열린 정신의 승리를 보여준 셈이다.

아이폰에 참여한 억대 연봉자들

애플의 아이폰 역시 성공적인 오픈소스의 사례가 되고 있다. 아이폰은 프로그램 개발 키트인 SDKSoftware Development Kit를 배포해, 누구든 아이폰 어플리케이션을 만들 수 있도록 했다. 게다가 개발자와 애플이 7대 3으로 수익을 배분하는 파격적인 조건을 내걸자, 세계의 괴짜들은 아이폰을 위한 다양한 프로그램을 앞다투어 쏟아냈다.

현재 아이폰 어플리케이션을 한 개 이상 등재한 사람은 약 1만5천 명이다. 애플사는 오픈소스 정책을 통해 이 많은 우수 연구원들을 공짜로 얻게 된 것이다. 어플리케이션 개발자들 입장에서도 나쁘지 않다. 아이폰 어플리케이션 시장의 1년 매출이 약 3조 원이라고 했을 경우, 그중 2.1조 원이 개발자에게 돌아간다. 1만5천 명이

한국인 개발자의 인기 어플리케이션 카툰워즈

똑같이 나눠갖는다 해도 1인당 1억4천만 원의 수익이 돌아가는 셈이다.

한국인 중에는 최강우 씨가 신화의 주인공이 되었다. 그가 만든 '카툰워즈Cartoon Wars'가 미국 앱스토어appstore 유료 어플리케이션 순위 1위를 차지한 것이다. 이 게임은 국내에서 인기 높았던 '졸라맨'이 주인공으로 나와, 성을 차지하기 위해 다양한 전투를 벌이는 내용이다. 카툰워즈는 비록 0.99달러의 저가로 출시되었지만 1위 어플리케이션은 일일 평균 1만 건가량 다운로드를 받는다고 하니, 어마어마한 수익을 거두었을 것으로 보인다.

하지만 국내 스마트폰 어플리케이션의 경우, 시장 자체가 협소해 아직까지 개발자가 수익을 내기 쉽지 않은 형편이다. 더군다나 앱스토어를 등에 업고 있는 아이폰까지 들어오면 국내 스마트폰 시장이 위협을 받을 것은 불을 보듯 뻔한 일이다. 이를 막기 위해, 개발자의 참여를 필사적으로 유치해야 하는 국내 휴대폰 기업들은 파격적인 제안을 하고 있다. SK 티스토어는 수천만 원의 상금을 건 공모전을 유치하고, KT 쇼스토어는, "개발사가 수익을 내기 전에 이동통신사는 한 푼도 받지 않겠다"라는 과감한 제안을 하기도 했다.

아이폰을 능가하는 오픈소스 정책으로 새로운 가능성을 보이는 기업은 구글이다. 구글의 OS인 안드로이드Android는 리눅스를 기반으로 제작되었다. 태생 자체가 오

떠나는 고객을 위한 구글의 친절한 이삿짐 정리

구글은 회사 내에 데이터 해방전선DLFData Liberation Front이라는 연구그룹을 운영한다. 이들의 연구 목표는 G메일이나 블로그 사용자들이 구글 서비스를 떠날 때, 그동안 생성된 자신의 데이터를 쉽게 가지고 갈 수 있도록 돕는 것이다.

이 서비스는 사용자의 가입을 위해 만들어진 것이 아니라, 편리한 탈퇴를 위해 만들어졌다는 점에서 오히려 주목받고 있다. "편히 가십시오"라며 넉넉한 인사를 하고 있는 구글의 아량에 감복한 네티즌들은 아이러니하게도 더욱 강한 충성심을 보이고 있다.

픈소스인 셈이다.

　현실적으로 세상에 나온 아이폰 게임 어플리케이션만 2만 개가 넘는 상황에서 판세를 뒤집는 것은 쉽지 않아 보인다. 하지만 전문가들은 한 차원 더 개방적인 안드로이드폰의 오픈소스 정책에 기대를 걸고 있다. 구글은 최근 "안드로이드폰의 무료 어플리케이션에는 광고로 수익을 얻을 수 있는 애드센스Adsense를 달 수 있다"라며 광고수익 보장을 통해 개발자들의 참여를 독려하는 중이다.

하나의 아이디로 서비스를 넘나든다

　오픈소스 정책은 국내 프로그램 간의 경계도 허물고 있다. 다음, 싸이월드, 파란, 안철수연구소, 넥슨, 네오위즈 등은 최근 오픈소셜open social 진영을 구축했다. 앞으로 이용자는 한 개의 아이디로 이 모든 서비스를 자유롭게 넘나들 수 있을 것이다.

　한편 싸이월드는 정체상태인 미니홈피 방문자수, 도토리 수익률을 해결할 필요성이 있었다. 더 이상 새로운 사용자가 늘지 않는 가운데, 사람들의 구미에 맞는 새로운 서비스를 개발해야만 했다. 하지만 싸이월드는 신규서비스를 처음부터 개발하는 방식보다 이미 성숙기에 접어든 다른 사이트와의 연동정책을 과감히 택했다.

　예를 들어 사용자가 네이트온 메신저를 켜면, 사용자가 설정해놓은 다음 카페의 새 게시물과 인크루트의 구인란, 유튜브의 히트 동영상에 대한 알림 표시가 뜨는 것을 볼 수 있게 하는 것이다. 별다른 추가 로그인 없이 동맹 사이트 방문이 가능하며, 각 사이트의 게시물은 자신의 미니홈피에도 스크랩할 수도 있다.

　또한 네이트온은 플랫폼 소스도 공개했다. 앞으로는 외부 개발자들이 개발한 어플리케이션을 네이트 앱스에서도 구동할 수 있게 된다. 전문가들은 "네이트온 역시 개발자 입장에선 매력적인 플랫폼이다. 수백만 가입자를 상대로 도토리 구매시스템을 이용해 수익을 창출하는 것은 매력적인 방식으로 보인다"라고 설명한다.

　이같은 오픈 플랫폼의 개념은 사실 페이스북에서 먼저 사용해 성공사례를 보여주

아르뒤노의 오픈소스 하드웨어들

었다. 페이스북이 플랫폼을 개방하자 약 95만 명의 군소 개발자들이 달려들어, 현재 약 6만 개 이상의 어플리케이션이 등재된 상황이다.

하드웨어의 오픈소스 정책

오픈소스 정책은 소프트웨어에서 하드웨어로까지 이어지고 있다. 아르뒤노Arduino는 일종의 마이크로 컨트롤러 보드로, 비교적 이해하기 쉬워 예술가나 취미활동가들이 즐겨 사용하고 있다. 아르뒤노 포럼arduino.cc 참여자들은 기판설계와 프로그램 소스를 모두 공개할 뿐 아니라, 위키피디아를 이용해 개발이론을 체계적으로 정리해놓고 있다.

이곳에서 공개된 소스는 꼬리에 꼬리를 물고 새로운 아이디어로 태어난다. 젊은 공학자들은 오픈소스를 기반으로 상상을 뛰어넘는 로봇들을 탄생시키고, 자신의 작품을 개선할 수 있는 기회도 열어놓는다. 이런 식으로 만들어낸 컨트롤러 보드는 전 세계 여러 사이트에 상업적으로 판매되어 수익을 창출하고 있다고 한다.

오픈소스는 세계 인재들을 향해 날리는 수십억짜리 초대장이다. IT기업들은 세계의 인재들과 함께 놀아보자며 자신의 비밀을 공개한 채, 지금 거대한 놀이판을 벌이고 있다. Ⓣ

'안티'냐 '빠순이'냐, 중립지역이 없어진 대중문화

interview 11

강명석

텐아시아 수석기자

"팬도 안티도 아닌 중간쯤에 있는 사람들이 전반적으로 문화를 아우르며 즐길 수 있는 환경이 좁아졌어요. 가요 취향에서도 아이돌 아니면 인디, 둘 중 하나만 골라야 해요. 그리고 드라마 장르는 막장드라마 아니면 마니아 드라마로 가고 있어요."

Q 2009년 대중문화 트렌드의 큰 특성이라면 어떤 게 있을까요?

대중문화에서도 가장 큰 화두는 커뮤니케이션의 단절이 아닐까 싶어요. 이게 트렌드라기보다는, 트렌드를 설명할 수 있는 사회현상이겠죠. 사실 커뮤니케이션을 할 수 있는 도구도 많아지고, 역사 이래로 이렇게 커뮤니케이션이 활발했던 시절도 없었죠. 하지만 그것들은 주장이나 취향이 같은 사람들만을 묶는 장치가 됐지, 입장이 다른 사람들을 연결하는 도구가 돼주지는 못하고 있어요.

Q 정치적 단절이라는 것은 쉽게 이해가 되는데요. 대중문화에서 단절이란 어떤 식인지 궁금합니다.

2PM의 재범이라는 친구의 말실수로 문제가 생겼잖아요. 딱 이틀 지났는데 의견은 확실히 갈렸어요. 열성적 팬덤에서는 "번역의 문제다" "과연 욕을 먹어야 되느냐"로 가고, 다른 쪽에서는 "미국으로 돌려보내자" 혹은 "군대나 가라"로 완전히 나눠졌거든요. 적당한 자숙이 필요하고, 활동은 계속하자는 식의 중간 의견이라는 게 없어요.

인터뷰 | 강명석

기획사가 돈을 벌려면 광신자가 필요하다

이런 이분법적인 구조가 대중문화를 유지하는 핵심이 됐어요. 둘 중 하나예요. 대중들은 광신적 팬덤이 아니면 안티를 골라야 하죠. 하지만 기획사에서 실제로 돈을 버는 건 대부분 확실한 팬덤이 있는 쪽이에요. 아이돌 기획은 기본적으로, 100명의 가벼운 소비자를 추구하는 게 아니에요. 그들은 앨범을 안 사거든요. 한 명의 열성적인 팬이 앨범을 여러 장 사는 구조예요. 기획사에서는 이런 열성 팬을 유지하는 게 이익이거든요.

아무튼 그런 식의 광신적 팬덤은 당연히 폐쇄적일 수밖에 없고, 내부에서만 커뮤니케이션이 이루어지면서 다른 쪽의 의견을 받아들이려 하지 않죠. 반대로, 그게 싫은 사람들은 극렬한 안티가 되는 것이죠. 중간에서 조율해줄 만한 게 없어요.

팬도 안티도 아닌 중간쯤에 있는 사람들이 전반적으로 문화를 아우르며 즐길 수 있는 환경이 좁아졌어요. 가요 취향에서도 아이돌 아니면 인디, 둘 중 하나를 골라야 해요. 그리고 드라마 장르는 막장드라마 아니면 마니아 드라마로 확연히 구분되죠. 예를 들어서 25퍼센트 시청률 정도 나오면서, 모두에게 호평받고, 모든 사람의 동의를 끌어내는 작품은 거의 없어졌다는 거죠.

Q 지금 대중이 원하는 스타는 어떤 모습일까요?

먼저 이승기나 유재석과 같은 부류가 있는 것 같아요. 이런 사람들은 질리지 않는 캐릭터를 가지고, 오랫동안 꾸준히 대중하고 스킨십을 한 사람들이죠. 어떤 상황이 있어도 거의 매주 대중들하고 만나요. 만약 이민호가 1990년대 사람이었으면, 〈꽃보다 남자〉 한 편만으로도 미래를 걱정할 필요가 없었어요. 차인표는 〈사랑을 그대 품안에〉 하나 가지고 군대 갈 때까지 우려먹었잖아요. 하지만 이민호는 지금 차기작에 대해서 부담을 되게 많이 갖고 있다고 들었어요. 그만큼 시기가 변했거든요. 지금은 끊임없이 대중하고 스킨십을 하는 사람만이 스타가 돼요. 1~2년 동안 지지층이 탄탄하게 쌓이고 나면 싫어하는 사람이 있더라도 그걸 극복할 만큼 자라는 거죠.

언더그라운드 슈퍼스타를 기다린다

그리고 조만간 언더그라운드에서 수직상승한 것 같은 스타가 한 명은 등장할 것 같아요. 사실 장기하가 어느 정도는 보여줬다고 생각

해요. 하지만 장기하가 가진 날것을 넘어서서, 굉장히 반항적이면서 아티스트 이미지를 가진 누군가가 나올 것 같아요. 한순간에 치고 올라와서 10대나 20대에게 하나의 코드로 받아들여질 스타가 등장할 거예요.

예를 들어, 표절시비가 일기 전 G드래곤도 그런 이미지를 상당히 차용했다고 봤거든요. 아티스트인 데다 굉장히 모가 나 있는 성격 같고 까칠해 보였죠. 이런 교주스러운 캐릭터가 한 명쯤은 등장할 수 있는 여건이 마련된 듯해요. 사회 분위기상 88만원 세대를 비롯한 지

금 젊은 층의 억눌린 것을 풀어줄 수 있는 사람이 하나쯤은 등장할거라고 봐요.

Q 2009년은 걸그룹이 장악했는데, 앞으로는 어떻게 될까요?

상대적으로 여자 아이돌 그룹은 극소수의 팬덤에만 집중하고 일반인을 소외시키는 구조에서 좀 벗어나 있어요. 극렬한 팬들이야 당연히 있겠지만, 남자 아이돌에 비해서 일반 대중들도 훨씬 부담 없이 즐길 수 있는 대상이죠. 예쁜 소녀들인 데다가 딱히 자의식을 드러내지도 않거든요.

그리고 상대적으로 구설수도 적은 편이죠. 물론 그렇기 때문에 일정 수준 이상의 구설이 터지면 진짜 큰일 나는 게 여자 아이돌이기는 하지만, 관리도 잘되는 편이니까요. 이런 배경 속에서 전국민이 최대한 부담 없이 즐길 수 있는 상대가 되는 거죠. 남녀노소 할 것 없이 거부감이 적어요. 남자 아이돌에 비해서 아주 폭발적인 인기는 좀 덜하더라도, 대신에 넓고 안정적인 시장을 형성하는 데 도움이 되는 거죠.

Q 과거에는 소녀성을 강조하다가, 최근에는 2NE1같이 강한 캐릭터를 가진 여성그룹으로 돌아서는 것 같

기도 하거든요.

2NE1 같은 경우는 남성한테 보여주는 여성이 아니라, 여성에게 보여주는 여성이죠. 드라마 〈선덕여왕〉에서 덕만보다 미실이가 훨씬 지지를 많이 받는 것도 비슷한 상황이죠. 미실은 한 명의 여성으로서는 굉장히 완성된 캐릭터고, 또 자기주도권을 가지고 있어요. 예전에는 악녀로 비쳤을 캐릭터들이 지금은 당당한 여성, 카리스마적인 여성, 자기 꿈을 찾는 여성으로 받아들여지죠.

롤모델을 제시하는 여성그룹의 시대

미국에서는 디즈니 채널이 10대 청소년들에게 끊임없이 롤모델을 제시해줘요. 얘처럼 옷을 입고, 얘 같은 말투를 쓰고, 이런 노래를 불러보라는 꿈을 공급해주는 게 지금 디즈니 채널의 힘이에요. 우리나라에서도 2NE1이 이런 역할을 해주고 있어요. 10대나 20대 초반에게 이런 스타일링을 해봐라 하고 제안을 해주는 거죠. 그리고 포미닛이나 f(x)라는 그룹도 사실 10대 여자아이들이 따라하고 싶은 무언가를 제시하는 중이거든요. 이런 식으로 롤모델이 되는 연예인들은 한국에서도 점점 더 큰 시장을 차지할 거라고 봐요.

 연예인의 사소한 사생활을 담는 파파라치 TV 같은 방송은 앞으로도 확장될까요?

어느새 인터넷이나 휴대폰만 있으면 어떤 식으로든 엔터테인먼트를 즐길 수 있는 시대가 됐어요. 물론, 여가시간을 다른 식으로는 잘 못 보낸다는 게 단점이긴 하지만요. 아무튼 미디어 중심으로 시간을 소비하는 이런 식의 여가활동이 벌써 10년 정도 지속됐죠.

이런 정보 욕구를 꾸준히 유지하려면 어마어마한 정보량이 필요하거든요. 그 정보량을 가장 쉽게 채워줄 수 있는 게 〈2NE1 TV〉라든가, 〈와일드 바니〉 같은 프로그램들이라고 생각해요. 예전에는 뮤직비디오나 노래 한 곡이 나오면 이걸 즐기는 기간이 굉장히 길었잖아요. 그런데 지금은 한 콘텐츠를 즐기는 기간이 너무 짧거든요. 이 상황을 다 메울 수 있는 다른 콘텐츠라는 건 직접적인 사생활이나 '쌩얼'들이죠.

물론 거기에는 동시에 스타의 사생활을 알고 싶은 심리가 있을 거예요. 사람들이 예전처럼 관계를 깊숙이 들어가지 못하면서 인간에 대해 알 수 있는 기회는 점점 줄어들고 있거든요. 대신 인터넷을 통해서 감정이 아니라 정보 위주의 경험만 커지는 거죠. 그러다보면 다른 사람의 인생을 관찰하고 싶어지는 욕구는 점점 늘어나고요. 〈2NE1 TV〉나 〈와일드 바니〉도 기본적으로는 그런 거예요. "아, 저 사람들도 나하고 똑같이 사는구나"하는 공감을 느끼는 거죠.

 케이블에서는 〈슈퍼스타K〉나 〈프로젝트 런웨이 코리아〉 같은 프로그램이 성과를 보였습니다. 서바이벌 프로그램의 약진에 대해서는 어떻게 생각하시나요?

〈슈퍼스타K〉 정도가 공중파로서는 적정선인 것 같아요. 한국판 서바이벌 프로그램 만들 때 늘 부딪히게 되는 게 선정성이나 지나친 경쟁이었거든요. 그런데 〈슈퍼스타K〉 같은 경우는 그걸 중화시킬 수 있는 보편적인 감정을 잡았다는 게 중요해요.

그러니까 이 친구들의 경쟁은 누구를 죽이려고 하는 경쟁이 아니었어요. 우리나라 사람들이 모두 공감하는, "가수를 해서 집안을 일으켜 세운다"와 같은 굉장히 가족적인 차원의 꿈으로 바꿔놨거든요. 그러니까 보통의 오디션은 누구 하나는 분명히 떨어져야 된다는 걸 너무 강조했는데, 이건 떨어지는 게 아니라, 나와 우리 가족이 입신양명을 해야 된다로 바

꿰었다는 게 굉장히 중요한 것 같아요.

Q 그밖에 2010년의 문화적인 충격 파를 주는 것에는 어떤 것이 있을까요?

내셔널리즘이 나와 타자를 가르는 굉장한 기준으로 자리 잡게 되지 않을까 하는 생각이 들어요. 사실 월드컵 때부터 시작되긴 했지만 당시만 해도 긍정적인 쪽으로 발현이 됐죠. 그런데 그게 경제불황 때문인지 몰라도 점점 더 부정적인 쪽으로 가고 있는 것 같아요. 그러면서 지금 한국에서 활동하고 있는, 외국인들에 대한 부정적인 반응이 내년쯤에는 공론화가 될 거라고 봐요.

내셔널리즘에 사로잡힌 아이돌의 등장

외국에서 온 친구들이 우리나라를 좋아하지

않고, 뼛속까지 한국인의 마인드로 접근하지 않으면 "너는 한국인이 아니니 너희 나라로 돌아가라"라는 얘기가 될 수 있어요. 예를 들어 〈미녀들의 수다〉 같은 프로그램도, 결론은 한국 사랑이에요. 약간 과장된 이야기일 수도 있는데, 순수 한국인으로만 꾸민 아이돌 그룹도 곧 나올 것 같아요. 우리는 교포 출신 연예인이나 외국인 멤버를 전혀 받아들이지 않았다, 순전히 한국어의 아름다움을 살리려고 영어랩은 하지 않는다는 식의 기획 그룹도 충분히 나올 수 있다는 거죠. **T**

인터뷰 | 강명석

'솔soul'이 없는 음악축제는 공개방송일 뿐

interview
12

이종현

마스터플랜 프로덕션 대표

"대중은 TV에 나오는 음악이 전부인 것처럼 느끼면서 그렇게 길들여지고, 이러한 공급에 익숙해지다보니 능동적으로 음악을 취하지 못하고 수동적으로 받아들이게 되는 것 같아요. 결국 경제 수준이 낮은 개발도상국의 문화 트렌드처럼 매체에 노출되지 않는 가수는 음반, 음원을 팔기가 힘들어지고 공연을 하기 어려워지는 상황이 반복되고 있는 것이 현실이죠."

Q 그랜드민트페스티벌이 시작된 지 벌서 3년이 되었는데요, 처음 시작하신 계기가 무엇인가요?

동아기획과 같이 1990년대의 소위 '웰메이드'라고 하는 감성 코드를 가진 일련의 아티스트들이 이어져오긴 하는데, 이들은 페스티벌에서 항상 배제되어왔어요. 왜냐하면 퍼포먼스가 약하다고 생각하니까요. 쌈싸페(쌈지사운드페스티벌) 무대에서 크라잉넛이 나와서 〈말달리자〉 하고 들어갔는데, 루시드폴이 나와서 무대에서 "고요하게~" 이러면 되겠냐는 말이죠. 쌈싸페에서는 안 돼요. 그런데 이 사람들도 다 모여서 뭔가 할 수 있겠다는 생각이 들었어요.

음악은 좋지만, 체력은 약한 분들도 모이세요

사실 이런 감성적인 음악을 좋아하는 팬들이 티켓 구매나 음반 판매에 영향력이 높은 편인데, 이런 팬들을 위한 축제가 없다는 생각도 들었죠. 그리고 솔직히 페스티벌 가서 진흙 밟고 땀나는 게 싫은 사람들이나, 나이 먹어서 몸이 약한 분들은 음악축제 못 오는 것도 문제로 보였어요. 음악도 좋아하는데 일단 겁나고, 문턱이 너무 높아 보이는 거예요. 이런 고민에서 시

작을 한 게 그랜드민트페스티벌(이하 GMF)입니다

게다가 이런 장르에선 선배 아티스트와 후배 아티스트 간의 교류도 적었어요. 그래도 1990년대에는 방송활동을 하지 않아도 활황이었으니까 다들 먹고살 만했어요. 그런데 지금은 시장이 워낙 안 좋으니까 감성적인 코드의 음악을 하게 되면 그냥 인디라고 취급받게 되는 것이 현실이라 할 수 있죠.

시장이 좋았으면 분명 좋은 대접을 받았을 아티스트들을 살리고, 선배들이 후배들을 끌어주기 위한 하나의 방안으로 생각해낸 것이 바로 페스티벌이었어요. 김동률, 이적, 유희열, 이소라 등과 같은 감성음악을 하는 가수들도 후배들을 등장시켜야 시너지 효과를 만들 수 있는 거죠. GMF의 목적은 페스티벌의 사각지대에 있던 아티스트들을 모은다는 것과 쾌적한 환경에서 페스티벌을 즐길 수 있도록 하는 것, 이 두 가지였죠.

Q 최근에는 GMF 외에도 음악 페스티벌이 많이 생기고 있고, 사람들의 참여도 많아지고 있는데요. 그 이유가 뭘까요?

많은 사람들이 2009년이 페스티벌이 가장 붐을 이루는 시기라고 하지만, 저 개인적으로 느끼기에는 2008년이 가장 활성화되었던 시기였어요. 펜타포트, 자라섬, 쌈사페 등이 소문이 나기 시작했고, 렛츠락과 GMF는 2007년에 생겼죠. 대구록페스티벌, 새만금록페스티벌 등 아마 이름도 생소한 축제가 엄청 많을 거예요.

페스티벌이 활성화되기 시작하면서 각 지역의 지자체를 부추겨 하는 페스티벌이 많아진 거예요. 그런데 그 페스티벌들은 작년에 다들 실패했어요.

제가 생각하기에는 페스티벌이 조그맣게 시작해서 몇 년이 지나면서 규모를 조금씩 키워나가다가, '이때쯤에는 행정적인 지원이 있어야 된다'라고 생각할 때, 그때 관이 붙어서 지원이나 펀딩을 하는 게 맞는 거 같아요.

하지만 페스티벌이 붐을 이루고 있다고 해서 지자체가 무조건 예산만 가지고 덤빈다고 성공할 수 있는 것은 아니거든요. '크레딧'도 있고 '프로필'도 되는 사람들한테는 오히려 야박하고, 검증도 안 된 쪽에는 지자체의 지원이 너무 파격적으로 들어가고 그런 적이 많아요. 그러다가 만약에 안 좋은 소문을 시민들한테 듣거나 실패하면, 그다음부터는 되게 부정적인 모습으로 바뀐단 말이에요.

지자체 공연이 대부분 망하는 이유

가끔 일을 하다보면 명분도 없고, 돈도 못 벌고 그런 게 있어요. 그걸 우리가 공개방송 스타일이라고 이야기하죠. 항상 일을 하다보면 중요한 부분이, 일을 할 때 '솔soul'이 중요한 거예요. 일을 할 때 자기의 어떤 생각과 감정 이런 게 필요한 거예요. 이런 게 이입이 안 되면 그냥 공장에서 찍어내는 공연인 거죠. 대학생들 축제할 때도 생각이 있잖아요. 선배들보다 잘해야겠다! 이런 생각으로 덤비는 거죠.

그런데 대부분의 사람들이 지자체 행사를 욕하는 이유가 '솔'이 없기 때문이에요. 거기에 참여하는 사람들은 그걸 왜 해야 하는지 모르고 그냥 하는 거예요. 그냥 하라니까 동원된 사람들이 서 있는 거예요. 물론 잘하는 쪽은 잘돼서 국가적인 축제가 되기도 하죠. 특산물 있으면 그거 가지고 홍보하고, 명분이 있으면 그걸 위해서 열심히 하기도 하죠. 하지만 이런 중요한 의미들이 없으면 그냥 관련된 공무원들이 언제 끝나나 이러고 서 있는 축제가 되는 거죠.

사실 많은 사람들이 페스티벌을 매년 찾아오는 이유는, 단일 공연처럼 가수 한 명의 공연을 보러 오는 것이 아니라 그 페스티벌 안에서 다양한 일들이 벌어지고, 회를 거듭할수록 생기는 히스토리를 보게 되면서 그 페스티벌만의 매력을 느끼기 때문이라 생각해요.

Q 음악 페스티벌이 과거에 비해 감성 아티스트들이 많이 알려지게 된 계기가 되고 있나요?

우리나라의 음악시장의 경우, 문화에 대한 개발이나 콘텐츠를 만드는 능력은 이미 선진국 반열에 들어섰지만, 이러한 능력에 대한 결과를 뽑아내고 대중들이 영위하는 수준은 굉장히 낙후돼 있다고 생각해요. 사실 경제력이 떨어지는 나라일수록, 공중파 TV 집중적이에요. 그런데 우리나라 현실이 딱 그렇거든요.

대중은 TV에 나오는 음악이 전부인 것처럼 느끼면서 그렇게 길들여지고, 이러한 공급에 익숙해지다보니 능동적으로 음악을 취하지 못하고 수동적으로 받아들이게 되는 것 같아요. 결국 경제 수준이 낮은 개발도상국의 문화 트렌드처럼 대중매체에 노출되지 않는 가

수는 음반, 음원을 팔기가 힘들어지고 공연을 하기 어려워지는 상황이 반복되고 있는 것이 현실이죠.

반면, 페스티벌이 활성화되면서 특히 감성 음악을 하는 사람들이 뭉치기 시작했고, 이들의 팬이 공유되면서 이쪽 시장도 약간 커지긴 했어요. 그래서 매체에 노출이 거의 되지 않는 상황임에도 불구하고, 그들만의 영향력을 키울 수 있는 상황들이 점차 생기고 있는 것이죠. **T**

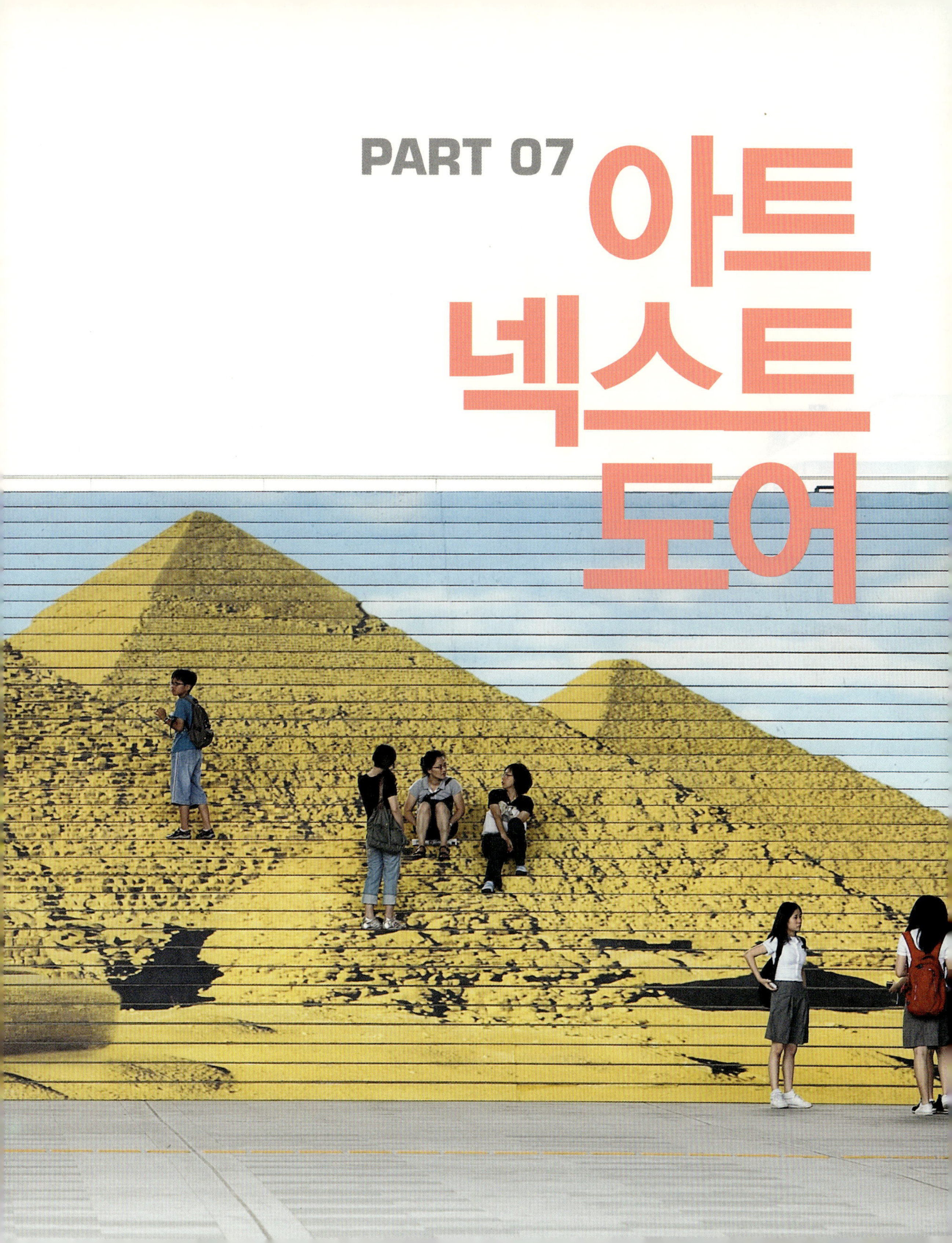

PART 07
아트
넥스트
도어

'예술'하면 어떤 이미지가 떠오르는가? 왠지 나와는 거리가 멀고, 다가가기 어렵고 일부 고상한 사람들의 전유물처럼 느껴질 수도 있겠다. 그런데 줄리어드 음대 교수 에릭 부스Eric Booth가 낸 책『일상, 그 매혹적인 예술』을 보면 "예술은 결코 특별한 것이 아니며 일상적인 삶의 연속일 뿐이다"라고 말하고 있다. 우리 모두가 예술의 일부분이고, 예술적인 역량을 발휘하면서 매일 예술가처럼 살고 있다는 것이다.

인지하지 못했을 수도 있지만 우리는 점점 예술과 친해지고 있다. 출근할 때 만나는 지하철 갤러리, 점심 먹으러 가는 길에 마주치게 되는 런치콘서트, 휴식을 취하러 간 공원의 커다란 조각상까지. 대중과 괴리되어 은밀한 공간에만 숨어 있던 예술이 틀에 박힌 전시장과 공연장에서 빠져나와 대중의 일상 속으로 파고들고 있다.

2009년 7월부터 10월까지 런던은 앤터니 곰리Antony Gomley의 '원 앤드 아더One & Other'라는 프로젝트 때문에 떠들썩했다. 트라팔가 광장의 네 모퉁이 중 북서쪽에 위치한 네번째 받침대에 살아 있는 동상이 전시됐기 때문이다. 영국인 2천여 명이 자발적으로 한 시간씩 릴레이로 올라가 자신이 표현하고자 하는 메시지를 전달했다. 이 받침대는 2005년부터 예술작품을 위해 이용되곤 했는데, 올해의 경우 일반인들의 참여로 작품을 완성하겠다는 곰리의 제안을 받아들였다고 한다. 이 프로젝트는 우리에게 예술이 단순히 '감상하는 것'이 아니라 '참여하고 소통하는 것'이라는 메시지를 던져주었다.

일상 속의 예술은 우리 삶에 새로운 활력을 불어넣어준다. 각종 개발로 점점 사라져가고 있는 골목길에 숨은 예술은 '이곳을 잊지 말아달라'고 소곤거린다. 황량했던 공간에 저마다 사진기 하나씩 둘러멘 사람들이 찾아오고, 사람들은 예술 감상을 구실 삼아 구석구석 골목길 탐험을 시작한다.

음악은 또 어떠한가? 웅장한 공연장을 나와 소소한 가정집에 둥지를 튼 하우스 콘서트는 친구집 놀러가듯 가볍게 들를 수 있다. 광화문 광장 근처 KT아트홀에서 열리는 '재즈 앤 더 시티Jazz and the City'에 가면 단 돈 천 원으로 유명 뮤지션들의 라이브 재즈를 즐길 수 있다. 또한 세종문화회관에서도 '천 원의 행복'이라는 프로젝트를 매달 1회씩 진행해 오케스트라, 인디밴드 연주 등 다양한 콘셉트의 공연을 싼값에 즐길 수 있도록 하고 있다.

정부에서 예술과 도시디자인의 접목에 관심을 갖기 시작하면서 각종 공공미술 프로젝트가 생겨나고, 기업에서도 사회공헌의 방편으로 복합예술공간을 조성하고 있다. 덕분에 우리는 일상의 아주 사소한 순간에도 예술과 마주할 수 있게 되었다.

'예술'이라는 단어는 한없이 어렵게만 느껴지지만, 우리는 알게 모르게 이미 그것을 공부해야 할 대상이 아닌 일상으로 받아들이고 있다. 2010년은 어느새 우리 일상 한편을 차지하고 있는 예술이 영역을 점점 더 넓히며 대중과의 활발한 소통을 요구하는 해가 될 것이다.

조선시대 한성에는 서민들의 길 '피맛골'이 있었다. 서민들은 이 길로 광화문에서 동대문까지 도성을 가로질러 갈 수 있었다. 피맛골은 말을 타고 지나가는 양반들을 피避해서 서민들이 걸어다닌 골목이란 뜻으로, 싸고 푸짐한 선술집과 국밥집, 그리고 서민들의 기쁨과 슬픔이 고스란히 담긴 곳이다. 하지만 2003년부터 서울시가 이 일대에 재개발을 추진하면서 피맛골은 옛 정취를 잃을 위기를 맞게 되었다.

그런데 얼마 전 서울시가 뒤늦게나마 피맛골을 보존하기로 했다는 반가운 소식이 들려왔다. 이미 철거된 곳은 어쩔 수 없지만, 나머지 구간은 원형을 보존하도록 한다는 것이다. 또한 이미 철거된 곳도 기존 골목길을 최대한 살리도록 건축주와 협의 중이라고 한다.

이야깃거리가 숨 쉬는 공간, 골목길

피맛골은 스토리텔링 그 자체다. 서민들만의 좁은 길과 그 안을 가득 채운 다양한 먹을거리에 대한 이야기는 자랑스러운 우리의 문화관광자원이다. 피맛골뿐만이 아니다. 점점 옛 정취를 잃어가는 차가운 도시 안에서 사람들은 반드시 부수고 새로운 것을 만드는 것만이 능사가 아니라는 것을 깨달았고, 옛 이야기가 살아 숨 쉬는 골목길을 보존해야 한다는 인식이 점점 널리 퍼지고 있다.

대구시에서는 지난 2002년부터 골목길에 서린 역사적인 이야기를 관광객에게 들려주는 '골목투어'를 실시해왔다. 근대 건축물, 민족운동가의 고택, 3·1만세운동길 등 대구 골목길에 서려 있는 근대문화의 발자취를 살펴볼 수 있는 코스를 개발해 관광객들에게 좋은 반응을 얻고 있다.

이르면 2010년 초 서울시에도 대구시와 같은 골목투어 코스가 마련될 것으로 보인다. 이른바 '종로 고샅길 20코스'다. 고샅길은 '시골 마을의 좁은 골목길, 또는 골목 사이'라는 우리말이다. 역사와 문화적 가치를 보유한 동네 골목길 관광을 활성화

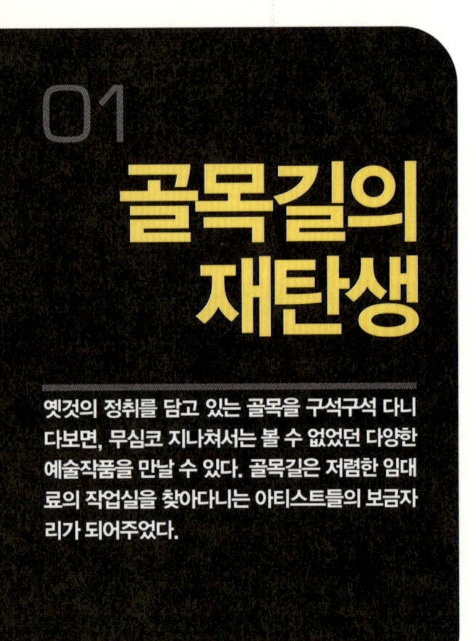

하고 길 자체를 브랜드화하겠다는 것이다.

　조금 늦은 감은 있지만 여기저기서 '골목길을 되살리자'는 운동이 시작되고 있다. 각 지방자치단체들이 도시에 '스토리텔링'을 부여하려는 정책 영향이기도 하지만, 어쨌든 개발을 통한 이익과 과거의 문화유산이 공존할 수 있는 방안을 찾으려는 시도를 한다는 점에서 긍정적이지 않을 수 없다. 빠르게 발전하는 최첨단 도시와 정겨운 옛 이야기 사이에 골목길이 있다.

예쁘게 숨어 있는 골목 예술

　옛것의 정취를 담고 있는 골목을 구석구석 다니다보면, 무심코 지나쳐서는 볼 수 없었던 다양한 예술작품을 만날 수 있다. 예술가들의 집합소였던 홍대앞은 너무 상업화되고 임대료가 올라 예술가들은 어느새 좀더 골목으로 골목으로 이동하기 시작했다. 골목길은 저렴한 임대료의 작업실을 찾아다니는 아티스트들의 보금자리가 되어주었다.

　문래동은 그러한 곳 중 하나다. 오래된 철재상가가 즐비한 골목에 예술가들이 찾아들며 문래동이 예술의 거리로 바뀌고 있다. 오랫동안 비어 있던 낡은 공장 건물은 공간 면적에 비해 가격이 저렴해서 예술가들이 모여들었다. 일러스트레이터, 디자이너, 무용가, 연극인 등 다양한 사람들이 모여살면서 문래동 철재 골목길에는 독특한 아우라가 피어나기 시작했다.

　통의동, 창성동 등 경복궁 서쪽의 서촌에도 예술가들이 모이고 있다. 오밀조밀하게 모여 있는 건물과 언제라도 동네 사람들의 근황을 물을 수 있는 작은 골목길이 사람 사는 푸근한 정서를 만들어내기 때문이다. 거리 곳곳에서 갤러리와 디자인 공방 등 예술가들의 작품을 쉽게 만날 수 있다.

　지난 2006년, 문화관광부는 공공미술 프로젝트의 일환으로 '서울 이화동 낙산 프로젝트'를 진행했다. 70여명의 아티스트가 참가해 구불구불한 달동네 길을 미술작품으로 가득 채웠다. 시간을 되돌린 듯한 거리의 풍경과 따뜻한 정서를 담은 미술작품이 어우러져 이 일대는 골목투어의 대명사로 자리매김했다.

　'나 예술품 전시하는 곳이야'라고 씌어 있는 유명 전시관에 굳이 가지 않아도 일상생활에서 예술을 만날 수 있다. 작은 골목길을 걸으며 만나게 되는 예술작품. 생각보다 예술은 우리와 가까운 곳에 성큼 다가와 있다. Ⓣ

종로 고샅길 20코스

- 교남동 역사 문화 기행코스 ● 가회동 북촌 한옥길 코스
- 평창동 녹색 웰빙 코스 ● 부암동 생태 문화 탐방 코스
- 창신1동 추억의 여행 코스 ● 창신2동 도심 속 오아시스 여행 코스
- 청운효자동 정신문화 관광 코스 ● 사직동 성지코스
- 무악동 인왕산 영기 코스 ● 삼청동 산청, 수청, 인청, 삼청 코스
- 종로 1,4가 문화적 갯벌, 다양성 길 코스 ● 종로 5,6가 야간 관광 코스
- 이화동 서울 과거 도시 여행 코스 ● 혜화동 문화 예술의 흥 코스
- 명륜3가동 임금님 거둥 코스 ● 창신3동 정순왕후 추모 답사 코스
- 숭인1동 정순왕후 추모 답사 코스 ● 숭인2동 정순왕후 추모 답사 코스
- 서울 성곽의 역사탐방로 성곽길 체험코스
- 서촌 평범한 삶의 터전, 또 하나의 한옥 체험 코스

안국방
安國坊
安洞
안동
현송
벽쟝동
종친부
종부시
핀핑방
장성면
수잔원
셔원
원장
셩정동
경 복 궁

옆집 콘서트

하우스 콘서트는 말 그대로 집 안에서 열리는 공연을 말한다. 따로 마련된 무대가 없고, 당연히 객석도 없다. 연주자가 있는 곳이 무대이며, 관객이 앉은 곳이 곧 객석이다. 연주자와 관객은 같은 높이의 마룻바닥을 공유한다. 클래식·국악·재즈·대중음악·퓨전음악 등 다루는 장르도 다양하다.

"하우스 콘서트?"

음악을 잘 모르는 사람도 일단은 관심이 간다. 왠지 편할 것 같고, 문외한도 부담 없이 접근할 수 있을 것 같다. 하우스 콘서트house concert는 말 그대로 집 안에서 열리는 공연을 말한다. 따로 마련된 무대가 없고, 당연히 객석도 없다. 연주자가 있는 곳이 무대이며, 관객이 앉은 곳이 곧 객석이다. 연주자와 관객은 같은 높이의 마룻바닥을 공유한다. 클래식·국악·재즈·대중음악·퓨전음악 등 다루는 장르도 다양하다.

클래식 하면 정장과 격식 있는 무대를 상상하는 사람들에게 하우스 콘서트는 일종의 충격이다. 관객들은 바로 앞에서 전달되는 음악 외에도 연주자의 숨소리와 땀방울, 표정 변화 하나까지도 음악과 함께 느낄 수 있다. 대형 공연에서는 불가능한 연주자와 관객 간의 음악적 교감이 하우스 콘서트에서는 가득하다.

콘서트 보려면 우리 집에 놀러 와

하우스 콘서트는 유럽의 살롱 음악회에서 시작됐다. 유럽의 상류층은 자신들이 후원하는 음악가를 집으로 불러 음악을 감상하곤 했는데, 이 작은 무대를 통해 다양한 창작물이 등장하기도 하고, 전도유망한 신인도 발굴할 수 있었다고 한다. 오늘날 한국에서의 하우스 콘서트는 상류층의 전유물이 아닌 저렴한 가격(대부분 2만원 내외)에 관람할 수 있는 모두에게 열린 공간이지만, 신인 발굴의 장이 된다는 점에서 과거 유럽의 살롱 음악회와 맥을 같이한다.

국내에서는 현재 약 100여 개의 하우스 콘서트가 운영되고 있다. 그중 박창수 피아니스트가 운영하는 하우스 콘서트가 선구자 격으로 가장 유명하다. 일명 '하콘'이라는 별칭을 얻은 이 공연은 2002년 시작한 이후 600여 명의 예술가와 1만5천여 명이 넘는 관객이 다녀갔다고 한다.

하우스 콘서트는 음악에 잔뼈가 굵은 사람들에게는 아티스트와 좀더 가까이서 호흡할 수 있는 색다른 기회를 주고, 초보 관람객에게는 결코 음악이 어렵고 딱딱한 것이 아니라는 사실을 알려준다. 연주자 입장에서는 자신의 퍼포먼스에 대한 관객의 반응을 곧바로 알 수 있고, 허심탄회한 질문과 대답을 주고받을 수도 있어 점점

더 인기를 얻고 있다고 한다.

격식과 틀을 벗어던지고 대중 곁으로 성큼 다가온 하우스 콘서트. 우리는 그저 예전보다 가까워진 음악을 옆집 마실 가듯 편안하게 감상하기만 하면 되는 것이다.

소풍처럼 즐기는 음악, 피크닉 콘서트

무대에서는 공연이 펼쳐진다. 하지만 공연을 대하는 관객들의 자세는 각양각색이다. 무대 위로 뛰어오를 듯 맹목적인 열광을 보내든, 멀찌감치 떨어진 곳에서 하늘을 보고 누워 있든 전적으로 관객의 자유다.

자라섬 재즈페스티벌, 펜타포트 락페스티벌, 지산 락페스티벌, 그랜드민트페스티벌 등은 젊은이들을 중심으로 그 입지가 점점 더 높아지고 있고, 임진각 피크닉 콘서트는 가족이 함께 즐길 수 있는 콘서트로 각광받고 있다.

사람들은 삼삼오오 떼를 지어 돗자리를 깔고 도시락을 먹기도 하고 맥주도 한잔 들이킨다. 그러다 평소 관심 있던 연주자가 나오면 무대 근처로 옮겨 마음껏 흥에 취하면 된다. 탁 트인 공간에서 자유롭게 음악을 즐길 수 있는 것, 바로 피크닉 콘서트의 가장 큰 매력이다.

　지난 5월에는 어린이대공원에 독일 베를린의 대표적인 야외 원형극장 발트뷔네 Waldbühne를 벤치마킹한 국내 최초의 야외공연장 '숲속의 무대'가 문을 열었다. 그동안 야외에서 공연을 관람할 수 있는 곳은 몇 군데 있었지만, 공연 때마다 공연 장비를 따로 설치해야 했고, 제대로 된 음향을 구현하기 어려운 경우가 많았다. '숲속의 무대'는 실내공연장 수준의 음향·조명 시설을 갖추었으며, 8천 석 규모의 좌석을 갖추고 관객들을 맞고 있다. 📺

2010년은 서울이 '세계 디자인 수도'가 되는 해다. 세계 디자인 수도는 국제디자인연맹IDA이 추진하는 프로젝트로, 디자인을 통해 경제를 발전시키고 문화를 풍요롭게 해 시민의 삶의 질을 개선하자는 취지로 만들어졌다.

디자인 수도의 창안 목적이 시민의 삶의 질 개선인 만큼 디자인 수도 건설의 핵심은 사람이 중심에 있는 '공공디자인'이다. 도시에 디자인을 입히는 작업은 도시계획부터 건물, 가로등, 벤치, 이정표 등 도시에 포함된 모든 것들을 대상으로 하기 때문에 굉장히 광범위하고 오랜 기간을 두고 차분히 풀어가야 하는 일이다.

서울시는 2010년을 앞두고 의욕적인 도시디자인 업그레이드에 나서고 있다. 디자인 올림픽을 개최하고, 반포대교 워터스크린 설치, 노점부스 디자인 변경, '우수 공공디자인 인증제' 도입 등이 그 일환이다. 서울시뿐만이 아니다. 지방 중소도시 또한 저마다 도시디자인위원회를 두고 공공디자인에 열을 올리고 있다.

이미 해외의 주요 도시들은 공공디자인의 중요성을 절감하고 도시정비 사업을 오랫동안 추진해왔다. 도시의 정체성을 해치지 않으면서 동시에 시민의 삶을 윤택하게 할 수 있는 다양한 공공디자인은 시민들은 물론 해외 관광객들의 눈길까지 끄는 일석이조의 효과를 보고 있다.

미국 시카고에 위치한 밀레니엄 파크에 가면 엄청난 크기의 스테인리스 콩을 만날 수 있다. '빈Bean'이라는 별칭을 가진 클라우드 게이트Cloud Gate는 지름 20미터의 초대형 조형물로 시카고의 스카이라인을 한눈에 보여준다.

클라우드 게이트가 시카고의 대표 공공디자인이 된 것은 아름다운 작품 자체 때문이기도 하지만, 이를 대하는 시민들의 다양한 반응 영향이 더 크다. 사람들은 아름다운 하늘을 감상하는 데 그치지 않고, 작품을 만져보기도 하고, 그 밑에 들어가 누워보기도 하고, 휘어져 왜곡된 자신의 얼굴을 사진으로 찍기도 하는 등 클라우드

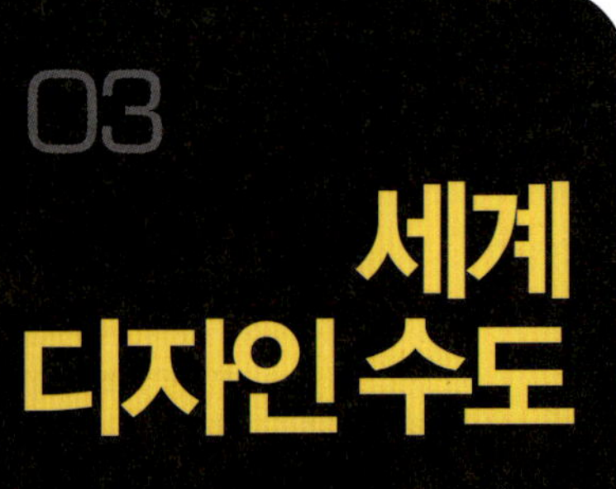

T R E N D 2010

아트 넥스트 도어

골목길의 재탄생
옆집 콘서트
세계 디자인 수도
복합문화공간
아트 콜래버레이션

<table>
<tr><td>01</td><td>02</td></tr>
<tr><td>03</td><td>04</td></tr>
<tr><td>05</td><td>06</td></tr>
</table>

01 반포대교 워터스크린
02 횡단보도와의 조화를 고려
한 일본 도쿄 아르마니 매장
03, 04 과거의 물길을 재현한
네덜란드 어번리버
05 밀레니엄 파크 빈
06 오스트리아 그라치 인공 섬

01 경복궁 리모델링 공사 가림막
02 서울시의 새로운 안내표지판
03 서울역 버스정류장

게이트를 활용한 2차 예술작품을 만들었다. 커다란 콩 하나가 이를 찾는 사람들을 즐겁게 만들어주고 웃을 수 있는 시간을 만들어준 것이다.

공공디자인은 결국 배려와 어울림

전문가들은 한국의 공공디자인이 급진적인 외형 변화에만 주안점을 두는 등 아직 초보적 수준에 머물러 있다는 지적을 하고 있다. 정작 공공디자인으로 혜택받아야 할 '사람'에 대한 배려와 주변 환경과의 자연스러운 어울림이 부족하다는 것이다.

하지만 우리 주변에 알게 모르게 다양한 디자인을 가미한 공공시설이 많아졌다는 것은 부정할 수 없는 사실이다. 또 공공디자인이 우리의 삶을 얼마나 풍요롭게 해줄 수 있는지에 대한 관심과 이해가 점점 더 높아지고 있고, 다양한 해외 사례를 통한 벤치마킹도 활발하게 일어나고 있어 앞으로는 우리 주변에서도 손쉽게 진일보한 도시디자인을 접할 수 있을 것으로 기대된다. '디자인 수도'라는 허울보다 중요한 것은 좋은 디자인을 통해 실제로 이전보다 편한 생활을 할 수 있고, 쾌적해진 환경 덕분에 활기차고 기분 좋은 일상생활을 누릴 수 있는 것이다. **T**

'복합문화공간'은 말 그대로 복합적인 다양한 문화를 즐길 수 있는 공간을 이야기한다. 이미 우리는 이미 다양한 복합문화공간에서 친구를 만나고 여가를 즐기고 있다.

아주 쉬운 예로 코엑스나 멀티플렉스 극장을 들 수 있겠다. 한번 들어가면 굳이 밖으로 나가지 않고도 식사, 쇼핑, 영화관람 등을 손쉽게 할 수 있어 편하다. 그런데 최근에는 이러한 복합문화공간이 예술을 끌어안는 시도를 하고 있다. 커피 한잔 하러 무심코 들어간 건물에서 만나게 되는 훌륭한 예술품과 다양한 볼거리. 복합문화공간은 사람들과 예술을 좀더 친숙하게 만들어주는 공간으로 진화하고 있다.

상업시설 외에도 기존의 미술관, 박물관 등의 문화공간 또한 공연, 교육, 공원 조성 등을 통해 복합문화공간으로 탈바꿈하고 있다. '이곳은 어떤 곳이다'라는 틀에 박힌 이미지보다는 '이곳에서는 다양한 것을 할 수 있다'라는 이미지를 심어줌으로써 좀더 호기심을 갖고 부담 없이 들를 수 있는 공간으로 만들기 위해서다.

이러한 복합문화공간은 예술가들에게는 틀에 박힌 전시관을 벗어나 자신들의 작품세계를 더 많은 사람들에게 선보일 수 있는 대안공간이 되어주고, 일반 시민들에게는 예술 체험과 휴식을 동시에 누릴 수 있는 곳으로 자리 잡고 있다.

기업이 먼저 시작하는 복합문화공간

최근의 기업들은 사회적 공헌CSR, Corporate Social Responsibility 활동의 일환으로, 단순히 상품이나 서비스를 파는 것을 넘어서 다양한 문화마케팅을 펼치고 있다. 사람들에게 여가시간을 즐겁게 보낼 수 있는 공간을 제공하는 복합문화공간을 만드는 것이 대표적인 사례다. 기업 주도의 복합문화공간은 기업 브랜드에 대한 긍정적인 이미지를 심어주고, 기업과 소비자 사이의 원활한 커뮤니케이션 통로가 된다.

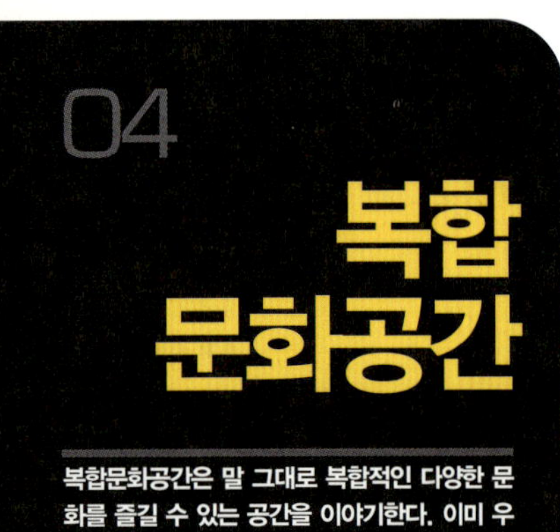

01 크링
02 상상마당
03 쿤스트할레

서울 강남구에 위치한 크링Kring은 독특한 외관으로 화제가 되는 건물이다. 크링은 네덜란드어로 '원'을 뜻하는데 이름 그대로 건물 외벽에 거대한 스피커 형상의 원이 조각돼 있다. '2008 한국공간디자인대상'에서 대상을 받기도 한 디자인 수작이다. 이곳에서는 매월 다른 신진 예술가들의 작품을 무료로 감상할 수도 있고, 일반 멀티플렉스 극장에서는 볼 수 없는 비상업영화를 5천 원의 이용료로 즐길 수 있다.

홍대앞의 상상마당은 KT&G에서 운영하는 공간이다. 홍대앞의 뒷골목 정서와 잘 맞지 않는 대형건물이라는 부정적인 평도 있지만 지금은 명실상부한 랜드마크로 자리 잡았다. 영화관과 공연장, 갤러리, 스튜디오, 카페가 한곳에 모여 있는 그야말로 복합문화공간이다. 영화관에서는 독립영화와 예술영화가 주로 상영되며 공연장은 인디밴드들이 관객을 만나는 장으로 활용된다.

서울 강남 한복판에는 항구에서나 볼 수 있는 선박용 컨테이너 박스가 등장했다.

이름 하여 쿤스트할레kunsthalle다. 길을 걷다 갑자기 만나게 되는 이 생경한 풍경은 독일 베를린에 본부를 두고 있는 비주류 문화운동 그룹 플래툰Platoon의 주도로 만들어졌다. 쿤스트할레는 독일어로 아트홀art hall이라는 뜻이다. 일반 건축물과 달리 이동이 자유로운 컨테이너 박스로 공간을 구성한 것에는 기존의 정형화된 건축물이 담지 못한 다양한 문화를 담아내겠다는 의미가 있다. 비디오 아트, 스트리트 아트, 그래픽 디자인 등 비주류 문화 예술인들의 전시회가 주로 열리며 국내외의 젊은 아티스트들에게 작업공간을 제공하기도 한다.

서울역의 변신, 기대해주세요

영국 런던의 현대미술관 테이트 모던Tate Modern이 한때 잿빛 벽돌의 화력발전소였다는 것, 프랑스 파리의 오르세Orsay 미술관이 예전에는 철도역이었다는 사실을 알고 있는가? 이 두 곳은 과거의 역사를 고스란히 안은 채 지금의 공간을 더욱 돋보이게 만들고 있다. 한국에서도 역사가 서린 건물을 복합문화공간으로 재조성하려는 움직임이 일고 있다. 사적 제284호인 구 서울역사가 그 주인공이다. 과거 경성역이라 불리다 광복 이듬해부터 서울역으로 이름이 바뀐 구 서울역사는 지난 2004년 KTX역사 준공 이후 철도 관문 기능을 접었다. 서울시는 구 서울역사를 리모델링해 복합문화공간을 조성할 것이라 한다. 2011년 공사가 끝나면 근대문화역사관과 같은 상설전시관과 소규모 전시공연장, 세미나실, 야외 카페 등이 마련될 예정이라고 한다. Ｔ

콜래버레이션collaboration의 뜻은 '협력, 협업'으로, '브랜드 간 경쟁력을 유기적으로 결합해 시너지를 발휘하는 전략'으로 확장돼 쓰이고 있다. 산업 전방위적으로 다양한 콜래버레이션이 진행되고 있지만 그중 단연 눈에 띄는 것은 예술과 대중상품이 결합한 '아트 콜래버레이션'이다.

아트 콜래버레이션 하면 가장 많이 인용되는 것이 루이비통의 디자이너 마크 제이콥스Marc Jacobs와 팝아티스트 무라카미 다카시村上隆의 콜래버레이션 가방이다. 이 둘의 결합으로 탄생한 현란한 컬러의 멀티그램 디자인은 루이비통Louis Vuitton에 두 자릿수 매출성장을 안겨다주고, 젊은 층까지 주 고객으로 끌어주었다.

건축가가 만드는 냉장고?

일본 히로시마 항구, 네덜란드 흐로닝언 박물관, 스위스의 아로사 카지노 프로젝트를 진행한 세계적 건축가 알레산드로 멘디니Alessandro Mendini. 그가 얼마 전 LG전자의 김치냉장고를 디자인해 화제다.

초기의 아트 콜래버레이션은 고흐, 르누아르의 작품을 에어컨 전면에 넣는다든지, 클림트의 작품을 화장품 케이스 디자인에 넣는다든지 등의 이미 유명한 예술작품을 상품 겉면에 덧씌우는 형태였다. 최근의 아트 콜래버레이션은 단순한 이미지 덧대기를 넘어서 전혀 다른 분야의 아티스트가 상품 구상에 적극적으로 참여하는 형태로 진화하고 있다.

알레산드로 멘디니 외에도 일본의 유명 건축가 캘빈 차오Calvin Tsao가 디자인한 슈에무라Shu Uemura 립스틱, 여성 건축가 자하 하디드Zaha Hadid가 만든 샌들, 캐나다 건축가 프랭크 게리Frank Gehry가 디자인한 티파니Tiffany의 목걸이까지, 이들은 건축의 영역을 뛰어넘어 다양한 분야의 콜래버레이션으로 명성을 높이고 있다.

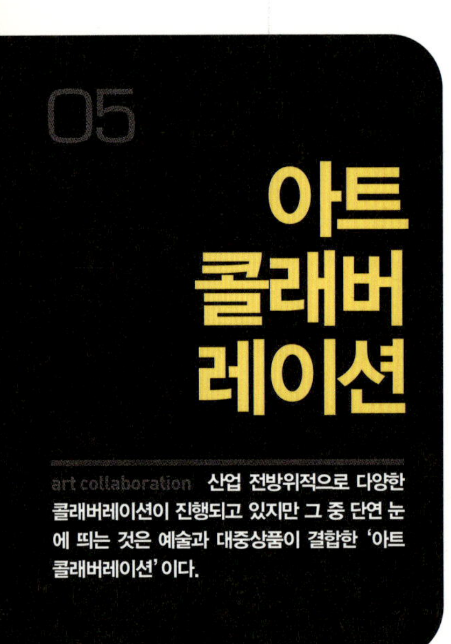

평범하다고? 콜래버레이션 해봐!

상품에 예술이 결합된 아트 디자인을 선호하는 감각세대, 즉 아티젠Artygen이 늘면서 예술과 생활은 완전한 밀월관계에 접어들었다. LG, 삼성 등의 가전회사들이 내놓은 디자이너 에디션 가전제품으로 촉발된 예술과 상품의 결합은 이제 생활 속 다양한 아이템으로 구석구석 전이되고 있다.

소비를 통해 자신의 정체성을 드러내고자 하는 요즘의 소비자들에게 콜래버레이션 상품은 분명히 매력적이다. 기업 역시 이런 전략을 통해 원래 갖고 있던 브랜드 이미지보다 한층 더 업그레이드된 이미지를 소비자에게 심어줄 수 있어 콜래버레이션은 이제 브랜드의 핵심 마케팅 전략 중 하나가 되었다.

얼마 전 임페리얼 위스키 탄생 15주년을 기념해 만화가 이현세가 라벨을 디자인해 화제가 됐다. 대표적인 남성적 이미지의 만화가와 15년간 선두를 지킨 임페리얼의 이미지가 잘 만나 비교적 성공적인 콜래버레이션이었다는 평을 받았다.

코카콜라Coca Cola는 건강음료 쪽으로 관심을 돌리고 있는 젊은 여성들의 마음을 다시 돌리기 위해 한정판 디자이너 에디션을 출시했다. 2008년에는 잭 포즌Zac Posen, 로베르토 카발리Roberto Cavalli, 패트리샤 필드Patricia Field 등이 만든 병 라벨이 출시됐고, 2009년 나탈리 리키엘Natalie Rykiel, 마놀로 블라닉Manolo Blahnik 등의 디자이

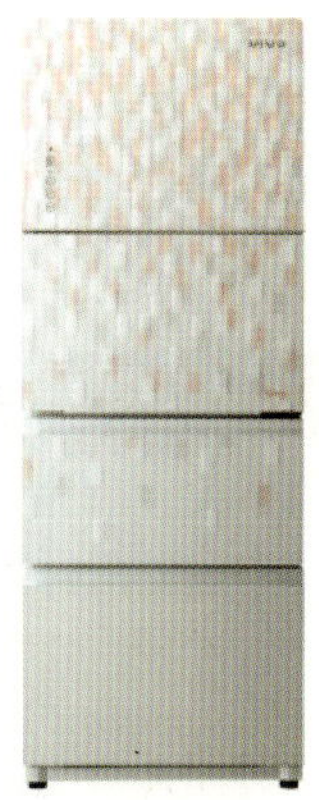

알레산드로 멘디니 김치냉장고

자하 하디드 샌들

프랭크 게리 목걸이

너와 아트 콜래버레이션을 진행했다. 들고 다니며 마시는 음료도 하나의 패션 아이템으로 여기는 젊은 층에게 어필하며 인기를 끌었다. 코카콜라는 디자이너와의 콜래버레이션으로 건강을 해치는 음료라는 오명을 탈피하고 고급스러운 브랜드로 자리매김하려는 의지를 보이고 있다.

치프cheap와 시크chic가 만난다

지난 10월, 유니클로UNIQLO와 미니멀리즘을 추구하는 세계적 디자이너 질 샌더Jil Sander가 콜래버레이션한 브랜드인 플러스제이+J가 출시되자마자 명동, 압구정의 유니클로 매장에서는 줄을 서서 옷을 사는 진풍경이 펼쳐졌다고 한다.

패스트패션fast fashion의 대표주자 유니클로는 저렴한 가격과 다양한 디자인의 옷으로 인기를 얻고 있다. 질 샌더와의 협업 라인은 기존 유니클로 상품보다는 20~30퍼센트 비싸지만, 직접 질 샌더의 옷을 구입하는 것보다는 훨씬 싸다. 고급 디자이너의 옷을 합리적인 가격에 살 수 있다는 생각에 사람들이 엄청나게 몰린 것이다.

유니클로는 질 샌더를 통한 이미지 업그레이드와 매출의 증대를, 질 샌더는 자본과 경영능력을 갖춘 유니클로를 등에 업고 시장에서의 대중성 및 브랜드 지속성을 갖게 됐으니 그야말로 두 브랜드의 윈윈 전략이 맞아떨어진 것이다.

마놀로 블라닉 콜라

이현세 위스키

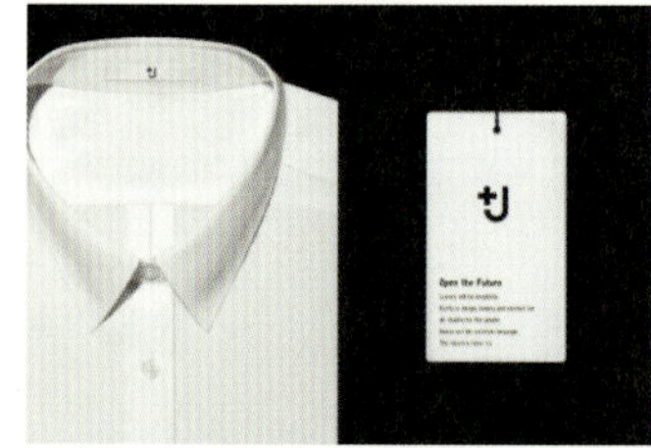

질 샌더 유니클로

　이러한 패션계의 콜래버레이션은 유니클로뿐만이 아니다. 내년 초 한국에 입점될 예정인 패스트패션 브랜드 H&M 역시 매번 실패하지 않는 콜래버레이션 전략으로 유명하다. 빅터앤롤프Viktor & Rolf, 꼼데가르송Comme des Garçons과 같은 거물급 디자이너뿐만 아니라 마돈나Madonna 등의 스타와 함께한 콜래버레이션 상품은 '판매 개시 당일 매진'이라는 기록적인 성과를 보이기도 했다.

　기업 입장에서의 아트 콜래버레이션은 정체된 브랜드 이미지를 새롭게 업그레이드하고 매출증대를 위한 수단이 될 것이다. 아티스트에게 콜래버레이션은 자신의 명성과 이미지를 많은 사람들에게 알릴 수 있는 계기가 되어준다. 소비자는 어제보다 새로운 것, 나의 개성을 잘 반영해줄 수 있는 상품이 등장한다는 것이 즐겁다. 아트 콜래버레이션은 기업과 아티스트, 그리고 소비자가 함께 만족할 수 있다는 점에서 당분간 그 흐름이 계속될 것이며, 이질성이 심한 분야 간의 콜래버레이션도 점점 많아질 것이다. 2010년, 우리는 또 얼마나 상식을 뛰어넘는 아트 콜래버레이션 작품을 만날 수 있을지 기대해보자. T

걸그룹의 구조조정, 발라드의 재취업

interview
13

김작가

대중음악평론가

"여성팬들의 경우, 보이그룹에 대한 충성심을 보이는 수준이었다면, 걸그룹의 남성팬들은 자신들의 다양한 취미를 활용하여 새로운 콘텐츠를 재생산하고 있어요."

Q 2009년 대중음악의 큰 흐름은 무엇보다 후크송의 강세였다는 것으로 짚을 수 있을 것 같은데요.

사실 2000년대 이후에 한동안 한국 음악에서 멜로디가 사라진 적이 있어요. 예를 들어, 동방신기나 비 등 모두가 이름은 알지만 정작 그들의 노래를 따라부르지 못하는 기현상이 나타난 거죠.

이런 식의 흑인음악이 강세가 되면서, 전통적인 멜로디 형태보다는, 구조라든지 플로나 비트에 맞게 멜로디를 쑤셔넣은 형태의 음악들이 몇 년 동안 지속됐어요. 사실 이런 노래들이 사람들에게 가요를 멀리하게 만든 원인이 되기도 했어요.

후크송이 멜로디를 살아나게 했다

그러다가 2007년, 원더걸스나 빅뱅과 같은 새로운 형태의 아이돌들이 붐을 이루면서 후크송이 시작되었다고 할 수 있죠. 후크송이 오히려 대중음악의 멜로디 개념을 확실히 만들었다는 장점은 있어요. 후크송은 트렌드라기보다 하나의 결과적 산물로 볼 수 있는데요. 사회가 빠르게 움직이니까 음악도 3분짜리 원곡을 듣지 않고, 벨소리와 같은 30초짜리 음원

속에 담긴, 4소절 정도의 강력한 멜로디에 집중하게 된 거죠. 결과적으로는 플랫폼 자체가 콘텐츠의 방향을 정해버리는 현상이 돼버린 거예요.

그리고 2007년 이후, 멜로디 중심의 히트곡들이 음원 판매량이나 팬의 외형을 넓히는 데 확실히 우월한 모습을 보였기 때문에, 예전처럼 또다시 비트 중심으로만 가는 흑인음악은 이제 별로 힘을 쓰지 못할 거라 생각해요.

Q 발라드는 왜 무너진 겁니까?

사실 SG워너비가 발라드로 큰 인기를 얻은 대표가수인데, 이 친구들이 기존의 발라드 형태를 파괴하기도 했죠. 기존의 한국적인 발라드는 기승전결의 흐름이 확실하면서, 그 안에 드라마틱한 구조를 만들었거든요.

소몰이 창법이 발라드에 미친 악영향

그런데 SG워너비는 기승전결이 아니라 울고 울고 또 울다가 끝내버리는, 천편일률적인 형태, '목장 발라드'의 시대를 만들었잖아요. 목장 발라드가 안 좋은 것이 자극의 역치를 완전히 없애버렸다는 거죠. 요즘 같은 때 유재하나 이문세가 나올 경우, 그 호소력이 상당히 약할 수밖에 없다는 생각이 들어요. 그래서 그동안 새로운 발라드가 나오기 힘들지 않았나 생각해요.

 요즘은 장기하와얼굴들, 검정치마, 요조, 타루 등 인디계에서 히트한 가수들이 일반 대중들에게도 본격적으로 인기를 얻기 시작한 것 같은데요.

말씀하신 대로 인디계는 장기하와얼굴들과 검정치마, 요조와 타루 그렇게 두 집단으로 나뉘는 것 같아요. 장기하와얼굴들이나 검정치마의 공통점은 입소문 하나만으로 굉장히 큰 성공을 거뒀다는 점이에요. 장기하의 1집 〈별일 없이 산다〉는 디지털 싱글의 〈싸구려 커피〉 만큼의 히트송을 내지 못했는데도 불구하고 거의 3만~5만 장 가까이 팔리는 성공을 거뒀어요. 이러한 면을 보면 우리 사회에서 대중들이 얼마나 새로운 음악에 굶주려 있는지 알 수 있죠.

반면, 개인적으로 요조나 타루 같은 경우는 실질적인 성과에 비해 약간 거품이 있다는 생각이 들기도 해요. 하지만, 그동안 인디신에 없던 요소를 잡아 독특한 캐릭터를 만드는 데는 성공을 한 케이스죠. 게다가 CF, 드라마 등의 배경음악, 즉 BGM에 녹아 다른 콘텐츠들과의 융화되어 'BGM 컬처'를 만들기도 했고요. 특히 요조나 타루 같은 경우, 특정 계층을 겨냥한 콘텐츠들과의 융합이 굉장히 좋았다고 봐요.

 특정 계층이라 함은 누구를 말하는 것인가요?

요조나 타루의 특징은 그동안 없었던 여성 캐릭터를 만들었다는 거죠. 10대나 20대의 여성의 경우, 일본 스타일의 생활패턴, 소비패턴이 대세가 되면서 기존 연예인들에게서 롤모

요조의 디지털 싱글 〈보노〉

인디출신의 기획 걸그룹 플레이걸

홍대앞을 거점으로 삼은 인디록 레이블, 비트볼 레코드는 2009년 플레이걸을 선보였다. 인디신에서 갑자기 튀어나온 이 소녀들은 대형기획사의 걸그룹에 비해 가창력이 좋은 것 같지 않고, 외모도 딱히 뛰어나진 않은 것 같다. 이들은 일본 만화영화의 주제가를 부르는 듯한 독특하고 유아적인 창법을 통해, 기존의 홍대 인디신들을 혼란에 빠뜨렸다. 플레이걸의 출연은 홍대음악의 외연이 넓어지고 있음을 증명하는 사건이었다.

델을 찾지 못했는데, 이런 친구들에게 매칭이 잘되고 있는 거죠. 당연히 이들의 음원을 가장 적극적으로 수용하는 계층 또한 여성이고요.

요조나 타루도 그렇고 이른바 파스텔뮤직이나 해피로봇 레코드에서 나오는 뮤지션들의 경우에는 BGM으로 쓰이는 음악이 많아요. 이런 뮤지션들은 메시지도 그렇고 음악적으로도 자기주장이 뚜렷하지 않은 편이죠. 일반적인 홍대 인디신과 좀 다른 길을 걷기 때문에 사실 사람들 사이에서 호불호가 굉장히 뚜렷하게 갈리는 경향도 있어요.

Q 요즘 대중음악계에서는 아이돌의 열풍이 상당한데, 인디신에서는 아이돌 기획이 시도되는 현상은 없나요?

사실 인디신 안에서 철저하게 기획된 측면에서 나온 가수가 요조라고 할 수 있어요. 인디신의 불문율 중의 하나가 자기 노래는 자기가 만든다는 것이었는데, 요조나 타루가 처음 나올 때는 그렇지 않았거든요. 지금은 물론 본인의 곡을 쓰고 있지만, 처음에 데뷔할 때는 다른 뮤지션의 프로듀싱을 받아 데뷔했고, 상당히 좋은 결과도 얻었죠.

이런 식으로 인디신에서도 이제 여러 가지 다양한 시도가 이루어지고 있어요. 한편으로는 인디신의 시야가 넓어졌다는 것으로 해석할 수 있고요. 5~6년 전이었으면, TV에 나가는 것도 인디신 내부에서 좋지 않은 시각으로 봤겠지만, 지금은 그렇지 않거든요. 예전 같은 경계가 무너지면서, 진정성을 담고 있는 것이라면 뭐든지 다 할 수 있다고 보는 분위기죠.

레코드보다는 공연을 위한 음악으로

Q 몇 년 전부터 우리나라에도 음악 페스티벌이 성공적인 결과를 거두곤 했는데, 세계적인 흐름은 어떤가요?

전세계적인 음악 흐름도 이미 음반 중심이 아닌 공연 중심으로 가고 있어요. 전세계 어디를 가든 음반산업이 위기인 것은 사실이고, 점점 사양 산업이라고 판단되고 있고요. 이런 경향에 힘입어 음반제작사보다는 공연 에이전시의 파워가 훨씬 세지고 있죠. 당연히 공연산업의 꽃이라 할 수 있는 음악 페스티벌 같은 경우도 다양하게 생겨나고 있고, 점점 많은 사람들이 찾아가고 있잖아요. 우리나라도 마찬가지고요.

공연 중심으로 문화가 바뀌어가면서, 음악 자체가 듣기 위한 음악보다는 공연에서 그 진가를 확인할 수 있는 형태로 바뀌어가고 있어요. 해외에서는 가사가 많지 않고, 허밍이나 암묵적인 코러스를 삽입하는 경우가 많아졌어요. 우선 허밍으로 처리하는 것은 자국 시장보다는 외국 시장을 노리기 때문이죠. 가사가 많은 것보다는 허밍이 있으면, 따라 부르기 쉬우니까 당연히 외국에서도 높은 호응을 불러일으키죠.

또 사운드 자체가 디테일이 살아 있지 않고 압축되어 있는 느낌이 나요. 그리고 사운드의 압축률이 높은 음악은 라이브로 들었을 때 앨범보다 확실히 더 좋게 들릴 수 있거든요. 스튜디오에서 막히고 답답했던 소리가 라이브로 들었을 때는, 뻥 터질 수 있는 느낌이 들도록 만들어지고 있죠.

마지막으로 일렉트로니카는 춤을 위한 음악이기 때문에 실제 라이브 공연을 했을 때, 즉각적이고 폭발적인 호응을 얻을 수 있잖아요. 이러면서 일렉트로니카 쪽으로도 큰 흐름이 생기는 음악적인 지형도가 그려지고 있어요.

Q 걸그룹이 문화계 전반에 등장하면서 나타났던 새로운 현상은 어떤 것이 있을까요?

갑자기 걸그룹 춘추전국시대가 열리고 남성팬들이 팬시장에 대거 유입되면서 지금까지 보이그룹 팬들이 형성해놓은 팬클럽끼리의 질서나 룰이 붕괴되기 시작했어요. 다른 걸그룹에 대해 훨씬 공격적이고 배타적인 성향을 보이기도 했고요. 여성팬들의 경우, 보이그룹에 대한 충성심을 보이는 수준이었다면, 걸그룹

의 남성팬들은 자신들의 다양한 취미를 활용
해 새로운 콘텐츠를 재생산하고 있어요.

삼촌 팬들이 만들어놓은 새로운 팬덤

동방신기나 빅뱅 UCC보다 남성들의 절대
적인 지지를 받는 소녀시대의 UCC가 엄청나
게 터지잖아요. 기존 인터넷 문화를 주도하던
남성들이 인터넷 문화와 새로운 컨버전스를
이뤄가며 다양한 형태로 콘텐츠를 재생산하는
거죠.

또 인터넷과 함께 걸그룹들이 노출되고 있
는 곳은 예능 프로그램이에요. 그동안 아이돌
이 예능을 적극적으로 활용하지 못한 건 개인
기가 필요하기 때문이었어요. 하지만 걸그룹
의 경우에는 딱히 개인기가 없어도 반응 숏으
로 모두 걸리기 때문에, 웃는 모습만 찍혀도
활용도가 높아지는 거예요. 즉, 예능과 걸그룹
은 서로 궁합이 잘 맞는다고 할 수 있어요.

이런 식으로 걸그룹이 자꾸 노출되다보니,
가요 프로그램에서 3분 동안 정해진 연출이나
댄스만으로 드러나지 못했던 부분들이 예능에
서 다양하게 보이게 되면서 각자의 캐릭터가
형성된 거예요. 예전 아이돌은 한두 명을 제외
하고 모두 병풍 역할을 했다면, 소녀시대 9명
은 각각 다른 캐릭터를 가지고 있잖아요. 이렇

〈놀러와〉에 출연한 소녀시대

게 되다보니 노래는 잘 모르더라도 비주얼이
나 내러티브에 대한 인식이 형성되면서 중장
년남성들의 관심도가 자연스레 높아지게 된
거죠. 결국 이런 변화들이 '한국 남자팬들은
움직이지 않는다'라는 기존의 고정관념을 완
전히 깨뜨려놨어요.

 그렇다면 보이그룹은 당분간 기를 펴기 어려울까요?

기존의 남자 아이돌은 두 가지로 나뉘었어요. SM기획 중심의 모범생 이미지와 빅뱅과 같이 '싸가지' 없고 어두운 힙합 캐릭터가 있었죠. 특히 빅뱅 같은 경우에는, 사고 치면 안 되고 바르게 지내야 하는 기존 아이돌 이미지를 모두 깨고, 아이돌의 개념 자체를 확장시켰다고 볼 수 있어요.

게다가 최근 2PM의 경우에는 '짐승 아이돌', 즉 수컷이라는 표현으로 지금까지 아이돌에서 볼 수 없었던 마초적인 섹스어필로 큰 인기를 끌고 있죠. 양현석이 '불량'이라는 코드로 아이돌 시장을 개척했다면, 2PM은 그동안 남자 아이돌에게 금기시되었던 섹시 코드로 새로운 시장을 개척한 거예요.

동방신기 후반기부터 샤이니까지, 전통적인 아이돌은 10대나 20대 소녀들만의 세계였다면, 빅뱅이나 2PM을 통해 이제는 30, 40대까지 팬층을 확장시켰어요. 게다가 금기가 되던 요소들까지 모두 소비해버렸기 때문에, 더 이상의 성장세를 기대하기는 힘들 것 같아요.

Q 걸그룹 중에서도 2NE1은 지금까지 존재하지 않던 캐릭터로 인기를 끌었는데요. 이들은 대중의 어떤 욕망을 반영한 걸까요?

2NE1의 경우에는 G드래곤이 프로듀싱을 하다보니 소녀팬 중에서 넘어간 아이들도 많을 테지만, 무엇보다 롤모델의 역할을 굉장히 잘한 케이스예요.

보통 청소년들은 또래집단이나 연예계에서 롤모델을 찾는데 그동안 연예계, 특히 가수 집단에서 소녀들이 롤모델을 찾기는 어려웠어요. 왜냐하면 한국에서 여자가수의 캐릭터는 청순 또는 섹시의 두 가지 콘셉트만으로 계속 흘러왔고, 이런 콘셉트는 그저 남자의 판타지를 채워준 것이지 소녀들이 원하는 모습은 아니었거든요. 2NE1은 학교에서 약간 불량기 있으면서 인기 있는 여자 선배의 캐릭터로 소녀들의 욕망을 자극했다고 볼 수 있는 거예요.

Q 내년에 기대할 수 있는 변화가 있다면 어떤 것일까요?

걸그룹의 경우 내년쯤에는 다소 정리가 되리라 생각해요. 지금 한꺼번에 너무 많은 걸그룹이 쏟아져나왔죠. 한국 시장에서는 1, 2, 3위까지는 간신히 살아남겠지만, 그 외에는 살아남기 어려운 현실이잖아요. 다음 활동 기간 쯤에 자기 캐릭터를 확실히 잡지 못한 걸그룹은 자연스럽게 도태될 것이라 생각해요.

게다가 기존 가요의 팬층을 확보하고 있는 전통적인 뮤지션들은 2~3년마다 한 번씩 앨범을 내거든요. 2008년에 앨범을 많이 냈다가 한 해 쉬었고, 2010년에는 이들이 다시 대거 활동을 하면서 아이돌 외에도 전체적으로 들을 음악이 많아질 것이라 생각해요. 그러면서 전체적인 한국 음악시장의 새로운 지형도가 그려지게 되겠죠.

더불어 지산이나 펜타포트, 글로벌개더링 등 여러 가지 페스티벌들이 각각의 성격을 가지고 자리 잡으면서, 아무래도 성격에 맞는 뮤지션들이 이를 통해 더 많은 노출을 하고 주목을 받지 않을까 생각해요. 그밖의 뮤지션들은 페스티벌과 맞물리면서 자기 색깔이 더욱 분명해질 것 같네요. **T**

음악과 패션은 손을 잡고 간다

"음악을 만들 때 항상 가수들이 어떤 옷을 입을지, 어떤 모습일지, 뮤직비디오의 영상은 어느 느낌으로 가야 할지 머릿속에 그려요. 가수이기 때문에 노래가 첫번째겠지만, 노래를 중심으로 여러 갈래가 형성될 수 있는 음악을 만들려고 노력해요. 단순히 노래로 끝나는 것이 아니라, 무대, 뮤직비디오, 패션, 안무, 정말 사소한 디테일까지 표현할 수 있도록 말이죠."

Q 2009년 대중음악, 어떤 흐름이 있었는지요?

1990년을 시작으로 이제는 전세계적으로 웬만한 사람들은 힙합을 다 겪었고, 힙합에 익숙하죠. 요즘은 힙합을 다른 방식으로 표현하고 있는 과도기라고 할까요? 힙합에 여러 장르, 다른 사운드가 혼합되어서 나타나는 거죠. 1980년대 디스코나 일렉트로닉 음악이 '힙합의 가면을 쓰고 돌아오고 있다'라는 표현이 맞을 것 같아요.

Q 빅뱅이나 2NE1 같은 경우 노래만큼이나 패션도 많은 화제를 불러일으키고 있죠. 가수들의 음악만큼이나 그들의 패션도 대중들의 큰 관심사이기도 하고요.

패션 쪽으로 제가 프로페셔널은 아니지만, 패션과 음악은 같이 '손을 잡고 간다'라는 느낌은 확실히 들어요. 요즘 음악을 잘 틀지 못하는 패션쇼는 좋은 패션쇼가 아니에요. 패션을 표현하는 데 음악이 큰 역할을 하고, 반대로 음악의 느낌을 극대화해주는 것이 패션이기도 하죠. 힙합이 한창 유행할 때는 스트리트 브랜드와 하이엔드 디자인의 경계가 굉장히 뚜렷했어요. 그런데 요즘은 그 경계가 많이 허물어진 것 같아요. 스트리트 패션과 하이엔드 디자이너의 브랜드, 고가의 명품을 함께 매치시켜도 전혀 이상해 보이지 않는 거죠. 이제는 하이엔드 쪽의 디자이너들도 힙합 문화와 정서를 받아들이고 자신들의 디자인에 적용하기 시작했기 때문이라고 봐요.

최근에는 뮤지션과 프로듀서들이 유명한 디자이너들과 협업해서 음악적 마인드와 디자인 크리에이티브가 결합된 새로운 제품이 나오기도 하잖아요. 저도 음악을 만들 때 항상 가수들이 어떤 옷을 입을지, 어떤 모습일지, 뮤직비디오의 영상은 어느 느낌으로 가야 할지 머릿속에 그려요. 가수이기 때문에 노래가 첫번째겠지만, 노래를 중심으로 여러 갈래가 형성될 수 있는 음악을 만들려고 노력해요. 단순히 노래로 끝나는 것이 아니라, 무대, 뮤직비디오, 패션, 안무, 정말 사소한 디테일까지 표현할 수 있도록 말이죠.

음악, 패션을 이해해야 대중의 아이콘

대중은 아이콘을 원해요. 그런데 아이콘으로 자리매김하려면 자신들이 하고 있는 음악, 랩, 패션 아이템 하나하나를 깊이 이해한 상태에서 대중 앞에 서야 하죠. 솔직히 2NE1이 입

은 의상들은 자세히 보면 보통 사람들이 입기 힘든 과한 것들이 많아요. 하지만 이들이 입고 나오면 전혀 어색하지 않죠. 패션을 이해하고 소화를 한 거예요. 2NE1, 빅뱅 같은 친구들은 무대에 서기 전에 그들 스스로 반드시 문화, 트렌드, 음악, 패션을 실제로 깊이 이해해야 해요. 그래야 진짜를 보여줄 수 있으니까. 요즘은 인터넷이 잘 발달돼서 외국 스타의 근황을 실시간으로 접하잖아요. 대중들이 외국 스타와 한국 스타를 비교해봤을 때 퀄리티가 크게 차이가 난다든지, '원조는 저기 따로 있고 여기는 가짜' 이런 식으로 느끼게 되면 곤란하죠.

Q 〈2NE1 TV〉가 큰 인기를 얻었죠.

어쨌든 더 많은 사람들에게 스타를 노출하고 보여주는 것은 마케팅 측면에서는 좋겠죠. 대신에 리얼리티 방송에서 보이는 모습은 무대에서 보여주는 모습과는 정말 다른 모습이어야 매력이 있을 거예요. 2NE1 같은 경우에는 정말 180도 다른 모습이 있었기 때문에 저희 쪽에서도 자신이 있었던 것이고요. 대신 프로듀서로서 조금 걱정은 했어요. 대중에게 아이콘을 만들어주고 싶은데, 이 친구들이 너무 일반인같이 평범하고 친숙한 모습을 보여주면 환상이 깨질 수도 있지 않을까 걱정했죠. 하지만 현재 한국에서는 스타가 대중에게 친근하게 어필하는 것이 참 중요하기 때문에 성공했던 것 같아요.

Q 2010년에는 어떤 음악을 하고 싶으신가요?

요즘은 기계의 힘을 많이 빌리는 음악을 하잖아요. 오토튠auto-tune부터 목소리를 기계식으로 끊어 연결하는 보이스차핑voice chopping까지. 요즘은 이렇게 기계의 음을 많이 빌린 차가운 음악이 대세인 것 같아요. 그런데 저는 개인적으로 이제 기계음에 감흥을 느끼지 못하고 있어요. 뭘 들어도 똑같다는 생각이 들죠. 제가 이런 전자 사운드에 지치고, 계절 영향도 있고 그래서 그런지 좀더 '오가닉'한 사운드, 자연스러운 음이 좋더라고요. 그냥 오케스트라 피처링이라든지 피아노, 기타 등 사운드의 질감이 너무 전자적이지 않은 것을 해보려고 해요. 그게 2011년의 트렌드가 될 수 있을지는 두고 봐야겠죠. T

오토튠auto-tune

최근 팝계에서 트렌드로 떠오른 목소리 변조. 인간의 목소리와 기계적 목소리를 결합해 자연스러운 소리를 왜곡해 들려줌으로써 묘한 매력을 준다. R&B, 힙합, 일렉트로니카 장르의 곡에 주로 쓰인다.

PART 08

착한 저항

미국 통신회사 AT&T는 20년 전 미래의 기술을 상상하며 '유 윌You Will'이라는 광고 캠페인을 선보였다. 이 광고는 마치 예언과도 같이 들어맞았다. 광고 속에서 보여준 내비게이션, 전자책, RFID, 화상통화, 목소리 인식, MRI, 화상회의, VOD 서비스까지, 당시에는 그저 상상력의 산물이었던 이 장치들은 단 하나도 빠짐없이 지금 우리의 일상이 되어버렸다.

그들은 이러한 기술이 어떤 세상을 만들어줄 거라고 꿈꾸었을까? 편리한 전자기기의 도움으로 후손들은 훨씬 편안하고 행복한 삶을 누리게 될 거라고 상상했을 것이다. 30년 전 만화영화 〈아톰〉을 통해 그려본 세상 역시, 로봇들이 모든 것을 대신 해주면서 인간은 버거운 노동에서 완전히 해방된 모습이었다.

그러나 상상했던 모든 기술은 현실화됐지만 유토피아는 오지 않았다. 여전히 아프리카에서는 기근과 전염병이 가득하고, 서울과 같은 대도시에도 결식아동은 존재한다. 전자상거래는 무한 가격경쟁을 조장하더니, 결과적으로 제3세계 노동력을 착취하는 원인이 되고 있다. 맨 꼭대기에 앉은 소수의 승리자를 제외하고는 모두를 루저로 만드는 세상. 기술은 발달했지만 인류의 행복은 요원하게만 느껴진다.

그러나 여기, 불온한 세상에 대해 '착한 저항'을 하는 사람들이 있다. 제3세계의 농작물에 오히려 웃돈을 얹어주고, 가난한 장애인을 위한 디자인을 연구하며, 자신의 재능을 이용해 이웃을 도우려는 사람들이다. 이들은 영민하게 행동하고, 기분 좋게 저항한다. 음울하게 세계의 어둠을 이야기하기보다, 모두가 공감하는 기분 좋은 농담으로 착한 행동을 이끌어낸다.

그들도 알고 있다. 대세는 쉽게 바뀌지 않는다는 것을. 이들의 움직임은 젊은 날의 치기나 겉멋에 불과한 행동으로 평가받을지도 모르겠다. 하지만 멸망의 시계를 조금 늦추는 것만으로도 이들의 행동은 의미 있어 보인다. 세계를 구하려는 멋진 돈키호테, 착한 레지스탕스의 활약은 오늘도 계속된다.

"우리는 도움이 필요 없어요. 우리는 동정의 대상이 아닙니다. 여러분들이 정당한 가격으로 우리 커피를 사기만 한다면 도움 없이도 홀로 살아갈 수 있습니다." 『희망을 키우는 착한 소비』에 소개된 어느 멕시코 농부의 이야기이다.

세계에서 가장 비싼 커피는 코피 루왁Kopi Luwak이다. 인도네시아 자바섬에 사는 야생 고양이 루왁은 커피를 주식으로 삼고 있다. 이 고양이는 체리처럼 생긴 커피 과육만 먹고 원두는 그대로 배설한다. 이 과정에서 고양이 체내의 소화효소와 아미노산이 첨가되면서 특이한 향과 맛이 나게 되는데, 1년 생산량이 고작 500킬로그램 정도다. 이 귀한 커피는 국내에도 일부가 들어와 50그램당 65만원이라는 고가에 팔리기도 했다.

우습게도 커피의 세계에서 인간의 노동력은 고양이똥보다 훨씬 하찮게 여겨진다. 우리가 커피전문점에서 맛보는 원두는 농민들이 땡볕에서 손으로 커피콩을 따내고 껍질을 벗겨내고 씻은 후 일일이 햇볕에 말린 고된 노동의 결과다. 하지만 커피 한 잔을 만들기 위해 필요한 커피콩 100알의 현지 가격은 10원을 넘지 못한다. 고양이똥으로 만든 커피 가격의 4천 분의 1 정도에 불과하다.

공정무역 제품, 비싼 게 아니에요

무역의 주도권을 선진국이 쥐고 있는 한, 후진국의 생산지는 아무리 노력해도 가난에서 벗어날 수 없었다. 세계 최대 커피 생산국 중 한 곳인 케냐에서는 이같은 상황 때문에 젊은이들이 너나없이 마라톤에 뛰어드는 웃지 못할 상황이 벌어지기도 한다. 커피 농사로는 가난을 대물림할 수밖에 없으므로, 마라톤 우승 상금에 한 가닥 희망을 걸고 있는 것이다.

이같은 무역의 악순환을 극복하고자, 선진국에서는 "현지인에게 제값을 주고 상품을 사자"라는 각성이 일어났다. 1950년대 당시 영국에서 시작한 '공정무역fair trade'은 세계 속에 작은 파장을 일으키며, 지금 500여 도시로 확산되고 있다. 그중

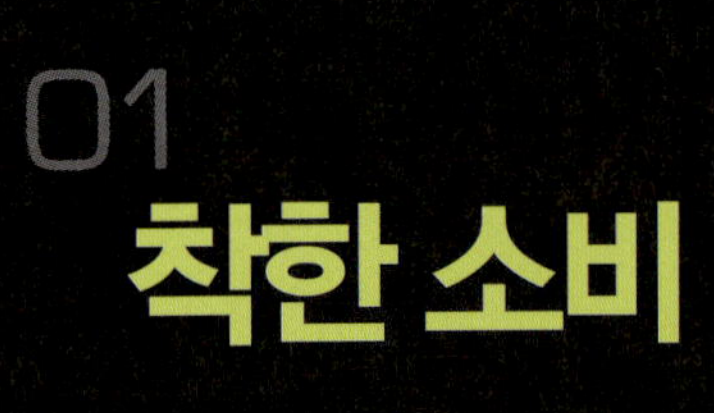

가장 규모가 큰 곳은 물론 영국 런던. 세계 공정무역 제품 매출의 30퍼센트가 영국에서 발생하고, 해마다 가파른 성장세를 보이고 있다.

국내에서도 공정무역의 씨가 뿌려지고 있다. 가장 활발하게 참여하는 곳은 아름다운가게다. 이곳은 국내 최초로 공정무역 커피 '히말라야의 선물'을 유통시킨 뒤, 페루산 '안데스의 선물', 우간다산 '킬리만자로의 선물' 등으로 제품을 확대하며 공정무역 규모를 늘려가는 중이다. 커피 공정무역 제품은 꾸준히 매출이 증가해, 최근에는 홍대를 중심으로 공정무역 커피만을 판매하는 '착한카페'도 생겼다.

품목도 확대되고 있다. 2009년 발렌타인데이에는 드라마 〈꽃보다 남자〉의 주인공 김현중과 김준이 공정무역 초콜릿을 소개하며 청소년들 사이에서 큰 반향을 일으켰다. 준비했던 물량이 순식간에 품절이 되는 바람에 유통업체도 당황했다는 후문이다. 최근에는 인도의 면화 농민을 돕는 공정무역 패션과 공정무역 바나나도 점차 자리를 잡아가는 중이다.

어떤 이들은 다소 비싼 가격 때문에 공정무역 제품을 꺼리게 된다고도 한다. 하지만 관계자들은 "공정무역 마크를 부착한 원두, 초콜릿, 면화 등 대부분 소비자의 건강을 생각한 유기농 제품이다. 다른 유기농 제품과 비교해보면 오히려 저렴한 편"이라고 설명한다.

공정무역 마크

공정무역 커피 '히말라야의 선물'

탐스 신발(사진 출처 : www.tomsshoes.co.kr)

신발 한 켤레를 가난한 이들의 발에

해외에서는 단지 '공정하게' 구매하는 것 이상의 감동을 만드는 착한 소비운동도 생기고 있다. 내일을 위한 신발 탐스TOMS는 아르헨티나를 여행하던 한 청년에 의해 탄생했다. 그는 3주간의 여행 중 신발이 없어 발에 상처가 가득한 현지 소년들을 보며 이들을 도울 수 있는 방법이 없는지 생각하고 신발 사업체를 만들었다.

아르헨티나 전통신발에서 모티브를 딴 탐스 신발 한 켤레를 구매하면 한 켤레는 공짜다. 단, 공짜로 받은 신발은 세계 곳곳의 불우한 어린이에게 전달된다. 이렇게 전해진 신발이 지금껏 15만 켤레. 2007년에는 한국 지점까지 생겼으며, 한국은 미국과 영국에 이어 1+1 신발 기부가 가장 많은 곳이라고 한다. '잇 슈즈it shoes'에 열광하는 이들만큼이나, 조용히 착한 일을 하는 한국 청년들도 많이 있는 셈이다.

최근에는 대기업인 아디다스Adidas에서도 신발기부 사업에 착수했다. 방글라데시 그라민은행 총재의 사회사업 제안을 받아, 아디다스가 1유로 신발을 만들어 방글라데시 어린이들에게 전해주려는 계획을 세우고 있다. 사회공헌 제품에도 아디다스의 3선 마크를 붙일 것인가, 실제가격은 얼마로 정할 것인가와 같은 세세한 결정은 남아 있지만, 현재로선 긍정적으로 진행되는 분위기다.

제3세계와 나누는 물

다큐멘터리 영화감독 리드 패짓Reed Paget은 가난한 이들을 위해 물을 팔았다. 세계 인구의 4분의 1이 깨끗한 물을 얻지 못해 고통받는다는 연설에 충격을 받은 그는 벨루Belu라는 생수 브랜드를 직접 만들었다. 벨루 물 한 병이 팔릴 때마다 개발도상국의 누군가는 한 달간 깨끗한 물을 마실 수 있게 된다. 게다가 벨루의 생수병은 옥수수 전분으로 만들어져 완전히 분해돼 환경오염을 일으키지 않는다고 한다.

생수 대신 그냥 수돗물을 집어넣어 파는 대담한 캠페인도 있었다. 런던의 핀딘중학교 학생들은 빈 생수병들을 모아, 공개적으로 수돗물을 담아 지역민들에게 팔았다. 이렇게 모인 돈은 매일 먼 거리를 오가며 물을 길어야 하는 가나의 소녀들을 위한 우물이 되어주었다.

한술 더 떠서, 유럽의 노Neau라는 브랜드는 아예 텅 빈 생수병을 실제 생수와 똑같은 가격에 파는 캠페인을 벌이기도 했다. 하지만 '노 캠페인'에 참여하는 사람들은 기꺼이 빈 병을 사서 수돗물을 채워 마시곤 했다. 원래 병 속에 담겨 있어야 하는 물은 제3세계의 친구들에게 돌아간다는 것을 알고 있기 때문이다. 네덜란드에서 시작된 이 프로젝트는 현재 유럽 각지로 확산되고 있다. T

해외에서 공급되는 다국적 식품업체들에 저항하는 움직임도 생겨나고 있다. GMO
와 농약 등으로 오염된 수입농산물 대신 우리 지역에서 만든 안전한 음식을 소비하
자는 로컬 푸드 운동이 그것이다.

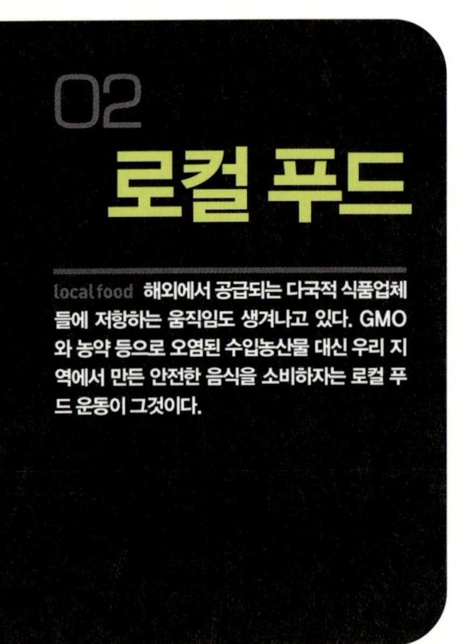

탄소 내뿜는 괴물 먹거리?

이같은 분위기와 맞춰 최근 대형마트들은 '탄소라벨'을 붙이기
시작했다. 탄소라벨이란 이 상품을 만드는 데 얼마나 많은 온실
가스가 사용되었는지를 알려주는 지표다. 앞으로 소비자들은 화
학첨가물이 많이 든 식재료에 경악하듯이 고탄소 제품에 대해서
도 부담을 느낄 것으로 보인다.

사실 해외에서 수입된 제품들은 자동차와 비행기 등을 이용해
운송했기에 탄소 수치가 높을 수밖에 없다. 제주산 참다래는 식탁
에 오기까지 고작 47그램의 온실가스를 배출하지만 뉴질랜드산
골드키위는 무려 773그램, 무려 17배의 탄소를 배출하는 셈이다.
칠레산 포도나 브라질산 삼겹살의 꼬리표에 붙은 엄청난 탄소수
치를 읽고 나면, 지구 반 바퀴를 돌아서 온 이 음식들이 괴물처럼
여겨질지도 모른다.

사실 우리나라는 원거리에서 들여오는 농산물이 상대적으로 많
은 편이다. 이 때문에 한국인은 평균적으로 프랑스인의 6배가 넘

는 에너지를 식량 수입에 쓰고 있다고 한다. 상대적으로 고에너지 먹거리를 소비하는 우리나라의 상황에 대해 한 전문가는 "한국인과 같은 환경으로 전인류가 활동할 경우, 지구는 2.3개가 필요하다"라고 따끔하게 지적하기도 했다.

이처럼 탄소수치가 점차 보편화되면서 최근 식재료는 상품의 생산부터 유통, 소비에 이르기까지 가능한 적은 자원과 에너지를 사용하는 것이 중요해졌다. 그에 따라 내 고장에서 자라난 로컬 푸드에 대한 선호도 높아지고 있다.

도시 속 젊은 농사꾼들의 등장

한편에서는 완전한 귀농을 하지 않고, 도시에서 작은 텃밭을 일구는 도시농업 문화가 성장하고 있다. 이들은 도시농부학교 등에서 교육을 받으며 상자, 골목, 베란다, 옥상 등 씨를 뿌릴 수 있는 곳이면 어디든 밭으로 바꿔놓는다.

레스토랑도 바뀌고 있다. 이탈리안 레스토랑 어반가든은 종로구 정동 도시 한가운데 자신들의 텃밭인 '키친가든'을 운영한다. 이곳에서 직접 기른 채소로 만든 샐러드는 손님들의 좋은 반응을 얻고 있다고 한다.

해외에서도 도시농업의 열기는 뜨겁다. 일본의 시민농원, 영국의 얼롯먼트Allotment, 독일의 클라인가르텐Kleingarten, 러시아의 다차Dacha, 캐나다의 커뮤니티가든Community Garden 등 다양한 이름의 도시농업은 새로운 관심을 받고 있다.

일본 도쿄에서는 2006년 '긴자 꿀벌 프로젝트'를 시작했다. 도심의 회사빌딩 옥상에서 양봉을 하기로 한 것이다. 꿀벌이 활발하게 살 수 있도록 옥상에 꽃과 야채를 심는 기업들이 늘어나자 결과적으로 긴자 지역의 녹음화 비율이 올라갔다.

한편, 로컬 푸드가 주목을 받으면서, 프리미엄 농산물은 엄청난 가격에 판매되기도 한다. 개량된 토마토 씨앗의 경우 1그램에 13만원으로 금보다 세 배나 비싼 가격에 판매될 정도다. 이처럼 프리미엄 농산물이 확실한 수익을 주자, 마케팅 전략도 더욱 적극적으로 바뀌고 있다. 아직까지는 캐릭터를 만들거나 지역이름을 앞세워 브랜드를 등록하는 수준이었으나, '상하목장'처럼 스타농업인과 스타농산물을 전면에 내세우는 경우도 많아질 것으로 보인다.

레스토랑도 바뀌고 있다.
이탈리안 레스토랑 어반가든은 종로구 정동 도시 한가운데
자신들의 텃밭인 '키친가든'을 운영한다.
이곳에서 직접 기른 채소로 만든 샐러드는
손님들의 뜨거운 반응을 이끌고 있다고 한다.

실제로 『GQ 코리아』에서는 2009년 10월, 8페이지에 걸쳐 「너의 빛나는 열매」라는 제목으로, 명품 농산물 화보를 싣기도 했다. 이 땅의 수박과 감귤, 황도, 단감 등이 수백만 원짜리 럭셔리 브랜드와 어깨를 나란히하게 된 순간이었다.

일본 '날라리'들이 지은 시부야쌀 맛 보실래요?

일본에서는 짙은 화장과 요란한 염색으로 무장한 '시부야걸'들이 농촌으로 내려가 1년간 농사를 지으며 로컬 푸드에 대한 관심을 불러일으킨 사건도 있었다. 이들은 도시의 화려한 패션을 그대로 유지한 채, 벌레와 분투하고 괴성을 질러가며 한 해 농사를 지어 언론의 집중적인 조명을 받더니만, 가을에는 결국 '시부야쌀'을 세상에 내놓게 되었다. 우리로 따지면 '홍대입구쌀'을 만들어낸 셈이다.

시부야쌀 홈페이지

더불어 치바의 청년 농사꾼들이 모여 '밭의 아이돌'이라는 이벤트를 결성하기도 하고, 야마가타에서는 농사를 짓고 싶은 여대생들을 모아 '걸스팜'이라는 체험조직을 만들기도 했다. 또한 일본 정부에서 운영하는 직업소개소에서는 귀농교육을 원하는 젊은이들의 참여가 늘어나면서, 농촌에도 새로운 활력이 일고 있다고 한다.

국내에서도 2009년에는 유난히 농촌 체험 프로그램이 많이 방송됐다. 〈패밀리가 떴다〉는 매주 농촌에서 즐거운 난장을 벌이고, 〈무한도전〉은 농사 프로젝트를 진행하며 금빛 수확을 거두었다. 그밖에도 〈괜찮아U〉 〈농비어천가〉 〈청춘불패〉와 같은 농촌 프로그램이 줄줄이 탄생하는 것은, 컴퓨터에만 갇혀 있는 젊은이들에게 농촌이 신선한 탈출구가 될 수 있기 때문인지도 모르겠다. 🍎

03
공정여행

공정여행은 "아름다운 여행의 대가는 오랫동안
그 땅을 지켜온 현지인에게 돌려야 한다"라는 생
각에서부터 출발한다. 이들의 여행은 마음먹고
카드 한번 긁으면 해결되는 '소비'가 아니라, 만
나는 모든 환경과 함께 '교감' 하는 데 그 강조점
이 있다.

전력 부족으로 인해 네팔의 외곽지역은 9시가 되면 암흑이 깔린다.
하지만 수도 카트만두는 여전히 불이 환하다.
시내에는 외국인 관광객이 있기 때문이다.

선진국의 관광객 한 명은 남부 아프리카 주민 30명이 쓰는 양의 전기를 하룻밤에 거덜 내고, 인도의 5성급 호텔 한 곳은 주변 다섯 개 마을 주민보다 더 많은 물을 사용하고 있다. 현지의 자원을 고갈시키는 수준으로만 따지면, 외국인들은 여행자가 아니라 침략자에 가깝다.

하지만 어떤 이들은 "결국 이렇게 소비함으로써 현지 경제가 윤택해지는 것 아니겠냐"라고 반문할지도 모른다. 안타깝게도 외국인 여행객이 방문했을 때, 현지인에 돌아가는 것은 전체 지출의 1~2퍼센트에 불과하다고 한다. 여행 소비의 대부분은 외국인 소유 호텔·여행사·항공사에 돌아가고, 현지인의 몫은 때가 낀 동전이 몇 푼일 때가 많다.

이런 문제점에 대한 각성으로 최근에는 공정여행이 주목받고 있다. 공정여행은 "아름다운 여행의 대가는 오랫동안 그 땅을 지켜 온 현지인에게 돌려야 한다"라는 생각에서부터 출발한다. 이들의 여행은 마음먹고 카드 한번 긁으면 해결되는 '소비'가 아니라, 만나는 모든 환경과 함께 '교감'하는 데 그 강조점이 있다.

제3세계 사람들처럼 산다는 것

공정여행이 만만한 일은 결코 아니다. 2009년 EBS 〈리얼프로젝트 X〉에서는 박기덕 씨와 황혜정 씨의 21일간의 공정여행 도전기를 담았다.

이들은 현지인이 운영하는 숙소에서 자다가 모기에 잔뜩 물리며 잠을 설치고, 돈을 구걸하는 아

공정여행 10계명

1. 현지 경제에 도움이 되도록 소비한다
2. 어린이에게 사탕이나 선물, 돈을 주지 않는다
3. 간단한 현지어를 미리 배워둔다
4. 현지 물가를 존중하라
5. 흥정은 적당히 하라
6. 인물 사진은 물어보고 찍자
7. 멸종 위기종으로 만든 제품은 피한다
8. 문화적 차이와 금기를 미리 배우고 존중하라
9. 현지 드레스 코드에 맞춘다
10. 현지의 정치·사회 현황을 미리 알아두라

▶ 출처: 『경향신문』

이를 만나 난감해하기도 한다. 채석장에서 일을 거들고, 구정물에 들어가 모내기도 함께하지만 열악한 환경에 적응하지 못하는 자신의 모습 때문에 절망에 빠지기도 했다.

　그럼에도 불구하고 공정여행 참가자들은 하나같이 더 풍성한 것을 깨닫는 값진 시간이었다고 말한다. 이들은 더불어 "지나치게 원칙에만 집착하다보면 여행이 아닌 고집스런 싸움이 될 수 있다"라며, "가끔은 도시인으로서의 한계를 인정하고 융통성 있게 원칙을 적용하는 방식도 필요할 것"이라고 충고한다.

　공정여행은 건전한 소비뿐 아니라, 탄소 발생을 억제하려는 노력도 포함한다. 보통 비행기로 서울과 런던을 왕복하면 약 2.5톤의 탄소를 발생시킨다고 한다. 움직이는 것만으로도 지구에 누를 끼치는 셈이다. 클라이밋케어climatecare.com의 탄소계산기를 이용하면 자신의 이동경로에 따라 발생하는 탄소량을 계산할 수 있다. 2.5톤의 탄소를 없애기 위해 약 15유로가 필요하다는 계산이 나온다면, 공정여행자들은 이 금액을 현지에 있는 나무심기 펀드에 기부하고 돌아오기도 한다.

　해외에서는 아예 '난 비행기 안 탈 거야I don't want to fly'라는 타이틀의 여행도 생겨났다. 영국의 리스판서블트래블닷컴responsibletravel.com은 프랑스 남부 자전거 투어, 스코틀랜드 카약 여행 등의 상품을 만들어놓고 무탄소 여행을 장려하고 있다.

공정여행 방법을 제시한
『희망을 여행하라』

공정여행자는 독재국가를 여행하지 않습니다

　더불어 이미 관광지로 개발된 곳이 아닌 진짜 생활터전을 찾는 노력도 더하고 있다. 제대로 된 숙소도 없고 이동수단도 험하지만, 여행자가 소외된 지역을 다녀올수록 소비한 돈은 지역 주민에게 돌아갈 확률이 높기 때문이다.

　그밖에 공정여행자들 사이에는 군부독재가 지배하는 미안마는 여행하지 않는다는 원칙도 생겨났다. 관광객이 쓰는 돈이 오히려 군부독재를 유지하는 데 사용될 수

있어서다. 이 경우에는 반대로, 불편하더라도 미얀마
국영 영업소 대신 외국 항공사 등을 이용하려 애쓴다.
실제로 미얀마 여행객 중에는 쾌적한 국영버스를 놔두
고 허름한 민간버스를 이용하며 고생을 자처하는 외국
인들이 많다고 한다.

　공정여행은 해외에서만 일어나는 일만은 아니다. 우
리나라로 찾아오는 외국인 공정여행자들도 있다. 일본
의 워크나인Walk9 회원들은 100일 동안 걸어서 한국을
순례했다. 이들은 '비전非戰과 비무장非武裝'의 약속인 일본의 수정헌법 9조 개정에
반대하며 한국 방방곡곡을 다닌다. 일제식민지 시대를 반성하는 이 여행자들은 식
민시대에 집중적으로 수탈을 받은 지역주민들을 찾아가서 생각을 나누고 양국간의
상처를 치유하고자 노력했다고 한다. ▮

워크나인 한국 순례 로고

'유니버설 디자인universal design'은 최근 디자인계에서 떠오르는 뜨거운 주제다. 이는 나이와 성별, 국적, 언어, 장애 유무 등과 상관없이 모두가 동등하게 누릴 수 있는 환경·제품·서비스 등을 구현한 디자인을 말하며, '모든 사람을 위한 디자인design for all'이라고도 한다. 유니버설 디자인은 1980년대 미국의 건축가이자 공업 디자이너인 로널드 메이스Ronald Mace가 "남녀노소 누구나 사는 데 불편함이 없는 디자인을 해야 한다"는 주장을 하면서 시작됐다.

그동안 한국은 일본이나 미국에 비해 유니버설 디자인에 대한 인식이 높지 않았으나, 최근 들어 그 논의가 활발해지고 있다. 이는 한국도 다른 선진국들과 마찬가지로 고령화 사회로 급속히 진입하고 있어 이에 대비한 다양한 준비를 해야 한다는 의식이 생기고 있기 때문이다. 또한 장애인이나 어린이 등 사회적 약자도 차별 없이 더불어 살 수 있는 사회가 되어야 한다는 성숙한 생각이 사회 전반에 퍼지고 있는 영향 때문이기도 하다.

기업들의 경우 고령화 현상을 새로운 시장 개척의 기회로 여기고 있다. 게다가 유니버설 디자인 제품은 국적과 나이를 불문한 보편적인 디자인 형식 덕분에 국내뿐만 아니라 전세계의 인구를 대상으로 판매할 수 있다는 장점도 있어 기업들의 구미를 당기는 중이다. 이에 따라 2010년은 유니버설 디자인에 대한 관심이 더욱 뜨거워질 것으로 보인다.

모두에게 친절한 디자인

사실 우리는 이미 주변에서 다양한 종류의 유니버설 디자인을 만나고 있다. 바닥이 낮고 출입구에 계단이 없는 저상버스나, 높낮이가 다른 지하철 손잡이, 장애인과 어린이를 위한 낮은 엘리베이터 버튼, 음성 안내 신호등 등은 주변에서 쉽게 찾아볼 수 있는 유니버설 디자인이다.

그동안 국내에서 유니버설 디자인은 공공건물과 공영 주차장, 도로, 공원, 교통신

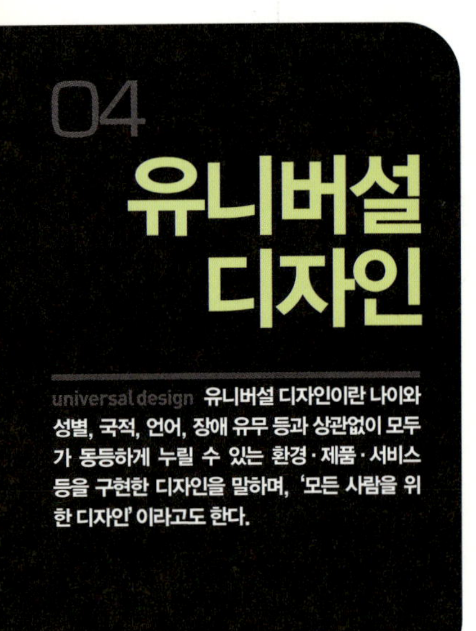

지하철 9호선의 높낮이 다른 손잡이

로널드 메이스의 유니버설 디자인 7원칙

1. 공평한 사용(Equitable)
누구라도 차별감이나 불안감, 열등감을 느끼지 않고 공평하게 사용 가능한가?

2. 사용상의 융통성(Flexibility in Use)
서두르거나, 다양한 생활환경 조건에서도 정확하고 자유롭게 사용 가능한가?

3. 간단하고 직관적인 사용(Simple and Intuitive)
직감적으로 사용방법을 간단히 알 수 있도록 간결하고, 사용 시 피드백이 있는가?

4. 쉽게 인지할 수 있는 정보(Perceptive Information)
정보구조가 간단하고, 복수의 전달수단을 통해 정보입수가 가능한가?

5. 오류에 대한 포용력(Tolerance for Error)
사고를 방지하고, 잘못된 명령에도 원래 상태로 쉽게 복귀가 가능한가?

6. 적은 물리적 노력(Low Physical Effort)
무의미한 반복동작이나, 무리한 힘을 들이지 않고 자연스런 자세로 사용이 가능한가?

7. 접근과 사용을 위한 충분한 공간(Size and Space for Approach and Use)
이동이나 수납이 용이하고, 다양한 신체조건의 사용자와 도우미가 함께 사용이 가능한가?

▶ 출처 : 유니버설디자인연구센터 홈페이지 www.udrc.or.kr

호기 등에 적용하는 공공디자인의 방법으로 접근해왔으나, 최근에는 생활 속 사소한 생활용품과 IT제품에도 이를 적용하는 움직임이 일고 있다.

바bar 타입의 회전 문고리는 돌려 열어야 하는 원형 문고리보다 장애인들이 손쉽게 이용할 수 있고, 맥주캔 뚜껑에 표시된 '맥주'라는 점자는 시각장애인들이 일반 음료와 헷갈리는 것을 막아주고 있다. 또한 샴푸와 린스 통의 디자인을 달리하거나 린스통에만 점자를 표기하는 방식은 시각장애인은 물론, 머리를 감을 때 앞이 잘 보이지 않아 엉뚱한 것을 누르는 상황을 방지해준다. 이같이 유니버설 디자인은 생활 속 작은 배려를 담고 있다.

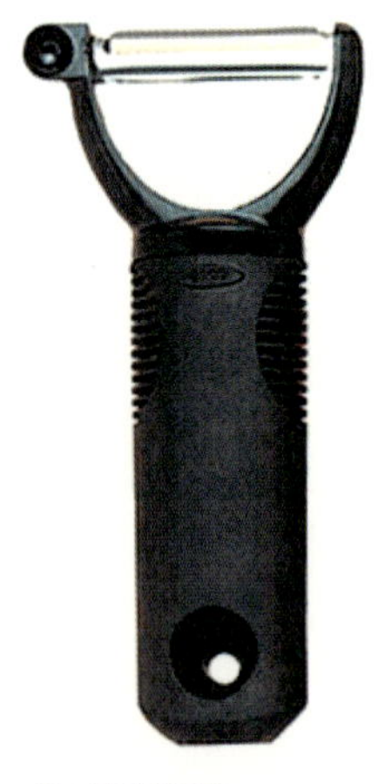

옥소 감자깎이칼

유니버설 디자인을 이야기할 때 가장 대표적으로 인용되는 회사가 옥소oxo이다. 이 이름은 앞으로 읽어도 뒤로 읽어도 똑같이 발음돼 그야말로 어떤 상황에서도 누가 사용해도 가장 편안함을 느낀다는 뜻을 담고 있다. 옥소의 창립자인 샘 파버Sam Farber는 손에 관절염이 있는 아내를 위해 '굿 그립Good Grips'라인을 만들었다.

이 제품들은 손잡이를 화학 가공처리한 고무 소재로 만들어 그립감을 좋게 하고, 손가락이 닿는 부분은 홈을 갈퀴처럼 파서 젖은 손으로도 미끄러지지 않게 디자인했다. 굿 그립 제품은 다른 제품에 비해 투박하고 가격은 몇 배나 비싸지만 사용자들의 불편한 점을 해소해주고 감동시키는 전략으로 엄청난 수익을 올렸다.

누구나 한 번쯤은 플러그를 빼다가 곤욕을 치른 적이 있을 것이다. 특히 어린이나 노약자들은 손에 힘이 모자라 한참을 플러그와 씨름해야 하는 상황도 종종 발생한다. 디자이너 김승우는 플러그 중앙에 손가락을 넣을 수 있는 간단한 아이디어를 더해 누구나 손쉽게 뺄 수 있는 플러그를 디자인했다. 또한 월드 퀴진World Cuisine 사는 바느질 할 때 골무를 하듯 음식을 썰 때 손가락을 보호할 수 있는 스테인리스스틸 보호대 핑거가드Finger Guard를 만들었다. 칼질이 서투른 사람들도 안전하고 예쁘게 음식물을 자를 수 있도록 도와주는 제품이다.

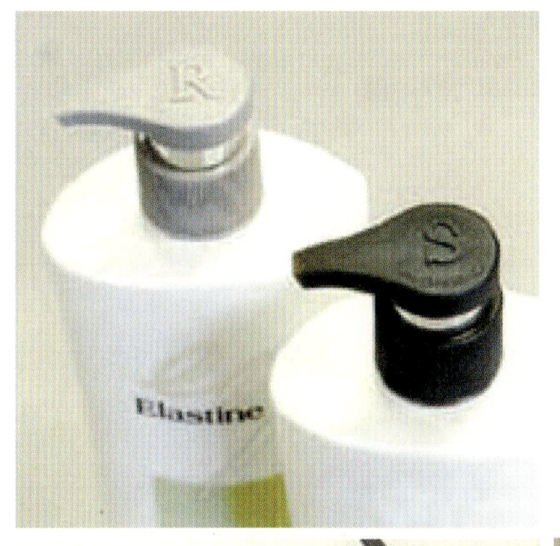

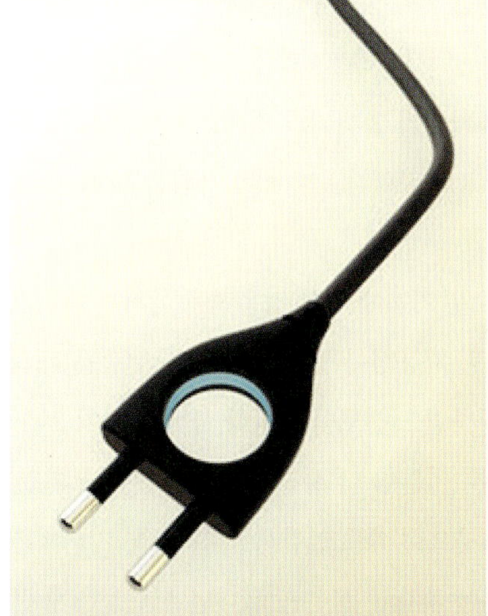

01	02
03	04
05	06

01, 02 샴푸와 린스
03, 04 유니버설플러그
05 핑거가드
06 백조펜

사람이 제품에 맞추나, 제품이 사람에 맞춰야지

생활용품뿐만 아니라 가전제품에도 유니버설 디자인 바람이 거세다. 양문형 냉장고의 경우 핸들에 센서를 장착해 손이 닿으면 자동으로 문을 밀어내주는 기술을 적용, 기존 손잡이에 비해 6분의 1 정도의 힘으로도 가볍게 열 수 있게 해주는 제품이 출시돼 좋은 반응을 얻고 있다.

사용자 편의를 고려한 세탁기 역시 판매율이 점점 더 높아지고 있다. 이 제품들은 드럼 세탁기의 문 개폐 손잡이와 드럼 출입구의 중심 위치를 올리고, 드럼통을 경사진 형태로 만들어 허리를 숙이지 않고도 손쉽게 빨래를 넣고 뺄 수 있도록 주부들의 편의를 고려해주었다. 기존의 제품을 사용하던 이들에게는 수납함이나 운동화 건조함 등을 세탁기 밑에 받쳐서 세탁기의 높이를 높여주기도 한다. 이러한 유니버설 디자인 세탁기가 출시되기 전에는 세탁기를 쓸 때 허리를 굽히는 것이 당연하다고 생각했다. '제품에 사람을 맞추며' 생활했던 것이다.

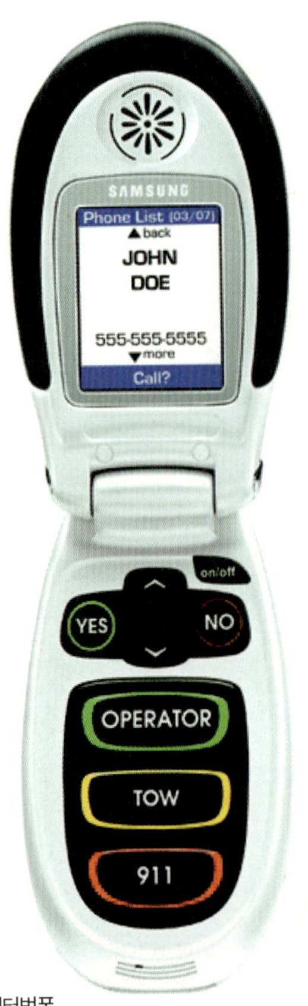

지터벅폰

정보화 사회의 고령자는 새로운 기기에 대한 적응력이 현저히 떨어지기 때문에 정보 공유에서 소외될 가능성이 높다. 따라서 노년층을 배려할 수 있는 다양한 유니버설 디자인도 선보이고 있다. 삼성전자가 2006년 미국에서 출시한 지터벅폰은 버튼이 단 3개로 구성돼 있어 교환원, 집, 긴급구조 등 미리 지정한 3곳으로 바로 연결시킬 수 있다. 지터벅폰은 이것저것 복잡한 기능 때문에 휴대폰 사용을 겁내던 노년층에게 큰 인기를 얻었다. 국내에서도 중장년층을 겨냥해 화면과 버튼을 크게 만든 와인폰이 2007년 출시 이래 꾸준한 인기를 얻고 있다.

유니버설 디자인은 보통과는 조금 다른 소수 사용자까지도 배려한다. 얼마 전 설문 결과에 따르면, 한국인의 5.8퍼센트가 왼손잡이라고 한다. 소수라면 소수라고 치부할 수 있는 이들 왼손잡이도 일상생활에서 불편함을 느끼지 않도록 배려한 디자인이 속속 등장하고 있다.

최근 영국 일간 『텔레그래프』에서 '왼손잡이 남성을 위한 팬티'를 소개했다. 기존의 남성용 팬티는 위아래로 '남대문'이 갈라져 있어 왼손잡이들은 홈의 방향에 따라 손을 더 뻗어야 했으므로 일을 볼 때 오른손잡이보다 2~3초 정도 더 허비해야 했다는 것이다. 왼손잡이를 위한 팬티는 수직이 아닌 수평으로 틈이 나 있어 누구라도 평등하게 일을 볼 수 있다고 한다.

왼손잡이 펜도 등장했다. 영국의 한 문구업체가 개발한 왼손잡이용 펜은 끝부분이 백조같이 생겼다 하여 '백조펜'이라 부른다. 왼손잡이들은 글씨를 쓸 때 글자가 펜과 손에 가려서 보이지 않기 마련인데, 앞이 구부러진 백조펜을 쓰면 글씨가 가려지지 않아 좀더 깔끔하고 손쉽게 글씨를 쓸 수 있다. 출시 이후 영국의 초등학교 등에서 많은 주문이 몰려들고 있다고 한다.

올해 4월 한국 3M에서 출시된 가위는 출시 2개월 만에 8만 개 이상 판매가 되는 등 좋은 반응을 얻었다. 대개 가위는 오른손잡이에 맞춰서 손잡이 고무가 만들어지기 때문에 왼손으로 쓰려면 손가락이 눌리고 아프다. 하지만 이 가위는 왼손잡이가 쓰기 편하도록 손잡이에 특수 고무를 대는 배려를 통해 왼손잡이, 오른손잡이가 모두 편리하게 사용할 수 있다.

앞의 몇 가지의 사례만 보더라도 왼손잡이를 배려하는 일이 엄청나게 새로운 것을 개발해야만 가능한 것이 아님을 알 수 있다. 비데를 조절할 수 있는 리모컨을 사용자 마음대로 왼쪽 오른쪽 부착할 수 있게 한다든지, 컴퓨터 마우스를 좌우대칭으로 만들어 왼손잡이들도 편히 쓸 수 있게 하는 등, 고정관념을 가볍게 벗어날 수만 있다면 모두가 더불어 사는 세상을 만들 수 있을 것이다. Ｔ

봉사활동을 나가면 언제나 예비군 분위기로 변했다. 사회에서의 계급장 따윈 딱히 필요 없었다. 사내 변호사건 공인회계사건 다 같이 김장만 하거나, 먼지 풀풀 날리는 창고에서 청소를 하고 밥을 푸며 하루를 보내는 것으로 뿌듯해해야 했다.

"일당 수십만 원짜리 고급노동력들에게 굳이 몇 천 원짜리 시급 아르바이트만 반복해서 시킬 필요가 있을까?"라는 의문과 함께 이제 그들도 자각하기 시작했다. 봉사활동도 효율성을 생각하며 진화한 것이다. 전문가들은 전문가들답게 고난이도의 업무를 맡길 필요가 있었다.

최근 '프로보노' 또는 '재능 기부'라는 이름으로 기업들의 봉사활동은 업그레이드되고 있다. 프로보노는 라틴어 '공익을 위하여 pro bono publico'라는 어원으로부터 시작됐다. 로마시대의 지도층이 공익을 위한 헌신과 기부를 강조하기 위해서 쓰인 말로, 기업이나 전문가들이 자신의 전문성을 이용해 사회공익적인 활동을 하는 것을 뜻한다.

비싼 분들은 비싼 업무를 맡아주세요

실제로 사법연수원 1년차 여름에는 프로보노를 나가게 된다. 연수생들은 변호사를 선임할 여유가 없는 사람들을 위해 무료 법률서비스를 제공한다. 이때는 주로 저소득층이나 형사사건의 상담을 맡는다고 한다.

사실 우리나라 변호사는 연간 20시간 의무적인 공익활동을 해야 한다. 15년차 로펌 변호사의 경우, 시간당 급료가 평균 50만 원. 20시간이면 매년 1천만 원의 수익을 포기하는 셈이다. 이 때문일까? 실제 의무시간을 채운 비율은 대부분 20퍼센트를 밑도는 수준이다. 그럼에도 불구하고 법무법인 프로보노의 심훈종 변호사는 한 달에 25건 정도의 국선변호를 하며 '무전유죄 유전무죄'를 없애기 위해 노력하는 중이다.

프로보노가 활약하는 것은 법률 분야만이 아니다. 인컴PR재단의 경우는 NGO들

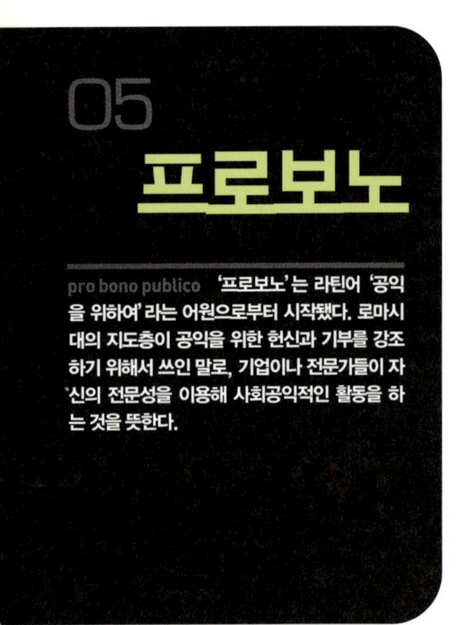

"일당 수십만 원짜리 고급노동력들에게
굳이 몇 천 원짜리 시급 아르바이트만 반복해서 시킬 필요가 있을까?"라는
의문과 함께 이제 그들도 자각하기 시작했다.
봉사활동도 효율성을 생각하며 진화한 것이다.
전문가들은 전문가들답게 고난이도의 업무를 맡길 필요가 있었다.

이 원활하게 활동하고 모금을 잘할 수 있도록 PR전략을 짜주고 있다. 딜로이트와 같은 회계법인은 NGO들의 회계·세무·경영 상담과 투명성을 높일 수 있는 방안들에 대한 컨설팅 봉사를 한다고 한다.

목소리를 기부하는 이들도 있다. 김성주, 정은아, 신애라, 양희은, 김미화 등 유명 연예인들은 2009년 초 MBC 〈닥터스〉에 내레이터로 무보수 출연했다. 〈닥터스〉 제작진이 연말연시를 맞아 기획한 '목소리 기부 행사'에 동참한 것이다. 이들은 목소리 전문가답게, 목소리를 이용해 불우한 환자 등을 도왔다.

개그맨 황기순은 '사랑더하기 사이클 대장정'을 통해 매년 사이클로 전국을 순회, 거리공연을 펼치면서 모금한 돈을 8년째 기탁해오고 있다. 자신의 전공분야인 웃음을 통한 기부에 나섰다. 또한 가수 김종서는 기부음반을 제작해 KBS 〈사랑의 리퀘스트〉 프로그램에 기부하기도 했다.

SK나 삼성과 같은 대기업은 이미 프로보노 조직을 런칭하며, 부서별로 봉사 업무를 전문화하고 있다. 물론 기업에 속하지 않더라도 개인적으로도 재능 기부에 참여할 수 있다.

네이버 '해피빈 재능 기부'를 클릭하면, SPSS 통계 프로그램 사용자, 도배·장판 전문가와 요술풍선 만들 줄 아는 사람까지 다양한 재능 기부자를 찾는 게시물이 있다. 국제구호단체인 굿네이버스에 따르면 2009년 9개월 동안 재능 기부를 신청한 사람은 2006년에 비해 6배가 넘으며, 지난해와 비교해도 2배 가까이 된다고 한다. 특히 20, 30대의 경우, 지난 4년간 총 신청자보다 무려 155퍼센트나 많은 이들이 지원했다고 한다.

사실 프로보노 활동은 요즘 시대의 실용주의와도 맞아떨어진다. 전문가들은 "봉사활동에서도 조연이 아니라 주인공으로 나서고 싶은 젊은 세대의 선호가 반영된 것으로 보이며, 최근 취업난으로 인해 전문성과 봉사활동을 연결시키고 싶어하는 사회 분위기도 영향을 미쳤을 것이다"라고 설명했다. ⓣ

착한 저항
착한 소비
로컬 푸드
공정여행
유니버설 디자인
프로보노

약자를 위한 디자인이 핫이슈다

interview
15

나건

홍익대학교 국제디자인대학원 교수

"젊은 사람이랑 노인이랑 둘이 있다면 누구 기준으로 디자인이 가야 되겠어요? 노인 기준으로 가야 되잖아요. 노인들도 쉽게 찾을 수 있는 큰 사인처럼요. 문을 열고 닫는 것도 힘이 센 사람들만 하는 게 아니니다 여자 기준에 맞춰서 바뀌겠죠. 디자인은 사회적 약자를 기준으로 갈 거예요."

Q 에코디자인과 관련된 이야기는 요즘 너무 많이 나와서 이제 기본요소가 될 정도인 듯한데요, 이러한 친환경 디자인 안에서도 트렌드라고 불릴 수 있는 것이 있을까요?

친환경은 글로벌 이슈이기 때문에 앞으로 더 중요해질 수밖에 없어요. 전세계 에너지의 70퍼센트를 미국이 쓰고, 미국에서 하루에 버려지는 음식 찌꺼기를 갖다 거두면, 아프가니스탄 사람들이 10년은 먹을 수 있다고 해요. 하지만 이제 풍족하게 쓰던 국가들에서 정치적인 문제 등으로 인해 친환경 이야기를 계속 이슈화하고 있는 거죠.

개인적으로는 이러한 이슈들이 진짜 인류의 미래를 의미한다고는 생각지 않아요. 사실 미국이 옛날에는 전쟁을 자꾸 하면서 군수물자 팔아서 경제를 일으켰는데, 지금은 그렇게 해서는 지탄을 받잖아요. 그러니까 그다음의 이슈가 뭐냐고 생각해본다면, '그린green'이었겠죠. 환경 관련 이슈로 전세계에 걸고넘어질 게 굉장히 많거든요. 환경 관련 산업에는 정치나 돈에 대한 복잡한 이슈가 들어 있기 때문에 앞으로도 계속 강화될 수밖에 없을 거예요.

다른 한편으로는, 친환경을 이야기할 때 인류를 생각하는 양심, 즉 윤리와 스토리텔링이 함께 결합이 되면서 커지고 있어요. 예전에 미국과 유럽의 마케팅 흐름이 경험을 중시했다면, 최근에는 삶의 의미를 강조하는 쪽으로 가고 있어요.

커피 한 잔을 마시더라도, 충분히 대가를 치르고 마셔야 한다는 의미가 들어 있는 거예요. 공정무역 커피를 보세요. 예전에는 단순히 스타벅스에서 커피를 마신다는 경험을 즐겼다면, 이제는 "이 커피는 스타벅스가 노동력을 착취해서 싸게 가져와 떼돈 벌려고 한 게 아니고, 그 사람들에게 정당한 대가를 주고 갖고 온 거다"라는 메시지를 줘요. 그러면 커피 한 잔 마시면서도, "내가 커피 한 잔 마실 때마다 500원을 어디에 기부하는 거야" 그러면 스토리텔링도 되고 훨씬 더 멋있어 보이잖아요. 이런 방식으로 이야기를 덧붙이며 친환경 요소는 계속 강화될 겁니다.

Q 최근 디자인계에서 관심을 가지는 타깃은 어떤 연령층인가요?

주의 깊게 봐야 할 또 다른 흐름은 우리 사회나 미국 사회나 똑같이 제일 중요한 세대는 일곱 살에서 열두 살까지 트윈tween 세대라는 것이죠. 심지어는 집이나 차도 그 아이들이 고른다고 하잖아요. 요즘 집에서 아이들이 대부분 '원 키드one kid'이다보니, 의사결정의 중심이 아이가 되었기 때문에 그 세대가 뭘 먹고 뭘 하는지에 대한 연구가 중요하게 된 거예요.

그밖에 돈도 있고, 자식도 있고, IT기술에 대한 적응력도 있는 65세 이상의 세대에 대한 관심도 높아졌고요, 특히 요즘은 여성 중심의 사회로 가고 있는 현상을 반영해 액티브한 여성들에 대한 연구 또한 전세계적으로 중요해졌어요.

Q 요즘 성별이나 국적 등에 상관없이 공통으로 쓸 수 있는 디자인도 강

화되고 있는 것 같은데요.

신체장애의 유무, 나이, 성별, 국적에 상관 없이 모든 사람들이 잘 쓸 수 있도록 하자는 것이 바로 유니버설 디자인이에요. 우리나라도 내년에는 유니버설 디자인이 큰 트렌드가 될 거예요. 국적 없이 모든 사람들이 쓰게 하기 위해서는 언어가 문제가 될 수밖에 없기 때문에 글자보다는 비주얼이 중심이 되는 디자인이 강화될 거고요.

약자를 위한 유니버설 디자인

유니버설 디자인이 트렌드로 자리 잡게 되면, 장애가 있는 사람들이 정당하게 사회생활을 할 수 있도록 도울 거예요. 길이나 버스를 올라타고 내리는 문제, 자전거 트랙 등이 먼저 이슈화될 거라고 봐요. 이미 유럽이나 일본 등에서는 공항의 안내판이 굉장히 커졌어요. 화살표도 굉장히 크게 해놓고요. 파리의 드골공항 같은 경우에는 방향에 따라 발자국 모양을 만들어 붙여놓기도 했고요.

그리고 젊은 사람이랑 노인이랑 둘이 있다면 누구 기준으로 디자인이 가야 되겠어요? 노인 기준으로 가야 되잖아요. 노인들도 쉽게 찾을 수 있는 큰 사인sign처럼요. 문을 열고 닫는 일도 힘이 센 사람들만 하는 게 아니니 다 여자 기준에 맞춰서 바뀌겠죠. 디자인은 사회적 약자를 기준으로 맞춰질 거예요.

Q 사회 전반에서 제3세계 국가나 소외된 계층을 위한 운동들이 많아지고 있는데, 디자인 쪽의 흐름은 어떤가요?

아프리카나 인도 쪽에 가면, 아이들이 학교가 끝나자마자 쉬지도 못하고 물을 길러 다니는 모습을 흔하게 볼 수 있어요. NGO에서는 이러한 장소에 아이들이 타고 놀 때마다 밑에 펌프가 작동하여 탱크에 물이 채워질 수 있도록 하는, '플레이펌프'라는 일종의 뺑뺑이 놀이기구를 설치해주었어요.

또 소똥으로 불을 지피는 아프리카의 어느 지역에는 UN의 자금을 받은 MIT 학생들의 프로젝트가 시작되기도 했어요. 이 학생들이 그 사람들의 삶을 관찰해보니, 불을 때서 요리를 해야 하는데, 소똥이 불이 잘 안 붙고, 불이 붙는 데도 시간이 많이 걸리는 거예요. 보통 소똥을 밟아서 석탄같이 단단해지면 화력이 훨씬 좋아지긴 하는데, 주민들이 그것까지 하려니까 굉장히 힘이 드는 거죠. 그래서 MIT는 이 소똥을 실험실로 가지고 갔어요. 어느 정도

의 압력으로 어떻게 뭉쳤을 때 화력이 가장 좋은지를 테스트했죠. 결국 이 대학생들은 최적의 압력으로 소똥을 뭉칠 수 있는 간단한 프레스기를 만들어서 이 아프리카 지역에 보급했어요.

'design for the poor(가난한 자들을 위한 디자인)'라는 게 세계적으로는 핫이슈예요. 여기에 동참하지 못하면, 인생관도 가치관도 없는 사람으로 보일지도 몰라요. "너 혼자 잘 먹고 잘 살아라" 하며 지탄받게 되니까. 다들 착한 디자인 쪽으로 갈 수밖에 없습니다. **T**

PART 09
신 남녀공학

"남자, 여자 몰라요. 여자도 남자 몰라요."

올 하반기 큰 인기를 불러 모은 tvN의 〈롤러코스터–남녀탐구생활백서〉의 시작을 알리는 내레이션이다. 이 코너는 사소한 상황에서도 생길 수 있는 남녀의 차이를 적나라하게 보여준다. 건조하면서도 일정한 톤으로 이어지는 '해요체' 내레이션은, 남녀의 모습을 관찰자적 시선으로 중계함으로써 색다른 재미를 선사한다. 여성들은 공중화장실 변기에 앉기 싫어 기마 자세로 용변을 보는 반면, 남성은 볼일을 보고 나서도 손을 씻지 않는다. 남성들에게 백화점 쇼핑은 무서운 지옥과도 같지만, 여성들에겐 점원과의 신경전에서 오는 긴장감과 신상품들의 아우성이 들리는 지상낙원이다. 시청자들은 배우들이 보여주는 다소 과장된 행동에 자신을 일일이 대입해보면서 "맞아! 맞아!"를 연발하게 된다.

남녀 이야기는 시대와 세대를 불문한, 누구나 관심 갖는 재미있는 대화주제가 아닐까? 올해는 특히 그 관심이 최고조에 달한 것 같다. 대형 서점 곳곳마다 진열된 연애 관련, 남녀의 특성 및 심리분석 관련 서적 등은 사람들의 발걸음을 붙잡고 있다. 교보문고 관계자에 따르면, 연애 관련 도서는 전년대비 13.3퍼센트 신장했다고 한다. 남녀의 차이와 변해가고 있는 남녀 역학관계에 대한 정보를 따라잡지 못하면 결혼조차 쉽지 않은 시대다. 오죽하면 '혼활'이란 말까지 등장했을까? 이제 사람들은 남자와 여자에 대해 적극적으로 '공부'하기 시작했다.

드라마 〈선덕여왕〉에서 펼쳐지는 신라시대의 정치판뿐 아니라 현대 전문직에서도 여성의 강세는 이어지고 있다. 사법고시, 행정고시 등 고등고시에서 여성 합격률이 크게 증가하고 있고, 초등교사의 80퍼센트는 이미 여성이 장악하고 있다. 이제는 오히려 무능력한 남성의 취업을 돕기 위해 각종 가산점 제도가 고려되고 있는 형편이다. 가정에서도 여성의 권력이 상대적으로 높아졌다. 고등교육을 받은 여성들은 뛰어난 정보력으로 가정의 핵심권력인 재테크와 교육을 컨트롤하며 '가모장 사회'를 만들어가고 있다.

여성들이 사회의 중심부로 올라오는 사이에, 반대로 남성들은 소소한 즐거움을 찾아 주변부로 떠나고 있다. 이쯤 되면 개미와 베짱이에 대한 평가도 뒤집을 수 있겠다. 모든 것을 희생하면서 성공의 자리에 오르려는 '개미' 같은 남자들은 비정한 캐릭터로 평가받고, 밴드를 하고 춤을 배우고 자전거를 타고 다니는 '베짱이' 같은 남자들이 박수를 받는 시대가 온 것이다.

사실 사회가 거대해지고 정글의 게임은 그만큼 치열해졌다. 그 와중에 빈부의 격차도 고착화됐다. 선두 경쟁에서 자진해서 물러난 남자들의 심리 속에는 노력한다고 역전할 수 있는 간극이 아니라는 절망감도 반영됐을 것이다. 이 악문 도전자들의 성공드라마는 더욱 희귀해졌고 개천에서 용 났다는 의미의 '개룡남'도 옛날이야기처럼 들린다. 이런 상황 속에서 남자들의 치열한 경쟁, 뼈를 깎는 희생은 무의미한 몸부림처럼 비춰질 수 있는 것이다.

2009년 한국의 남성과 여성은 서로의 권한과 즐거움을 나눠가지며 각자의 행복을 찾아떠나고 있다. 기존의 잣대로는 판단이 불가능한 새로운 캐릭터의 남성과 여성, 그리고 그들이 만들어내는 새로운 문화는 앞으로 더 많이 등장하게 될 것이다. 또한 변화하고 있는 서로를 좀더 이해하기 위한 움직임 역시 활발해질 것이다. 이것이 바로 '신 남녀공학 新男女工學'이라고 불릴 만큼 다양한 연애심리학과 남녀탐구생활이 개발되는 이유일 것이다.

2008년 일본에서는 가족사회학자 야마다 마사히로山田昌弘와 저출산 문제 연구가 시라카와 도코白河桃子가 펴낸 『혼활시대婚活時代』란 책이 화제가 됐다. '혼활婚活'은 과거처럼 때가 되면 결혼을 쉽게 하는 시대는 이제 갔으니, '취직'을 준비하듯이 좀더 좋은 결혼을 위해 적극적으로 노력해야 한다는 뜻을 담은 신조어 '결혼활동'의 줄임말이다. 취직활동을 하는 것처럼 '짝 찾기 활동'을 하는 데 최선을 다해야 한다는 것이다.

중국에서는 '곡선취업曲線就業'이란 단어가 생겼다. 직장 잡기가 어려워서 가정주부로 취업한다는 의미다. 대학까지 졸업했지만 취업을 하지 못하자 결혼으로 인생의 돌파구를 찾으려는 이들이 많아졌고, 이 때문에 중매업체들이 호황을 누리고 있다고 한다. 중국에서는 졸업 예정 여대생들이 오전에는 취업박람회장을 누비다가, 오후에는 선 시장을 도는 모습을 어렵지 않게 찾을 수 있다.

먼 나라 이야기만은 아니다. 한국에는 '취집(취업+시집)' '혼테크婚tech'가 있다. 취집은 취업 대신 시집을 간다는 뜻이고, 혼테크는 결혼자금 마련을 위한 재테크 운영 및 배우자와의 결혼을 통해 자산 증식을 꾀할 수 있는 방법을 통틀어 말하는 것이다. 과거에는 통상적으로 여성이 조건 좋은 남자를 만나 신분 상승하는 방식으로 여겨졌지만, 최근에는 여자, 남자를 가리지 않고 '좋은 배우자 찾기에 몰두'한다는 뜻으로 변하고 있다.

결혼에 관한 세 나라의 단어는 조금씩 다르지만, 안에 담고 있는 내용은 거의 같다. 젊은이들은 점점 더 결혼을 하기 힘들어지고, 마치 취직 준비를 하듯 결혼 상대를 고를 때도 이것저것 따져봐야 하고, 많은 것을 적극적으로 공부해야 한다. 그야말로 결혼에 맞는 '스펙 쌓기'가 필요한 것이다.

연애는 학원에서 배우세요

몇 년 전까지만 해도 '연애컨설턴트'나 '연애코치'는 친한 친구 혹은 선배의 별명일 뿐이었다. 그런데 요즘은 연애의 모든 것을 알려주겠다며 컨설턴트를 자칭하고 나선 진짜 전문가들이 등장하고, 받아들이는 사람도 이를 하찮거나 우습게 보지 않는다. 얼마 전에는 '연애 전문학원'까지 등장했다. 수백만 원의 돈을 내고 연애하는 방법을 배우는 것이다. 이론은 기본이고, 개인의 연애 등급에 따라 초급반·중급반·고급반의 구분도 있다. 급한 사람(?)은 속성반에 등록하면 된다. 또한 국내의 한 결혼정보회사는 연애 잘하는 법을 알려주는 캠프를 정기적으로 개최하는데, 신청자 수가 정원의 7배를 초과할 만큼 젊은이들에게 큰 인기를 얻고 있다고 한다.

초혼 연령은 점점 높아지고 있다. 통계청에 따르면 2008년 남자의 초혼 연령은 31.38세, 여자는 28.32세로, 10년 전부터 꾸준히 남녀의 초혼 연령이 높아지고 있는

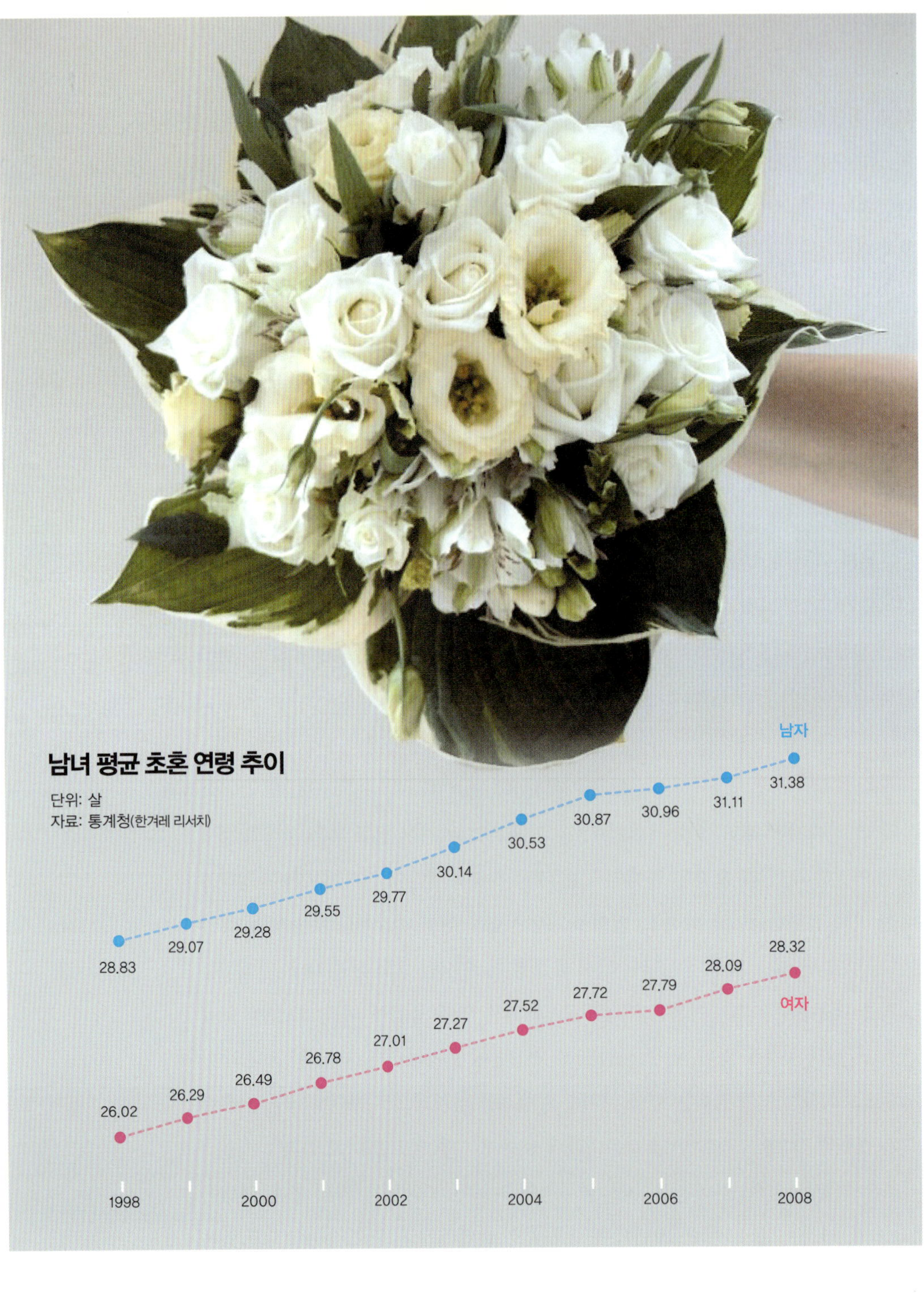

남녀 평균 초혼 연령 추이
단위: 살
자료: 통계청(한겨레 리서치)
남자
여자
28.83
29.07
29.28
29.55
29.77
30.14
30.53
30.87
30.96
31.11
31.38
26.02
26.29
26.49
26.78
27.01
27.27
27.52
27.72
27.79
28.09
28.32
1998
2000
2002
2004
2006
2008

추세다. 결혼시기가 늦어지는 만큼 배우자 선택에 대한 눈높이도 함께 높아진다. 결혼은 해야겠는데 괜찮은 사람은 만나기 어려워지고, 혼자 힘으로는 역부족이라고 판단한 사람들이 '연애 방법을 배우기'에 나서고 있는 것이다.

눈높이 안 맞는 짝 만나느니 '건어물'이나 씹으련다

따지고 보면 요즘 유행하는 '초식남, 건어물녀, 철벽녀' 같은 단어는 때가 되었는데도 제 짝을 찾지 못해 방황하는 젊은이들을 나타낸 단어라고도 볼 수 있다. 그들은 군이 자신들의 의지로 이성을 만나지 않는 것이 아니라, 눈높이에 맞는 누군가가 나타나지 않으니 속 편하게 혼자임을 택했을 가능성이 높다.

연애를 학원에서 배우기까지 하는 젊은이들의 활발한 결혼활동은 다양한 해석이 가능하다. 남성의 입장에서는, 경제력과 능력을 모두 갖춘 여성들이 늘어나면서 이들의 눈높이에 맞추기 위해 노력하기 시작했다고 해석할 수 있다. 여성의 입장에서는, 이미 남성과 동등한 위치에 올라선 상황에서 자신보다 더 나은 조건을 가진 남성을 찾으려니 소수의 남성만 남고, 그들을 쟁취하기 위해 적극적으로 나서야만 한다고 말할 수 있다.

다소 비관적인 해석도 가능하다. 경기불황으로 정규직 취업이 어려워진 여성들이 적극적인 결혼활동을 통해 경제적 안정을 추구한다는 것이다. 또한 요즘 20, 30대는 취직 등의 현실적 문제에 너무 많은 시간을 소비하는 바람에 다양한 사람을 접해보지 못했고, 결국 사람을 대하는 법을 배우려면 그들이 익숙해하는 형태인 '과외지도'가 필요하다는 슬픈 이야기도 들려온다.

여러 가지 풀이는 가능하겠지만 거기에는 공통점이 있다. 바로 '능동적으로 나와 맞는 배우자를 찾아보겠다'라는 의지다. 연애가 천부적 재능이면 얼마나 좋겠는가? 하지만 모든 이들이 '무림의 고수'가 될 수는 없는 법. 혼활시대는 가만히 앉아서 운명의 짝을 기다리는 것보다, 적극적으로 '소통의 방법'을 배우고 개선해보겠다는 젊은이들의 의지가 반영된 현상이 아닐까 하는 긍정적인 추측을 해본다. Ⓣ

〈하얀 거짓말〉〈찬란한 유산〉〈선덕여왕〉〈아내의 유혹〉 등 2009년을 뜨겁게 달궜던 이 드라마들에는 공통점이 있다. 20퍼센트 이상의 높은 시청률을 기록했던 점 외에도, 시청자들의 마음을 움직인 강력한 여성 캐릭터가 등장했다는 점이다.

자폐아 아들에 대한 모성을 연기한 〈하얀 거짓말〉의 신정옥 회장(김해숙), 집안과 회사에서 강력한 카리스마를 보여준 〈찬란한 유산〉의 장숙자 사장(반효정), 팜므파탈적 매력을 보인 〈선덕여왕〉의 미실(고현정)까지, 강한 여성 캐릭터들은 시청자들에게 기대 이상의 사랑을 받았다.

미실 앞에 조아린 남성들의 모습은 '가부장제도'라는 말을 무색하게 만든다. 〈카인과 아벨〉의 나혜주(김해숙)는 뇌의학센터 건립을 위해 남성 못지않은 정치적 모략과 음모를 펼친다. 드라마 속에서도 주도적인 의사결정 및 경제권까지 차지한 강한 여성의 모습은 이제 더 이상 낯설지 않다. 희생이 강조되고 착한 현모양처의 시대는 끝난 것이다.

작아진 아버지, 커진 어머니

회사에서 자기 자리 지키기에 급급한 이 땅의 아버지들은 더 이상 가정에 신경 쓸 만한 여유가 없어졌고, 자연히 가정과 자녀에 대한 대부분의 역할과 책임은 어머니에게로 돌아갔다. 게다가 어머니의 교육수준은 이미 남편과 동등하고, 정보를 수집하는 능력은 오히려 탁월하기까지 하다. 이런 상황 속에서 엄마들의 발언권도 자연스럽게 강화되면서 '가모장'의 출현이 낯설지 않게 되었다.

무엇이든지 잘하고 완벽한 조건을 갖춘 이상적인 아들, '엄친아' 열풍의 뒤에도 엄마의 욕망이 숨어 있다. '엄친아'는 그냥 하늘에서 뚝 떨어진 것이 아니다. 대학을 졸업한 중산층의 어머니들은 가정 내 주도권을 차지하고, 자녀에게 모든 열정을 다 쏟기 시작한다. 아이의 재능을 발굴한 뒤, 탄탄한 정보력으로 체계적인 학습을 시킬 뿐 아니라, 외모·패션·취업·연애·진로 등 자녀의 모든 분야에 관여하고 있다. 취

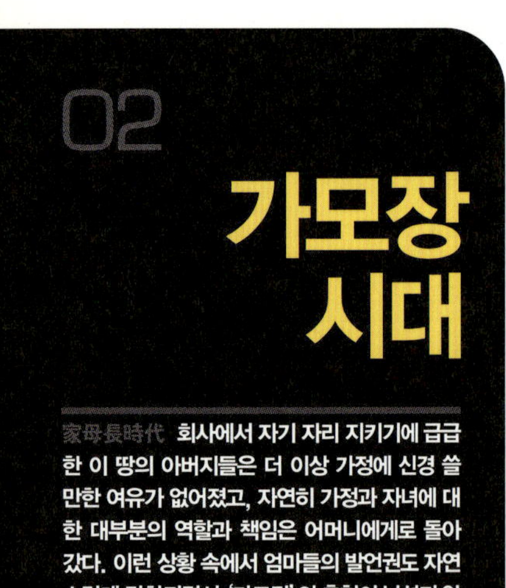

업 면접장까지 따라오는 엄마, 대학생이 된 자녀의 수강신청을 해주는 엄마 이야기
는 이제 놀랍지도 않다. '엄친아'는 능력이 많아진 어머니가 자녀에게 모든 열정을
쏟아 만들어낸 일종의 '작품'인 셈이다.

우엉남과 베타보이로 사랑받는 남자들

　반면에 남자들의 입지는 더욱 작아졌다. 여성이 집을 비울 때 남편에게 하는 말
로 "까-불-지-마-라"가 있다. 가스 조심하고, 불조심하고, 지퍼 조심하고, 마누
라만 생각하고, 라면 끓여 먹으라는 우스갯소리다. 아이에게 하는 지시와 별반 차
이가 없다.

‘식스팩’ 복근을 자랑하는 근육질의 남자들조차 세상을 호령하는 마초나 슈퍼히어로로 살아가지 않는다. 이들은 카리스마를 거세한 채 순진하고 엉뚱한 모습을 보이며 오히려 모성본능을 자극하려 노력한다. MBC 〈내조의 여왕〉의 오지호나 KBS2 〈천하무적 야구단〉의 마르코는 주도권을 잡으려하기보다, 어수룩한 매력을 그대로 유지하며 여자에게 끌려가는 ‘우엉남’으로서의 매력을 발산하는 중이다.

‘알파걸’에 대응하는 ‘베타보이’라는 말도 등장했다. 베타β는 그리스어의 첫번째 알파벳인 알파α(우월, 으뜸을 의미) 다음에 위치해 여성들에게 주도권을 빼앗긴 채, 2위 인생을 살고 있는 남성들을 이야기한다.

또한 우수한 여성들로 인해 스트레스를 받는 열등한 남성들의 목소리는 페미니즘의 반대개념인 ‘매니즘manism’의 형태로 선보이고 있기도 하다. 비록 희화화된 방식이긴 하지만, 〈개그콘서트〉 ‘남성인권보장위원회’는 이미 사회적 강자로 올라선 여성들에게 처우를 개선해달라는 울분의 목소리를 내고 있다. 실제로 인터넷에는 비슷한 이름의 ‘남성권익보호당’이라는 이름의 남성단체가 3년 이상 뜨겁게 활동하다가 포털 측의 제재로 폐쇄당한 일이 있었다.

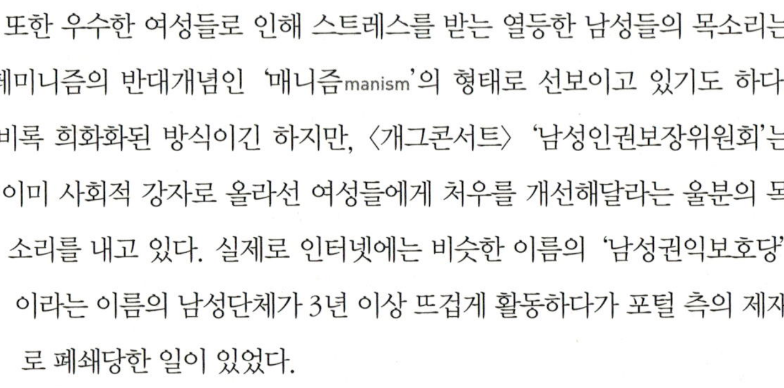

사실 여성들에게 눌리는 듯한 이런 남성들의 행태는 진짜 무능력하고 어수룩하기 때문에 그런 것은 아닐 것이다. 기존의 거친 남성성으로는 강한 여성들 사이에서 더 이상 조화로운 삶을 살기 어렵기 때문에, 남성들이 선택한 지혜로운 처세술일 수도 있다.

독선적인 가부장을 넘어서 화합의 가모장 시대로

2009년 최고의 히트작 중 하나인 〈찬란한 유산〉은 ‘장숙자’라는 이상적인 가모장 캐릭터를 만들어냈다. 장숙자는 단순히 기존 가부장의 역할을 바꿔치기한, 힘 있는 악녀만은 아니었다. 극중에서 그녀는 진성식품의 직원의 50퍼센트를 싱글맘으로 채용한다. 그녀는 가정뿐만 아니라 회사 전체를 가모장적 구조로 탈바꿈시킴과 동시에, 구성원을 섬세히 돌보는 모계사회 리더십의 전형을 보여주었다.

여러 가지 불협화음 속에서도 사람들이 가모장 시대를 자연스럽게 받아들이는 것은 무한경쟁으로 치달은 세상 속에서 따뜻한 리더십이 필요하기 때문인지도 모른다. 강한 힘과 섬세한 판단력을 바탕으로 사랑과 나눔 같은 여성적 가치를 겸비한 '새로운 엄마'들의 등장이 세상을 어떻게 바꿀지 기대된다. ⓣ

"Boys, be flowers!"

"Boys, be ambitious!"는 이제 옛말이다. 소년들의 야망은 사라졌다. 화려한 '스펙'을 가진 경쟁자들 사이에서 기죽은 채로 수십 차례 고배를 마시며 보내는 청년시절을 거쳐, 간신히 직장에 들어와서도 자신의 위치라는 것이 얼마나 위태로운 것인지 배운 사람들. 좁아진 어깨를 가진 지금의 남성들이다.

중년남성들은 집안에서 가족들에게 호통을 치기에는 자신이 너무 못났다는 생각이 든다. 반면 대신 자신들의 비교대상은 너무나 강력해졌다. TV를 켜면 초콜릿 복근을 자랑하는 젊은 남자들이 막강한 재력을 휘두르고 다니고 있으니 말이다.

이 시대는 '부친남'이라는 말도 만들었다. '엄친아'와 같은 맥락으로 쓰이는 이 단어는 '부인 친구 남편'이라는 뜻으로, 부인 친구들의 잘나고 완벽한 남편을 가리킨다. 네트워크의 발달로 인해 정보망이 넓어질수록 거대하고 우월한 모델이 스포트라이트를 받게 되지만, 평범한 중년남들은 자꾸만 초라한 존재가 된다.

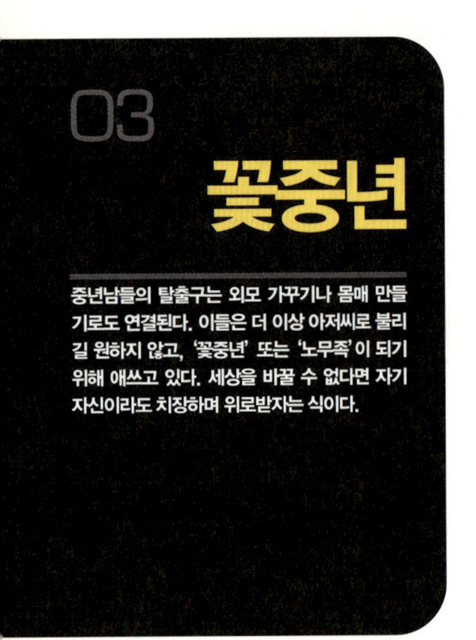

남자답게 살지 말고 나답게 살자

세상을 장악할 수 없다는 것을 깨달은 남성들은 점점 자기 자신에게 몰입하는 경향을 보인다. 특히 출판계는 이러한 흐름에 대해 민감하게 반응하고 있다. 서점에는 『여자에게 다 줘라』, 『남자를 두렵게 하는 것들』, 『남자심리학』, 『남자 리뉴얼』, 『남자, 그들의 이야기』, 『중년예찬』 등의 남성심리 관련 책들이 봇물 터지듯 출간되고 있다. 교보문고 컨텐츠개발팀 조정미 차장은 "2009년 들어서 경제경영 서적을 비롯해 성공 관련 서적의 매출은 위축됐다. 반면 30대 중후반 남성을 중심으로 심리학이나 자아 찾기 관련 서적 판매가 호조를 보인다"라고 말한다. 불황으로 인해 사회 시스템이 다시 한 번 출렁이자 남성들은 사는 게 무엇인가에 대해 원점에서부터 생각하기 시작한 것이다.

그중 『나는 아내와의 결혼을 후회한다』라는 도발적인 제목의
책은 남성에게 "세상을 바꾸려는 시도를 포기하라"라고 조언한
다. 정치에 관심이 많고 사회시스템에 대한 불만으로 가득 차
있는 남자. 시대의 내일을 걱정하면서도 자신의 행복에 대해서
는 진지하게 고민해본 적이 없는 남자. 이런 남자들에게 "내
삶이 만족스럽지 못한 것은 다 정치 때문이다" 따위의, 해봤
자 의미 없는 불평에서 벗어나라고 한다. 당신의 힘으로 어
쩔 수 없는 세상이라면, 그저 소박하게 키득거리며 공감하
고 위로받을 수 있는 대상부터 찾아보라고 권한다.

삼촌들을 위로해주는 것은 소녀시대뿐

이런 기류 때문일까? 작아진 남자들은 늦은 나이에 걸그룹에 입문해, 소녀멤버들
의 이름을 외우기 시작했다. 배 나온 자신을 심드렁하게 쳐다보는 주변 사람들과 다
르게 걸그룹들은 삼촌팬들을 향해 언제나 웃음을 잃지 않는 고마운 존재가 되어주
었다. 2009년 들어 우후죽순 터져나온 걸그룹들은 이런 삼촌팬들의 막강한 지지를
바탕으로 자라나고 있다.

게다가 삼촌팬은 통도 크다. 전문기술을 이용해 영상물을 만들어주기도 하고, 한
삼촌팬은 소녀시대 멤버 서현의 생일을 축하한다며 그녀의 이름으로 700만 원을 기
부하기도 했다. 기존의 청소년팬들은 "콘서트 티켓을 쟁탈하기 위해 싸워야 하는
새로운 라이벌은 삼촌팬"이라며 볼멘소리를 하기도 한다.

TV 프로그램도 마찬가지다. 〈남자의 자격〉이나 〈오빠밴드〉 역시, 중년의 자아 찾
기를 모티브로 하고 있다. 잃어버린 꿈을 찾겠다며 밴드를 결성하고, 여자친구를 만
나보고, 아르바이트를 해보는 30, 40대 연예인들. 이들은 이 땅의 중년남들을 대신
해 우여곡절과 시행착오를 겪으며 웃음을 터뜨린다. TV와 마찬가지로 실제로 인터
넷에는 자전거, 색소폰, 패러글라이딩, 플라잉낚시 등 중년들의 취미활동 동호회가
부쩍 늘어나고 있다. 『남자심리학』의 저자 우종민은 "펌프에서 물을 솟게 하려면 물

삼촌팬들이 신문광고로 낸 소녀시대 서현의 생일 축하 메시지

마을에 잔치가 있어 서현의 어머니도 거기 계시고 서현과 다른 소녀들도 잔치에 청함을 받았더니, 술이 모자란지라. 서현의 어머니가 이르되 저희에게 술이 떨어져 잔치의 흥이 깨지는구나 하시니 서현께서 가라사대 어머니 그것이 무슨 상관이니이까. 저는 아직 때가 되지 않아 술을 마시지 못하나이다. 그 어머니가 일꾼들에게 이르시되 너희에게 무슨 말을 하든지 그대로 하라 하니라. 마침 거기에 비어있는 큰 생수통 여섯이 있는지라. 서현께서 저희에게 말하되 생수통에 물을 채우라 하니 이제는 떠서 연회장에 갖다 주라 하시매 갖다 주었더니 연회장은 생수통의 물을 마시면서도 크게 흥에 겨운지라. 주인이 크게 놀라며 이게 어찌된 영문이뇨 물었더니 이에 사람들이 대답하여 가로되 "지금 술이 문제인가? 소녀시대가 여기 와 있는데…" 하더라.

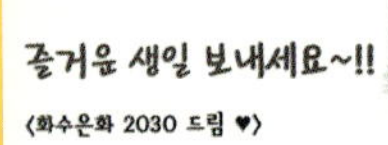

〈서현의 기적〉

마을에 잔치가 있어 서현의 어머니도 거기 계시고 서현과 다른 소녀들도 잔치에 청함을 받았더니, 술이 모자란지라. 서현의 어머니가 이르되 저희에게 술이 떨어져 잔치의 흥이 깨지는구나 하시니 서현께서 가라사대 어머니 그것이 무슨 상관이니이까 저는 아직 때가 되지 않아 술을 마시지 못하나이다.

그 어머니가 일꾼들에게 이르시되 너희에게 무슨 말을 하든지 그대로 하라 하니라. 마침 거기에 비어있는 큰 생수통 여섯이 있는지라. 서현께서 저희에게 말하되 생수통에 물을 채우라 하니 이제는 떠서 연회장에 갖다 주라 하시매 갖다 주었더니 연회장은 생수통의 물을 마시면서도 크게 흥에 겨운지라. 주인이 크게 놀라매 이게 어찌된 영문이뇨 물었더니 이에 사람들이 대답하여 가로되

"지금 술이 문제인가? 소녀시대가 여기 와 있는데…" 하더라.

을 세 바가지는 부어야 하는데 이게 '마중물'이죠. 친구·가족·취미라는 세 가지 '마중물'이 없으면 에너지를 회복하기 어렵습니다"라며 '소프트'해진 중년남들의 변화를 지지하고 있다.

세계 대신에 시계 위를 뛰는 남자들

또한 중년남들의 탈출구는 외모 가꾸기나 몸매 만들기로도 연결된다. 이들은 더 이상 아저씨로 불리길 원하지 않고, '꽃중년' 또는 '노무족NO More Uncle'이 되기 위해 애쓰고 있다. 세상을 바꿀 수 없다면 자기 자신이라도 치장하며 위로받자는 식이다.

화장을 좋아하는 남자들의 카페 '뷰티옴므'의 회원수는 이미 1만6천 명을 넘어섰다. 이곳에서는 남자들이 화장품 사용후기를 올려놓거나 화장대를 사진으로 찍어 자랑하기도 하는데, 남자 화장대임에도 불구하고 보통 20가지의 뷰티용품이 가지

런히 놓여 있곤 한다.

한편, 백화점 명품관은 서둘러 남성 시계 매장을 확장하는 중이다. 최근에는 주로 1천만 원대 시계의 매출이 늘고 있다고 한다. 전문가들은 남자들이 보통 자신을 드러낼 수 있는 아이템이 집·자동차·시계인데, 그중 시계가 가장 저렴하게(?) 선택할 수 있는 것이기에 매출이 늘고 있다고 보고 있다.

백화점 관계자는 "여자들이 핸드백이나 구두 같은 아이템에 집착하던 현상과 비슷한 것 아니겠느냐. 예전과 같이 야망을 가진 '싸나이'가 점점 없어지면서, 남자들이 명품을 사는 것으로나마 삶의 재미를 찾으려는 것 같다"라며 지금의 세태를 설명했다.

남성 체형보정 속옷

대의는 없어지고, 나만의 의미가 중요해

　소소한 즐거움에 집착하게 된 현대의 중년남. 이들에 대한 평가는 두 가지로 갈린다. 먼저, '중년의 자아 찾기'라는 긍정적 평가다. 지금의 중년들은, 죽어라고 일만 하고 식구들과도 소통하지 못했던 기성세대의 전철을 밟지 않는다. 이들은 차근차근 걸음을 걸으며 생의 진짜 의미가 무엇인지 현명하게 추구하는 듯 보이기도 한다.

　반면, 일본을 예로 들며 다소 걱정스럽게 보는 시각도 있다. 일본은 1960년대 후반, '68운동'을 통해 전국적으로 사회변혁의 기치를 올렸지만, 미완의 혁명에 그치며 사회전체가 후유증 겪었다. 68운동의 실패로 깊은 좌절을 겪은 세대들은 더 이상의 소통을 포기하고 안으로, 안으로만 숨어 들어갔다. 자신만의 세계에 머물게 된 그들은 연예인에 대한 지나친 집착을 보이거나, '오타쿠' 문화로 대표되는 오늘의 일본문화를 만들었다.

　우리의 386도 좌절을 겪었다. 이들 역시 촛불운동 등으로 정치적 변혁을 시도했지만, 결과적으로는 답답한 상황만 이어졌다. 거리에서 소리치고, 밤을 새도 변화를 만들지는 못했다. 공적인 소통이 단절되는 경험에 갇히자, 한국의 중년들도 작은 즐거움을 찾는 쪽으로 돌아선 것이라는 평가다. 우연찮게도 한국 걸그룹의 폭발적인 부흥은 촛불이 쇠퇴하던 시점과 일치한다. 중년들은 이제 대의에 목숨을 걸기보다는, 소소한 것에 기쁨을 느끼며 사사로운 위로를 받는 것에 집착하기 시작한 것처럼 보인다.

　　원인이 무엇이든 한국 중년남의 관심은 점점 하드웨어에서 소프트웨어로 돌아서
고 있다. 서태지와 프라모델, 오락실을 학습했던 세대가 이제 중년문화의 한가운데
서 있다. 이러한 세대 변화가 사회를 좀더 젊게 바꿀지, 아니면 퇴행적으로 만들지
는 시간을 두고 지켜볼 일이다. T

가정의 1인자, 가모장이 대세

송혜진
『조선일보』 엔터테인먼트부 기자

"여성 중에서도 아줌마들의 위상 변화가 재미있는 것 같아요. 예전에 결혼한 여성은 아줌마라 불리면서 희화의 대상이 되었잖아요. 그런데 이제는 아줌마를 보는 시선이 달라지고 있어요. 텔레비전 속에서 리더십 있는 여성캐릭터가 큰 인기를 받았던 것은 이런 사회 분위기와도 맞물려 있다고 생각해요."

Q 2009년 대중매체 속 여성의 힘은 최강이었던 것 같아요. 〈세바퀴〉 같은 예능 프로그램도 그렇고, 〈내조의 여왕〉이나 〈찬란한 유산〉 〈선덕여왕〉 같은 히트 드라마에서는 하나같이 여성의 파워가 대단했죠.

여성 중에서도 아줌마들의 위상 변화가 재미있는 것 같아요. 예전에 결혼한 여성은 아줌마라 불리면서 희화의 대상이 되었잖아요. 그런데 이제는 아줌마를 보는 시선이 달라지고 있어요. 텔레비전 속에서 리더십 있는 여성캐릭터가 큰 인기를 받았던 것은 이런 사회 분위기와도 맞물려 있다고 생각해요.

가모장과 골드앤트의 시대

요즘 가정에서의 '1인자'는 아줌마죠. 가정 내 최고 의사결정권자는 바로 엄마, 아내인 거예요. 이제는 가부장이 아니라 '가모장 시대'로 가고 있어요. 교육수준도 남성만큼 높고 세상물정에도 '빠삭'한 여성들은 더이상 과거처럼 남편에게 기죽거나, 남편의 뜻에 고분고분 따르지만은 않죠. 오히려 남성보다 주도적으로 가정의 대소사를 결정하고 있어요.

요새는 거의 대부분의 가정에서 자녀교육

문제가 최대 이슈잖아요. 아이 스케줄을 감독할 수 있고 발 빠르게 정보를 수집할 수 있는 민첩한 여성들이 가정에서 큰소리를 낼 수 있는 환경이 된 것 같아요.

Q 기혼이든 미혼이든 정말 점점 여성들의 힘이 막강해지고 있네요. 최근에는 '골드미스'들이 소비시장에서 큰손으로 부상하고 있다고 하던데요.

유아용품업계에서는 '골드앤트 gold aunt'란 말이 유행하고 있어요. 안정된 직장과 경제력을 가진 30, 40대 고학력 미혼여성을 '골드미스'라고 하잖아요. 골드앤트는 여기에 이모,

고모를 뜻하는 '앤트'를 합성한 단어예요. 전문직에 종사하면서 경제적으로는 독립했지만 아직 미혼이라 여윳돈을 조카에게 쏟아붓는 이들을 말하죠.

60만 원이 넘는 유기농 이불, 100만 원 정도 하는 장난감기차를 구매하는 사람의 3분의 1은 미혼여성이에요. 엄마들은 살림을 해야 하니까 선뜻 사지 못하는 액세서리나 값비싼 수입세트 상품도 척척 구매하죠. "남자친구가 없으니 돈 쓸 일도 별로 없다"라며 조카에게 큰돈을 투자한다고 해요. 예전에는 '친할머니, 친할아버지, 외할머니, 외할아버지, 엄마, 아빠'가 아이 한 명을 위해 주머니를 탈탈 털던 '식스 포켓 원 마우스 6 pockets 1 mouth' 시대였는데, 이제는 여기에 이모나 고모가 가세해 '에

잇 포켓 원 마우스8 pockets 1 mouth' 시대가 되었어요.

 최근에는 카페나 서점이 자체 제작 음반을 내는 것 같더라고요.

온라인서점이나 커피숍, 심지어 방송사도 직접 컴필레이션 음반을 내고 있어요. 듣고 싶은 음악은 다운받는 디지털 음원 시대에 이런 편집음반이 잘될까 싶기도 한데, '음악을 골라주는' 시장이 블루오션이 될 가능성이 있어요. 소비자들, 특히 젊은 층을 중심으로 무조건 인기 있는 노래보다는 잘 알려지지 않았으면서도 특색 있는 '나만의 음악'을 찾는 이들이 많거든요. 대중가요는 너무 개성이 없는 것 같고, 뭔가 세련되면서도 나를 표현해줄 수 있는 음악이 필요한 거죠.

지식채널e 음반과 할리스 음반

할리스에서는 커피 마실 때 듣기 좋은 음악을 콘셉트로 주 고객층인 20, 30대를 공략하는 일렉트로니카나 라운지음악, 보사노바 풍의 곡을 모은 편집음반을 만들었어요. 예스24에서는 책을 읽을 때 함께 들으면 좋을 음악을 선곡해 음반을 제작했죠. 케이블채널 올리브에서는 채널팀과 제작 프로듀서가 올리브 채널 이미지를 대표할 수 있는 음악을 선곡했고, EBS도 대표 프로그램인 〈지식채널e〉에 삽입됐던 배경음악을 골라서 음반을 내기도 했죠.

 재미있는 시도이긴 한데, 굳이 이런 편집음반을 내는 이유가 뭘까요?

이런 곳에서 자체 제작한 컴필레이션 음반을 만드는 것은 단순히 수익을 창출하기 위해서라기보다는 소비자에게 '종합문화그룹'으로 인식되길 바라는 전략이 담겨 있어요. 커피나 책, 빵만을 파는 회사가 아니라 '문화'를 판매하는 곳으로 자사 이미지를 한 단계 상승시키려는 것이죠. 왠지 이런 흐름에 대해 음반업계 쪽에서는 부정적으로 반응할 것 같기도 해요. 물론 공들여 만든 정규앨범보다 히트곡만 그럴싸하게 모아서 파니까 시장 질서를 무너뜨린다는 지적도 있어요. 하지만 카페나 서점의 편집음반은 상대적으로 대중에게 덜 알려진 노래 중 좋은 곡을 선별해서 넣는 분위기예요. 그러니 오히려 숨은 보석 같은 아티스트를 대중에게 알릴 수 있다는 긍정적인 측면이 더 많다고 할 수 있을 것 같네요.

잘나가는 쇼핑몰엔 '○○언니'가 있다

요즘 온라인 쇼핑몰이 어떻게 진화하고 있나 관심 있게 보고 있어요. 소위 잘나가는 쇼핑몰을 살펴보면 패턴이 있더라고요. 예전에는 사람들이 쇼핑몰을 이야기할 때 '○○몰' '□□가게' 이런 식으로 상호를 말했잖아요, 그런데 요즘은 '○○언니' '□□언니네' 식으로 쇼핑몰 CEO의 이름이나 애칭을 부르더라고요.

Q 연예인도 아닌데 이름을 부르고, 또 그게 서로 통용된다니 신기하네요.

거의 준 연예인이죠. 인기 있는 온라인 쇼핑몰은 단순히 옷만 거래하는 곳이 아니에요. 사람들은 '쇼핑을 하겠다'라는 굳은 의지로 이런 쇼핑몰에 매일 방문하지는 않아요. '언니'들이 오늘 하루는 어떻게 보냈는지, 어떤 예쁜 사진들이 업데이트됐는지, 연예인을 감상하듯 그들을 동경하며 일상을 훔쳐보죠. 인기 쇼핑몰에 들어가서 옷 하나를 클릭하면, 그 옷을 입고 생활한 주인의 하루가 사진이나 동영상에 담겨 있어요. 스크롤을 내리고, 또 내려도 끝이 없죠.

온라인 쇼핑몰, 주인의 일상을 팔아요

즉 요즘 잘나가는 쇼핑몰에는 주인이 자신의 '일상을 상품화'한다는 전략이 있더라고요. 사람들은 연예인의 파파라치 사진을 보듯 쇼핑몰 주인의 화려하고 잘 꾸며진 삶을 엿보죠. 이들은 또 자신의 쇼핑몰을 개인 미니홈피나 블로그와 연계해서 시너지 효과를 내고 있어요. 거기서는 쇼핑몰에서보다 더 일상적이고 개인적인 모습을 보여줘요. 단, 머리부터 발끝까지 쇼핑몰에서 팔고 있는 상품으로 꾸민 채 말이죠. 주인이 쓴 다이어리를 읽고 멋진 사진을 보다가 마음에 든다 싶은 상품이 있으면 곧바로 쇼핑몰로 이동해서 구매하면 되는 거죠.

사나이들,
세계에 눈감고
시계에 눈뜨다

김덕희

갤러리아 명품팀 부장

"자신이 현실적으로 실현할 수 있는 작은 꿈, 예를 들어 남과 다른 개성 좀 보여주고, 기타 좀 치고, 술도 내가 좋아하는 것 찾아서 마셔보고, 이런 식으로 꿈이 작아진 거죠. 꿈이 작아진 만큼 그 꿈에 물질적으로 투자하게 되고 결국 '꿈－현실－자신을 꾸미는 것'을 일체화하는 과정을 겪고 있는 것 같아요."

Q 2009년 명품시장의 특기할 만한 움직임이 있었는지요?

가장 큰 변화는 국내 명품시장의 사이즈 확대를 들 수 있어요. 이제까지 국내 명품시장이라 하면 백화점과 면세점, 그리고 주 고객층인 내국인이 전부였죠. 그래서 그동안은 지방 출점 등 내국인을 대상으로 시장을 얼마나 넓히느냐가 주 관심사였어요. 하지만 2009년은 국내 명품시장이 중국이나 일본까지 확대되는 한 해가 되지 않았나 생각해요. 올해는 경기가 좋지 않다보니 내국인 시장이 줄었어요. 그런데 환율 변동 폭은 컸잖아요. 그래서 일본이나 중국 등 한국과 가까운 아시아 지역의 관광객이 증가하면서 이들 나라가 하나의 소비시장으로 연결되는 단초를 보여줬던 한 해였던 것 같아요.

Q 최근 명품시장이 특히 주목하는 연령대가 있나요?

어느 백화점이나 연령별로 따져보면, 구매력 자체는 낮지만 20대 고객들은 제일 빠르게 성장하고 있고, 이는 명품시장도 마찬가지예요. 아마도 이러한 경향은 한국의 구조적인 문제에서 비롯된 것이 아닐까 싶어요. 유럽이나

미국처럼 20대에 독립해서 자기 인생을 책임
져야 한다면 기본적으로 해야 할 것들에 대한
소비가 많아지겠죠. 하지만 우리나라의 경우
에는 부모가 모두 해결해주는 상황이다보니,
같은 2만 달러의 연봉을 받는 미국 사람과 한
국 사람을 놓고 보면, 가처분 소득은 한국의
20대가 훨씬 높게 나타나요. 명품 소비에 더
욱 여유로울 수 있고, 기본적으로 자라온 환경
자체가 어렵게 살아오던 옛날 세대에 비해 명
품이 훨씬 친근하고 자연스러운 세대이기 때
문이겠죠.

Q 남성들이 명품에 눈을 뜨기 시작
했다는 이야기도 들리더라고요.

의류만 놓고 보면 역성장이지만 전체적으로
보면 남성 시장이 조금씩 성장하고 있죠. 시계
라든지, 구두, 가방 등의 매출이 조금씩 증가
하고 있어요. 특히 시계 같은 경우는 '컴플리
케이션 워치'라고 해서 기능이 다양하게 들어
가 있는 것의 반응이 좋아요. 주로 판매가 잘
되는 가격대는 8백만 원에서 1천5백만 원대의
상품이에요. 남성 소비시장은 장기적으로 봤
을 때 굉장히 가능성이 있다고 보고 있어요.

Q 남성 소비시장이 성장할 것이라
고 예상하시는 이유는 무엇인가요?

이제 거대한 꿈을 가진 사나이의 시대는 지
나간 것 같아요. '사나이'로서의 자기 정체성
을 가지고 사는 남자가 요즘 20대 중에 누가
있겠어요. 요즘은 그런 사람을 '꼰대' '마초'라
부르죠. 꿈이 굉장히 개인화, 세분화되었고,
그것이 소비시장에서는 자기를 꾸미는 데 몰
두하는 것으로 반영되고 있는 것 같아요. 이제
는 '내가 위대한 정치가가 되겠다' '슈바이처
같은 인도주의자가 되겠다' 같은 꿈을 갖고 사
는 시대는 아니라고 보거든요.

그런 꿈을 꾸기에는 당장 살아남기 위해서
경쟁해야 할 것들이 너무 많죠. 한계가 너무
뻔히 보이는 거예요. 그래서 자신이 현실적으
로 실현할 수 있는 작은 꿈, 예를 들어 남과
다른 개성 좀 보여주고, 기타 좀 치고, 술도

인터뷰 | 김덕희

브레게 시계

내가 좋아하는 것 찾아서 마셔보고, 이런 식으로 꿈이 작아진 거죠. 꿈이 작아진 만큼 그 꿈에 물질적으로 투자하게 되고 결국 '꿈-현실-자신을 꾸미는 것'을 일체화하는 과정을 겪고 있는 것 같아요. 어찌 보면 암울한 이런 이야기가 향후 남성 시장의 전망을 밝게 하는 것이죠.

Q 2010년에는 경기가 호전될 것이라는 기대도 있고, 명품시장도 올해와는 조금은 다르게 돌아갈 것 같은데요, 어떻게 전망하고 계신지요.

전체적으로 점점 나아지고 있다는 느낌이 들어요. 중국인에 대한 개별관광비자 발급 절차가 간소화된 이후 한국을 찾는 중국인 관광객이 늘고 있거든요. 내년에 중국에서 해외여행 계획 있는 사람을 물어보니까, 6천만 명 정도가 계획이 있다고 했대요. 한국은 중국과 가깝고 비교적 저렴하게 올 수 있기 때문에 내년에는 중국 손님들이 더 많아질 것으로 예상하고 있어요.

중국 큰손 관광객들이 늘어난다

명품시장에도 이들이 영향을 미칠 거예요.

중국인들은 한국이나 일본과 달리 남성 명품 소비시장이 여성 시장보다 크다고 해요. 자기 소비용으로도 나가지만, 접대용으로 많이 나간다고 하더라고요. 이들의 이러한 소비성향을 잘 반영한 마케팅도 발 빠르게 준비해야겠죠.

Q 앞으로 명품시장에서 새롭게 등장할 다크호스 상품 같은 게 있을까요?

이제 조금 있으면 요트의 시대가 올 거예요. 2011년에 열리는 경인운하는 요트업계에서 보면 엄청나게 기다려지는 아이템이에요. 지금 한강에서 서해로 배를 타고 나갈 수 없잖아요. 한강 하류는 비무장지대 비슷한 개념이라서 배가 지나갈 수가 없어요. 하지만 경인운하는 인천, 서해로 바로 나갈 수 있죠.

일단 국내에 상류층을 중심으로 요트에 대한 수요가 분명히 있습니다. 요트 구매도 비교적 활발한 편이고요. 여의도 외에도 난지도, 마곡지구, 잠실에도 요트 마리나가 만들어질 계획이에요. 예전에는 리조트 하면 숙박시설과 골프, 물놀이 시설 정도였지만 지금은 숙박시설, 골프에 해양리조트까지 포함되죠. 요트를 빌려서 낚시도 하고, 와인도 마시고, 제트

스키 싣고 가서 타는 등 해양스포츠를 접목한 다양한 콘텐츠가 제주도, 남해를 중심으로 개발되고 있어요. **T**

PART 10

세컨드 라이프

20세기가 시작될 무렵 선진국의 평균수명은 40세를 갓 넘는 수준이었다. 평균수명이 20세에서 40세로 늘어나는 데 거의 2000년 정도가 걸린 셈이다. 그런데 단 한 세기만에 평균수명은 80세에 육박하는 수준에 이르렀다. 우리나라의 경우 이에 그치지 않고 2030년에는 83.1세, 2050년에는 86.0세로 늘어날 것으로 전망되고 있다.

이러한 추세에 맞춰 노년에 대한 인식도 크게 변화하고 있다. 과거 노년기는 잉여와 여백의 시간, 인생의 종말기 등으로 인식되었다. 경제적으로 독립할 수 없어 자식이 효심으로 보살펴야 할 존재, 노인정에서 또래 노인들과 시간을 함께 보내는 것이 유일한 취미생활인 '정적인 시기'였다.

그러나 최근에는 오히려 노년기를 자기실현의 기회 혹은 제2의 인생의 시작으로 인식하는 경향이 점차 강해지고 있다. 이는 은퇴 후에도 독립할 수 있는 경제적 능력과, 사회에서 좀더 당당한 위치를 점하고 싶어하는 욕구가 함께 결부되어 나타났다. 몇 년 전만 해도 70, 80대 어르신이 보디빌딩을 한다든가, 혹은 젊은 아이돌 가수 못지않은 군무를 한다든지 하면 당장 〈TV특종 놀라운 세상〉에 나올 일이었다. 그런데 요즘 이런 분들 식상할 정도로 너무 많지 않은가.

현대경제연구원의 『2006년 한국경제주평 제43호』에서는 고령화 사회에서 급진적으로 고령자들의 새로운 수요가 창출되는 현 상황을 '시니어 르네상스senior renaissance'로 표현하고 있다. 다가올 시대의 노년층은 기존 세대와 달리 강력한 경제력으로 무장한 데다, 높은 소비성향을 지니고 있다. 2008년 대한상공회의소에서 발표한 「국내 실버산업의 성장성 전망 연구보고서」에서도 2010년부터 향후 10년간 실버산업의 성장률은 기존 산업의 성장률을 크게 상회하는 연평균 12.9퍼센트에 이를 것으로 전망했다.

일찌감치 고령화 사회로 접어든 일부 선진국들에 비하면 우리나라의 실버산업은 아직 걸음마 단계에 불과하지만, 높은 구매력을 지닌 시니어 세대가 국내에서도 새로운 소비집단으로 급부상하면서 이들을 타깃으로 한 제품과 서비스들이 등장하기 시작했다. LG전자의 와인폰과 삼성전자의 VVIP폰이 그 대표적인 예다. 복잡한 기능을 줄이는 대신, 일반 휴대폰의 2배가량 큰 키패드와 돋보기 기능 등으로 문자 입력의 편리성을 강화해 중장년층 사용자들을 끌어모으는 데 성공했다.

2010년이면 베이비붐 세대의 은퇴가 시작된다. 한국의 베이비붐 세대는 한국전쟁 이후인 1955년부터 산아제한 정책이 도입되기 직전인 1963년 사이에 태어난 약 712만 명의 사람들로, 총인구의 14.6퍼센트를 차지하는 거대 인구집단이다. 이들은 2010년부터 55세 정년퇴직 연령이 되어 2018년까지 총 9년에 걸쳐 은퇴할 것으로 예상되고 있다. 잠재 은퇴인구가 이렇게 폭발적으로 늘어나게 될 것이라는 예측은 앞으로 한국에서의 실버산업이 어떤 판도로 흘러갈지에 대한 기대감을 주고 있다. 게다가 그들은 소비력이 막강하기까지 하다. 2006년 기준으로 가구주 연령이 55~64세인 가구의 총자산은 946조 원으로, 우리나라 전체인구 자산의 5분의 1을 가지고 있고, 자녀교육과 대출상환이 끝나간다고 하니 말이다.

'9988234'라는 말이 있다. '99세까지 팔팔하게 살다가 2, 3일 정도 아프고 죽는死 것'을 염원하는 사람들의 캐치프레이즈다. 하지만 조금씩 이 의미도 변화해가고 있다. '99세까지 팔팔하게 20, 30대처럼 살다 가자'라는 의미로 말이다.

오색 빛깔 펑크 머리를 한 어르신들이 거리를 활보한다. 공연장에서는 평균 연령 60세가 넘는 밴드들의 연주가 울려퍼지고, 댄스클럽에서는 민속 그루브 파티가 펼쳐진다. 매년 9월 9일, 홍대앞 거리에서는 다소 생경한 광경을 만날 수 있다. 몇몇 할아버지, 할머니들이 가죽바지와 교복을 입고 홍대앞을 활보한 것을 계기로 탄생한 '나이 없는 날Age-Free Day'이 2009년부터 전국 60여 개 단체, 총 2천여 명의 노인들이 참여하는 전국 규모의 문화행사로 거듭났다. 9월 9일은 노인을 뜻하는 한자 '舊(옛 구)'에서 아이디어를 얻었다고 한다.

'나이 없는 날'은 말 그대로 나이의 구애 없이 모든 세대가 서로 소통할 수 있는 장場이 열리는 날이다. 젊음의 상징인 홍대앞 거리를 개방하여 노인들에게도 젊은이들의 문화를 마음껏 향유할 수 있는 기회를 제공하는 것이다. 놀라운 사실은 '나이 없는 날'이 불과 1, 2년 만에 전국적인 행사로 성장할 정도로 폭발적인 반향을 일으키고 있다는 점이다. 노인들은 단순히 객체가 아닌 주체로서 이날 행사에 적극적으로 참여한다. 이는 기성문화의 변두리에만 머물러 있던 노인들의 문화적 욕구가 그만큼 컸다는 것을 보여준다. 그들은 기회만 있다면 기꺼이 '나이를 벗을 준비'가 되어 있는 것이다.

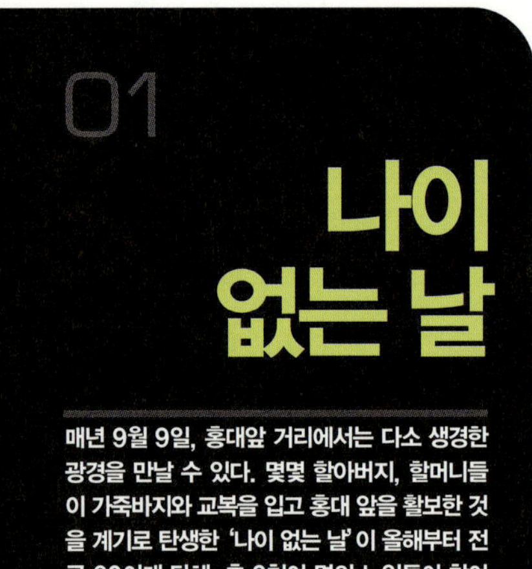

거침 없이 황혼의 로맨스

불 꺼진 운동장에 자옥이 들어서는 순간 대형전광판에는 '사랑해요 자옥씨'라는 영상이 떠오른다. 곧 운동장 조명에 불이 켜지고 무대 위에 연미복을 차려입은 순재가 등장한다. 그러고는 부활의 〈네버 엔딩 스토리〉를 열창한다. 20대 주인공들이 등장하는 트렌디 드라마의 한 장면이 아니다. 순재와 자옥의 황혼 러브스토리를 그리고 있는 〈지붕 뚫고 하이킥〉의 한 장면이다. 황혼 로맨스 이야기에 힘입어 〈지붕 뚫고 하이킥〉은 시청률 고공행진을 이어가고 있고, 이순재에게는 〈거침 없이 하이킥〉에서의 '야동순재' 대신 '멜로순재'라는 새로

운 별명이 붙었다. SBS드라마 〈그대, 웃어요〉에서도 꽃뱀을 둘러싼 노년의 삼각관계가 예고되고 있다.

이와 함께 내일 당장 죽는다 해도 이상할 것이 없는 노인들의 러브 스토리를 감동적으로 담아낸 연극 〈그대를 사랑합니다〉도 폭발적인 인기를 누리고 있다. 공전의 히트를 기록한 만화가 강풀의 동명 웹툰을 원작으로 한 이 연극은 객석 점유율 98퍼센트 기록과 함께 관객 10만 명 이상을 동원하는 위력을 보이고 있다.

이처럼 최근 문화콘텐츠의 스토리텔링은 20대 남녀의 불같은 사랑과 삼각관계에서 노년의 로맨스에도 눈을 돌리고 있다. 물론 이전에 노인들의 사랑 이야기가 없었던 것은 아니다. 다만 대부분이 '노인들도 사랑할 수 있다' 유의 자극적 '언론플레이'였거나 웃음의 소재, 혹은 곁다리 줄거리 정도에만 머물렀다는 데 그 한계가 있었다. 하지만 이제는 노인들의 사랑을 다루는 것 자체가 20대 남녀간의 사랑만큼이나 자연스러운 것이 되고, 점차 그 로맨스에 진정성이 더해지고 있다.

통계 수치도 TV나 연극 속의 노인들의 사랑 이야기가 허황된 것이 아님을 보여준다. 서울시 발간 뉴스 웹진 「e-서울통계(28호)」에 따르면 60세 이상 노인 중 황혼 재혼을 한 남성은 1998년 436명에서 2008년 941명으로 10년 새 2.2배가 늘었고, 황혼 재혼을 한 여성 역시 103명에서 317명으로, 3.1배 크게 증가했다. 🅣

영국드라마 〈닥터 후Doctor Who〉에는 '보의 얼굴'이라는 캐릭터가 등장한다. 그는 지구를 지키기 위해 수십억 년을 살아오며 몸을 잃고 얼굴만 남게 되었다. 수십억 년이라는 영생에 가까운 삶을 살지만 그의 얼굴엔 '젊음'이라곤 찾아볼 수 없다.

대부분의 사람들은 오래 살기를 원하지만, '보의 얼굴'을 한 채로 살기는 원하지 않는다. 아름다움에 대한 욕구는 인간 본연의 것이고, 젊음과 아름다움은 떼려야 뗄 수 없는 관계이기 때문이다. 그런 의미에서 최근 두드러지고 있는 '다운에이징down-aging' 트렌드는 젊음에 대한 인간 본연 욕구로의 회귀라 볼 수 있다.

다운에이징은 젊어 보이고 싶거나, 어린 시절로 되돌아가고 싶어하는 욕망을 골자로 한 '연령파괴 현상'을 뜻한다. 동안으로 가꿔준다는 각종 기능성 화장품이 인기를 끌고, 주름살을 없애는 보톡스 시술이 대중적으로 퍼지게 된 것은 이러한 다운에이징 현상을 반영하는 대표적인 예라고 볼 수 있다. 얼굴 가꾸기 외에도 꾸

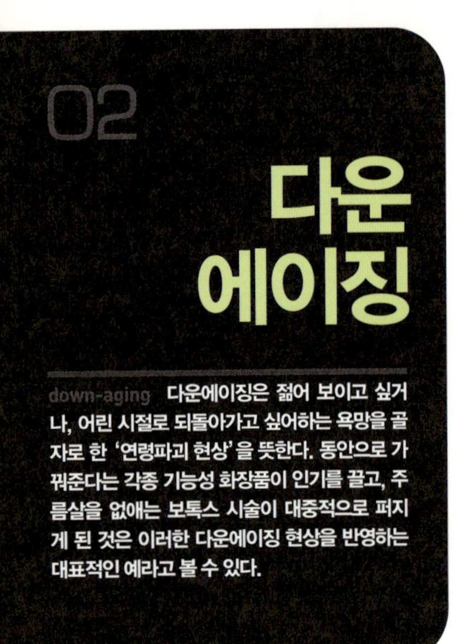

down-aging 다운에이징은 젊어 보이고 싶거나, 어린 시절로 되돌아가고 싶어하는 욕망을 골자로 한 '연령파괴 현상'을 뜻한다. 동안으로 가꿔준다는 각종 기능성 화장품이 인기를 끌고, 주름살을 없애는 보톡스 시술이 대중적으로 퍼지게 된 것은 이러한 다운에이징 현상을 반영하는 대표적인 예라고 볼 수 있다.

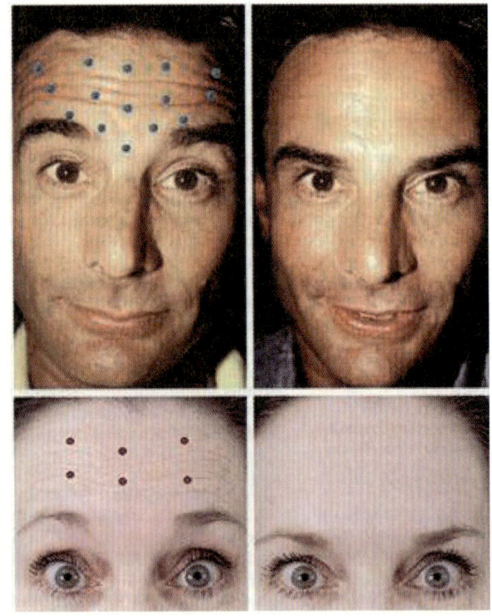

준한 운동과 왕성한 사회활동을 통해 생활습관 자체를 젊고 당당하게 유지 하려는 노력 또한 다운에이징 현상을 반영한다.

요즘에 '나이 들어 보인다'는 소리 에 발끈하지 않을 사람은 없다. 설사 부모로부터 물려받은 선천적인 노안 일지라도 '늙어 보인다'는 말은 '자기

관리에 소홀하다'는 비난과 동급으로 취급받는 시대다. 이제는 생물학적인 나이보 다는 심리적 나이, 즉 마인드에이지mind age가 더 중요하다. 몇 살인지는 그야말로 숫 자일 뿐, 그것이 자신의 인생에 정해진 스케줄표가 되어서는 안 된다는 생각이 점점 널리 공유되고 있다.

백화점에서 마담 브랜드가 사라진다

2007년, 『파이낸셜 타임스』에 '늙지 않는 베이비붐 세대'라는 기사가 났다. 미국 에서 말하는 베이비붐 세대는 제2차 세계대전 이후인 1946년부터 1964년 사이 미 국 경제가 급성장했던 시기에 태어난 이들을 지칭하는데, 그 수가 무려 7800만여 명에 이른다. 미국 인구의 30퍼센트를 차지하는 그들이 세월이 흘러 은퇴하게 되었

노인들의 길거리패션 블로그

옷 잘 입는 젊은이들의 길거리 패션 사진은 지겹도록 많이 봐 왔다. 그런데 최근에 일반인 노인 패셔니스타들의 사진을 모아 놓은 블로그가 있어 화제다.
대부분은 뉴욕 길거리에서 만난 노인들 사진이지만, 전세계의 멋쟁이 노인들의 독자 투고도 받고 있다.
http://advancedstyle.blogspot.com

지만 과거의 은퇴세대와는 전혀 다른 소비패턴을 보이면서 마케터들이 골머리를 앓고 있다는 내용이었다.

베이비붐 세대의 부모들은 은퇴 후 검소하고 규칙적인 생활을 하는 것이 일반적이었지만, 베이비붐 세대의 경우 소비를 줄일 생각이 없고 오히려 최신 디지털 제품을 사들이며 여행과 레저 활동에 적극적이라는 것이다. 베이비붐 세대 타깃의 마케팅에서 대표적인 실패사례로 꼽히는 것이 의류회사 갭GAP의 '포스앤드타운Forth & Towne'이다. 이 브랜드는 40대 이상을 집중 타깃으로 삼았는데, 베이비붐 세대들은 이 매장에 들어가는 것 자체가 자신을 늙었다고 인정하는 것이라고 생각해 매장을 찾지 않았다고 한다. 결국 갭은 4천만 달러의 손실을 보고 이 브랜드를 철수했다.

이러한 흐름은 한국도 마찬가지다. 실제 나이는 50대. 하지만 마인드는 20대, 외모와 신체나이는 30, 40대. 장미희는 작년에 방송된 KBS 주말극 〈엄마가 뿔났다〉에서 교양과 품위를 앞세우지만 때때로 '푼수끼'를 보여주는 귀여운 부잣집 사모님역을 맡아 '장미희 신드롬'을 일으킬 정도로 주부시청자들의 열광적인 지지를 받았다. 오십줄의 나이가 무색할 만큼 주름 없이 탱탱한 피부, 흐트러지지 않은 날씬한 몸매와 스타일리시한 의상 연출은 주부들이 닮고 싶은 바로 그 모습이었다.

루비처럼 빛나고 싶은 중년여성

'장미희 신드롬'은 이 시대의 주부들이 추구하는 삶의 지향점을 명백히 보여준다. 삶을 다시 신선하게 만들고Refresh, 평범한 아줌마임을 거부하며Uncommon, 아름답고 Beautiful, 젊어 보이는Youthful 45~55세 신여성, 즉 루비족RUBY族으로서의 삶이다.

이러한 변화는 패션업계 쪽에서 가장 빨리 감지되기 시작했다. 그간 패션업계에서 중장년층 여성들을 위한 브랜드는 일명 '마담 브랜드'로 대표되는 디자이너 부티크와 골프 브랜드 정도였다. 하지만 이들 브랜드가 점점 젊어지고 있는 루비족들의 욕구를 만족시키지 못하면서 오히려 영캐주얼 브랜드의 매출이 높아지고 있다. 자신의 나이보다 어리게 상품을 구매하는 다운에이징 트렌드의 확산으로 중장년층 여성들이 영캐주얼 브랜드를 구매하기 시작했기 때문이다.

롯데백화점 영캐주얼 매장의 경우 40대 이상 소비자 구매 비중이 2006년 상반기 22.0퍼센트에서 2009년 상반기에는 26.9퍼센트로 올랐고, 같은 기간 현대백화점도 여성캐주얼의 전체 매출 신장률은 3퍼센트였지만, 여성캐주얼의 40대 소비자 매출 신장률은 13퍼센트, 50대는 8퍼센트였다고 한다. 이에 따라 백화점들은 이를 반영해 매장 개편 시 영캐주얼과 잡화 등 젊은 층과 중장년층을 동시에 겨냥한 구성을 강화하고 있다. ⓣ

웹버족

weber族 웹버족은 인터넷을 의미하는 웹과 노년층을 의미하는 실버의 합성어로서, '인터넷 등의 디지털 라이프를 즐기는 정보화 노인들'을 뜻한다. 이들은 단순한 문서작업과 이메일을 보내는 수준을 넘어서 블로그 등을 통해 적극적으로 인터넷으로 세상과 소통하고 참여한다.

 젊은 세대들의 전유물로만 여겨졌던 인터넷 공간이 시니어들에게 새로운 무대로 부상하고 있다. 현대를 살아가는 시니어들은 한동안 정보화 사회의 변화 속도를 따라가지 못하고 소외되는 듯 보였다. 하지만 최근 들어서는 '웹버족weber族'이라는 이름으로 정보화의 한복판에 우뚝 서고 있다.

 웹버족은 인터넷을 의미하는 웹web과 노년층을 의미하는 실버silver의 합성어로서, '인터넷 등의 디지털 라이프를 즐기는 정보화 노인들'을 뜻한다. 이들은 단순한 문서작업과 이메일을 보내는 수준을 넘어서 블로그 등을 통해 적극적으로 인터넷으로 세상과 소통하고 참여한다. 필요한 정보 검색은 물론, 여가시간을 이용해 자신들의 소소한 일상이나 사회경험, 지식을 블로그에 올리는 것을 주저하지 않는다.

 방송통신위원회와 한국인터넷진흥원이 실시한 '2009년 인터넷 이용 실태조사' 결과에 따르면 국내 50대의 52.3퍼센트가 인터넷을 이용하고 있고, 60세 이상은 20.1퍼센트로 나타났다. 특히 50대의 경우 인터넷 이용률이 2008년 대비 3.4퍼센트 증가하며 처음으로 50퍼센트대를 넘어섰다. 또한 본인이 직접 블로그를 운영하는

시니어의 입장을 고려한 소프트웨어 ELDY

조잡한 아이콘들은 사라지고 몇 가지 기능들만 큼직큼직한 아이콘들과 함께 바탕화면에 떠 있다. 큰 아이콘들을 클릭하면 바로 주요 프로그램을 실행할 수 있다. 컴퓨터 사용이 서툰 노인들을 위해 ELDY 사이트eldy.eu에서 고안한 소프트웨어 ELDY 2.1이다.

ELDY 2.1은 노인들을 위한 최적의 PC 환경을 구성한다. 복잡한 기능들이 없어지고 노인들이 가장 많이 사용하는 메일, 인터넷, 채팅 등으로 기능을 단순화한다. 또한 작은 글씨를 불편해하는 노인들을 위해 큰 폰트와 아이콘들을 사용한다. 아주 간단한 변화지만 노인들에게는 상당히 크고 만족스러운 변화다.

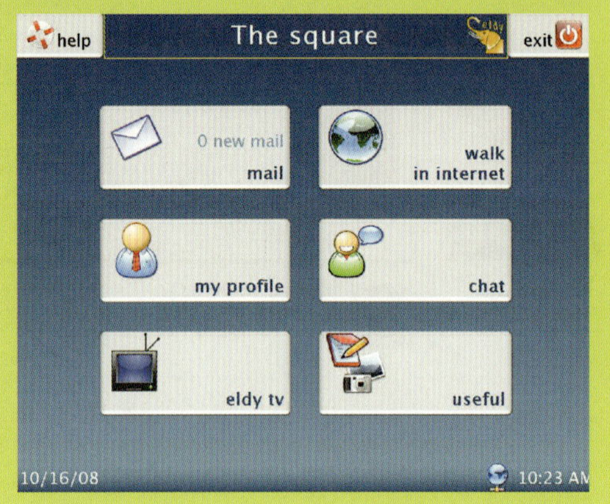

비율은 50대 19.9퍼센트(전년 16.9퍼센트), 60세이상 12.7퍼센트(전년 10.6퍼센트)로 증가 추세를 보이고 있다.

이런 추세를 반영해 국내에서는 웹버족을 타깃으로 한 인터넷 서비스가 이제 막 물꼬를 트려고 하고 있다. 유어스테이지yourstage.com는 50세 이상의 웹버족을 위한 시니어 전용 포털사이트다. 지난 5월부터는 야후!코리아와 제휴를 맺어 야후!시니어 코너를 통해서도 접근할 수 있게 되어 있다. 시니어들이 궁금해할 만한 정보인 노화관리, 질병예방, 건강·미용 및 퇴직 전후의 삶과 여가생활, 국내외의 여행정보 등을 볼 수 있고, 시니어 블로거들의 글도 공유할 수 있다.

국민 5명 중 1명은 65세라는 일본도 '단카이 세대', 즉 제2차 세계대전 이후 1947년부터 1949년까지 베이비붐으로 태어난 세대를 겨냥한 인터넷 커뮤니티가 큰 인기를 누리고 있다. 『아사히신문』에서 만든 '도라쿠Do樂', 50대 미만 거절을 외치는 '스테이지 007', 시니어간의 취미를 연결시켜주는 '취미인구락부趣味人倶樂部' 등의 시니어 전문 사이트가 바로 그것이다.

흥미로운 점은 시니어들을 대상으로 하는 커뮤니티는 오프라인 만남을 함께하면 더욱 활성화된다는 것이다. 특히 취미인구락부의 경우 취미를 공유할 수 있도록 함은 물론, 사람 찾기 서비스도 지원하고 있어 다양한 연고의 사람들이 오랜 세월이 지난 후에도 다시 만날 수 있는 기회를 제공한다고 한다.

진솔하고 충성심 강한 시니어 스타 블로거들

젊은 층의 경우 유행이나 기분에 따라 사이트를 옮겨다니는 현상이 심한 반면, 이런 중장년층 이상을 대상으로 하는 사이트는 비교적 오랜 시간 동안 충성도를 갖고 이용한다는 차이점이 있다. 따라서 사이트 개발자들은 비슷한 연령대의 회원들이 마음 편히 오랫동안 취미를 공유하고 토론의 기회를 가질 수 있도록 하는 데 중점을 둔다.

아직 우리나라에서는 눈에 띌 만한 '시니어 스타 블로거'가 나타나지 않았지만, 이미 미국과 영국의 경우 80, 90대의 할머니, 할아버지들이 정치·사회·문화 등 다양한 분야에서 자신들의 생각을 전달해주는 시니어 블로그가 인기를 얻고 있다. 나라의 주요 이슈에 대해 그들이 어떤 언급을 했는지까지 기사화될 정도다. 시니어들의 오랜 경륜과 경험은 즉각적이고 흥미 위주인 요즘 인터넷 콘텐츠와는 정반대로, 은근하고 진솔한 매력으로 다양한 세대에 어필하고 있다. 📺

프랭클린 플래너의 개발자 하이럼 스미스Hyrum Smith는 "신년 계획은 시간낭비다"라고 딱 잘라 말한다. 1년 단위의 일시적 계획은 실패할 수밖에 없으며, 적어도 며칠을 들여 인생 전반을 설계해야만 성공할 수 있다고 주장한다.

고령화 사회로 접어들며 생애주기가 길어지다보니 이제 제2의 인생은 노년층만의 관심사가 아닌 것이 되었다. 젊은 세대들도 중장기적인 인생계획을 일찍부터 세우고 있다. 인생의 후반부를 더욱 가치 있고 의미 있게 보내기 위해 일찌감치 계획을 세우는 이른바 '얼리 플래너early planner'들은 노화를 막기 위해 일찍부터 건강식 위주의 식단을 짜고 운동을 하며, 평생을 보장받기 위한 장기 라이프플랜 상품에 관심을 갖는다. 그뿐만이 아니다. 재정적 능력을 확보하는 것은 물론 꾸준한 자기계발을 통해 자신이 스스로 설정한 조건대로 인생을 진행시키고 싶어한다.

저축액에 따라 인생이 바뀌는 저금통이 있다면? 일본 장난감 제조업체 타카라 토미의 저금통 '인생은행'이 바로 그것이다. 인생은행 저금통 액정에는 한 사람이 등장하는데, 저축 액수와 빈도에 따라 그 사람의 다양한 인생 스토리가 전개된다. 처음에는 단칸방으로 시작하지만 저축액이 쌓이면서 취직, 결혼도 하고 큰 집으로 이사 가기도 하는 식이다. 목표로 했던 저축액에 도달하게 되면 해피엔딩이 기다리지만, 도중에 저금통 뚜껑을 열고 돈을 꺼내면 다시 단칸방 생활로 돌아가게 된다.

인생은행은 우리 돈 5만 원이 넘는 고가임에도 불구하고 출시 이후 연일 품절될 정도로 선풍적인 인기를 끌었다고 한다. 인생은행의 엄청난 히트는 저축·인생설계·게임이라는 삼박자가 절묘하게 결합한 결과였다. 인생은행은 특히 청장년층에서 큰 인기를 얻었는데, 이는 젊은 세대의 인생설계와 재정적 능력에 대한 관심을 반영하는 하나의 사례로 볼 수 있다.

얼리 플래너들은 은퇴라는 경제적 사건을 기준으로 삶을 전반부와 후반부로 나누

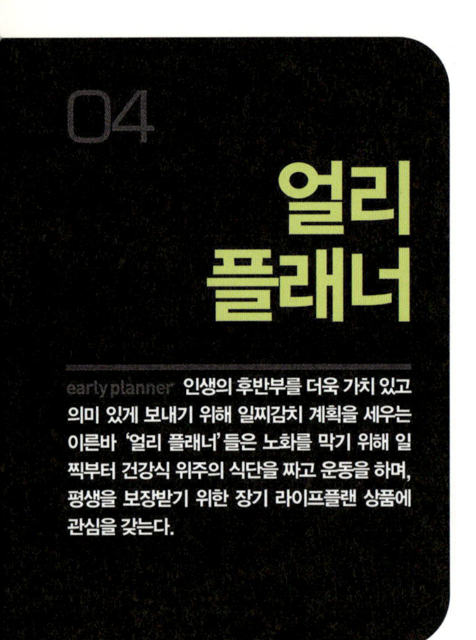

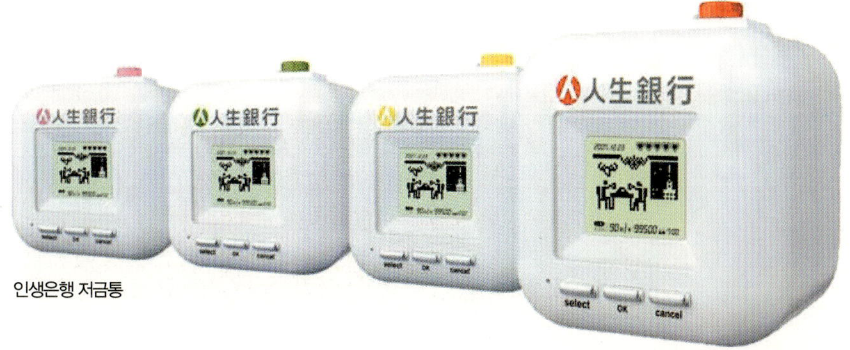
인생은행 저금통

던 기존 세대와 다르다. 이들은 아무런 준비 없이 은퇴와 노년을 맞게 될 경우 느끼게 될 당황스러움과 무력감을 경계하고 불확실한 미래가 갖는 위험들을 꾸준한 자기계발을 통해 낮추어가고자 한다. 이런 과정을 통해 자신이 계획한 나이에 원하는 일을 하게 될 가능성이 높아진다는 생각에서다.

천직을 찾아 떠나는 여행, 보케베케

영국의 비평가 존 러스킨John Ruskin은 사람이 자기 직업에서 행복을 얻으려면 무엇보다 그 일을 좋아해야 하고, 그 일을 지나치게 해서는 안 되며, 그 일이 성공할 것이라는 확실한 신념을 가져야 한다고 말한다. 그런데 지금 자신이 하고 있는 일에 대해 이렇게 확신을 갖는 사람이 과연 몇이나 될까?

생계와 함께 행복한 자아실현을 원하는 사람들은 많지만 현실은 대개 그렇지 못하다. 그런데 지난 2003년 미국에서 첫 선을 보인 보케이션 베케이션vocationvacations.com에서는 이런 꿈을 잠시나마 현실로 만들 수 있다.

"당신의 일을 정의하라. 크게 생각하고 작게 시작하라. 한 번에 한 발씩."

보케베케 사이트에는 이와 같은 홍보 문구가 걸려 있다. 휴가기간이라는 짧은 시

Vocation Vacations®

Home | About Us | Contact | Blog | News

Search Our Site: Go

Career Mentorships   Online Store   Career Coaching   Be a Mentor   Testimonials   Contact Brian

Take back control of your life.

Define your dream job.

Think big. Start small. One step at a time.

Take the wheel >>

personal consultations with dream job expert, author & speaker Brian Kurth

Hot New Mentors!   Be In The Know!   Additional Tools

Car Expert
Portland, OR

Dog Trainer
Bonifay, FL

Fashion Retailer

Sign up for our free e-newsletter!

Name:*
Email:*

Submit

Revolutionize Your Career Transition and Development with Brian Kurth + Company at www.briankurth.com

Brian Kurth's Blog

THE book on reinvention: Test-Drive Your

보케베케 사이트

간을 활용해 퇴직 후 전직하게 될 경우의 위험 부담을 낮추고 자신의 적성을 차근차근 테스트해볼 수 있는 것이다. 현재 선택 가능한 직업은 초콜릿 기술자, 와인 소믈리에, 야구 아나운서 등 160여 개다. 600~2000달러를 지불한 참가자들은 하루에서 사흘까지 해당 직업에 종사하는 멘토와 함께 일하며, 적성검사와 상담도 받을 수 있다.

보케베케를 경험한 사람들의 25퍼센트 정도는 자신이 꿈꾸던 직업을 찾아 떠난다고 한다. 가보지 않은 길을 떠나는 마음이 불안하기는 하지만, 설령 그것이 잘못된 방향일지라도 다시 방향을 바꿔 걸을 수 있다는 것이 그들의 각오라고 한다.

보케베케 사이트의 창업자인 브라이언 커스Brian Kurth는 "직업 과도기를 거치며 10년 후를 예비하는 전략이 필요하다. 사회생활의 첫 출발은 매우 중요하다. 잘못된 지점에서 출발하면 가던 길을 전부 되돌아와 원점에서 다시 시작해야 하는 오류를

낳는다"라고 말한다. 커리어맵에서 안내하는 GPS에 따라 최단거리를 향해 가기 위
해서는 가장 먼저 '내가 진정 원하는 것은 무엇인가'에 대한 해답을 얻어야 할 것이
다. T

시니어를 배려한 맞춤형 서비스가 필요하다

interview 18

박은경

시니어파트너즈 대표

"가만히 어르신들을 눕혀놓고, 다 알아서 해주는 것이 아니라, 그들이 좀더 활기차고 독립적인 생활을 할 수 있도록 자극하고 도와주는 거예요. 밥을 먹을 때 단순히 차려드리는 것이 아니라, 함께 메뉴를 정하고 같이 식사를 하는 것이지요."

Q '시니어'를 어떻게 정의하시나요?

저희가 말하는 시니어는 '활기차게 제2의 인생을 살아가는 50세 이상의 사람들'을 뜻합니다. 시니어 시장은 굉장히 의미가 있는 시장이라고 볼 수 있어요. 지금 전세계가 늙어가고 있잖아요. 그중에서도 한국은 가장 빨리 늙어가고 있죠. 하지만 그렇다고 아무나 뛰어들 수 있는 시장은 아니에요. 진입 장벽이 매우 높거든요. 어떤 다국적기업도 자본이나 기술력만으로는 정착할 수 없어요. 시니어 시장에 대한 이해도는 나라마다 다르기 때문에 지역사회에 대한 철저한 시장조사가 필요하고, 그 지역의 실정에 맞춰서 프로그램을 진행해나가야만 하죠.

Q 미국의 베이비붐 세대는 그들의 부모 세대와는 확연히 다른 성향을 보여서 마케터들이 굉장히 당황했다고 하더라고요. 한국의 베이비붐 세대 역시 이전 세대와는 다른 성향을 보일 것 같아요.

우리나라 베이비붐 세대는 일본의 단카이 세대와 매우 유사한 측면이 있어요. 이전 세대와 차별화된 가치관을 갖고 있죠. '나는 내 부모 세대가 늙어가는 것처럼 늙지 않겠다' '나의

노후를 자식에게 책임지게 하지 않겠다'라는 생각이 굉장히 강해요. 물론 실제로 자신이 경제적으로 얼마나 준비가 되었는지는 별개의 문제겠지만, 의식 구조상으로는 독립적인 성향이 강하게 나타나고 있죠. 그래서 자신의 미래, 노후생활에 대해 능동적으로 준비하려고 하죠.

고학력·전문직 베이비붐 세대를 위한 서비스

요즘은 '사오정 시대(사기업 정년 45세)'라고 하잖아요. 학력도 높고, 전문분야에서 일을 하면서 젊은 시절을 보냈지만 너무 이른 나이에 은퇴해 사회에서 소외되어버리는 거예요. 그런데 앞으로 살아가야 할 세월은 길죠. '남은 세월 동안 나는 이대로 늙어가고 싶지 않다'라는 생각이 굉장히 절실할 수밖에 없어요. 은퇴는 했지만 기존의 노인정에는 가고 싶어하지는 않아요. 그런데 이들을 위한 공간과 서비스는 그동안 없었던 거예요. 그래서 저희가 운영하는 시니어 전용 포털사이트 이름도 '유어스테이지Your Stage'라고 붙였어요. 시니어들이 너무 이른 나이에 사회에서 소외되고, 그들을 위한 무대가 점점 사라지고 있잖아요. 자녀들 키우느라 급급해 취미생활 한번 해보지 못하고, 의사소통을 할 통로도 없었던 그들에게 '당신만의 무대'를 만들어주고 싶었던 것이죠.

Q 시니어들도 젊은 세대들 못지않게 블로그와 클럽 활동에 적극적이라고 하던데요.

시니어들은 굉장한 주인의식을 갖고 사이트를 운영하고 참여한다는 특징이 있어요. 회원들의 자발적인 참여와 사이트에 대한 충성도가 매우 높죠. 저희 포털 내에서는 댄스스포츠, 사진, 요리, 컴퓨터 스터디, 일본어 스터디 등의 클럽이 인기를 얻고 있는데요, 시니어들은 클럽 활동을 할 때 자기 게시물을 올리고 끝나는 것이 아니라 다른 사람들과 정보, 경험 등을 최대한 공유하려고 한다는 특징이 있어요. 그동안 쌓은 연륜을 다른 이들에게 마구 나눠주고 싶은 거죠. 요즘의 젊은 세대, 흔히 말하는 Y세대들은 개인적인 성향을 띠잖아요. 하지만 시니어 세대들은 아직까지도 내 것을 누군가와 공유하고, 함께하려는 의식이 굉장히 강하게 나타나고 있어요.

Q 앞으로 시니어를 대상으로 했을 때 유망한 서비스 아이템 몇 가지 소개 부탁드릴게요.

최근 일본에서는 시니어 전용 은행이 생기고 있어요. 한국의 은행에서 시니어들을 위한 것이라고는 돋보기밖에 없잖아요. 시니어들이 가진 금융자산에 비해서 배려가 턱없이 부족한 상황이에요. 현금지급기를 사용하는 것부터 시작해 어려운 약관까지, 은행에서 겪는 불편이 굉장히 많죠. 약관의 경우, 여기저기 사인하라고 하는 곳은 많지만 내용을 이해하려면 시간이 꽤 걸리거든요. 하지만 잘 모른다고 하면 귀찮아할까봐 그냥 지나치는 경우가 많죠. 약관 표현을 시니어들도 이해할 수 있는 쉬운 용어로 재정비하고, 글씨도 읽기 쉽도록 더 크게 만드는 작은 배려가 필요해요. 국내에도 이런 시니어 전용 은행에 대한 수요가 분명히 있을 거라 생각해요.

여행상품 역시 시니어 전용으로 개발할 수 있겠죠. 어른들이 "내 다리 성할 때까지만 여행 다니겠다"라는 말 많이 하시잖아요. 그런데 다리가 성하지 않아도 해외여행이 가능하도록 하는 거죠. 패키지여행 가보면 젊은 사람이나 연세 드신 분이나 똑같은 일정을 소화하게 되어 있어요. 하지만 일본에서는 시니어들이 모여서 그분들의 나이와 경제력, 용도에 맞게 여행상품을 짜서 떠나는 것이 활성화돼 있어요. 상품 선택할 때 보면, 의자가 반듯하게 서 있는 모양은 1번, 반쯤 기울어진 것은 2번, 침대처럼 뉘어 있는 것은 3번으로 구성돼 있죠. 3개 중에서 하나를 선택할 수 있는 거예요. 1번은 젊은 사람과 똑같이 일정을 소화하는 것이고, 2번은 오전 1시간, 오후 2시간만 걷고 그 외의 시간은 쉬거나 버스로 이동한 뒤 밤에는 일찍 잠드는 것이죠. 3번은 과거에는 전혀 불가능한 이야기였지만, '누워서 관광하기'예요. 그야말로 누워서 에펠탑을 보는 것이 가능해진 것이죠. 장애가 있거나, 거동이 불편하신 분들을 위한 상품인 거예요.

시니어를 위한 작은 배려, 맞춤형 서비스

방문 요양서비스 역시 큰 시장으로 성장할 거예요. 고령화 사회는 필연적으로 올 것이고, 방문 요양서비스를 전문으로 하는 곳도 엄청나게 늘어나겠죠. 자연히 차별화된 서비스를 하는 업체만이 살아남을 수 있을 거예요. 다른 업체와 차별화할 수 있는 동반자companionship 서비스가 매우 중요해질 겁니다. 요즘은 자녀가 부모와 함께 사는 경우가 정말 드물잖아요. 앞으로는 아마 더 심해지겠죠. 부모를 모시지 못하는 자녀는 죄책감을 갖게 돼요. 하지만 물리적으로 도저히 함께 살 수 없는 상황에서, 그들의 죄책감을 보상할 수 있는 무언가가 필요할 거예요. 방문 요양서비스는 좋은 대안이 될 수 있겠죠.

신원이 검증돼 안전하고, 고객에게 하나부

터 열까지 맞춰줄 수 있는 케어기버care giver들이 곁을 지켜드리는 거죠. 케어기버의 역할은 기존의 가사도우미나 간병인과는 달라요. 가만히 어르신들을 눕혀놓고, 다 알아서 해주는 것이 아니라, 그들이 좀더 활기차고 독립적인 생활을 할 수 있도록 자극하고 도와주는 거예요. 밥을 먹을 때 단순히 차려드리는 것이 아니라, 함께 메뉴를 정하고 같이 식사를 하는 것이지요.

향후 이러한 방문 요양서비스가 활성화되면, 자신이 나이가 든 후에 이러한 서비스를 안정적으로 받을 수 있도록 미리미리 준비하는 보험상품도 생겨날 거예요. 젊을 때, 여력이 될 때 푼돈을 모아 나중에 편하게 서비스를 이용할 수 있게 되는 것이죠. **T**

PART 11

체감형 시대

1895년 뤼미에르Lumière 형제는 파리의 한 카페에서 〈기차의 도착〉이라는 최초의 영화를 상영했다. 라시오타 기차역에 도착하는 화물열차를 촬영한 3분짜리 무성영화였지만, 당시 움직이는 화면을 처음 접한 사람들은 기차가 자신을 덮치는 줄 알고 혼비백산 도망쳤다고 한다.

불과 110여 년 전 일이다. 그때까지만 해도 오늘날과 같은 세상이 오리라고는 상상할 수 없었다. 이제는 극중 인물이 코앞에까지 튀어나오는 3D버전 영화를 볼 수 있고, 영화 속에서 천둥이 치면 영화관 안에도 천둥이 치는 효과를 내는 4D버전의 영화까지 관람할 수 있다.

우리는 체감형體感型 시대에 살고 있다. 실제로는 존재하지 않는 세상이 눈앞에서 너무나도 구체적으로 구현되고 있다. 우리는 그것이 실제가 아니라는 것을 알고 있지만, 우리 몸의 감각은 인지와는 상관없이 본능적으로 '리얼이다'라고 착각하며 반응할 정도다. 요새는 가만히 앉아서 조이스틱이나 키보드로 조종하는 게임보다 자신의 몸을 직접 이용해 컨트롤 하는 게임이 더 큰 인기를 얻는다. 제스처 인식 기술 덕분에 리모컨 등의 기기 없이도 손짓만으로 텔레비전을 켤 수 있고 채널을 선택할 수도 있다.

어릴 적 SF영화에서 보고 신기해했던 영상통화나 화상회의 등의 기술은 이미 상당 부분 실현됐다. 이제는 휴대폰으로 언제든지 보고 싶은 사람의 얼굴을 볼 수 있고, 머지않아 보고 싶은 사람의 실시간 모습을 3D 홀로그램으로 만나볼 수 있는 날도 올 것이다.

오감이 만족할 수 있는 시대에서 이제는 현실 속 오감을 넘어 현실 위에 덧대진 또 다른 현실을 즉각적으로 느끼는 육감의 시대로 넘어가고 있다. 증강현실 기술이 발전하면서 '내 눈으로 보고 있는 것이 전부가 아닌' 시대가 올 것이다. 맨눈에는 보이지 않지만 아이폰 카메라를 들이대면 내가 보고 있는 건물의 전화번호와 임대여부 등의 정보가 실시간으로 떠오르는 어플리케이션은 이미 상용화된 상태다.

증강현실 기술을 이용해 티셔츠에 삽입한 바코드를 웹캠으로 찍으면 자신의 유저네임과 최근에 포스팅한 내용이 떠오르기도 한다. 길 가다 마음에 드는 이성에게 카메라를 들이대면 그에 대한 간략 정보를 손쉽게 알 수 있는 날이 곧 올지도 모르겠다.

좀더 몰입할 수 있는 것에 대한 사람들의 욕구는 계속해서 커져가고, 인간의 모든 감각기관이 '이것은 현실이다'라고 착각할 수 있을 정도의 정교한 기술은 여기저기서 개발되고 있다. 기술적인 수요와 공급이 함께 성장하면서 '체감형 시대'는 2010년뿐만 아니라 향후 우리 삶 전체를 꿰뚫고 지나갈 트렌드 키워드로 자라고 있다.

어릴 적 엄마 손 잡고 간 놀이공원에서 한쪽은 빨간색, 한쪽은 파란색 셀로판지로 된 종이 안경을 쓰고 입체영화를 본 적이 있을 것이다. 몇 분 안 되는 짧은 영화 상영이지만 눈이 어지러워서 중간에 안경을 벗어본 경험도 있을 것이다.

놀이공원에서 봤던 조잡하고 짧은 입체영화는 이제 머나먼 추억으로만 간직해도 되겠다. 2009년 한국을 방문한 미국 할리우드 영화사 드림웍스Dreamworks의 제프리 카첸버그Jeffrey Katzenberg 회장은 "3D는 영화산업 역사 이래 가장 중요한 혁신 중 하나로, 앞으로 영화의 미래는 3D에 있다"라고 말했다. 탄탄한 스토리와 자본력을 갖춘 3D영화가 우리 곁으로 몰려올 준비를 하고 있다.

사람의 두 눈은 좌우가 5~6센티미터 정도 벌어져 있기 때문에 같은 사물을 쳐다봐도 표시되는 정보가 각각 다르다. 이 다른 정보를 두뇌에서 조합해 거리감과 입체감을 인식하게 되는데, 3D는 바로 이러한 원리를 이용한 것이다. 영사기가 한 장면에서 좌우 눈에 해당하는 상을 번갈아 송출하면 빠른 속도로 연속 화면이 스크린에 비치고, 특수처리된 편광 안경을 쓰면 영상이 앞으로 나오는 것처럼 보인다.

2009년 칸영화제에는 이례적으로 3D 애니메이션 영화 〈업〉을 개막작으로 선정했다. 또한 베니스영화제에서는 3D영화상도 신설되었다. 관객을 찾아온 할리우드판 3D영화도 대폭 증가했다. 〈몬스터 vs 에이리언〉 〈블러디 발렌타인〉 〈해리포터와 혼혈왕자〉 〈업〉 〈파이널 데스티네이션〉이 개봉했고, 12월에는 제임스 캐머런James Cameron 감독의 〈아바타〉가 뒤를 이었다. 공전의 히트작 〈타이타닉〉도 조만간 3D버전으로 재탄생한다고 한다.

극장계는 이러한 흐름에 신속히 발맞추고 있다. 미국영화협회MPAA가 발표한 2008년 「극장산업통계」에 따르면, 2008년 3D영화를 상영할 수 있는 디지털 상영관이 5년 전에 비해 무려 25배나 증가했다고 한다. 국내 주요 멀티플렉스 극장들도

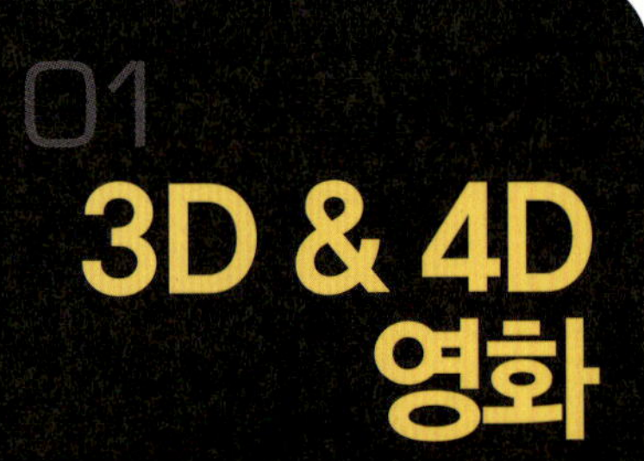

3D영화 상영이 가능한 디지털 상영관을 점차 늘리는 추세다. 홈시어터 등 집 안에 첨단시설을 갖추고 점차 눈이 높아지는 관객들에게 새로운 경험을 선사해주기 위한 방안으로 영화업자들은 3D영화에 기대를 걸고 있는 것이다.

3D TV, 안방문을 두드리다

2009년 9월 독일 베를린에서 개막한 세계적인 멀티미디어, 가전 전시회인 IFA 2009에서 소니의 하워드 스티링거Howard Stringer 회장은 "2010년부터 전세계에 3D 바람을 불러일으키겠다"라고 선언했다.

영화·스포츠·게임 등의 콘텐츠는 물론 TV, 블루레이, 홈시어터, PC, 게임기기 등의 하드웨어까지 기존에 눈으로 보던 모든 것들이 3D로 진화하게 될 것이라는 것을 단언한 것으로, 생각보다 그 움직임이 빠르다. 3D가 우리 생활 속으로 침투하고 있는 것이다.

3D TV는 최근 디지털 방송업계의 최대 화두다. 일본의 경우 이미 위성방송을 통해 3D TV를 상용화했고, 미국은 극장용 3D 애니메이션을 집에서도 볼 수 있게 한다는 '3D 앳 홈3D at Home' 계획을 추진 중이다. 한국도 3D TV의 상용화를 위한 계획에 돌입했다. 방송통신위원회는 3D TV 시험방송 사업에 20억 원의 예산을 투입한다는 발표를 했다. 2010년 종합유선방송사업자 한두 곳을 시범 사업자로 선정해 3D 시험방송을 내보내도록 하고 기술과 자금을 지원한다.

이제 집에서도 TV를 통해 3D영상을 관람할 수 있게 되었다. 당분간은 3D 전용 안경이 필요하겠지만, 안경 없이도 3D영상을 즐길 수 있는 기술이 개발되었다고 하니 머지않아 온가족이 거실에 둘러앉아 3D TV를 감상할 날이 오지 않을까.

온몸으로 체험하다, 4D영화

"무시무시한 살인마가 남자의 등 뒤에 칼을 꽂았다. 그 순간 누군가가 내 등을 '쿡' 하고 찔렀다!"

3D를 넘어서 최근에는 4D영화까지 등장했다. 4D영화는 안경을 쓰고 관람하는 3D영화에 진동, 향기, 물, 바람 등을 직접 경험할 수 있는 영화관 시설이 더해진 것을 말한다.

CGV 4D 상영관

국내 한 멀티플렉스 극장에 설치된 4D영화 전용극장에는 앞 사람 의자에 설치된 분사구에서 물이 나오거나, 꽃향기 등의 후각적 효과 연출이 가능하다. 또한 의자가 진동하거나 의자 아래, 목 뒤에서 바람이 나와 간질이는 효과도 있다.

할리우드에서 온 공포영화 〈블러디 발렌타인〉의 4D버전은 개봉 후 연일 매진을 기록하며 많은 화제를 낳았다. 영화 속 살인마의 주무기인 곡괭이가 피해자들을 내리칠 때마다

피가 얼굴에 튀는 것 같은 느낌을 주는 스팀이 분사되고, 살
인마를 피해 도망칠 때는 의자가 심하게 요동치는 등 다양한
효과로 관객들을 공포영화에 완전히 몰입하게 했다.

올해 최고의 히트작 〈해운대〉도 4D버전으로 상영이 됐다.
자갈치 시장을 지날 때는 비릿한 멸치액젓 냄새가, 파도가 치
는 장면에서는 의자가 넘실대고, 천둥이 칠 때면 영화관 전체
가 번쩍였다.

이쯤 되면 '영화 관람객'이라기보다는 '영화 체험객'이라는
표현이 더 맞을 것 같다. 주인공의 감정과 영화 속 상황에 더
욱 적극적으로 몰입하고자 하는 사람들. 4D영화는 체감형 시
대를 살아가는 이들이 즐길 수 있는 강력한 엔터테인먼트임
이 분명하다. 🆃

체감형 시대

3D & 4D 영화

휴먼 컨트롤러
증강현실
텔레프레즌스

닌텐도Nintendo가 동작인식 기능을 갖춘 게임기 '위Wii'를 선보인 지 불과 2년밖에 되지 않았다는 사실이 새삼스럽게 다가온다. 이제 사람들은 너무도 자연스럽게 '위'를 사용하고 더 이상 신기하게 여기지 않는다.

최근 미국에서 개최된 국제게임박람회 E3 2009에서 공개된 마이크로소프트Microsoft의 '프로젝트 나탈Project Natal'이 큰 반향을 일으켰다. 프로젝트 나탈은 RGB 카메라, 깊이 감지 센서, 다중배열 기반 마이크와 전용 소프트웨어 실행용 프로세서 등이 하나로 통합돼 게이머의 몸동작 전체를 3차원으로 인식, 명령을 받아들이는 시스템이다.

게이머는 화면 속 괴물과 마주하고 온몸을 이용해 실제 싸우듯이 격투를 펼칠 수 있으며, 운전대를 잡는 시늉만으로 자동차 경주를 할 수 있다. 리모컨이나 별도의 장치 없이 게이머 자체가 컨트롤러가 되는 것이다.

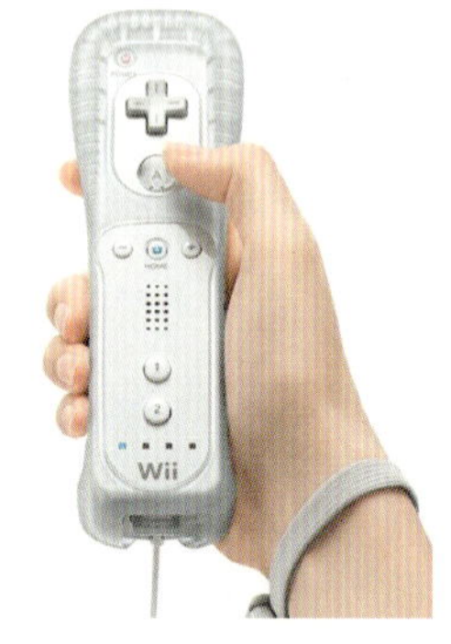

휴먼 컨트롤러

human controller 최근 업계에서는 모션 컨트롤러를 넘어서 이모션 컨트롤러도 개발 중인 것으로 알려지고 있다. 사용자가 하품을 하거나 다른 곳을 주시하는 것이 카메라에 잡힐 경우 게임이 '지루하다'는 사인으로 받아들이고, 크게 웃거나 옆 사람과 하이파이브를 할 경우에는 '재미있다'고 분석해 이에 따른 게임의 난이도를 조절하게 된다고 한다.

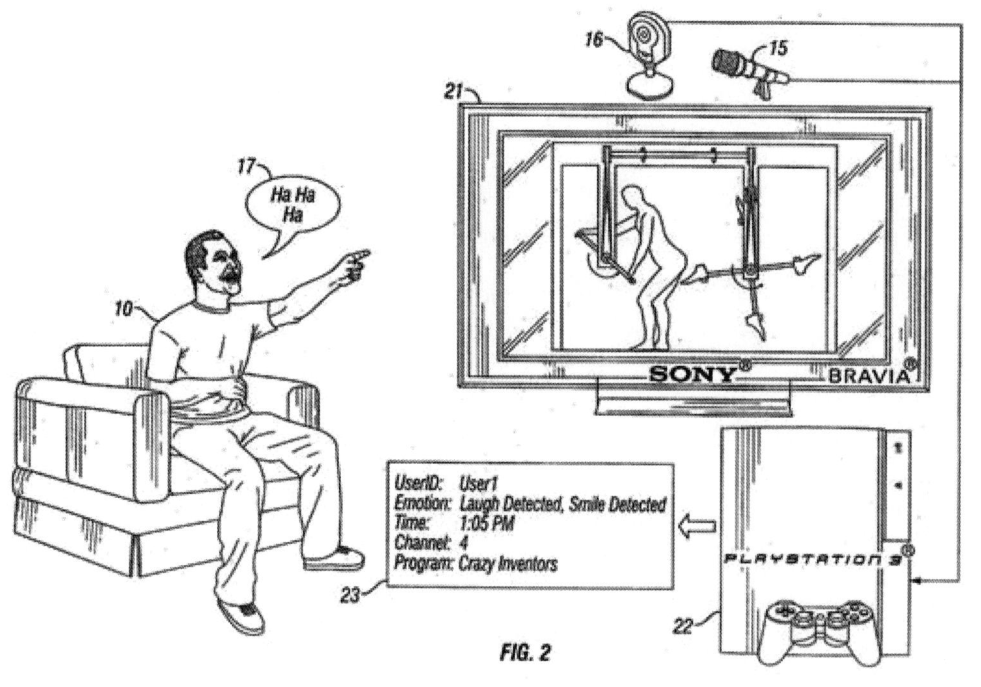

FIG. 2

E3 2009에서는 마이크로소프트의 프로젝트 나탈 외에도 비슷한 콘셉트를 주무기로 한 소니Sony의 '트루 모션 컨트롤러True Motion Controller', 닌텐도의 '위 모션 플러스Wii Motion Plus'가 소개돼 당분간은 모션 인식 게임이 비디오게임 시장을 지배할 것임을 확고히 했다.

최근 업계에서는 모션 컨트롤러를 넘어서 이모션emotion 컨트롤러도 개발 중인 것으로 알려지고 있다. 소니가 지난 8월 이모션 컨트롤러에 대한 특허를 유럽 특허청에 신청했다는 소식도 들려오고 있다. 사용자가 하품을 하거나 다른 곳을 주시하는 것이 카메라에 잡힐 경우 게임이 '지루하다'는 사인으로 받아들이고, 크게 웃거나 옆 사람과 하이파이브를 할 경우에는 '재미있다'고 분석해 이에 따른 게임의 난이도를 조절하게 된다고 한다.

TV를 보다가 채널을 바꾸려면 모니터 앞으로 다가가 '드르륵' 채널을 돌려야 하는 시절이 있었다. 이제는 리모컨이 있어서 간편하게 채널을 스캔할 수 있지만, 리모컨이 눈에 띄지 않을 때면 온 집 안을 헤집고 다녀야 하는 불편함이 있다.

만약 간단한 제스처로 TV를 켜고 채널을 선택하고, 음량을 조절할 수 있다면? 불가능한 일이 아니다. 2009년 1월 라스베가스에서 열린 CES 2009 전시회에서 리모컨 없이 손짓만으로 제어할 수 있는 미래형 TV가 등장한 것이다.

이는 사용자 손의 움직임을 감시하는 적외선 센서를 통해 작동하는 것으로, 손을 좌우로 움직여 TV를 켜고 화면 속 조그셔틀 그래픽에 따라 손을 움직이면 채널을 바꿀 수도 있다. 또한 손을 위아래로 흔들면 볼륨이 조절된다.

MP3로 음악을 들을 때면 리모컨이나 본체의 버튼 조작으로 음악을 선곡하거나 음량을 조절한다. 그런데 최근 일본에서 개발된 미니 스위치Mini Switch는 윙크나 웃기, 눈을 치켜뜨는 것만으로 MP3의 음악을 조절할 수 있다고 한다. 이어폰 모양을 하고 있지만 적외선 감지 센서를 내장하고 있어서 얼굴의 움직임이 귀에 전달되면 이를 감지해 작동한다. 앞으로 2~3년 안에 상용화된다니 이제 버스 안이나 전철에서 다양한 표정을 짓는 사람들을 만날 수도 있을 것 같다.

3D 홀로그램도 동작으로 제어한다

올해 삼성전자가 신제품 휴대폰 론칭쇼를 진행할 때 선보였던 3D 홀로그램 발표회가 화제를 모았다. 어두운 발표장에 3D 홀로그램으로 된 휴대폰이 등장했고, 진행자의 손짓에 따라 나타났다 사라지고 이리저리 날아다니기도 했다. 국내 디지털 디자인 기업인 디스트릭트가 만든 이 작품은 3D 홀로그램도 훌륭했지만 발표자가 이를 실시간으로 제어할 수 있다는 점에서 혁신적이었다. 적외선으로 인간의 여러 동작을 인식하는 제스처 센싱gesture sensing 기술 덕분에 가능했던 이 발표는 론칭쇼의 새로운 패러다임을 열었다는 극찬을 받았다. 이미 많은 기업들의 문의가 쇄도하고 있다니 앞으로 이러한 제스처 센싱을 이용한 다양한 이벤트가 우리 곁을 찾아올 것으

로 예상된다.

눈앞에 아리따운 소녀가 기다리고 있다. 한 손에 가방을 흔들고 있는 것이 함께 나가려고 기다리는 중인 것 같다. 손을 뻗어 아래로 내리자 웬걸, 소녀는 금세 사라지고 만다. 다시 손을 뻗어 위로 올리자 소녀가 아까 그 모습 그대로 기다리고 있다.

이는 LM3랩스Labs에서 만든 에어스트라이크Airstrike라는 홀로그램 기술로, 사람의 손짓에 따라 사라지게 할 수도 나타나게 할 수도 있다. 홀로그램 영상은 가상의 비서로, 친구의 모습으로, 가족으로 얼마든지 바꿀 수 있다. 방 한가운데 저런 소녀가 나를 바라보며 서 있다고 상상하니 어딘지 모르게 섬뜩하기도 하지만, 기술이 발전할수록 이런 '리얼'한 체험은 점차 익숙해질 것이다. T

증강현실augmented reality은 가상의 현실과 사람이 사는 현실공간을 혼합한 상태를 말한다. 현실감 있는 정보를 실제 현실에 덧씌운다는 뜻에서 증강된 현실, 혹은 확장된 현실이라고 부른다. '현실에 덧씌운 현실'이라니, 동어반복인 듯하고 개념조차 아리송하다. SF영화 속에서 등장인물이 사물이나 인간을 볼 때 이에 대한 정보가 실시간으로 분석되는 모습을 상상하면 쉽게 이해할 수 있을 것이다.

낯선 곳을 여행하다보면 방향감각을 잃어 헤매기 일쑤다. 또 어느 음식점에 가야 맛·서비스·가격 모두에 만족할 수 있을지 미리 공부해놓지 않고 아무 곳에나 가면 후회하는 경우가 많다. 커다란 지도, 두툼한 가이드북 등 거추장스러운 것 없이도 지금 내가 있는 곳에 대한 정보를 실시간으로 보여주는 기기가 있다면 얼마나 편리할까?

불가능한 이야기가 아니다. GPS에 카메라와 인터넷 접속 기술을 탑재한 휴대폰이 결합하면서 실시간 가이드가 가능하게 된 것이다.

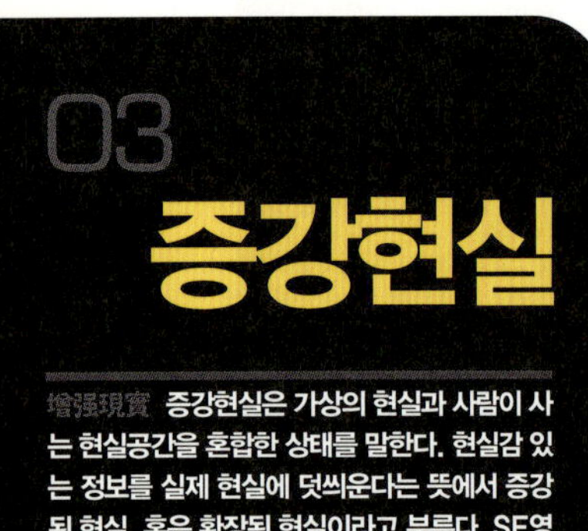

휴대폰 하나만 들고 여행 간다

아이폰 사용자는 낯선 곳에서 길을 잃어도 당황할 필요가 없다. '니어리스트 튜브Nearest Tube'나 '메트로 파리 서브웨이Metro Paris Subway 3.0' 어플리케이션을 이용하면 주변지역 정보를 알 수 있기 때문이다. 아이폰 카메라를 켜면 자동으로 현재의 위치와 이동방향, 그리고 가장 가까운 지하철역을 보여준다. 사용자는 그저 화면 속 정보가 보여주는 대로 믿고 따라가면 된다.

또한 안드로이드폰에서 위키튜드Wikitude를 실행한 후 휴대폰 카메라로 주변 건물이나 산을 비추면 이름이나 유래 등의 정보가 팝업창처럼 떠오른다. 이렇게 보이는 정보는 위키피디아와 연계된 것으로, 굳이 가이드북을 가지고 다니지 않아도 비교적 정확한 정보를 손쉽게 얻을 수 있다. 가장 최근에는 위키튜드 드라이브Wikitude

Drive라는 내비게이션 어플리케이션이 출시됐다. GPS가 장착된 휴대폰 카메라를 구동시키면 동영상 화면 위로 방향을 지시하고, 음성안내까지 제공된다. 어떻게든 실사와 비슷하게 보여주려던 기존 2D, 3D 그림 기반의 내비게이션은 카메라 속에서 구현되는 '확장된 현실' 앞에서 시시하게 느껴질 뿐이다.

네덜란드에서는 레이아Layar라는 휴대폰용 증강현실 기술이 개발됐다. 휴대폰 카메라로 거리를 보면 레스토랑, 현금지급기, 구직, 부동산 등에 관한 정보가 해당 건물에 함께 표시돼 종합정보지 못지않은 정보를 제공해준다. 팝업창에 뜬 간략 정보를 클릭하면 더 자세한 정보를 볼 수 있고, 해당 상점에 직접 전화를 걸 수도 있다.

최근에는 증강현실 기술에 대한 대중의 이해가 높아지면서 이를 마케팅 수단으로 이용하는 경우가 늘고 있다. 파라마운트Paramount는 〈트랜스포머 2〉의 개봉을 앞두고 '우리는 오토봇We are Autobots'이란 프로모션을 진행했다. 해당 사이트weareauto-bots.com에 접속해 바코드를 출력한 후 이를 웹캠에 갖다대면 모니터에 '옵티머스 프라임'과 '범블비'가 튀어나왔다. 〈박물관이 살아 있다 2〉 개봉 시에도 이와 비슷한 프로모션이 있었는데, 홍보브로슈어를 웹캠에 대면 화면 속에서 공룡이나 문어가 등장하고 비행기가 날아다니는 등 영화의 콘셉트와 정확히 맞아떨어지는 증강현실 기술로 영화에 대한 기대감을 높여줬다.

세계적인 자동차 회사들도 AR기술을 이용한 마케팅을 활발히 펼치고 있다. 이들

은 브로슈어를 제작할 때 3D 바코드를 함께 삽입해놓아 브로슈어를 웹캠에 대면 차체의 내부를 이리저리 살펴볼 수 있게 했다. BMW 미니의 경우 브로슈어를 돌려 차의 4면을 모두 볼 수 있게 했고, 도요타의 iQ 모델은 도로 위를 씽씽 달리는 모습과 함께 차체가 모두 분해됐을 때의 모습도 볼 수 있게 했다. 소비자에게 브랜드에 대한 친밀감을 높여주는 동시에 차에 대한 정보도 제공해줌으로써 좋은 호응을 얻었다.

'러버덕질라Rubberduckzilla'는 고무오리와 고질라의 합성어로 오아시스Oasis라는 과실음료의 캐릭터다. '물 대신 먹는 음료'로 프로모션 하는 이 음료는 물을 싫어하는 오리를 등장시켜 '물 먹는 것을 강요하면 도시를 파괴해버리겠다'는 엉뚱한 TV 광고로 화제를 불러왔다. 이러한 콘셉트를 그대로 차용한 증강현실 게임 역시 네티즌 사이에서 큰 인기를 얻었다. 신문광고에 실린 바코드를 웹캠에 대면 화면에 귀여운 노란 오리가 떠오른다. 이 오리가 천장에서 떨어지는 물방울을 맞게 되면 점점 크기가 커지며 러버덕질라 괴물이 되고, 오아시스 음료방울을 맞으면 다시 정상 크기의 귀여운 오리로 돌아온다. 사람들은 바코드를 들고 이리저리 움직이며 화면 속 오리를 조종하기만 하면 된다.

'과연 나에게 잘 어울릴까?' 온라인 쇼핑몰을 이용할 때면 항상 망설이게 된다. 이제 이러한 고민은 접어두고 마음껏 쇼핑해도 될 것 같다. 주가라Zugara라는 업체에서 '웹캠 소셜 쇼퍼Webcam Social Shopper'라는 어플리케이션을 개발했다. 웹캠에 비친 자신의 모습 위에 사고자 하는 제품을 얹어볼 수 있어 옷을 입은 후의 모습을 예측할 수 있다. 또한 가상 옷을 입은 모습을 캡처해 페이스북 친구에게 보내고 친구의 의견을 물어볼 수도 있다.

〈마이너리티 리포트〉 속 장면들이 현실이 된다

증강현실 기술을 이용하면 일반인도 전문가 수준의 일을 하게 된다. BMW에서 개발 중인 착용식 컴퓨터Wearable Computer를 쓰면 전문가가 아니더라도 자동차 엔진을 수리할 수 있다. 눈앞에 펼쳐지는 영상이 지시하는 대로 하나하나 따라하다보면 어느새 손쉽게 차를 고칠 수 있는 것이다.

몇 년 전 사람들은 〈마이너리티 리포트〉 속 주인공이 손가락을 허공에 현란하게 움직이면 거기에 맞춰 사진과 각종 정보가 배열되는 것을 보고 감독의 상상력에 놀라움을 금치 못했다. 하지만 이것은 더 이상 영화 속에서만 가능한 것이 아니다. 2009년 TEDTechnology, Entertainment, Design 미팅에서 MIT 미디어랩은 식스센스SixthSense 라는 증강현실 기술을 발표해 화제를 일으켰다. 이 기기는 사용자의 현재 동작과 관련된 정보를 초소형 프로젝터를 통해 즉각적으로 제공한다. 카메라, 프로젝터와 거울, 손가락을 이용해 인터페이스를 구성한 이 기술은 손가락을 허공에 대고 사각형으로 만들기만 하면 카메라 없이도 사진을 찍을 수 있고, 프로젝터가 손바닥에 비춰주는 숫자버튼을 누르기만 하면 휴대폰이 없어도 전화를 걸 수 있다.

이제 조금만 있으면 별도의 기기 없이도 그냥 눈만 뜨면 증강현실을 경험할 수 있는 세계가 열릴 수도 있다. 세계적인 기술 잡지 『IEEE 스펙트럼』 9월호에 따르면, 미국 워싱턴대학교에서 증강현실 기술을 탑재한 콘택트렌즈 개발에 성공했다고 한다. 하지만 아직은 데이터를 담은 전파를 전송할 수 있는 거리가 센티미터 단위라고 한다. 이 기술이 상용화될 경우, 렌즈만 착용하면 눈앞에서 내비게이션도 가능하고 지나가는 사람의 정보도 표시되는 세상이 오게 된다. 터미네이터처럼 그냥 보기만 하면 눈앞에 정보가 펼쳐지는 시대가 머지않았다. 📺

텔레프레즌스telepresence란 공간적으로 떨어져 있는 장소 혹은 가상의 장소를 신체적으로 생생하게 경험하는 것을 말한다. 지금까지의 텔레프레즌스는 주로 인간이 가기 어려운 우주공간, 심해저 등 위험한 장소에 로봇을 투입할 때 사용돼왔다. 최근에는 의료기술과 결합해 외과의사가 로봇을 이용해 먼 곳의 환자를 완벽히 수술할 수 있는 기술도 개발 중이다.

얼마 전 한국기술교육대학교 연구진이 국내 최초로 미국·일본·독일의 기술진과 함께한 대륙 간 수술로봇 원격조정 테스트에 성공했다는 반가운 소식이 들려왔다. 수술로봇은 생생한 입체화면뿐만 아니라 의사에게 마치 수술장소에서 직접 환자를 수술하는 것 같은 정교한 촉감까지도 제공한다고 한다. 앞으로 상용화가 되면 국내병원에서도 원격조정을 통해 해외 의료진의 수술을 받을 수 있을 것으로 기대된다.

이러한 텔레프레즌스 기술은 초고속 인터넷과 로봇공학 기술의 발달로 가능하게 되었다. 인간의 활동범위를 무한대로 넓힐 수 있다는 점에서 미래를 살아갈 우리의 모습을 그릴 수 있다. 앞으로는 굳이 비행기를 타고 가지 않아도 해외 유명 관광지를 생생하게 체험할 수 있고, 멀리 떨어져 있는 부모님의 품까지도 완벽하게 느낄 수 있는 시대가 될 것이다.

화상회의가 지구환경을 구한다

'리얼'보다 더 '리얼'한 체감형 시대에는 멀리 떨어져 있는 사람이 마치 바로 옆에 있는 것 같은 경험을 할 수 있다. 가장 대중화된 쉬운 예로 원격 화상회의를 꼽을 수 있다. 뚝뚝 끊기는 음성과 일그러진 얼굴, 어디로 봐야 할지 모르는 시선 등을 생각했다면 오산이다. 최근의 화상회의 기술은 컴퓨터와 통신기술의 발달로 마치 상대방을 직접 만나 이야기하는 것 같은 착각을 불러일으킬 정도로 진화했다.

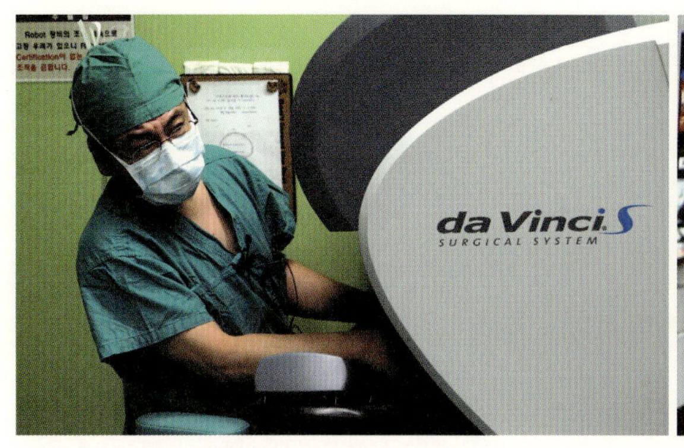

　최근 화상회의 시스템은 사람의 실물 크기를 반영할 수 있는 HD영상으로 상대방의 표정과 감정의 변화까지 읽을 수 있으며, 사람 눈높이에 맞춘 카메라로 영상 속 인물들과 자연스러운 시선 교환이 가능하다. 또한 회의 참가자들이 회의에 집중할 수 있도록 인테리어와 조명까지도 맞춤형으로 설계돼 더욱더 사실감을 높여준다.

　이러한 원격 화상회의는 경기침체로 해외 출장비와 체류비를 줄이려는 회사가 늘어나면서 각광받기 시작했다. 또한 출장을 통해 이용하는 비행기나 차량이 배출하는 온실가스를 줄일 수 있다는 장점이 있어 기업들이 그린 IT를 구현할 수 있는 방안으로도 주목받고 있다. 🅣

체감형 시대
3D & 4D 영화
휴먼 컨트롤러
증강현실
텔레프레즌스

3D의 파괴력, 현실과 영상의 경계를 무너뜨린다

최익환

영화감독

Q 3D에 대한 기억은 놀이동산에서 색안경 끼고 휘둥그레하던 일 정도인데요. 10여 년 전 어린이들 사이의 반짝 유행이 갑자기 진지한 산업이 되어서 돌아왔습니다.

실은 할리우드가 움직이기 시작했거든요. 미국 디즈니 같은 경우에는, 올해 12편 중에 10편을 전부 3D로 제작한다고 하고, 드림웍스는 앞으로 만드는 모든 애니메이션을 3D로 만들겠다고 선언을 했어요.

제임스 캐머런이 〈타이타닉〉 이후 10년 만에 만드는 영화 〈아바타〉가 3년간의 제작기간을 거쳐 3D로 나오거든요. 또 스필버그Steven Spielberg와 피터 잭슨Peter Jackson 감독이 2012

거장들의 3D 실험실, 〈틴틴의 대모험〉

벨기에 원작인 〈틴틴의 대모험〉이 3D로 제작된다. 기존 애니메이션과는 다르게 스틸사진, 애니메이션, 실사 등 복합적으로 사용한다. 〈틴틴의 대모험〉은 총 3부작으로 1부는 스티븐 스필버그가, 2부는 피터 잭슨이, 3부는 공동연출을 한다. 더불어 조지 루카스와 제임스 캐머런이 기술적인 도움을 준다고 해, 지구적인 관심을 불러일으키고 있다.

년까지 함께 만드는 〈틴틴의 대모험〉이라는 프로젝트도 3D로 가고 있어요. 지금 할리우드에 있는 메이저들이 입체 쪽으로 간다는 발표가 계속 나오고 있으니까 한국에서도 당연히 관심을 가질 수밖에 없는 상황이죠.

Q 사실 홈시어터나 DVD 등이 대중화돼서 영화관을 찾을 이유가 점점 줄어들고 있는데요. 3D영화가 영화산업의 새로운 촉진제가 될 수도 있겠네요.

3D영화를 만드는 사람들은 미국에 있는 3D 영사 시스템이 몇 천 개 이상 되지 않으면, 배급을 하지 않겠다고 고집을 부리고 있어요. 상영하고 싶으면 시스템부터 만들어놓으라는 식이죠. 사실 3D필름을 2D로 전환하는 것은 간단해요. 3D 촬영할 때는 인간의 양 눈처럼 오른쪽 채널하고 왼쪽 채널을 동시에 찍는데, 오른쪽 채널만 내보내면 2D가 되는 거고 양쪽에서 틀면 3D가 되는 셈이죠.

그럼에도 불구하고 다들 3D로 하고 싶어해요. 왜냐하면 연출할 때 입체를 염두에 두고 만들기 때문에 2D로 가면 성에 안 차는 거죠. 2D로 보면 감독들이 "아, 이건 내 거 아닌 거 같아"라는 소리가 나와요. 드라마적인 긴장감도 되게 많이 떨어지고요. 우리나라도 지금 약 300개 정도의 극장이 3D를 준비하고 있다고 하더라고요. CGV도 100개 정도를 바꾼다고 하네요.

Q 얼마 전 빅뱅이 우스꽝스러운 안경을 쓰고 맥주 광고를 하는 것을 보며 의아했는데, 3D기술을 이용한 광고라는 걸 뒤늦게 알게 됐습니다. 3D기술은 영화 말고도 적용할 수 있는 곳이 많을 것 같은데요.

극영화도 있지만, 외국에서 지금 가장 많이 시도하고 있는 것은 콘서트 무비예요. 작년에 크게 성공했던 콘텐츠가 마일리 사이러스Miley Cyrus라는 가수의 월드투어 콘서트예요. 〈한나 몬타나Hannah Montana〉라는 시트콤에 출연했던 이 친구는 미국의 문근영 정도로 생각하면 되죠. 콘서트 장면을 3D로, 백스테이지 장면은 2D로 구성했는데, 이게 크게 성공을 거뒀어요. 디즈니에서도 처음엔 조심스럽게 배급을 시작하다가 큰 반향을 일으킨 걸 보고 놀랐다고 하고요.

Q 한류 아이돌의 홍보수단으로 사용돼도 좋을 것 같은데요. 국내 매니지먼트사도 움직임이 있을 것 같네요.

얼마 전에 빅뱅, 서태지가 시험적으로 3D로 콘서트 영상을 찍었어요. 물론 이 콘서트 영상은 자체 기획이라기보다, 3D제작회사들이 공연장에 들어가서 찍은 건데 아직까지는 그렇게 좋은 품질이 나오진 않은 것 같아요. 사실 국내 3D업체 중에는 과학관 같은 데서 전시영상 정도를 만들며 근근이 생활했던 업체들도 많거든요.

빅뱅 콘서트의 박진감 있는 무대도 3D로

아무튼 우리나라 3D 쪽에서 가장 발 빠르게 움직이는 곳 중의 하나가 음반사예요. 음반사에서는 콘서트를 확장한 개념을 생각하는 거죠. 예를 들어 빅뱅이나 소녀시대가 서울의 올림픽체조경기장에서 콘서트를 해도 전국에 있는 팬들이 다 올라올 수 없잖아요. 그러면 부산이나 창원에서도 동시에 3D 라이브로 볼 수 있게끔 해주는 거죠. 가수가 바로 내 앞에서 노래를 불러준다는 경험을 하면서도 콘서트장보다는 훨씬 저렴한 가격으로 말이죠.

극장에서도 2시간짜리 극영화만을 생각하는 것이 아니라, 완전히 다른 형태의 패키지 판매를 생각해요. 예를 들어 팝콘을 사면 5분이나 10분짜리 입체영화를 보여주는 등의 방식이죠. 사실 극장의 큰 수입원 중의 하나가

팝콘이거든요. 짧은 시간 동안 많은 회전도 가능하고 관객들도 중간에 기다리는 시간을 이용할 수 있을 테니까요.

Q 아무래도 발라드보다는 록이, 멜로보다는 액션이 3D와 궁합이 맞는 것 같네요. 평면적인 동선을 가진 드라마보다는 박진감 있게 움직이는 콘텐츠가 효과를 극대화할 수 있을 것 같은데요?

영화 이외에도 제가 크게 해보고 싶었던 게 방송과 게임이거든요. 레이싱 게임이나 저격 게임 같은 1인칭 시점 게임은 지금도 3D가 가능해요. 프로그램 쪽에서 조금만 더 지원을 해주면 되는 수준까지 왔습니다. 엔비디아 같은 그래픽카드 회사에서는 굉장히 적극적으로 추진하고 있어요.

축구공이 게임 화면 밖으로 튀어나온다

또 위닝 일레븐이나 피파 같은 축구게임의 3D도 중계가 가능해요. 프로게이머는 그냥 게임을 하지만 관람하는 사람들 입장에서는 여러 시점을 통해 입체로 즐길 수 있어요. 게임 중계를 극장에서도 할 만한 수준이 되는 거죠. 실제 스포츠 중계도 무척 재미있는 것 중의 하나예요. 미국의 3D회사 스리얼리티3ality

같은 경우는 이미 NFL 미식축구 중계를 해보며 실험을 했어요. 그리고 홍콩 쪽에서는 〈옥보단〉 같은 에로영화를 입체로 만들겠다는 이야기도 있고요. (웃음) 아무래도 그쪽 시장이 되게 커질 수밖에 없을 거예요.

솔직히 극영화는 시간이 한참 걸릴 것 같아요. 결국 관객이 원하는 것은 이야기와 캐릭터지, 특수효과는 잠깐이라고 생각해요. 얼마 전에 나왔던 영화 〈블러디 발렌타인〉 같은 경우는 초기 효과를 본 셈이죠. 여러 개봉관에 동시다발적으로 잠깐 개봉돼서 관객을 끌면 성공할 수 있겠지만 장기전으로는 가기 어려운 것 같아요.

사실 안경 끼고 보고 있으면 3D 효과를 느끼는 건 5분이면 끝이더라고요. 관객 입장에서 더 이상 입체인지 아닌지도 모르거든요. 한참 보다가 안경을 빼고서 "아, 입체구나" 하고 다시 보는 거예요. 그것 때문에 연출할 때도 일부러 긴장감을 조절하면서 가긴 하거든요. 어느 순간에 입체감을 더 강하게 느끼게 하는 거죠. 사실 "이야기 전달을 위해서 계속 그걸 3D로 보고 있을 필요가 있느냐"라는 질문을 스스로에게 던지며 고민하는 중이죠.

어떻게 보면 3D는 관객들의 상상의 폭이 점점 줄어드는 방향으로 가는 거예요. 영화가 감동적으로 완성되려면 결국 감독 입장에서는 관객들의 참여, 즉 상상을 유도해야 되는데, 이런 상상은 안 보여주는 데서 발생하는 거거든요. 많이 보여주면 보여줄수록 관객들은 오히려 재미를 느끼지 못할 수도 있지요.

가짜로 싸우면 누가 모르나

한 가지 예로, 3D에서는 연기가 못하는 배우는 더 많이 티가 나요. 가짜로 하는 것도 다 티가 나죠. 3D 액션이 재미있을 것 같은데, 실제로는 잘 안 돼요. 왜냐하면 가짜로 치는 게 다 보이거든요. 공간감이 있으니까요. 화재 장면 촬영할 때도 카메라 앞에서만 불이 나고 저기서 "우왁!" 하잖아요, 그런데 그게 다 티가 나요. 그 공간감이 다 느껴지니까.

이렇게 거짓말을 점점 못 하게 되는 그런 환경들이 생겨서 고민이에요. 이야기를 효과적으로 전달하기 위한 트릭들이 더 없어지는 셈이죠. 그러니까 실제로 퍼포먼스를 하는 사람들에게는 더 불리한 게 많이 생기고, 보는 관객들에게 모든 게 진짜가 돼야지만 몰입이 생길 수 있겠구나 하는 생각이 들더라고요.

Q 3D산업의 궁극적인 형태에 대해서 실무자들은 어떻게 바라보고 계신가요?

최근 약간 달라진 미국 상황부터 말씀드릴게요. 미국에서는 3D로 제작을 해봤더니 돈도 많이 들어가고 힘도 많이 든다는 것을 안 거죠. 그쪽은 제작비가 세니까 그냥 2D로 찍은 필름을 3D 전환을 해서 만들겠다는 새로운 흐름도 생겼어요. 어차피 2D를 3D로 전환하는데 50억 원밖에 들지 않거든요. 그들 기준의 시장에서 얼마 되지도 않는 돈인데다가, 두 달이면 2D에서 3D로 전환할 수 있거든요. 이거다 싶은 거죠.

2D필름을 3D로 전환하면 끝

그런 전환기술을 가진 회사가 우리나라에 지금 있어요. 미국에 있는 회사 중에 지금 가장 큰 3D 전환 회사가 인쓰리Inthree예요. 거기 전환비용은 대략 150억 원 정도 돼요. 그런데 우리나라에서는 50억이면 바꿔주거든요. 같은 기간에 말이죠.

이 국내업체가 얼마 전 첫 매출을 올렸어요. 미국 영화를 시작했는데 내년까지 마무리해야 되는 상황인 것 같더라고요.

궁극적으로는 3D산업은 홀로그램 쪽으로 갈 거라고 다들 예측을 해요. 홀로그램이 시스템이 되면 빈 공간에 사람이 들어가고, 맨체스터 유나이티드 경기장 한 가운데서 프리미어리그 선수들 뛰어다니는 걸 보는 거죠. 관객들이 선수들하고 같이 뛰어다닐 수도 있는 거고요. 앞으로는 그런 식으로 가상공간이 바뀌는 쪽으로 가겠죠. 마치 영화에서 봤듯 집집마다 가상공간이 생겨서 그곳에서 소통하게 될 날이 오지 않을까요? **T**

PART 12
코드 그린

환경운동은 어느새 개인의 양심에만 기대어 모든 것을 해결하려는 순진한 시도를 포기하는 것처럼 보인다. 대신 법과 돈이라는 채찍과 당근을 내놓기 시작했다. 정책은 단순하지만 강력해졌다. 이제 국가 간에 배출할 수 있는 탄소의 양을 엄격히 정해놓고, 탄소배출량에 따라 비용을 지불해야 한다. 기업이 살고 싶으면 탄소를 줄이라는 전지구적인 압박을 보내고 있다.

또한 불황과 함께 환경운동은 개인의 이익과 맞아 떨어지는 윈윈 게임을 시도한다. 무엇보다 경제적 이익과 결합된 환경 인프라는 빠른 속도로 개선되는 중이다. 연비가 5배 이상 뛰는 친환경 전기자동차가 경쟁적으로 개발되기 시작했고, 저탄소상품을 사면 '탄소캐시백' 쿠폰을 나눠주는 인센티브 정책도 실시하고 있다. 연간 3리터의 연료만으로 냉·난방을 유지할 수 있는 패시브 하우스 기술은 청약자들의 관심을 받고 있으며 전력 효율을 극단적으로 높이는 스마트 그리드 도시 개발은 국가 차원에서 강력하게 추진되고 있다. 재활용 상품들은 더이상 중고제품으로 취급받는 찬밥이 아니다. 위대한 스토리를 담고 있는 재활용 패션은 오히려 고가에 판매되고 있다. 또한 화학업체들은 구겨진 페트병을 이용해 고급 원사를 뽑아낸 뒤 프리미엄이라는 마크를 단다.

환경운동은 더 이상 푸른 나뭇잎을 펄럭이며 순박한 희생만을 강요하지 않는다. 실리콘밸리의 인재들은 몇 년 전부터 IT에서 그린에너지 사업으로 일자리를 옮기고 있다. 환경산업이 어느새 '되는 장사'로 변했다는 증거다.

01

네가와트

negawatt 대체에너지 사업의 핵심은 메가와트에서 네가와트로 이동하고 있다. '에너지를 어떻게 생산할 것인가'라는 문제에서 '에너지를 어떻게 낭비하지 않느냐'라는 문제로 바뀐 것이다.

IT 거품이 꺼지면서 실리콘밸리는 한동안 '파란 석유'라 불리던 대체에너지 기업, '와트컴watt.com'에 주목했다. 세계의 인재들은 이른바 신재생에너지라 불리는 바이오·풍력·파력·지열·해양온도차·폐기물을 이용한 에너지를 생산할 수 있는 방법에 몰두하기 시작했다.

특히 가장 주목받은 것은 태양광발전 분야였다. 태양광전지는 웨이퍼 공정을 담당하던 기존 반도체 생산라인을 개조해 만들 수도 있어, IT를 대체할 차세대 산업으로 각광받았다. 실제로 태양광발전 시장은 지금도 연평균 26퍼센트 이상 성장세를 보이는 중이다.

메가와트의 시대에서 네가와트의 시대로

하지만 그린에너지 사업의 핵심은 이제 '메가와트megawatt'에서 '네가와트negawatt'로 서서히 이동하고 있다. '에너지를 어떻게 생산할 것인가'에서 '에너지를 어떻게

솔라 핸드백과 태양광 휴대폰

낭비하지 않느냐'의 문제로 바뀐 것이다.

덴마크 본홀름의 홀리데이 아일랜드에는 전체 전력의 40퍼센트를 충당할 수 있는 풍력발전소가 있다. 하지만 실제 사용되는 전력은 그 절반에도 미치지 못한다. 바람의 세기가 일정하지 않아, 생산되는 전력량이 불규칙한 것이 문제였다. 이들은 아까운 전기를 생산하고도 그냥 버리는 경우가 허다했다.

이를 극복하고자 4만 명의 주민은 전기자동차의 배터리를 이용한 실험을 하고 있다. 주차된 전기자동차를 일종의 전기 저금통으로 사용하려는 것이다. 바람의 세기가 강할 때는 자동차 배터리에 초과된 전기를 저장하고, 바람이 불지 않을 때는 충전된 배터리에서 전력망으로 전기를 흘려보내게 된다. 이 방식은 풍력발전소의 전력 효율성을 2배 이상 높일 수 있어 유럽 전역이 관심을 보이고 있다.

IT기술과 접목해 전력 배분의 효율성을 높이는 스마트 그리드smart grid 기술도 많은 관심을 받고 있다. 스마트 그리드 적용 지역에서는 도시 전체가 집중적으로 전기를 쓰는 시간에는 요금이 높고, 전기 사용이 적은 시간에는 요금이 낮게 책정된다. 집에 부착된 패널은 실시간 전기요금을 보여주어, 사용자는 전기요금이 낮은 시간을 골라 전자제품을 사용할 수도 있다. 또한 전력 사용량이 비정상적으로 높아질 때는 패널이 경고음을 내기도 한다.

스마트 그리드 환경에서는 공급자의 전력 통제가 강화되기도 한다. 전력 사용이 많은 시간에는 전력회사가 각 가정의 에어컨 등의 기기들을 원격으로 조정하여 전력량을 제한할 수도 있는 것이다. 이렇게 전기사업자의 원격제어를 받는 사용자는

제주 스마트 그리드

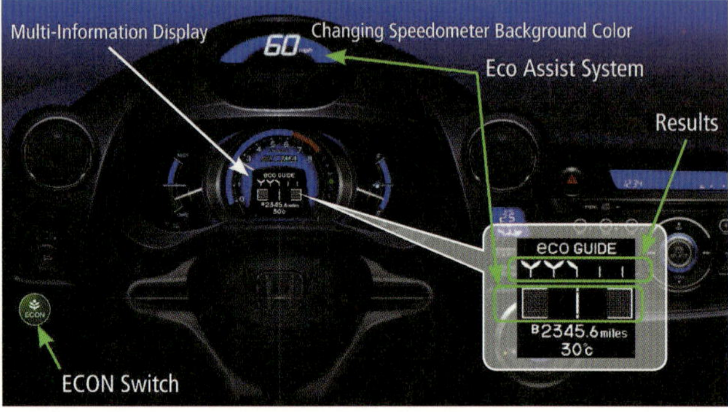

에코 어시스트

할인된 전기요금을 적용받게 된다. 현재 우리나라의 제주도와 인천에서도 2009년부터 스마트 그리드의 실증단지를 가동하고 있는 중이다.

에너지 절감 기술은 도로 위에서도 발전하고 있다. 혼다자동차는 2010년 출시될 자동차에 '에코 어시스트' 시스템을 적용한다. 차량에 장착된 '이콘ECON 버튼'을 누르면, 자동으로 최적의 연비운전 모드가 가동된다. 또한 운전자가 연비운전을 하면 속도계 바탕색이 녹색으로, 연료를 많이 소비하면 파란색으로 변한다. 계기판에는 언제나 실시간 연비가 표시되며, 운전이 끝나면 자신의 연비운전 점수도 확인할 수 있다고 한다.

도로표시등도 에너지 절감 형태로 바뀌고 있다. 최근 개발된 루나로드Luna Road는 낮에 태양광으로 전원을 공급한 뒤, 해가 진 후 LED를 이용해 도로를 밝힌다. 전문가들은 "자체 발광되는 시스템이기 때문에 헤드라이트 사용을 상당 부분 줄일 수 있을 것"으로 예측하고 있다.

옥수수로 만든 휴대폰?

옥수수는 플라스틱처럼 성형이 자유로우면서도 100퍼센트 생분해가 가능하다. 썩은 뒤에는 퇴비로도 쓸 수 있어 친환경 소재로 각광받고 있다. 최근에는 이경재 디자이너의 옥수수 드레스, 옥수수 페트병 벨루, 삼성의 옥수수 휴대폰 리클레임 등이 등장했다.

우리 집은 한겨울에도 영상 20도?

한동안 건축업계는 친환경 발전으로 동력을 조달하는 액티브 하우스active house에 관심을 집중했다. 실제로 근래에

루나로드

3리터 하우스

개발된 아파트는 지붕에 태양광이나 풍력발전기를 설치해 엘리베이터, 지하 주차장 등 공용구역의 전력을 자체 공급하고 있다.

하지만 최근에는 손실되는 에너지량을 최소화하는 패시브 하우스passive house로 기술적 관심이 이동하고 있다. 패시브 하우스를 지을 때는 3중창을 설치하고 보통 주택의 3배인 30센티미터가 넘는 단열재를 과감히 사용한다. 열의 유출입을 차단하는 이런 극단적인 공법으로 인해, 영하의 온도로 내려가는 겨울에도 난방 없이 실내온도를 20도로 유지할 수 있다. 독일과 스웨덴을 중심으로 유럽에는 이미 2만여 채의 패시브 하우스가 건설된 상황이다.

국내에도 패시브 하우스의 건설 열기가 뜨겁다. 대림산업은 1제곱미터당 연간 3리터의 연료만으로 냉·난방을 할 수 있는 '3리터 하우스'를 경기도 용인에 건설했다. 3리터 하우스의 경우, 일반 공동주택과 비교할 때 무려 80퍼센트 이상의 에너지 절감 효과를 누릴 수 있다고 한다.

향후에는 패시브 하우스 기술과 액티브 하우스 공법이 결합해 신개념의 주택이 탄생할 것으로 보인다. 연료를 전혀 사용하지 않는 '제로 에너지 하우스'와 에너지 소비량보다 생산량이 더 많은 '플러스 에너지 하우스'까지, 친환경 건축공법은 계속해서 진화하고 있다. 🅣

전기자동차 시대는 이미 시작됐다. 친환경적이라는 점 외에도 저렴한 유지비, 무려 60킬로미터가 넘는 연비 등 경제적 요소는 전기자동차의 가장 큰 매력으로 꼽힌다. 전문가들은 "차세대 자동차로 하이브리드 차가 개발되고 있지만 최종적인 형태는 결국 전기자동차가 될 것"이라고 전망한다.

이미 일본의 미쓰비시는 아이미브i-MiEV를 판매하고 있으며, BMW도 미니Mini-E 600여 대를 유럽 등지에서 시범운행하고 있다. 내년에는 미국 GM의 셰브롤레 볼트Chevrolet Volt, 일본 닛산의 리프Leaf 등도 양산을 준비하고 있다.

전기자동차 시대가 주목받으면서 사실상 자동차업계의 구도가 바뀔 가능성도 생겨나고 있다. 미국의 신생업체 코다Coda자동차는 직원이 41명뿐이지만 최고 수준의 전기자동차를 생산해 주목을 받는다. 이 회사는 '자동차계의 델Dell'로 불리며 세계 각지에서 전기자동차에 필요한 가장 효율적인 부품을 조합해 조립하고 있다.

사실상 전기차는 모듈 부품을 4, 5명이서 얼마든지 조립할 수 있기 때문에 과거처럼 수백 미터의 일괄생산라인을 갖출 필요도 없다. 향후에는 수십 개의 중소기업이 다품종 소량생산 체제를 통해 각자 개성 있는 전기차를 제조하는 방식으로 자동차산업이 바뀔 가능성이 높다.

국가적으로는 중국의 전기자동차 산업이 놀라운 성장세를 보이고 있다. 일반적으로 전기자동차는 한 번 충전에 100~200킬로미터를 주행할 수 있다. 하지만 중국의 BYD사에서 최근 개발한 E6는 대륙의 자동차답게 한 번 충전에 무려 400킬로미터를 달린다고 하여 세상을 놀라게 하고 있다. 실제 성능이야 시간을 가지고 지켜봐야겠지만 말이다.

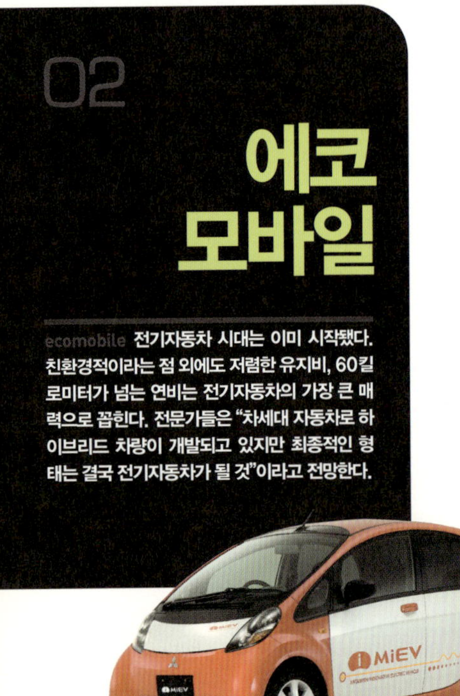

미쓰비시 아이미브

BMW 미니-E

국내 전기자동차, 도로에서 달리는 것조차 불법

사실 우리나라는 미국과 함께 차세대 탈것으로 수소자동차 개발에 열을 올려왔다. 업계 관계자는 "수소자동차를 이용하기 위해서는 수소충전소가 필요하다. 기존 주유소 인프라를 그대로 활용할 수 있기 때문에 정유업계의 지속적인 개발·정책 지원을 받은 것으로 알고 있다"라고 설명했다. 한때 "자동차에 물만 넣어도 수소를 분해해서 사용할 수 있다"라는 장밋빛 미래를 제시하기도 했지만, 아직까지 수억 원을 호가하는 수소자동차는 당분간 현실화되기 어려울 것으로 보인다.

국내 산업 역시 세계 흐름에 맞춰 최근 전기자동차로 급격하게 방향을 선회하고 있다. 하지만 전기자동차 관련 국내 인프라는 아직 미흡한 수준이다. 2009년 현재, 국내법상으로 전기자동차는 자동차로 분류되지 않아 도로를 달리는 것 자체가 불법이다. 이 때문에 국내 전기차 생산업체들은 내수시장에 엄두를 내지 못하고 일본, 대만, 미국 등에 수출만 하고 있는 형편이다.

하지만 대기업인 현대자동차는 2010년쯤엔 i10 EV 모델의 생산을 시작할 것으로 보고 있다. 업계 관계자는 "국내 전기자동차는 기술적으로는 이미 노하우가 축적됐다. 다만 가격경쟁력을 확보하는 것이 관건”이라는 설명을 덧붙였다.

반면 근거리 전기차는 좀더 빠르게 확산될 수 있을 듯하다. 근거리 전기차는 길이와 무게가 경차의 3분의 2밖에 되지 않는 소형 전기차를 말한다. 해외에서는 ‘NEV Neighborhood Electric Vehicle’이라 불리니 ‘동네용 전기차’ 정도의 별명을 붙이면 좋겠다. 2009년 말 자동차관리법 개정안이 통과되면 11월 공표를 거쳐 2010년 봄부터는 운행이 가능할 것으로 보인다.

근거리 전기차는 유지비가 월 1만 원 정도밖에 들지 않을 만큼 효율이 높다. 하지만 성능은 다소 처지는 형편. 최고 속도는 60킬로미터를 넘지 못하고, 한 번 충전에 겨우 70킬로미터가량을 달리는 수준이다. 기능적인 한계 때문에 주로 시내 운행용으로 사용되고 있으며, 일본에서는 우편배달이나 주차단속과 같은 공용차량이 NEV로 빠르게 교체되고 있다고 한다.

자동차를 대체하는 외다리 마법사들

1인용 운송수단은 효율이 더 좋다. 슬로베니아의 한 발명가는 에니사이클eniCycle이라는 전기 외발자전거를 세상에 내놓았다. 다소 투박하긴 하지만 한 번 충전에 3시간 주행, 최고시속 16킬로미터의 성능을 뽐내며, 용감하게 시장에 나왔다. 현재

르노 전기자동차　　　　　혼다 U3-X

투자자를 모집하고 있으며 1인용 스쿠터 세그웨이Segway 시장을 대체하려는 야망을 가지고 있다고 한다.

혼다자동차는 여성적인 디자인을 전면에 내세운 U3-X를 공개했다. 오뚝이를 닮은 이 외발자전거는 부드러운 좌우이동도 가능한 데다 무게는 고작 10킬로그램에 불과하다. U3-X는 사람의 보행속도와 비슷하게 움직이며 한 번 충전에 1시간을 주행할 수 있다고 한다.

자동차보다 연비 좋은 전기비행기

차세대 이동수단은 땅 위에서만 개발되고 있는 것이 아니다. 솔라세일러Solar Sailor 사는 접히는 날개를 이용해 풍력과 태양광을 함께 이용하는 다양한 형태의 배를 내놓고 있다. 폭풍우가 치거나 기상이 악화되면 돛을 접고, 태양이 환하게 비치는 날이면 돛을 활짝 편다. 비록 초기 설치 비용은 비싸지만, 회사 측은 "태양광발전 화물선을 4년만 활용하면 건조 비용을 충당할 수 있다"라며 경제성을 자랑했다.

또한 중국의 유니크 인터내셔널Yuneec International은 세계 최초로 상업용 전기비행기인 E430을 선보였다. 리튬폴리머 배터리로 움직이는 이 비행기는 시간당 2.5달러의 비용으로 비행할 수 있다고 하니, 중형자동차보다 연비가 좋은 셈이다. 아직까지 100퍼센트 전기 동력으로 이착륙하는 것은 불가능하지만, 터빈에서 발생하는 동력을 전기로 전환하는 기술은 세계 메이저 항공업체의 주목을 받고 있다. Ⓣ

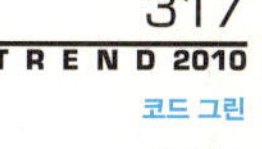

에니사이클

태양광발전 화물선

재활용품을 떠올리면, 고철상과 넝마주이의 더러운 바구니만 생각나는 불우한 시절은 끝났다. 최근에는 '환경을 생각하는 지적인 상품'이라는 이미지와 결합하면서 디자이너들의 의욕을 적극적으로 자극하는 예술품으로 탄생하는 중이다.

폐기된 비행기 날개를 가지고 만든 테이블, 쇼핑카트를 개조한 1인용 의자, 그리고 낡은 욕조를 잘라 만든 소파까지. 리스토어Reestore의 디자이너들은 자신의 이름을 당당히 걸고 버려진 폐품을 그럴듯한 예술품으로 바꿔놓았다. 대량생산이 불가능하기 때문에 주문을 한다 해도 약 6주 정도를 기다려야 하지만, 시장에서는 이같은 시도가 신선하게 받아들여져 뜨거운 호응을 얻고 있다.

환경을 생각하니 낙하산이 점퍼로 변한다

한편에서는 폐기물을 줄이려는 기업들 간의 콜래버레이션이 이뤄지기도 한다. "2012년까지 폐기물 쓰레기를 절반으로 줄인다"라고 선언한 항공사 버진 애틀랜틱Virgin Atlantic의 경우, 원 어게인Worn Again과 함께 '하늘을 날던 쓰레기'를 패션으로 바꿔버렸다.

소규모 생산방식을 고수하는 원 어게인은 항공기 안전벨트로 만든 핸드백, 낙하산으로 만든 점퍼 등을 시장에 내놓으며 줄줄이 성공을 거두었다. 최근에는 운송업체 유로스타Eurostar의 승무원복을 재활용한 지갑을 출시했으며, 이 역시 인기 높은 아이템으로 판매되고 있다.

이같은 노력은 하늘뿐 아니라 땅 위와 땅 밑에서도 이어지고 있다. 어보브앤드빌로Above+Below는 런던 지하철과 버스의 좌석을 뜯어서 신발을 생산, 독특한 제품을 원하는 젊은 세대의 눈길을 끈다.

국내에서는 아름다운가게에서 만든 브랜드 '메아리'가 젊은이들의 사랑을 받고 있다. 2006년 쌈지와 함께 프로젝트를 시작한 메아리는 초창기 폐현수막으로 가방을 만들었다. 당시만 해도 패션 아이템이라기보다 과격한 운동권의 재활용품 수준

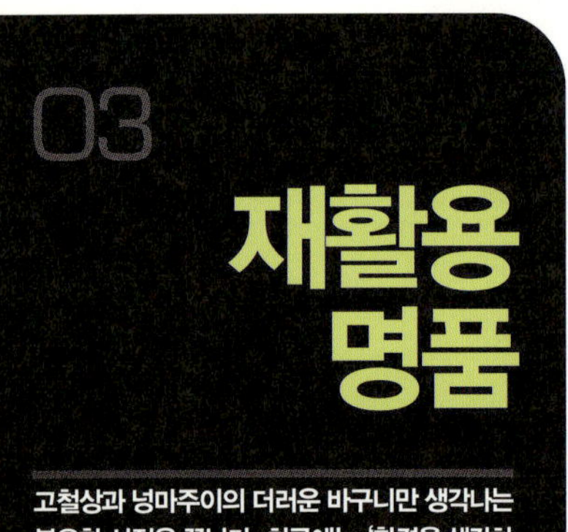

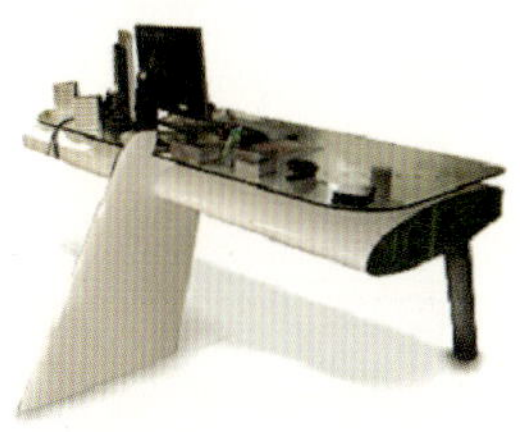

리스토어의 재활용 명품들

항공기 폐자재를 활용해 만든 원 어게인사의 제품들

아름다운가게와 쌈지가 함께 시작한 메아리의 제품들

요즘 세대에게는 유서 깊은 장인이 만들었다는 낡은 전통보다,
미래 세대에 어떤 의미를 가질 수 있느냐가 더 중요할 수 있다.

이었지만, 최근에는 미려한 디자인이 많이 나오며 마니아층을 형성했다. 현재 뉴욕 현대미술관에서도 제품이 판매되고 있다.

페트병으로 만든 명품 섬유

재활용품은 드라마틱한 스토리가 그 안에 담겨 있고, 고난도의 가공을 거쳐야 한다는 점에서 오히려 새 제품보다 프리미엄이 붙기도 한다. 이 때문에 기업들 역시 각종 환경마크를 취득하기 위해 노력하고, 재활용한 제품이라는 점도 전면에 내세운다.

페트병으로 만든 섬유의 경우가 그렇다. 효성은 페트병을 재활용해 만든 섬유에 '리젠'이라는 브랜드를 달았다. 이 업체는 국제기관으로부터 GRS Global Recycle Standard 인증을 받는가 하면, 국제기후변화박람회, 미국 아웃도어 리테일러 쇼 등에 적극적으로 참가하며 프리미엄 브랜드로 입지를 굳히는 중이다.

일본에서는 음식 쓰레기를 이용한 농산물까지 환영받고 있다. 식품 폐기물로 만든 비료를 10퍼센트 이상 사용한 농산물이라면 '푸드 리사이클Food Recycle'이라는 마크를 표시할 수 있다. 푸드 리사이클 인증을 위해선 비록 5만 엔 이상의 검사비용이 들고 10일 이상의 기간이 소요되지만, 프리미엄 가격을 받을 수 있어 농부들은 환영하고 있다.

업계 관계자들은 "요즘 세대에게는 유서 깊은 장인이 만들었다는 낡은 전통보다, 미래 세대에 어떤 의미를 가질 수 있느냐가 더 중요할 수 있다"라며 독특한 아이디어를 가진 재활용품이 점차 새로운 명품으로 자리 잡을 수 있음을 설명했다. Ⓣ

자전거
삼천릿길

우리나라에도 자전거 고속도로가 건설될 예정이다. 행정안전부는 2018년까지 1조2456억 원을 들여 전국을 연결하는 자전것길 조성을 검토 중이며, 국토해양부 역시 4대강에 자전거도로를 만드는 '4대강 자전거도로' 계획을 추진하고 있다.

대통령도 자전거를 타고 문화부 장관도 자전거를 탄다. 국내 친환경 이동수단 중 방점이 찍히는 곳은 자전거다. 현재 국내 자전거 인프라 개선은 정부 주도형으로 진행되고 있다. 정부는 '5년 내 자전거산업 상위권 진입' '자전거 교통수단 분담률 2012년까지 5퍼센트로 확충' 계획 등을 연속해서 발표하고 있다.

'자전거로 출퇴근하는 사람들'과 같은 카페에서는 "자전거 이용률을 올리기 위해서는 무엇보다 안정성이 확보되어야 한다"라고 토로한다. 쌩쌩 달리는 자동차와 함께 도로를 질주하는 것은 그야말로 생명을 담보로 한 환경보호 운동처럼 무모해 보인다.

하지만 정부는 자전거의 안전한 주행을 위해서 길을 닦기 시작했다. 2012년까지 자전거 전용도로 207킬로미터를 조성할 계획을 밝혔다. 서울시도 88킬로미터 추가 건설 계획을 발표했다. 현재 시범적으로 조성된 천호대교 방면에서는 "자전거도로로 차가 불쑥불쑥 들어온다"라며 위험요소가 지적되고 있긴 하지만 이 또한 순차적

으로 개선되리라 기대해본다.

체력만 좋다면 자전거 전국일주도 수월해진다. 네덜란드에 이어 우리나라에도 자전거 고속도로가 건설될 예정이다. 행정안전부는 2018년까지 1조2456억 원을 들여 전국을 연결하는 자전것길 조성을 검토 중이며, 국토해양부 역시 4대강에 자전거도로를 만드는 '4대강 자전거도로' 계획을 추진하고 있다.

또한 오세훈 서울시장은 "2011년까지 캐나다의 '빅시Bixi'와 같은 제도를 서울에 도입하겠다"라고 밝혔다. 몬트리올 공공자전거 빅시는 시내 곳곳에 배치되어 적은 돈으로 시민들이 자유롭게 이용할 수 있다. 또한 자전거에 RFID 태그를 부착, 가장 가까운 거리에 있는 자전거를 온라인에서도 쉽게 찾을 수 있도록 만들었다.

자전거와 기차가 연계된 상품도 등장했다. '에코레일Eco-Rail 자전거 투어 열차'는 최대 288명을 수용할 수 있는 객실 4량과 자전거 거치용 전용객차 4량을 연결했다. 이 열차를 이용하면 전국 철도를 따라 자전거 전국일주가 가능해진다. T

히말라야가 녹아내린다

interview
20

엄홍길

엄홍길휴먼재단 상임이사

"도시에서 사는 보통 사람들은 큰 변화를 느끼지 못할 거예요. 진짜 자연과 맞닿아 있는 오지 문명에서는 그 변화가 금세 나타나요. 확확 바뀌는 변화가 무서울 정도로 심각해요. 킬리만자로에 갔다가 3~4년 후에 다시 간 적도 있는데, 정상 쪽의 만년설이 과거와는 완전히 달라진 모습이에요. 진짜 심각합니다."

Q 최근 들어 환경운동에 대한 참여가 활발해지셨는데, 계기가 되는 사건이 있었나요?

그동안 히말라야에 수차례 다녀오면서, 저 산꼭대기에 올라가야 한다는 생각만 했어요. 그런데 히말라야 8천 미터 16좌 등정도 마치고 하니까, 어느 날 주변의 모습이 보이는 거예요. 처음 히말라야를 다녀오던 1990년대 초반의 모습만 생각했다가, 너무나도 달라진 풍경이 눈에 들어오면서 깜짝 놀랐어요.

제가 얼마 전에도 히말라야에 다녀왔는데, 1월 중순 해발 3500미터 지역이라면 어떻겠습니까? 사실 꽝꽝 얼어 있어야 하거든요. 그런데 아침에 일어나 보니까 영상 3~5도인 거예요. 그 위에서 반팔을 입고 돌아다닐 정도였어요. 원래는 눈이 쌓여 있고, 굉장히 춥고 그래야 하는 날씨인데 늦가을이나 초봄 날씨가 된 걸 보니 기가 막히더라고요.

"과학문명의 발전으로 겨울이 사라졌다. 온실가스 때문에 성층권이 파괴되고 오존층이 파괴되고 지구온난화가 오고 있다" 이런 이야기를 다들 들었어도, 도시에서 사는 보통 사람들은 큰 변화를 느끼지 못할 거예요. 진짜 자연과 맞닿아 있는 오지 문명에서는 그 변화가 금세 나타나요. 확확 바뀌는 변화가 무서울 정도로

심각하죠. 킬리만자로에 갔다가 3~4년 후에 다시 간 적도 있는데, 정상 쪽의 만년설이 과거와는 완전히 달라진 모습이에요. 진짜 심각합니다.

연쇄적인 환경 파괴가 더 무섭다

게다가 히말라야 위에 있는 만년설이 콸콸 녹아내리니까, 같이 토사가 밀려와 계곡을 뒤덮어버리는 거예요. 토사가 밀려오면 집이 다 묻힐 정도로 초토화되는 거죠. 그러니까 사람들이 살려면 별수 있어요? 주거환경에 위협을 느끼니까 집을 또 옮겨야 한단 말예요.

산을 깎고, 집을 짓고, 자연석을 깨고, 수목을 자르고. 이런 식으로 또다시 산을 건축자재로 쓰고 있으니. 제 2, 3, 4의 연쇄적인 파괴가 이어지고 있는 거죠. 게다가 도로가 넓혀지니 계속해서 사람들이 오지로 유입되고 모든 생활하수와 폐수가 어디로 가겠어요? 거기에 도시 같은 하수도 시스템이 있나요? 그런 건 상상도 못 하죠. 그 위에서 오수가 흘러내리면 산 아랫사람들이 다 받아먹는 거예요.

Q 도로가 뚫리는 것은 현지 상황에

서 봤을 때, 발전이라고도 할 수 있지 않을까요? 바람직한 발전 방향은 어떤 것이라고 보십니까?

사실 찻길을 내서는 안 될 곳에 도로가 나고 있거든요. 예전에는 며칠에 걸쳐서 트레킹을 하는 곳이었는데, 정말 상상할 수 없는 곳까지 도로가 생겨나고 있어요. 백두산이 해발 2744미터인데, 해발 2천~3천 미터에 차가 다니고 있다는 것은 걱정스러운 일이에요.

분명히 문명 발전 개념과는 차이가 있어요. 그런 곳은 보전이 잘되어야 해요. 개발하려면 도시를 개발해야지 자연 그대로 있어야 할 오지까지, 굳이 도로를 뚫어대는 것은 그저 문명의 이기심이라고밖에 말할 수 없어요.

물론 잘 개발해서, 많은 사람이 자연을 누릴 수 있다면 그것은 좋다고 생각해요. 지리산 케이블카 같은 경우도, 조심스럽게 계획에 맞춰

진행한다면 의미가 있을 수 있다고 봐요. 사실 장애인 같은 친구들을 위해서는 필요할 수 있거든요. 저도 장애인 친구들하고 같이 산행을 하기도 했는데, 산이라는 게 뭐 꼭 비장애인들만 즐겨야 하는 건 아니잖아요. 몸이 불편한 사람들은 케이블카 타고, 걸어서 올라갈 사람들은 걸어가면 되는 거죠. 다만 난개발은 안 된다는 거예요.

Q 보일러 광고에서 자전거 타시는 모습이 참 보기 좋았습니다. 하지만 한편에서는 이런 식의 환경보호가 크게 의미가 있을까 하는 회의적인 시선도 있습니다.

우선 나, 개인으로부터 환경운동은 시작되어야 한다고 생각해요. 대중교통 타고 다닌다고 과연 온실가스를 몇 퍼센트나 줄이는 게 가능할까 의구심을 갖지만 개인이 하나하나 실천하면 가능하다고 봐요.

특히 초등학교 저학년 때부터 환경의 중요성에 대해 강의를 해줘야 해요. 아이들의 생활습관이 바뀌게 되면, 자연스럽게 어른들도 따라가게 될 거예요. 법이나 제도가 생기는 것도 사실 사람들의 인식이 차례차례 바뀌면서 생기는 거죠. 집 안에서의 생활습관부터 바꿔야 돼요. 아파트 같은 곳에서 겨울에 마치 한여름처럼 생활해서는 안 되는 거죠.

언제까지 국제환경협약이 체결되는 것만 기다릴 수는 없거든요. 사실 협약의 경우 국익이 걸려 있으니까요. 강대국이 자꾸 미루고 어영부영 흉내만 내는데, 그것만 기다릴 순 없잖아요.

후진국이 무슨 죄입니까. 몰디브 같은 곳은 지금 필사적이거든요. 후손이 과연 이 땅에서 계속 살 수 있을지가 달려 있어요. 그야말로 국민의 사활이 걸려 있는 상황이에요. 그런데 정작 이런 나라들은 자신들의 나라에서 온실가스를 배출한 것이 아니에요. 몰디브에는 산업 자체가 없어요. 그저 강대국의 배출로 작은 나라들이 수몰되고 있는 거죠. 진짜 선진국의 솔선수범이 필요한 시기예요. **T**

지역 축제에 이야기를 담는다

interview
21

김의숙

파임커뮤니케이션즈 대표

"지역 축제가 살아나려면 굳이 거기에 가야만 하는 이유가 있어야 하는 거예요. 여기에도 있고 저기에도 있으면 뭐 하러 가겠어요. 하이서울페스티벌이든 뭐든 사람들이 모이는 것은 광장에만 있는 무언가가 있기 때문이죠."

Q 요즘은 공연예술계에서 해외진출을 활발히 모색하고 있는 것 같아요. 뮤지컬 〈드림걸즈〉처럼 말이죠.

지금 한국의 공연계에서 상업적이든 그렇지 않든 간에 가장 큰 화두는 '어떻게 시장을 키울 수 있을 것인가'예요. 한국 시장만으로는 안 된다는 생각을 갖고 해외에서의 공연 가능성을 타진하고 있죠. 상반기 뮤지컬 〈드림걸즈〉가 대표적인데요. 동명 영화의 판권을 사서 미국의 유명 뮤지컬 프로듀서를 영입해 공동제작하고, 이제는 오리지널리티를 갖고 미국으로 역수출하잖아요.

그러니 자연스럽게 2010년의 공연예술계의 트렌드 키워드는 '다양성'이라고 볼 수 있어요. 결국 다양한 문화를 접목시키고 다양성을 추구하는 공연을 하지 않으면 시장을 결코 넓힐 수가 없을 테니까요. 우리 식의 스토리텔링이라는 것이 무엇일까, 우리 것은 살리되, 어떻게 하면 차별점을 둘 수 있을까, 어떤 것이 먹히는 스토리인가에 대한 고민이 굉장히 많은 상황이죠. 대사 없는 넌버벌non-verbal 기반의 공연에 대해서도 가능성을 보고 있어요. 무용, 음악 공연들의 경우 기본적으로 언어로 소통하는 게 아니잖아요. 중국의 크로스오버 밴드 '여자12악방女子十二樂坊'이 일본, 미국에서 좋은 반응을 얻을 수 있는 것도 그것이 '음악'이기 때문에 가능한 것이죠.

Q 요즘 지자체마다 축제도 개최되고 지역에서 추진하는 공연, 문화활동도 굉장히 많은 것 같더라고요.

과거에는 지자체가 기존에 만들어진 것을 지역에 공급하고 유통하는 역할을 했다면, 이제는 아예 창작팩토리 사업 등을 통해서 아이디에이션ideation 단계나 아이템 개발 단계부터 적극적으로 참여하고 있어요. 또 수도권에 밀집해 있는 좋은 예술단체를 자신의 지역으로 유치하기 위해 상주공간과 운영비를 제공해주는 것도 정책적으로 시행되고 있고요.

요즘은 지차제마다 눈에 띄는 축제를 만들어보려고 굉장히 노력하고 있죠. 지역을 마케팅하기 위해서 지역과 관련한 다양한 스토리텔링을 하려고 해요.

최근에 저는 주문진시장에서 '문전성시 프로젝트'의 공연디렉터로 참여했어요. 재래시장을 문화형 시장으로 만들어보겠다는 프로젝트였죠. 주문진시장의 상인들이 즐거워야 시장 분위기가 활기차진다고 생각하고, 그분들이 어떻게 하면 즐거울 수 있을지 고민했어요. 주문진 수산시장 상인분들은 새벽 4시부터 저녁 8시까지 일하시거든요. 여가활동 시간이 없는 거예요. 그분들과 함께 시간을 보내고 친해지면서 가만히 관찰해보니 이분들이 2시에서 4시 사이에 그래도 가장 한가하시더라고요.

늘 구부정한 자세로 계시니까 이 시간을 신나게 노래하고 춤추고 체조할 수 있는 시간으

여자12악방 女子十二樂坊

2001년 중국 전역에 걸친 오디션에서 4천 대 1의 경쟁률을 뚫고 선발된 밴드. 얼후, 비파, 대금 등 중국 전통악기로 팝과 재즈, 클래식 등 서양음악과 전자 음향을 접목한 곡을 연주해 중국에서 큰 화제를 모았다. 중국 성공 이후 일본에 진출, 오리콘 차트 1위에 오르기도 했으며, 47회 그래미상에서 최우수 신인상과 최우수 월드뮤직 음반 후보에 오르는 등 미국 시장에서도 좋은 성과를 보였다.

로 만들기로 했죠. 일명 '싱쌩쇼(싱싱쌩쌩쇼)'로, 아주머니들이 좋아할 만한 리듬과 가사로 체조를 구성해서 함께 춤을 췄어요. 감격할 정도로 호응이 너무 좋더라고요. 시장 분위기가 지루하다 싶으면 바로 노래 틀고 구호 외치고, 박수 치고, 체조하며 분위기를 전환했죠. 주문진시장 방문자들도 같이 춤을 따라하면서 상인들과 친밀한 교감을 나누게 되고, 시장 분위기가 상인, 손님 모두가 즐거운 분위기가 될 수 있었어요. 다른 시장으로 벤치마킹되기도 했죠.

Q 지역 축제에 가보면 뭔가 '낡였다'는 느낌이 들곤 해요. 외부 방문자 위주의 '보여주기 식'으로 하는 경우가 많더라고요. 앞으로 지역 축제의 가능성을 어떻게 보고 계세요?

사람들은 이제 단순히 관람이 아닌 체험을 하고 싶어해요. 백스테이지 투어가 일반화되고, 공연 뒤풀이, 시작파티, 첫 공연, 막 공연에 동호회들이 활발하게 참석하고 그러잖아요. 사람들은 이제 단순히 관람, 소비로는 안 되고 좀더 가까이 체험해보길 원하고 있어요. 바로 '체험'이 핵심이라고 할 수 있어요.

지역 축제가 살아나려면 굳이 거기에 가야

만 하는 이유가 있어야 하는 거예요. 여기에도 있고 저기에도 있으면 뭐 하러 가겠어요. 하이 서울페스티벌이든 뭐든 사람들이 모이는 것은 광장에만 있는 무언가가 있기 때문이죠. 왜 사람들이 1월 1일에 굳이 해돋이를 보러 갈까요? 차도 막히고, 사람도 많고, TV에서도 생생하게 볼 수 있는데 말이죠. 축제를 찾는 사람들도 '해돋이'를 찾는 사람들과 같은 마음이 되면 좋겠죠. 해돋이 장소에서만 느낄 수 있는 가슴 벅참과 상쾌함이 있듯이, 축제에도 거기서만 체험해볼 수 있는 아우라, 이야기가 있어야 하는 거죠. 스토리텔링이라는 게 없는 얘기를 지어내는 게 아니라 관심을 끌 만한 이야기를 요약 전달하는 방법인 거잖아요.

어요. 그 술을 빚기 위해 강릉에 살고 있는 모든 사람들이 자기 쌀을 내놓죠. 단오제 전에 큰 리어카를 끌고 거리를 행진하면, 주민들이 일정 기간 모아놓은 쌀을 거기에 실어요. 외지에 있는 강릉 출신 사람들도 그 기간에는 단오제에 쓸 쌀을 기부해야 한다고 생각하기 때문에, 일부러 보내는 사람들도 많이 있어요. 이게 바로 단오제의 백미거든요. 지역 축제가 만들어야 되는 스토리들이 그런 거예요. 그 쌀로 빚은 신주神酒는 단오 장터에서도 팔아요. 2천 원밖에 안 해요. 만약에 이 뒷이야기를 아는 사람들은 1년에 딱 그 기간에만 나오는 신주를 꼭 사고 싶어하겠죠. 🍎 ⓣ

사람들은 '뒷이야기'를 듣고 싶어한다

예를 들면 유네스코에 등재된 강릉단오제 같은 경우는 몇 백 년이나 흘러온 거예요. 그런데 단오제를 가보면 일반 방문자들은 진가를 못 봐요. 왜냐하면 정말 난장만 있거든요. 그 많은 사람들이 좁은 공간에 모이는데, 차 댈 데도 없고 그냥 장터 보는 거랑 별반 다르지 않아요. 그런데 단오제의 백미는 단오제에 쓸 신당을 모실 나무를 캐러 올라가는 것부터 시작하죠. 그리고 신을 모실 술, 단오주를 빚

창작팩토리

문화체육관광부에서 공연예술 분야의 창작 활성화를 위해 실시하는 공연예술 인큐베이팅 프로그램. 우수 콘텐츠를 발굴해 창작 의욕을 높이고, 경쟁력 있는 작품을 발전시켜 집중 육성하는 데 목적이 있다. 참신한 아이디어만 있으면 공연작품으로 만들어 무대에 올리는 일이 가능해져 작품으로 제작할 엄두를 내지 못한 예술가들에게 창작 열의를 실현할 수 있는 길을 열어줄 것으로 기대된다.

PART 13

쌩얼의 시대

숨을 곳이 없다. 숨을 수도 없다. IT기술로 인해 만들어진 네트워크는 고집 센 시어머니가 짠 스웨터만큼 촘촘하다. 조지 오웰George Owell은 모든 국민이 감시 받는 사회, 공포의 존재 '빅브라더Big Brother'를 이야기했다. 하지만 오늘날 사람들을 감시하는 빅브라더는 정부가 아니다. 유권자다. 소비자다. 팬이다. 인터넷을 사용하는 네티즌은 수천만 개의 CCTV가 되어 서로를 감시한다.

문화는 점점 화장을 지우고, '쌩얼'을 드러내기 시작했다. 쇼 스테이지 아래의 이야기들이 노출되면서 연예인은 점점 스타로서가 아니라 인간으로서 평가받고 있다. 이제 팬들도 현실을 안다. 성형수술, 민망한 쌩얼, 혼전임신에 대해서 들어도 관대하다. 여자 아이돌이 허름한 하숙집 같은 숙소에 지낸다는 사실에 놀라지 않고, '생계형 아이돌'이라는 별명을 붙이고는 오히려 응원을 보내는 시대다.

반면에 얄팍한 속임수로 진실을 숨기려 한 스타에 대한 반감은 늘어났다. 음주운전 후 뺑소니를 치거나, 폭력사건에 연루된 뒤 거짓말을 하는 아이돌은 연예계로 다시 돌아오기 어려워졌다. 과거처럼 기자들의 입을 막고 쉬쉬하는 '언론플레이'도 통하지 않는다. 숨기려던 진실은 어느새 '베플'이 되거나 '지식iN'의 답변이 되고 '아고라'에 청원이 되어 올라온다.

음주운전을 했던 많은 아이돌은 다시 무대로 돌아왔지만, 거짓을 말했던 아이돌은 여전히 어둠 속에 있다. 팬들은 범죄보다 거짓말에 대해 더 높은 형량을 내린다. 네트워크의 발달은 사회를 쌩얼로 만들었고, 우리는 서로의 패를 환히 들여다보는 처지가 됐다. 당신의 패가 무엇이든 상관없다. 이제는 '톡 까놓고' 이야기해야만 통하는 시대가 된 것이다.

광고는 점점 대중을 설득하기 힘들어지고 있다. 과장된 성능을 자랑하는 광고에 대해 사람들은 냉소를 보낸다. 기업의 외침은 공허해진 반면, 실제 물건을 구매하는 일반 소비자의 말은 가치가 높아지고 있다.

소비자가 물건을 파는 시대

소비자들의 의견이 중요시되면서 기업의 화법도 바뀌고 있다. 소비자의 입을 빌려 이야기하기 시작한 것이다. 기업들은 '이야기를 만드는 소비자'인 스토리슈머storysumer를 발굴하고 있다. 2009년에도 아이오페, 레쓰비, 햇반 등이 고객들의 사연을 수집해 제품과 밀접한 생활 속의 이야기를 광고로 풀어냈다.

'스무 살의 고백' 캠페인을 진행한 맥스웰하우스의 경우, 서울 시내의 대학을 3일간 찾아가 아무런 대본이나 콘티 없이 100퍼센트 실제상황에서 300편의 광고를 촬영했다. 서툴고 눈물 나는 고백을 담은 것이 전부였지만, 폼 잡고 커피를 마시던 기존 CF들보다 화제가 되었다. 소비자 입장에서 내뱉는 진솔한 이야기가 오히려 사람들의 마음을 흔들기 시작한 것이다.

기업 스스로가 진솔하게 이야기를 하는 경우도 많아졌다. 2009년에는 마크 제이콥스, 프라다Prada, 이브 생 로랑Yves Saint Laurent 등이 출연한 〈하퍼스 바자 패션 필름 페스티벌〉을 비롯해 〈코코샤넬〉 〈오브젝티파이드〉 〈헬베티카〉와 같은 디자인 브랜드와 관련된 영화가 국내에 개봉됐다. 브랜드 필름에 나온 디자이너들은 겸손한 톤으로 자신의 제품에 담긴 이야기를 펼쳐놓았다. 이들은 화려한 수식을 버리고 좋은 제품을 만들기 위해 디자이너들이 어떤 고뇌를 하고 있는지 담담히 털어놓는 진정성을 보였다.

사실, 이같은 브랜드 필름이 만들어지는 데는 생산지의 이동도 영향을 미쳤다. 최근에는 럭셔리 브랜드도 생산 효율성을 위해 중국으로 공장을 옮겼기 때문이다.

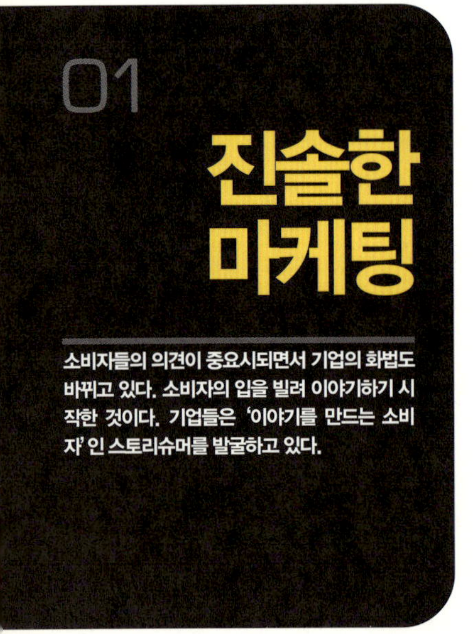

쌩얼의 시대

진솔한 마케팅

온라인 사생팬

리뷰 혁명

‘메이드 인 차이나’라는 꼬리표를 달고서 이전과 같이 ‘수백 년 이어온 장인정신’과 같은 이야기를 쏟아놓는 것이 우습게 들리기 시작한 것이다.

오히려 미간을 찌푸린 채 “우리가 만든 제품도 결국은 환경을 파괴하는 쓰레기가 된다”라며 인간적으로 고민하던 디자이너가 친환경 제조방법을 찾아내는 장면을 화면에 담았을 때, 소비자는 그 안에서 새로운 이야깃거리를 발견한다.

제품에 담긴 극적인 스토리는 높은 가격을 지불할 충분한 이유로 여겨진다. 게다가 이런 비하인드 스토리는 유튜브와 같은 매체를 통해 급속히 사람들 속으로 파고든다는 장점도 있다. 이런 속성을 이용한 브랜드 필름은 솔직한 화법을 통해 과거와 다른 새로운 명성을 만드는 중이다.

진솔한 감정을 담는 블로그 마케팅

블로그 마케팅도 여전히 힘을 가지고 있다. 인기 있는 블로그 마케터는 사탕발림을 하지 않는다. 고객과 함께 투덜거리며, 제조사로서의 희로애락을 그대로 노출시킨다. 아이리버의 디자이너 옥대리는 자신이 싫어하는 김과장 이야기도 하고 최선배 욕도 하지만, 그 시행착오 속에서 ‘동아리 같은 아이리버’를 사랑하는 풋풋한 마음을 보여준다. 아이리버의 짧은 동화(?)에 엮여버린 블로거들은 수많은 댓글로 애정을 보여주었다.

민트패스mintpass.co.kr 역시 진솔함으로 승부한다. 디자인 아이디어 콘셉트를 소개하는 셀렉트 코너에서는 “이런 게 대체 팔리겠어요?”라는 식의 반문을 하기도 한다. 하지만 이런 무신경한 화법은 오히려 민트패스의 골수팬을 만들고, 상품을 출시하라며 안달하는 수많은 리플을 생산하는 중이다.

IT기술의 발전으로 인해 이제는 무한한 정보가 오간다. 소비자가 제품의 실체에 접근하는 것을

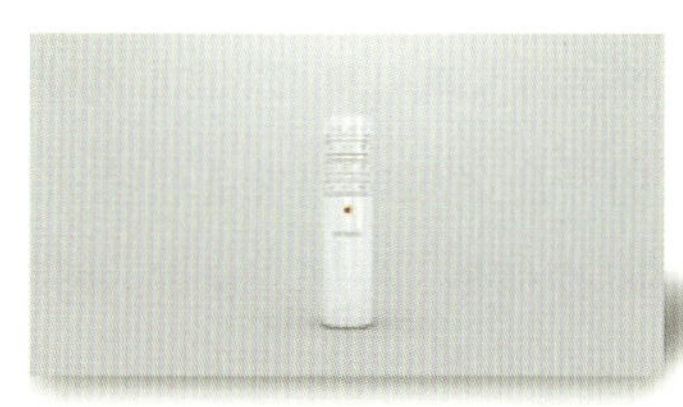

119: 민트 인감 [51]

도장(인장)은 동서고금을 막론하고 계약이나 증거를 남길때 사용되는 등 사회생활에서 없어선 안될 중요한 인증수단이다. 자신의 일에 있어서 마지막 결정을 하는 순간에 사용되는 것이니 만큼 사람들은 도장을 소중히 여기고 분실/도난 또는 위조되는 것을 두려워한다. 또한 호안석, 상아, 흑단목, 옥, 수우각(물소뿔) 등
more

118: 민트 로봇 3 [50]

오스트리아 - 헝가리의 세르비아에 대한 선전포고로 시작된 1차 세계대전은 1914년부터 1918년까지 4년 4개월동안 지속된 최초의 세계적 전쟁이었다. 대영 제국, 프랑스, 러시아 등의 주요 연합국과, 독일 제국, 오스트리아-헝가리의 주요 동맹국이 양 진영의 중심이 되어 싸웠으며 약 900만 명이 전사하였다. 전쟁의 참혹함
more

117: 민트 계산기 4 [35]

민트셀렉트 콘텐츠를 만들다 보니, 민트 시계 (Mint Timepices) 처럼 본의 아니게 시리즈가 되기도 한다. 2회 "계산의 달인" 이 계산기에 대한 첫번째 아이템이라면, 91회 "공도리 패드" 가 "민트 계산기 #2" 가 되겠고, 99회 "민트 타자기"가 그 세번째 민트 계산기라고 볼 수 있겠다. 오늘은 원조 "계산의 달인"
more

막는 일은 거의 불가능하다. TV광고 속에서 세계적인 스포츠스타가 불꽃을 튀기며 축구공을 차지만, 그 뒤에는 제3세계 노동착취가 있다는 것을 사람들은 이미 알고 있다. 과도한 치장은 냉소의 대상일 뿐이다. 오히려 담백한 말로 소비자를 무장 해제시키는 전술, 진솔한 마케팅은 2010년에 더욱 강화될 것이다. 🍎

디시인사이드의 '2PM 갤러리'에 들어와 1분 후 새로고침을 누른다. 그 사이 26개의 게시물이 새로 등재됐다. 지난 24시간 동안 이미 136페이지, 2730개 게시물이 올라왔다. 의미 없는 한탄과 주절거림이 대부분이지만, 스타의 근황에 대한 정보도 빼곡하다. 2PM의 멤버 재범이 다니는 교회의 게시판 내용, 구글맵으로 찾아낸 재범 동네의 위성사진, 어제 가족들은 캐나다 여행을 떠났으며 식당에서 초밥을 주문했다는 이야기까지 상세히 적혀 있다.

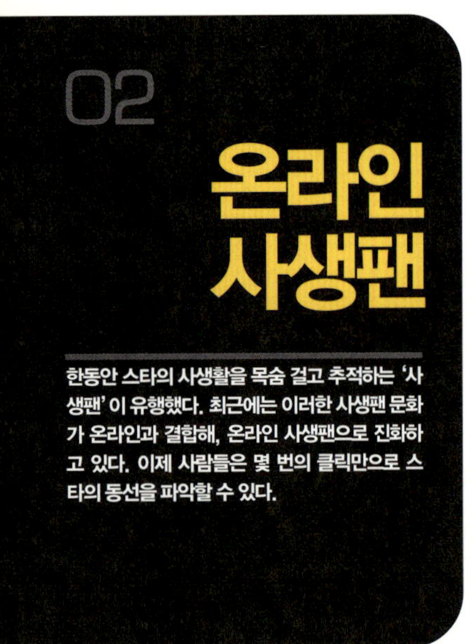

팬들은 스타의 머리 꼭대기에 있다

한동안 스타의 사생활을 목숨 걸고 추적하는 '사생팬私生fan'이 유행했다. 최근에는 이러한 사생팬 문화가 온라인과 결합해, 온라인 사생팬으로 진화하고 있다. 이제 사람들은 몇 번의 클릭만으로 스타의 동선을 쉽게 파악할 수 있다.

게다가 제법 난해한 문제에 대해선 무섭도록 치밀한 '네티즌 수사대'가 풀어준다. 네티즌 수사대는 미니홈피의 제목과 사진을 바꾼 것으로 스타의 연애가 시작됐고, 반대로 몇 장의 사진을 통해 결별했다는 신호까지도 잡아낸다. 이니셜로 보도된 기사들도 문제없다. 클릭 몇 번이면 상세설명을 곁들인 내용을 알아서 보도해주는 글을 만날 수 있다.

스타는 더 이상 신비의 존재가 아니다. 데뷔하는 순간 발가벗겨진다. 아이돌에게는 과거사진과 쌩얼, 성형 여부, 사적인 동영상 등이 프로필처럼 쫓아다닌다. 팬들은 그들이 어떤 과정을 거쳐서 데뷔하는지 알고 있으며, 기획사의 규모에 따른 한계까지도 파악하고 있다. "오빠!"만을 외치며 발만 동동 구르던 순박한 팬들은 사라졌다. 이제 팬들은 스타의 머리 꼭대기에서 가부좌를 틀고 있다. 스타의 계약조건을 분석하고, 행사를 보이콧하며, 기획사에 압력을 넣기도 하는 거대한 존재가 된 것이다.

게다가 매체의 범람으로 모든 것이 기사화되고 있다. 언론은 이제 되는 대로 일단 떠들고 보는 수준이다. 이런 환경 속에서 연예기획사들도 더 이상 숨을 곳이 없다는 것을 깨달았다. 언젠가 공개될 사생활이라면 차라리 적극적으로 마케팅에 활용하자는 분위기다.

어제의 스타들이 미니홈피를 이용해 개인적인 이야기를 소극적으로 노출시켰다면, 오늘의 스타는 트위터를 이용해 자신의 실시간 동선을 팬들에게 전달한다. 방금 치즈케이크를 먹었다거나, 댄서 언니와 장난을 치고 있다는 시답잖은 내용들이 대부분이지만, 스타의 사적인 영역에 들어왔다고 생각하는 팬들은 즐거워한다.

일부 아이돌 그룹은 '파파라치 TV'를 이용하기도 한다. 엠넷의 해적방송 〈2NE1 TV〉의 경우, 멤버들이 쇼핑을 하고, 지루해하고, 때로는 갈등하는 모습들을 심심한 화면으로 보여줬다. 사실 전통적인 TV문법에 의거하면 파파라치 TV는 마치 편집이 덜된 필름을 방송하는 것처럼 보인다. 하지만 날것을 보고 싶어하는 팬들은 만족한다. 수고스럽게 쫓아다니지 않아도 연출되지 않은 장면들을 훔쳐볼 수 있으니 즐겁기만 하다.

진짜를 보여줄 수 있는 사람만이 스타로 남는다

이제 팬들은 쇼 스테이지에서 보이는 모습이 스타의 전부가 아니라는 것을 알고 있다. 한동안은 독설로 버무려진 토크쇼에 출연해 속내를 털어놓는 것만으로도 흥미로웠다. 하지만 지금 대중은 그 이상의 것을 요구한다. 숨겨진 CCTV처럼 복합적인 방향에서 스타의 사적 영역을 관찰하고 싶어한다.

투명성의 사회에서 스타를 치장하는 일은 더욱 어려워졌지만, 사적인 공간에서의 보여준 의외의 캐릭터는 더욱 매력적으로 비치기도 한다. 가수 타블로는 소설을 출판하고, 모델 장윤주는 노래를 부르고, 연기자 구혜선은 그림을 그렸다. 모두 현재의 직업과 그다지 연관된 장르가 아니다. 하지만 인간으로서의 매력을 보일 수 있다는 점에서, 이러한 시도는 성공으로 여겨진다. 오늘의 팬들은 이미 사적인 영역과 공적인 영역을 구분하지 않은 채, 종합점수를 매기고 있기 때문이다. 📺

쌩얼의 시대에서 가장 큰 힘을 가진 권력 중의 하나는 언제든 진실을 쏟아내는 수많은 네티즌이다. 현재 전세계 인터넷의 활동인구는 16억 명. 이들을 통제하려는 시도는 무모해 보이기만 하다. 네티즌의 의견은 이제 하나하나 상대할 수 있는 대상이 아니라, 태풍이나 가뭄과 같이 어쩔 수 없이 받아들여야 하는 자연현상처럼 느껴진다.

그중에서 가장 직접적으로 영향력을 미치는 형식은 리뷰일 것이다. 리뷰는 광고의 위력을 넘어서, 기업의 매출을 쥐락펴락하는 힘을 가지게 됐다. 실제로 전세계 2만5천여 명이 참여한 '닐슨 글로벌 온라인 소비자조사'에 의하면 온라인 소비자의 90퍼센트가 지인의 추천을 신뢰하며, 70퍼센트가 다른 소비자들이 온라인에 올린 의견을 참고한다고 한다. 소비자들은 기업의 일방적인 메시지보다 사용자의 입장에서 느낀 점이 훨씬 중요하다고 여기기 시작했다.

03
리뷰 혁명

투명성의 시대에서 가장 힘을 가진 권력 중의 하나는 언제든 진실을 쏟아내는 수많은 네티즌이다. 그중에서 가장 직접적으로 영향력을 미치는 형식은 리뷰일 것이다. 리뷰는 광고의 위력을 넘어서, 기업의 매출을 쥐락펴락하는 힘을 가지게 됐다.

리뷰만으로도 돈을 번다

최근에는 리뷰만을 전문적으로 다루는 전문기업도 생겨났다. 리뷰 포털사이트인 레뷰revu.co.kr의 경우, 네티즌이 리뷰를 작성하면 현금으로 보상해준다. 자신이 쓴 리뷰가 다른 이들의 추천을 받으면 30원씩 적립되고, 주간 단위로 상금도 부여하므로 수다 떨기 좋아하는 얼리 어답터들의 관심을 끌고 있다.

미국의 스카우트 랩스Scout Labs는 최근 블로그와 온라인 포럼 등에서 오고가는 리뷰만을 모니터링해 기업에 제공하는 서비스를 시작했다. 이 회사는 리뷰 속에 담긴 고객의 감정을 산술적 수치로 분석해 전달한다. 이를 통해 판매기업이 고객의 불만이 무엇인지 깨닫고, 빠르게 개선할 수 있도록 돕겠다는 취지다.

리뷰의 범위도 다양해졌다. '여우야'라는 카페에선 사석에서 쉽게 이야기하기 어려운 성형수술에 관한 리뷰까지 읽을 수 있다. 게시물을 열어 성형 전의 추레한 사진을 스크롤하고 나면 성형 후의 오똑한 코와 함께 한 편의 반전드라마가 등장한다.

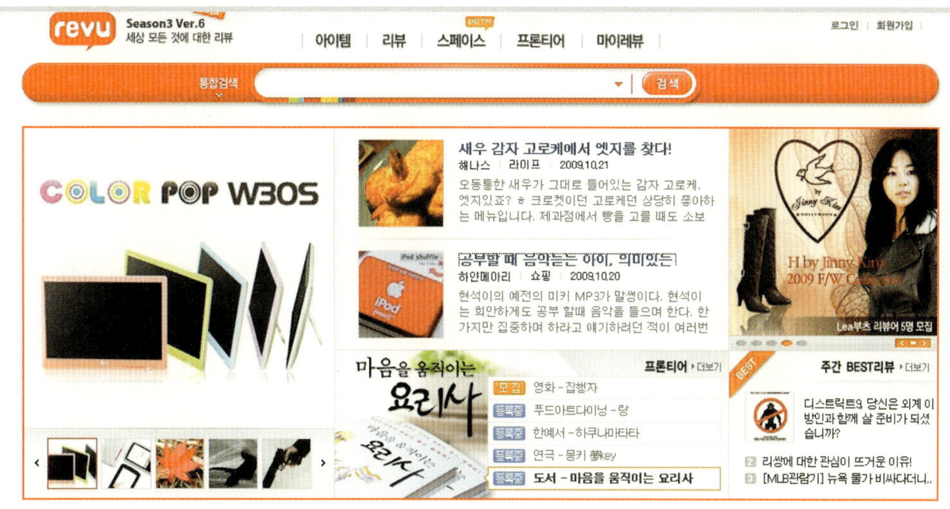

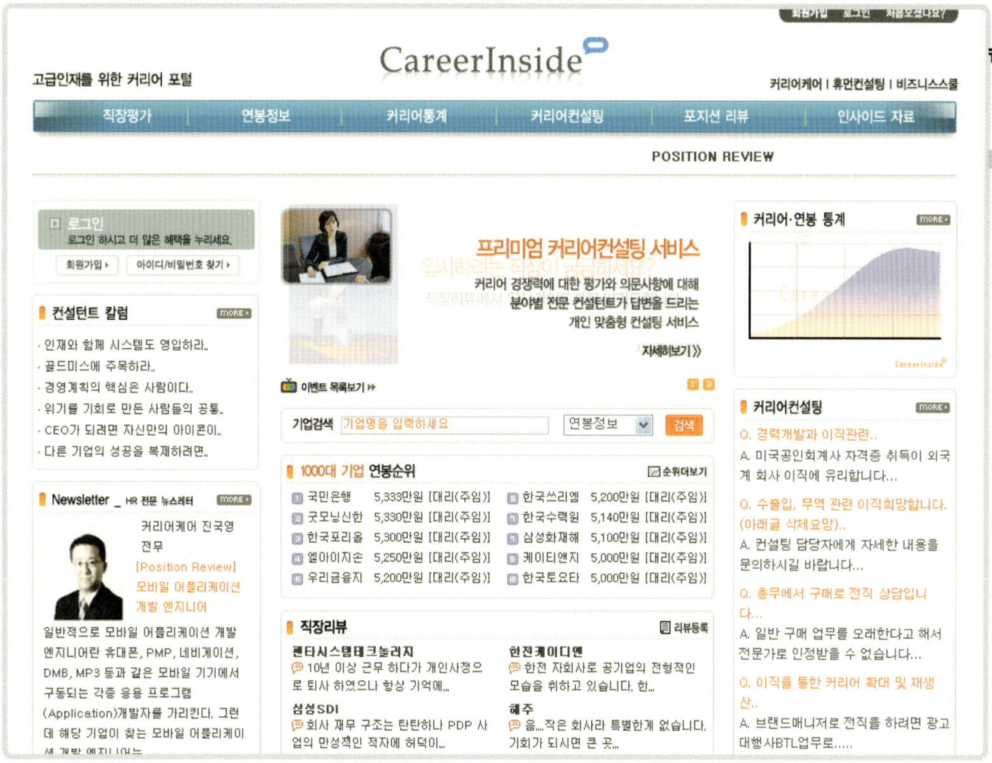

회원가입 로그인 처음오셨나요?

CareerInside

고급인재를 위한 커리어 포털

커리어케어 | 휴먼컨설팅 | 비즈니스스쿨

직장평가 연봉정보 커리어통계 커리어컨설팅 포지션 리뷰 인사이드 자료

POSITION REVIEW

로그인
로그인 하시고 더 많은 혜택을 누리세요.
회원가입 › 아이디/비밀번호 찾기 ›

컨설턴트 칼럼 MORE ›
· 인재와 함께 시스템도 영입하라..
· 꿀드미스에 주목하라..
· 경영계획의 핵심은 사람이다..
· 위기를 기회로 만든 사람들의 공통..
· CEO가 되려면 자신만의 아이콘이..
· 다른 기업의 성공을 복제하려면..

Newsletter _ HR 전문 뉴스레터 MORE ›
커리어케어 진국영
전무
[Position Review]
모바일 어플리케이션
개발 엔지니어

일반적으로 모바일 어플리케이션 개발
엔지니어란 휴대폰, PMP, 네비게이션,
DMB, MP3 등과 같은 모바일 기기에서
구동되는 각종 응용 프로그램
(Application)개발자를 가리킨다. 그런
데 해당 기업이 찾는 모바일 어플리케이
션 개발 엔지니어는

프리미엄 커리어컨설팅 서비스
커리어 경쟁력에 대한 평가와 의문사항에 대해
분야별 전문 컨설턴트가 답변을 드리는
개인 맞춤형 컨설팅 서비스
자세히보기 》

이벤트 목록보기 »

기업검색 기업명을 입력하세요 연봉정보 검색

1000대 기업 연봉순위 순위더보기
1	국민은행	5,333만원 [대리(주임)]	한국쓰리엠	5,200만원 [대리(주임)]
2	굿모닝신한	5,330만원 [대리(주임)]	한국수력원	5,140만원 [대리(주임)]
3	한국포리올	5,300만원 [대리(주임)]	삼성화재해	5,100만원 [대리(주임)]
4	엘아이지손	5,250만원 [대리(주임)]	케이티앤지	5,000만원 [대리(주임)]
5	우리금융지	5,200만원 [대리(주임)]	한국토요타	5,000만원 [대리(주임)]

직장리뷰 리뷰등록
펜타시스템테크놀러지
10년 이상 근무 하다가 개인사정으
로 퇴사 하였으나 항상 기억에..

삼성SDI
회사 재무 구조는 탄탄하나 PDP 사
업의 만성적인 적자에 허덕이..

한전케이디엔
한전 자회사로 공기업의 전형적인
모습을 취하고 있습니다. 한..

해주
음...작은 회사라 특별한게 없습니다.
기회가 되시면 큰 곳..

커리어·연봉 통계 MORE ›

커리어컨설팅 MORE ›
Q. 경력개발과 이직관련..
A. 미국공인회계사 자격증 취득이 외국
계 회사 이직에 유리합니다...

Q. 수출입, 무역 관련 이직희망합니다.
(아래글 삭제요망)..
A. 컨설팅 담당자에게 자세한 내용을
문의하시길 바랍니다...

Q. 총무에서 구매로 전직 상담입니
다...
A. 일반 구매 업무를 오래한다고 해서
전문가로 인정받을 수 없습니다...

Q. 이직을 통한 커리어 확대 및 재생
산..
A. 브랜드매니저로 전직을 하려면 광고
대행사BTL업무로.....

시술자는 의사선생님을 찬양하고, 500여 개의 댓글은 병원 이름이 무엇이냐며 아우성이다.

커리어인사이드careerinside.net와 같은 곳에 들어가면, 국내 3천여 개 기업에 대한 리뷰를 볼 수 있다. "수준에 비해 과다한 인력이 문제가 된다. 젊은 분이 들어가면 3~4년 이상 잡일에 시달릴 확률이 높다"와 같은 노골적인 이야기를 곁들이며 직장환경, 업무강도, 연봉 등 세세한 정보를 알려주고 있다. 재직자가 보는 실제 직장의 속내가 완전히 까발려져 있는 셈이다.

상품 리뷰를 넘어 결국 인간에 대한 리뷰사이트까지 생기고 있다. 미국의 아보avvo.com에서는 변호사를 평가하고 국내 사이트 올티처allteacher.net에서는 학원교사에 대한 평점을 매기기도 한다.

리뷰도 맞춤형으로 진화 중

리뷰 형태는 IT와 결합하면서 진화하고 있다, 최근에는 무선인터넷이 되는 휴대폰이 늘어나면서 동영상 리뷰도 서서히 증가 추세에 있다. 미국의 레스토랑 평가사이트 옐프yelp.com는 휴대폰용 리뷰 어플리케이션을 만들었다. 이를 이용해 레스토랑의 동영상을 찍으면 화면 위에 리뷰가 나타난다. 처음 보는 먹자골목에 들어가서도 동영상만 찍으면 진짜배기 음식점을 금방 찾을 수 있는 세상이 온 셈이다.

요즘 세대는 두 번 쇼핑을 하곤 한다. 매장에 나가서 제품을 보고난 뒤, 집에 돌아와 최저가격을 검색하고 구입하는 식이다. 하지만 안드로이드폰 어플리케이션 샵새비Shopshavvy를 이용하면 좀더 간단해진다. 매장에 있는 제품의 바코드만 찍으면 그 자리에서 2만 곳이 넘는 미국 온·오프라인 매장과 가격비교를 해준다. 물론 소비자들의 리뷰도 볼 수 있다. 휴대폰을 통해서 즉시 구매를 할 수도 있고, 오프라인 매장에서 구입하겠다면 구글 맵스Maps에 표시해주는 위치를 따라 찾아가면 된다.

하지만 리뷰 역시 크고 작은 혼란을 겪고 있다. 기업들이 좀더 교묘한 방식으로 가짜 리뷰를 작성하거나, 압도적인 물량공세를 통해 평점제도를 무력화하기도 한다. 일례로 포털사이트의 영화 리뷰에서는 평점을 도무지 믿지 못 하겠다는 의견들

이 지속적으로 터져나오고 있는 상황이다.

이같은 혼란을 막기 위해 해외에서는 리뷰 작성자의 페이스북을 자동적으로 연결하는 시스템이 증가하고 있다. 이를 통해 리뷰 작성자의 성별·인종·나이·지역·생활수준 등을 가늠해볼 수 있다. 덕분에 "나와 비슷한 사람은 어떤 것을 구매할까"라는 궁금증도 쉽게 풀린다. 리뷰 맞춤형 시대까지 도래한 것이다. Ｔ

개개인이 디자이너, 스타일리스트인 시대

interview
22

장윤주

모델 겸 가수

"요즘은 디자이너들이 아이디어를 뽑을 때, 젊은이들의 스트리트 패션을 보고 영감을 받는 경우가 굉장히 많아요. 국내에도 스트리트 패션을 다룬 잡지나 인터넷 사이트가 많아지고 있고요. '이 스커트에는 흰 남방' 이런 식으로 정형화된 패션이 아니라, '왜 그래야 해? 난 좀더 새로운 것!'을 외치는 젊은 친구들이 많거든요."

Q 올해의 패션 트렌드를 말씀해주신다면.

작년 말부터 1980년대 패션이 유행하고 있어요. 1980년대 스타일 하면 여러 가지가 있겠지만, 그중에서도 마치 마이클잭슨의 죽음을 암시하기라도 한 듯이 그의 라이더 재킷을 반영한, 어깨에 힘을 준 디자인이 유행했어요. 2008년에는 스키니룩이 많이 선보였는데요, 이게 대중화돼서 남성들까지도 스키니 바지를 입고 다닐 정도였죠. 이후 사람들이 스키니룩에 어울릴 만한 아이템들을 찾다가, 발맹 Balmain이라는 디자이너 컬렉션에서 어깨를 강조한 재킷이 폭발적 인기를 얻게 되었어요. 2009년에 이전부터 유행했던 스키니와 1980년대의 파워숄더 아이템이 새롭게 접목됐듯이, 2010년에는 지금 인기 있는 아이템과 80년대 스타일이 새롭게 믹스되지 않을까요?

Q 파워숄더 의상은 모델들이 입으면 참 예쁜데, 일반인들이 입기에는 조금 부담스러운 것 같기도 해요.

파워숄더 의상에 대한 수요는 당분간 지속될 것 같아요. 1980년대의 강한 스타일이 이제 대중들에게 정착하기 시작했거든요. 지금보다 훨씬 전부터 해외 에디터나 셀리브리티들은 80년대에 크게 유행했던 아이템들을 입고 다녔어요. 그게 이제 국내의 셀리브리티로 왔고, 최근에는 대중들도 80년대 스타일을 코디하고 다니는 것이죠. 스키니진도 그중 하나고요. 자연스러운 블라우스인데 어깨에 힘이 들어가 있다든지, 아니면 누구나 입을 수 있는 기본 재킷이지만 어깨에는 살짝 각이 졌다든지 하는 대중화된 80년대 스타일을 다양하게 만날 수 있을 것으로 예상하고 있어요.

Q 올해 불황이라 국내 패션시장이 많이 위축됐던 것 같아요.

특히 우리나라의 패션 소비행태를 보면 국내 브랜드가 성장하기 참 어려운 상황인 것 같아요. 들어갈 시장이 없어요. 국내 패션 소비는 정말 하이럭셔리 브랜드 아니면, 동대문으로 나뉘거든요. 이왕이면 돈 좀 보태서 럭셔리 명품을 사겠다는 사람과, 패션 트렌드는 어차피 한 시즌인데 저렴한 것 구매하고 잠깐 즐기자는 사람들이 양분되어 있어요. 그러니 그 중간 시장이라고 할 수 있는 국내 브랜드가 대중성을 얻기는 참 어려운 것 같아요. 그래서 최근 국내 디자이너들 중 일부는 세컨드 브랜드로 대중에게 한발 더 다가서려고 노력하고 있

인터뷰 | 장윤주

어요. 옷감은 약간 떨어지더라도 디자인은 오리지널 브랜드 못지않게, 그리고 가격은 절반 정도로 낮춘 브랜드를 만들어서 젊은 사람들이 자주 가는 백화점이나 온라인 쇼핑몰을 통해 대중성을 넓히고 있는 거죠.

또 2010년에는 국내의 젊은 패션 디자이너들의 해외 진출이 활발해질 것 같아요. 이미 파리에서 인지도를 쌓고 성공하신 우영미 디자이너 같은 분도 있고, 정욱준, 김재현, 송자인 등의 젊은 디자이너들이 파리로 진출하고 있어요. 아직까지는 일본의 요지 야마모토Yoji Yamamoto, 꼼데가르송처럼 이름만 대면 누구나 알 만한, 우리나라를 대표하는 세계적인 디자이너 브랜드는 없는 게 사실이지만, 머지않아 한국에서도 전세계인에게 사랑받는 디자이너가 탄생할 수 있겠죠.

Q 요즘 패션계에 팝아티스트 등의 다른 분야 사람들과 함께하는 콜래버레이션이 굉장히 많더라고요. 콜래버레이션을 하지 않는 브랜드를 찾기가 오히려 힘들더군요.

루이비통이 일본의 모던아티스트 무라카미 다카시와 합작해서 히트를 쳤잖아요. 서로 다른 영역에서 영감을 받은 아티스트가 만나서 함께 작업하는 일이 참 바람직하고, 앞으로도 점점 많아질 것 같아요. 얼마 전에 마크 제이콥스를 다룬 다큐멘터리를 봤는데, 거기서 "한국 영화를 좋아한다, 최근에는 〈바람난 가족〉 〈취화선〉을 봤다"라고 얘기하더라고요. 그걸 보면서 '아, 어쩌면 이 사람이 언젠가 한국의 영화감독과도 함께 작업하자고 할 수도 있겠구나' 하는 생각이 들더라고요. 그만큼 예술의 영역은 이제 제한이 없으니까요.

최근에는 착한 콜래버레이션도 많이 진행되는 것 같아요. 여성복 구호에서 진행하는 '하트 포 아이 Heart for Eye'라는 프로젝트는 디자이너와 모델, 연예인 등이 티셔츠 제작에 참여해 그 판매수익을 시각장애 어린이들의 개안 수술비로 지원하는 사회공헌 활동으로 화제를 모았죠.

Q 2010년의 패션 트렌드, 어떤 모습으로 우리를 찾아올까요?

패션 디자인은 이미 나올 만큼 다 나온 상황이에요. 물론 코코 샤넬 Coco Chanel이 여성들을 코르셋으로부터 해방시키고 자유를 주었듯이 미래에는 또 분명히 뭔가 새로운 패러다임을 제시하는 누군가가 등장하겠지만요.

하지만 그전까지 패션의 승부처는 '스타일'이 될 것 같아요. 불과 몇 년 전만 해도 남자들끼리 쇼핑 다니는 모습은 거의 못 봤어요. 그런데 요즘은 비슷한 또래 남자애들이 쇼핑하는 모습을 자주 목격하게 돼요. 그만큼 남자, 여자 가리지 않고 우리나라 사람들은 옷에 관심이 많고, 실제로 길거리를 돌아다녀보면 모델 저리 가라 할 만큼 너무나도 옷을 잘 입는 사람들이 많아요. 제가 상상도 할 수 없는 아이템들을 믹스 앤드 매치해서 멋지게 소화하더라고요.

길거리에 '스타일'이 있다

요즘은 디자이너들이 아이디어를 뽑을 때, 젊은이들의 스트리트 패션을 보고 영감을 받는 경우가 굉장히 많아요. 국내에도 스트리트 패션을 다룬 잡지나 인터넷 사이트가 많아지고 있고요. '이 스커트에는 흰 남방' 이런 식으로 정형화된 패션이 아니라, '왜 그래야 해? 난 좀더 새로운 것!'을 외치는 젊은 친구들이 많거든요. 한 개의 아이템을 누가 매치하느냐에 따라 전혀 다른 분위기로 연출할 수 있는, 이런 아이디어는 제 머리에서 나오는 것도 아니고, 마크 제이콥스의 머리에서 나오는 것도 아니죠. '개개인이 디자이너'인 거예요. '개개인이 스타일리스트'인 시대인 것이죠. T

'잇백'에 질린 여자들, '쇼퍼백'으로 바꿔들다

interview
23

신유진

『엘르 코리아』 편집장

"잇백에는 눈에 띄는 상징적인 장식이 있었어요. 그게 설사 가방 무게를 '오버'할 정도로 거추장스럽더라도 말이죠. 몇 개월 지나지 않았는데 굉장히 오래된 듯해서 더는 들고 다닐 수 없을 것 같은 느낌을 주잖아요. 그래서 그다음에 등장한 것이 '쇼퍼백'이에요. 어디에나 잘 어울리고, 익숙하고, 실용적인 시즌리스 아이템의 중요성을 알게 된 거죠."

Q 올해 패션계의 트렌드라면 어떤 것들이 있을까요?

2009년에는 1980년대 스타일이 가장 큰 흐름이었죠. 가장 두드러졌던 특성은 어깨 부분이 다양하게 변주된다는 점인데요. 처음에는 소극적으로 칼라나 실루엣이 약간 과장된 정도로만 시작했는데, 그게 점점 과해지면서 2009년 F/W 마크 제이콥스 컬렉션을 보면 어깨가 미식축구 선수만 해졌어요. 예전에 1990년대 초반 맥시멀리즘maximalism이 극에 달했을 때의 어깨가 생각날 정도죠.

80년대 트렌드가 시작된 지 2년 가까이, 올해로 네 시즌 정도 되거든요. 패션 흐름은 극으로 갔다가 다시 반향으로 가는 경향이 있는데, 지금은 점점 극단으로 가는 중이죠. 미니스커트 경우 지금 두 해 이상 유행하고 있어요. 길이가 점점 더 짧아지고, 소재도 굉장히 메탈릭하고, 색깔도 형광색 등으로 강해지고 있죠. 레깅스도 처음에는 베이비돌 드레스를 보완하기 위한 것으로 시작했는데, 지금은 소재가 라텍스, 메탈, 찢어진 것 등으로 과감해지고 있잖아요. 한번 시작하면 극단까지 가는 거죠.

동시에 한쪽에서는 그 반작용으로 굉장히 미니멀한 시도가 계속되고 있어요. 디테일이 줄어들고, 라인이 슬림해지는 경향이 보이거든요. 과거에도 90년대 초 맥시멀리즘이 사라지고 극단적인 미니멀리즘의 시대로 진입했지요. 그땐 거의 종교적인 색채가 느껴질 만큼의 극단적인 미니멀리즘이었는데, 지금은 그 정도까지는 아니고 실루엣과 디테일을 정리하는 느낌으로 시작되고 있어요. 지난 S/S 시즌이 거의 80년대 스타일로 처음과 끝을 맺었다면, 올해 F/W 같은 경우는 80년대와 함께 40년대의 스타일도 보이거든요.

Q 40년대 스타일은 어떤 스타일인가요?

40년대는 전쟁 중이었죠. 그럼에도 여자들은 밖에 나갈 때는 모자와 장갑, 스타킹을 모두 갖춰 입어야 하는 시기였어요. 당시는 전시라서 옷감을 쿠폰제로 해서 나눠주는 등 옷감과 부속품을 모두 제한했거든요. 그래서 옷을 만들 때 풍성하게 옷감을 쓸 수가 없었어요. 긴 옷이나 플레어가 과감한 옷, 챙이 넓은 모자를 만들 수 없었던 거죠. 그래서 실루엣이

슬림할 수밖에 없었어요. 여자들에게 활동성을 부여하기 위해 치마 길이가 짧아지기는 했지만, 보수적이었기 때문에 무릎 위까지는 올라올 수는 없었죠. 그래서 치마는 미디 길이 정도, 슬림한 실루엣이 많이 나왔던 거예요. 거기에 벨트를 매고, 챙이 좁은 모자를 쓰고.

재미있는 것은 그때까지만 해도 나일론 스타킹이 없을 때거든요. 실크 스타킹을 신어야 했는데, 실크가 굉장히 귀했죠. 실크 스타킹은 나일론처럼 한 번에 봉제가 불가능해서 뒷부분에 까만 박음질선이 있었어요. 실크 스타킹을 못 신을 경우에는 맨 다리에 까만 선을 그려야 했어요. 줄을 반듯하게 그리는 기구까지 있었죠. 그렇게 해야 할 정도로 머리부터 발끝까지 갖춰 입어야 하는 시대였어요. 올해는 80년대의 자유분방하고 화려하고, 글래머러스한 룩이 있는 반면에 한편으로는 제대로 여성스러운 느낌을 줄 수 있는 룩이 다시 돌아오고 있다고 보면 될 것 같아요.

또 하나 크게 두드러지는 흐름은 액세서리 부분이에요. 럭셔리 브랜드에서 수익구조의 대부분을 차지하는 게 가죽 제품이거든요, 특히 가방류가 대부분을 차지하죠. 옷을 팔아서 수익 구조를 맞추는 브랜드는 정말 드물어요. 왜 '잇백it bag'이라는 말 많이 유행했죠? 이 시기에는 꼭 이 가방을 들어야 한다는. 어떠어떠

유도 안 되고 딱 이 가방만 들어야 한다는 것이 잇백이잖아요.

이런 잇백 마케팅이 한 2~3년 계속 됐었죠. 가방 하나 띄우기 위해서 브랜드마다 6개월 동안 굉장히 주력해서 광고하고, 스타를 기용해서 전방위적으로 마케팅 하는 거죠. 런웨이, 컬렉션이 끝나자마자 스타들에게 새로운 가방을 나눠줘요. 매장에는 아직 나오지도 않은 가방을 말이죠. 스타들에게 그 가방을 들게 해서, 파파라치들이 이들을 찍으면 전세계에 퍼지게 되죠. 매장에 가방이 들어오기도 전에 웨이팅 리스트waiting list가 만들어지는, 소비자들을 마구 초조하게 만드는 전략이죠.

그런데 그런 잇백에는 눈에 띄는 상징적인 장식이 있었어요. 자물쇠, 큰 줄 등 그 시즌, 그 가방에서만 볼 수 있는 특징적인 것, 그게 설사 가방 무게를 '오버'할 정도로 거추장스럽더라도 말이죠. 그런데 이제 여자들이 그런 무거운 가방에 질리게 되었어요. 6개월이 되기도 전에, 한 3~4개월 들고 나면 그렇게 되죠. 저는 그게 데코레이션이 많은 케이크 같다는 느낌이 들어요. 금세 질리니 하나를 다 못 먹는 거죠. 몇 개월 지나지 않았는데 다음 시즌

에 그 가방을 보면 굉장히 오래된 듯해서 더는
들고 다닐 수 없을 것 같은 느낌을 주잖아요.

그래서 그다음에 등장한 것이 '쇼퍼백shop-
per bag'이에요. 고야드Goyard가 쇼퍼백으로 굉
장히 히트를 쳤잖아요. PVC 소재라서 굉장히
가볍고, 그 시즌에만 볼 수 있는 것이 아니라
계속해서 모노그램과 스타일이 반복되니 바꿔
줘야 한다는 부담이 적죠. 고야드가 그런 정책
을 쓰니 루이비통에서도 쇼퍼백이 나오고, 펜
디Fendi에서도 나오고, 거의 모든 브랜드에서
쇼퍼백이라는 이름으로 가벼운 가방들이 나왔
어요. 쇼퍼백은 럭셔리 브랜드에서 굉장히 저
렴한 축에 속하는 인트로 아이템이죠. 하지만
쇼퍼백에만 집중하는 것은 아니에요. 잇백을
대신할 고부가가치의 아이템을 찾고 있어요.
그게 고급스럽고 클래식한, 스테디하게 팔리
는 가방들이 등장하게 된 배경이죠. 어디에나
잘 어울리고, 익숙하고, 실용적인 시즌리스
seasonless 아이템의 중요성을 알게 된 거죠.

잇백 대신 잇슈즈가 등장했다

오히려 잇백 현상은 구두 쪽으로 많이 옮겨
간 것 같아요. '잇슈즈it shoes'라고 하죠. 구두
는 그다음 시즌에 질리기도 하지만 일단 오래
신으면 닳거든요. 그래서 최근에는 런웨이에

서 디자인에 굉장히 신경 쓰고 하나의 예술작
품 같은 구두가 많이 등장했어요. 그래서 올
해는 거리에서도 과감한 디자인의 신발을 자
주 만날 수 있었죠. 여름 신발만 봐도 주얼 슈
즈라고 해서 반짝거리는 장식이 마구 달려 있
었잖아요. 잇슈즈의 영향이 길거리에서 그런
식으로 나타나는 거죠. 잇백에 들어갔던 노력
이 이제 슈즈로 넘어갔다고 볼 수 있을 것 같
아요.

Q 요즘 에코상품이 화두가 되고 있
는 것 같아요. 한국에서의 가능성을
어떻게 보세요?

아직 한국에서는 그렇게 의식적인 소비부분
은 약한 것 같아요. 그린, 환경, 에코, 웰빙 이

런 용어들을 처음에 굉장히 마케팅적인 차원에서 시도하다보니까 진정성에 의심을 받는 거죠. 브랜드들이 수익금의 5퍼센트를 환경을 위해 쓴다는 식으로 말하잖아요. 언뜻 보기에는 굉장히 근사해 보이죠. 하지만 사실 인터내셔널 브랜드라면 5퍼센트라고 해도 어느 정도 금액이 모일 수 있는데요, 매장 몇 개 없는 국내 브랜드에서 5퍼센트라고 하면 상당히 적은 금액이에요. 그리고 해외의 경우에는 사람들이 자생적으로 친환경 운동을 하면서 시작됐지만 한국에서는 소비자들이 먼저 시작한 건 아니었잖아요. 기업들이 마케팅 수단으로 먼저 시작한 것이지. 태생이 일단 달라요. 그래서 일단 당분간은 크게 열풍을 일으킬 것 같진 않아요. 여기저기서 에코나 그린을 떠들어대니 열풍이 부는 것처럼 보이지만 거기에 진실성이 있는지는 또 다른 얘기거든요. 하지만 늦은 속도이지만 진심으로 에코 패션에 동참하고 있는 현명한 소비자들이 꾸준히 늘고 있는 것은 사실입니다. 진정한 에코라면, 요란히 떠드는 것도 비환경적인 소음이나 자원 낭비를 유발하는 셈이니 조용히 이루어지는 거겠죠.

Q 얼마 전 『엘르 코리아』에서 200호 특집으로 「대한민국 파워우먼 초상전」을 했잖아요.

『엘르 코리아』가 창간된 1992년부터 2009년까지 16년 동안 한국 여자들의 삶은 굉장히 달라졌어요. 이제는 너무 드러내놓고 경쟁하고, 도전하고 '나는 힘에 세다!'라고 외치는, 이런 식의 파워를 강조하는 여성성보다는 감수성이 존중받는 시대로 가고 있는 것 같아요. 향후 우리 사회에서 여자들의 힘이라는 것은 과거 여권신장이 있었을 때처럼 '나는 남자만큼 똑똑하고, 남자만큼 버틸 수 있고, 남자하고 똑같이 일을 할 수 있어'라는 게 아니라, 남자들은 이런 부분을 잘하고, 여자들은 이런 것을 잘하니 이제 서로 독려하면서 잘해보자 하는 거죠, 동반자의 느낌으로. 자신이 가진 본질을 일부러 바꾸려 하지 않고 그것의 가치를 인정하고 가는 것이 앞으로 더 조화롭게 살 수 있는 방법이라 생각해요.

여성들이 가진 특징이 사회생활을 할 때도 분명히 더 잘 발휘되는 부분이 있고요. 많은 사회학자들이 21세기, 22세기에는 여성적인 특징, 정서적인 특징이 많이 존중받고 사람들을 아우를 수 있는 자질이 더 인정을 받는다 하잖아요. 하드웨어보다는 소프트웨어가 더 중요한 사회인 거죠. 남자를 경쟁상대로 보는 것이 아니라 여성 자체로, 여자의 힘을 인정하고 그것을 발현하는 방향으로 발전하지 않을까 생각해요.

Q 2010년의 패션 트렌드를 예상하신다면요?

패션은 경기 흐름을 많이 타기 때문에 지난 1년 동안 디자이너들이 많이 움츠러들었어요. 90년대 말 구찌에서 강아지 가방과 강아지 끈이 나오는 등 아이템들을 막 확장시켰잖아요. 그런데 이제는 그런 식으로 과시를 하는 것이 아니라, 실질적으로 매출을 일으킬 수 있는 쪽으로 디자이너들이 분야를 확대를 하고 있어요. 한동안 디자이너들이 SPA(유니클로, 갭, 자라 등 생산부터 소매·유통까지 직접 담당하는 패션 브랜드)들과 콜래버레이션을 했잖아요. 그런데 이젠 럭셔리 브랜드에서 직접 소비자들에게 좀더 가까이 다가가려고 하고 있어요. 마르니 Marni의 서머 에디션이나 윈터 에디션 등은 컬렉션 라인보다 좀더 저렴한 소재를 이용해서 가격을 낮추고 있고, 이브 생 로랑의 어나더 에디션another edition은 너무 트렌디하지 않아서 부담없이 입을 수 있는 유니섹스 디자인을 택하고 있습니다.

그리고 앞으로는 스토리텔링 마케팅을 많이 할 것 같아요. 그 방식이 더 고도화되겠죠. 히스토리만 팔아서는 안 되니까, 그 히스토리를 리뉴renew할 수 있는 방법을 많이 개발할 것 같아요. 예전에는 럭셔리 브랜드가 굳이 광고하지 않아도 사람들이 샀죠. 하지만 글로벌 시장을 상대로 하는 이제는 마케팅을 많이 해줘야 돼요. 지금 럭셔리 제품들의 명성은 장인들이 몇 시간, 며칠을 걸려서 만들던 시대에 구축된 것이잖아요. 그런데 대부분의 브랜드들이 다 중국이나 제3세계에서 만들고 있는데, 숙련되지 않은 노동자들이 만든 것을 가지고 장인이 만들었다고 할 수는 없고, 그냥 장인들의 히스토리를 대량 생산해서 팔고 있는 거죠. 실제로 생산은 단가를 계속 낮추면서도 이미지를 계속 입혀서 브랜드에 대한 환상을 유지하고 있어요. 사람들은 그 환상을 사는 것이고요. 이런 소비자들의 환상을 계속 유지시킬 수 있는 스토리텔링이 앞으로는 더욱더 활발하게 진행될 거예요. T

PART 14

한식 한류

KOREA

세계 음식시장은 약 4조5천억 달러에 육박하는 규모로 성장했다. 이는 자동차시장의 2.5배, 반도체시장의 15배에 달하는 어마어마한 규모다. 더군다나 매출 1억 원이 증가하면 3.6명(전 산업 평균 2.2명)의 직원을 추가 고용할 수 있다고 하니 고용창출 효과도 상대적으로 높은 편이다. 잘만 키우면 몇몇 연예인에게만 수입이 집중되는 지금의 한류 엔터테인먼트 산업보다 오히려 '알찬 한류'로 성장할 가능성이 엿보인다.

하지만 국제 세계에서 한식의 위상은 여전히 초라하다. 가장 많은 해외 지점을 가진 것으로 알려진 한식당조차 지점 수는 고작 20개에 불과하다고 한다. 설상가상, 한국의 대표음식 김치마저도 주도권을 빼앗길 처지다. 스위스에 본사를 둔 다국적기업 네슬레 Nestle 는 세계 14개국에서 김치와 매우 유사한 조리방법의 특허를 일찍이 선점했다. 업계와 대학의 이의신청으로 간신히 한국에서의 특허는 막고 있으나, 김치 종주국으로서 형편이 처량하기 그지없다.

이런 사정을 '딱히' 여겨, 정부는 한식 세계화에 화끈하게 나설 것으로 보인다. 영부인인 김윤옥 여사를 명예회장으로 추대한 '한식 세계화 추진단'을 발족하는가 하면, 가수 비를 홍보대사로 내세우기도 했다. 씀씀이도 큼직큼직하다. 정부는 한식 세계화 추진을 위해 농림수산식품부에 2009년 예산 100억 원, 2010년 예산 240억 원을 과감히 책정했다. 정부는 이같은 정책을 통해 2017년까지 해외 한식당을 4만 개로 늘리고, 한식을 세계 5대 대표음식으로 자리 잡게 한다는 야심찬 목표를 세웠다.

일부에서는 "한식 세계화가 지나치게 정부 주도의 보여주기식 행사로만 진행되는 것은 아니냐"는 우려도 하지만, 전문가들은 건강식이라는 측면에서 한식 세계화의 가능성을 밝게 보고 있다. 불고기와 함께 상추를 먹는 방식이나, 다양한 채소를 함께 먹을 수 있는 비빔밥 역시 서양인들에게 웰빙음식으로 비치고 있다고 한다. 게다가 발효식품이 많은 것도 강점. 실제로 세계보건기구 WHO 는 한식을 영양적으로 균형 갖춘 모범식으로 선정하고, 미국『헬스』지는 김치를 세계 5대 건강식으로 소개하기도 했다.

아이러니하게도 균형 잡히고 전통적인 한정식보다는 오히려 양념통닭과 같은 서민적인 음식이 해외에서 중독성을 보이며 인기를 얻는 형편이지만, 〈대장금〉 등의 한류 드라마를 바탕으로 촉발된 한식 한류의 열풍은 어떤 방식으로든 화제를 몰고 올 것으로 보인다.

한식 한류의 선봉은 매콤한 떡볶이가 맡았다. 2009년 3월, 경기도 용인에 떡볶이연구소가 문을 열면서 세계정복을 향한 야심이 수면 위로 떠오르고 있다. 정부는 향후 5년간, 이 연구소에 무려 140억 원을 공격적으로 지원하며 떡볶이 세계화를 추진할 계획이다.

반대도 없지 않았다. 한쪽에서는 불고기나 잡채같이 고급스러운 음식을 놔두고 왜 하필 떡볶이냐는 불만이 제기되기도 했다. 떡볶이는 영양소가 불균형하고 고열량인 데다, 길거리 음식이라 경쟁력도 떨어진다는 이유다. 게다가 매운맛에 대한 반감을 극복한다 해도, 서양사람들이 물컹한 식감을 싫어한다는 것도 약점으로 작용했다. 한 전문가는 "어떻게든 빠르게 승부를 보려는 정부의 조급함이 드러난 정책"이라는 비판도 있었다.

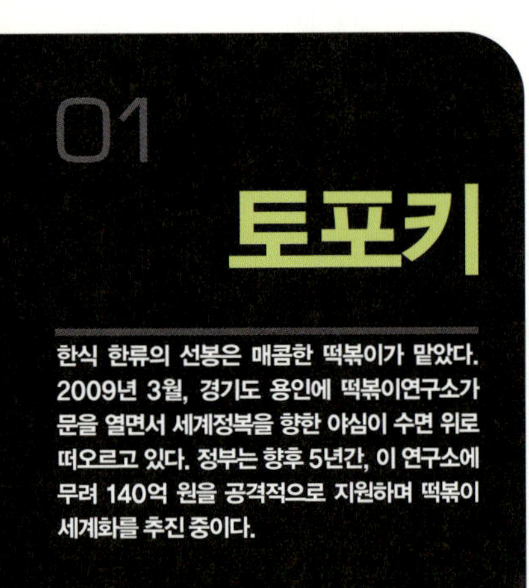

스파게티처럼 간단한 게 오히려 강점

하지만 떡볶이연구소 측은 "다른 한식은 조리과정이 너무 복잡해 수출이 어렵다"라고 반론한다. 반면, 떡볶이는 단순한 재료와 쉬운 조리법 때문에 오히려 경쟁력이 높고, 떡을 양념에 요리하는 간단한 콘셉트는 이탈리아의 스파게티처럼 세계인의 입맛에 맞춰 현지화하기도 쉽다고 설명한다.

지금 떡볶이연구소는 조리사의 모든 연구과정을 데이터베이스로 남긴다. 최적화된 레시피를 과학적으로 분석하며 떡볶이 세계화의 초석을 쌓으려는 중이다. 대부분의 한식 조리법처럼 '떡 한 움큼' '참기름 약간' '고추장 듬뿍'과 같이 조리법이 불분명해서는 세계인이 쉽게 이해할 수가 없다. 이들은 120년 넘은 코카콜라의 일관된 맛처럼 표준을 만들어가는 것이 중요하다고 주장한다.

또한 매운맛에 대해 막연한 공포를 가지고 있는 외국인을 위해 매운맛을 다섯 단계로 표준화하고 있다. 사실 매운맛을 단계별로 구분하려는 노력은 이미 일반 기업

떡볶이는 단순한 재료와 쉬운 조리법 때문에
오히려 경쟁력이 높고,
떡을 양념에 요리하는 간단한 콘셉트는
이탈리아의 스파게티처럼
세계인의 입맛에 맞춰 현지화하기도 쉽다.

에서도 활발히 진행되어왔다. 최근 이마트 역시 자체상표 고추장 브랜드를 4가지로 구분했다. 업체 측은 서구화된 입맛으로 인해 소비자들이 2단계 정도의 매운맛을 선호하리라 예상했지만 실제 판매에선 최고 단계인 '무진장 매운맛'이 전체 매출의 50퍼센트를 차지할 정도로 인기가 높았다고 한다.

떡볶이의 국제 명칭, '토포키'라 불러주세요

또한 떡볶이연구소는 떡볶이를 해외에 효과적으로 알릴 수 있는 캐릭터 작업과 네이밍 작업도 시작했다. 국내 영문표기법에 따르면 사실 떡볶이는 'tteokbokki'로 써야 한다. 하지만 너무 길고 복잡해 외국인이 발음하기 쉽지 않다. 영어권과 비영어권을 뛰어넘어 세계인이 친숙하게 부를 수 있어야 한다는 데 의견을 같이하고, 언어학자와 마케팅 전문가 등이 함께 모여 떡볶이의 국제표기를 'topokki', 즉 '토포키'라는 쉬운 단어로 변경했다.

이와 함께 떡볶이 종류와 재료 하나하나에 이름을 붙여 친근한 캐릭터도 완성했다. 길쭉한 떡은 토키Tokki, 어묵은 토코Tokko 등의 이름을 달았다. 연구소는 향후 이 캐릭터를 가지고 어린이들에게 친숙한 떡볶이 애니메이션도 만들 계획이라고 한다.

BERG KOREA
떡볶이연구소
축 개원
떡볶이 세계화 거점 연구기관
TOPOKKI
떡볶이연구소
Korean Topokki

E·MART
매운맛 고추장
Hot
Red Pepper Paste

E·MART
무진장 매운맛 고추장
Extremely Very Hot
Red Pepper Paste

Topokki
Story
떡볶이, 한국을 말하다
Vol. 1

한편에서는 세계인의 입맛에 맞추기 위해 떡볶이에 새로운 변화를 주기도 한다. 사실 떡볶이의 원형은 임금님이 먹던 궁중음식인데, 당시에는 지금과 같이 매운맛을 띠지 않았다. 전쟁이 끝난 50년대 이후, 재료를 많이 쓰지 않고 간단히 조리할 수 있는 방법을 찾다보니 지금과 같은 매운맛을 지니게 된 것이라고 한다.

최근에는 매워야 한다는 강박관념을 과감히 벗어던지고, 크림소스, 치즈, 올리브 오일 등을 섞은 신 메뉴를 선보이며 세계 식탁 공략에 나서고 있다. 서울떡볶이페스티벌 사이트topokki.com는 마요네즈 떡볶이, 사과 떡볶이, 떡볶이 옥수수그라탕을 비롯한 40가지 신개념 떡볶이의 레시피를 정리해 놓았다.

5만 명이 넘는 인파가 참여한 서울떡볶이페스티벌에서는 떡볶이 전용음료까지 선보였다. 피자와 콜라가 궁합이 맞는 것처럼, 떡볶이를 감칠맛 나게 할 수 있는 음료를 개발해보고자 한 것이다. 쌀 발효추출물을 이용해 만든 이 음료는 오리지널, 자몽, 레몬 등 3가지 맛으로 선보였으나, 그다지 좋은 반응을 이끌어내지는 못했다는 후문. 연구소 측은 다양한 아미노산과 플라보노이드 성분이 함유되고 학습능력 증진 및 스트레스 억제 효과가 있는 GABAGamma Amino Butyric Acid의 함량이 높다며 효능을 선전했지만, 네티즌 사이에서는 그저 "박카스와 비타500을 섞어놓은 맛, 아직

떡볶이 레스토랑 베거백의 떡볶이 세트메뉴

까지는 어묵국물이 최고인 것 같다"라는 굴욕적인 평가를 받기도 했다.

먹히는 떡볶이 개발, 민간기업에서 완성해줄까

현재 국내 떡볶이 시장 규모는 약 9천억 원대로 추정된다. 떡볶이용 떡 시장 규모만 해도 2100억 원대에 이를 정도니, 구멍가게 장사로 얕볼 수준을 넘어섰다. 향후에는 떡볶이 시장도 햄버거나 피자 가게처럼 점차 프랜차이즈화될 것으로 보인다. 2009년 하반기 집계된 프랜차이즈 체인점 수만 해도 전국 1200개를 웃도는 것으로 파악됐다.

최근에는 BBQ 브랜드를 가지고 있는 중견그룹 제네시스에서도 '올리브떡볶이'라는 체인점 사업에 뛰어들었다. 떡볶이 레스토랑 베거백에서는 아예 캐주얼 레스토랑이라는 타이틀을 전면에 걸고 '랩스' '클래식' '와이트 로' '나또'와 같은 고급 떡볶이 메뉴와 다양한 샐러드를 함께 구비하고 있다. 이런 떡볶이 프랜차이즈에서는 검정 비닐봉지 대신 고급스러운 종이 포장지를 사용하고, 화학조미료를 쓰지 않거나, 커피전문점처럼 쿠폰제를 실시해 정기적인 방문을 유도하는 노력도 함께하고 있다. 🍎

02

막걸리
누보

농주란 이름으로도 불리며, 김치 안주와 함께 농
부들이 배를 채우던 그 술이 이제는 정상회담 자
리의 조연으로 등장하고 있다. 값이 싸서 싼 맛
에 먹고 나면 다음날 뒷골이 아프다던 막걸리가
어엿한 명주가 될 수도 있음을 알린 상징적인 사
건이었다.

2009년 10월 9일, 이명박 대통령과 하토야마 유키오鳩山由紀夫 일본 총리가 청와대 상춘재에서 열린 오찬에서 막걸리로 건배를 했다. 값이 싸서 싼 맛에 먹고 나면 다음날 뒷골이 아프다던 막걸리가 어엿한 명주가 될 수도 있음을 알린 상징적인 사건이었다. 이명박 대통령은 APEC에서도 막걸리를 회담주로 적극 활용하며 '막걸리 외교'라는 신조어를 만들기도 했다.

농주農酒란 이름으로도 불리며, 김치 안주와 함께 농부들이 배를 채우던 그 술이 이제는 정상회담 자리의 조연으로 등장하고 있는 것이다.

저질 제조방식으로 추락했던 막걸리

1960년대 전체 주류 소비량의 60퍼센트를 차지하던 막걸리는, 술 제조에 쌀 사용을 금지하는 양곡관리법이 1965년 시행되면서 내리막길을 걷기 시작했다. 이후에는 일명 '카바이드 막걸리'라 불리는 불량 막걸리까지 유통되면서 비위생적이고 숙취가 심한 싸구려 술로 인식되었다.

1990년대 들어서며 쌀로 막걸리를 만드는 것이 허용되었지만 특별한 매출 상승을 일으키지는 못했다. 당시에도 대부분 수입쌀을 사용했다. 정부가 수입쌀 소비대책으로 주류업체에 강제적으로 수입쌀을 할당해왔고, 업체들도 저렴한 가격을 위해 이를 기꺼이 받아들인 것이다.

공업용 카바이드 막걸리?

한때 탁주업자들은 발효기간을 앞당겨 생산원가를 줄이려고 공업용 화학물질인 카바이드 calcium carbide를 타서 만들었다. 수요를 감당하지 못해 시작된 불량 생산방식 때문에 막걸리는 '숙취가 심한 술'이라는 불명예를 얻었다.

요즘 판매되는 막걸리는 카바이드를 전혀 사용하지 않는다고 한다. 막걸리의 적정 숙성기간은 8~10일. 이보다 적으면 뱃속에 탄산가스가 생기는데, 이 탄산가스가 혈액을 타고 뇌로 올라와 막걸리 특유의 두통과 숙취를 만드는 것이다.

하지만 2000년대 들어 한류의 확대와 엔고 현상으로 한국을 찾은 일본인들이 막걸리를 즐기게 되면서 인기는 조금씩 회복됐다. 실제로 국내 막걸리 수출량의 87퍼센트는 일본에서 소비되고 있다. 이런 인기에 힘입어 최근 농수산물유통공사는 막걸리 TV광고를 제작, 일본 현지에서 방영하기도 했다.

일본에서는 막걸리가 '웰빙주' '건강주'로 불리며 특히 여성들을 중심으로 그 수요가 폭발적으로 증가했다. 실제로 막걸리 한 병에는 7백억에서 8백억 마리의 유산균이 들어 있을 뿐 아니라, 필수아미노산 10여 종과 피부 미용에 좋은 비타민 등이 함유되어 있다고 한다.

이같은 막걸리 인기와 맞물려 일본 현지 탁주인 '니고리자케濁り酒'와의 대결도 예상되고 있다. 니고리자케의 경우, 막걸리와 생산방식이 똑같으나, 물을 전혀 희석하지 않아 도수가 15도로 강한 편이다. 게다가 오직 누룩만으로 맛을 내는 우리 막걸리와 다르게 다양한 효모를 사용해 향이 강하고 들쩍지근한 맛이 난다고 한다. 주류업계 전문가들은 "세계 시장에서 김치와 기무치가 대결했듯이, 막걸리와 니고리자케가 곧 주도권 쟁탈전을 시작할 것"이라고 전망한다.

그런데 국제 시장을 겨냥하려면 막걸리 명칭의 통일부터 필요할 것 같다. 농림수산식품부는 막걸리의 영문표기로 'Makgeolli'를 사용 중이지만 현재 이 표기를 사용하는 업체는 한 곳도 없다. 일찍 일본에 진출했던 이동재팬이 'Maccori'라는 명칭을 사용해 일본 시장을 선점했지만, 국순당은 'Makkoli', 서울탁주는 아예 '쌀 와인Rice Wine'이라는 서로 다른 이름을 사용하고 있다.

한 관계자는 "일본인에게 잘 알려진 '맛코리'라는 이름을 따르자는 것은 마치, 김치를 '기무치'라고 부르자는 것과 같다"라며 난색을 표했다. 게다가 맛코리라는 발음은 '발기'라는 뜻의 일본어 '못코리'와 비슷해 일본 네티즌들의 비웃음을 사고 있기도 하다.

이같은 일본 막걸리 열풍과 더불어, 한국에서도 조금씩 소비층을 확대해가던 막걸리는, 2008년 말의 경제위기로 저렴한 술을 찾는 사회적 분위기와 제조업체의 다양한 노력이 맞물려 수요 증가세를 보이고 있다.

사실 경기가 나쁘면 독한 술 소주가 잘 팔린다는 속설이 있지만 최근에는 모든 주종의 판매량이 확 줄어들었다. 통계청의 집계에 따르면 맥주·소주·약주·위스키 등 주종별로 1년 전 대비 최대 53퍼센트까지 판매가 줄었으나 그 와중에 막걸리만이 유일하게 판매량이 늘고 있다고 한다.

막걸리는 여세를 몰아 와인 추격에도 나섰다. 2009년 상반기, 편의점 GS25의 주류 매출에서 막걸리는 와인을 제치고 맥주, 소주, 위스키에 이어 판매 4위에 올랐다. 막걸리의 매출은 1년 전보다 68.5퍼센트 늘었지만 와인 매출은 0.3퍼센트 증가에 그쳤다. 백화점에서도 막걸리의 인기가 폭발하면서 '막걸리 존'처럼 막걸리만을 파는 별도 공간이 등장했다.

보졸레 누보가 가고 막걸리 누보가 뜬다

이와 함께 막걸리는 고급화를 지향하고 있다. 최근에는 7만5천 원짜리 명품 막걸리까지 출시된 가운데, 병 모양도 기존의 녹색 플라스틱에서 벗어나 고급스러운 와인병 형식으로 점차 바뀌고 있는 추세다.

2009년에는 '보졸레 누보Beaujolais Nouveau'에 버금가는 '막걸리 누보'도 탄생했다. 막걸리 누보는 햇포도로 만든 보졸레 누보와 마찬가지로, 올해 추수한 햅쌀로 만든 막걸리를 말한다. 매년 12월 둘째주에 판매하며, 대부분 유기농 쌀이나 친환경 쌀과 같은 고급 햅쌀을 재료로 하고 있다.

막걸리 칵테일

막걸리 누보 역시 일반 막걸리에 비해 두세 배가 넘는 비싼 가격에 판매되지만 호응은 뜨겁다. 한 백화점은 막걸리 누보의 예약량이 보졸레 누보 판매량 대비 5배에 이른다고 발표해, 확실히 높아진 막걸리 선호를 보여주었다.

또한 막걸리는 부담 없는 도수 6도로 여심을 공략하고 있다. 실제로 막걸리 누보 판매량의 60퍼센트는 여성이 차지하며, 남성 소비량을 훌쩍 넘어섰다. 젊음의 거리 홍대에는 막걸리 에스프레소, 막걸리 셔벗, 막걸리 아이스크림 등 다양한 형태의 퓨전 막걸리 메뉴가 등장했으며, 일본에서 역수입된 막걸리 칵테일은 분홍색, 보라색의 화려한 색으로 여심을 유혹하고 있다. 전문가들은 "막걸리는 수삼, 수박, 멜론을 비롯한 다양한 과일들과 섞어도 비교적 잘 어울리는 술이다. 새로운 상품들을 개발할 수 있는 가능성이 크다"라고 설명했다.

막걸리는 계속 비상할 것인가

막걸리가 불경기를 등에 업고 큰 인기를 누리고 있지만 이것이 언제까지 지속될지는 알 수 없다. 실제로 IMF 당시에도 막걸리는 폭발적인 인기를 누렸지만 경기가 회복되자 매출은 다시 곤두박질쳤다.

전문가들은 효모에 대한 체계적이고 과학적인 연구와 더불어, 와인처럼 다양하고 품질 좋은 브랜드를 구축하는 것이 급선무라고 한다. 아직까지는 다른 원료나 주종을 혼합한 술에 높은 세율이 매겨져 다양한 술을 개발하는 데 어려움이 있는 것도 사실이다. 하지만 얼마 전 문을 연 막걸리세계화연구소 등과 함께 우리 술에 대한 노력이 더해진다면 막걸리가 세계적인 술이 되는 날도 머지않을 것으로 보인다. 🅣

막걸리 폭탄주

막걸리 폭탄주의 원조는 고故 박정희 전 대통령. 막걸리를 즐겼던 박 대통령은 양주를 먹고 마지막에 막걸리와 사이다를 섞어마셨다. 요즘 젊은이들 사이에는 '막사이사' 라는 이름의 폭탄주로 불리며 유행하고 있다.
최근 유명 디자이너인 김영세 이노디자인 대표가 막걸리 폭탄주의 일종인 '혼돈주' 에 대한 상표 등록을 출원해 그 심사 결과에 관심이 집중되고 있다. 혼돈주의 '원료' 비율은 막걸리 6, 소주 3, 사이다 1이다.

한류 뮤지컬의 수출이 시작된다

interview
24

송승환

PMC프로덕션 대표

"또 하나 기대해보는 것은 글로벌화된 기획이에요. 배우는 한국 배우이지만 작가는 미국 작가, 음악은 영국 뮤지션으로 꾸미는 거죠. 그동안 브로드웨이 뮤지컬을 많이 가져오면서 미국 브로드웨이나 영국 웨스트앤드에 교류가 많이 생겼기 때문에 이제는 그런 합작 프로젝트들이 더 생겨날 수 있지 않을까 생각해요."

Q 〈난타〉 공연이 12년째 계속되고 있는데요, 그 성공 비결이 뭐라고 생각하시나요?

〈난타〉는 전세계를 돌면서 해외투어를 하고 있어요. 처음부터 해외 시장을 겨냥해 기획했고, 그래서 언어가 없는 넌버벌 공연을 기획한 거죠. 국내에서 전용관을 10년 이상 유지할 수 있었던 것은 처음부터 한국에 있는 외국인을 대상으로 마케팅을 해왔기 때문이겠죠. 브로드웨이의 공연들도 10년 이상 롱런하는 이유는 관객의 70~80퍼센트가 외부에서 온 관광객이기 때문이에요. 〈난타〉도 지금 국내 공연의 관람객 중 80퍼센트가 외국인 관광객이고요. FIT Foreign Independent Tourist라 불리는 외국인 개별여행객들이 한국에 여행을 오면서 〈난타〉를 봐야 한다는 정보를 가지고 오죠. 만약 내국인만을 대상으로 마케팅을 했다면, 이렇게 롱런하지 못했겠죠.

Q 〈난타〉 시즌 2가 나온다고 들었는데, 어떤 공연인가요?

TV 드라마는 완성품을 가지고 한 번에 성공과 실패를 좌우하지만, 공연은 계속 업그레이드하고 수정하며 완성되어가는 거예요. 따

라서 〈난타 2〉도 처음에는 소극장에서 작은
규모로 시도한 뒤에 가능성을 보고 진행하려
고 해요. 〈난타 1〉이 주방을 배경으로 요리사
들이 타악을 하는 공연이라면, 〈난타 2〉는 자
동차 정비공장에서 정비공들이 자동차를 가
지고 소리를 만드는 공연이죠.

Q 난타같이 넌버벌 퍼포먼스를 하
던 비보이 공연은 왜 사그라든 걸까
요? 비보이 같은 경우는 세계 1위
성적을 보이며 많은 기대를 받기도
했는데 말이죠.

〈난타〉 같은 게 꾸준한 데는, 패밀리쇼family
show라는 이유도 가능한 것 같아요. 말하자면
어린아이부터 나이 드신 분까지 다 같이 즐길
수 있는 쇼라는 게 장점이었는데, 비보이는 패
밀리쇼로서는 무리가 있지 않았나 싶어요. 그
런 면에서 장수하기가 좀 힘들었을 것 같아요.
젊은 층에게는 호응을 받았지만 나이 드신 분
들한테까지 좋은 호응을 받지는 못한 것 같고
요. 또 하나는 그 드라마투르기dramaturgy가 너
무 약했던 것 같아요. 아무래도 스토리와 구성
력이 너무 약해, 구성력도 그래서 꾸준하게 성
장하지 못한 것 같아요.

Q 패밀리쇼를 말씀하셨는데, PMC 프로덕션에서는 어린이 대상으로 한 작품들도 많이 있더라고요.

어린이 시장은 계속 좋아질 거예요. 왜냐하면 부모들이 아이들에게 어려서부터 창의력을 키워주기 위해서 많은 문화활동을 해주려고 하니까요. 예전처럼 오남매 육남매가 아니라 보통 하나 아니면 둘이니까, 문화를 경험할 기회를 부모들이 굉장히 열성적으로 만들고 있죠. 최근에는 신종플루 때문에 조금 어렵지만 시장 전체로 볼 때는 증가세예요.

Q 최근 연극과 뮤지컬 시장은 되살아나고 있나요?

한동안 연극계가 침체되어 있었어요. 비록 상업적이라는 비판도 있지만 조재현 씨가 만든 〈연극열전〉 시리즈의 경우, 스타캐스팅을 통해 관객을 다시 연극판으로 끌어들이기도 했죠. 이러한 사례들이 연극이 살아나는 계기가 된 것 같다는 생각을 해요. 그리고 뮤지컬은 제작비용이 많이 드니까, 지금처럼 경기가 어렵다면, 상대적으로 비용이 적게 드는 연극 쪽으로 오히려 투자가 많아질 수도 있다고 생각해요.

또 예전 국립극장 자리에 명동예술극장이 개관하면서 올해 중반부터 올드팬들을 끌어들이기 위한 연극이 시작되었어요. 이 연극이 잘 된다면, 연극을 떠나 있던 나이 든 관객들을 다시 돌아오게 할 수 있는 기회가 되지 않을까 싶어요.

Q 최근에는 라이선스 뮤지컬 수입이 감소하고 있다고 들었습니다. 환율의 영향도 있었지만 가격도 지나치게 높아졌다고 하더라고요.

당분간 새로운 라이선스 뮤지컬이 들어오는 일은 적을 것 같아요. 대신 이미 라이선스를 획득했던 뮤지컬을 리바이벌하는 방식이 많아질 것 같아요. 무엇보다 비용 문제겠죠. 새로운 라이선스 작품을 들여오려면 라이선스 비용만 필요한 것이 아니라 세트나 의상, 음악 등의 제작비를 들여야 하거든요.

또 하나 기대해보는 것은 글로벌화된 기획이에요. 배우는 한국 배우이지만 작가는 미국 작가, 음악은 영국 뮤지션으로 꾸미는 거죠. 그동안 브로드웨이 뮤지컬을 많이 가져오면서 미국 브로드웨이나 영국 웨스트앤드에 교류가 많이 생겼기 때문에 이제는 그런 합작 프로젝트들이 더 생겨날 수 있지 않을까 생각해요.

그리고 우리가 만든 창작 뮤지컬 〈형제는 용감했다〉나 지금 공연 중인 〈젊음의 행진〉의 경우 지금 반응이 굉장히 좋거든요. 이런 상황을 보면, 이제 브로드웨이 뮤지컬보다 우리 창작 뮤지컬 중에서 더 좋은 작품들을 기대해도 되지 않나 하는 생각도 들어요.

Q 〈젊음의 행진〉이나 〈형제는 용감했다〉와 같은 국내 뮤지컬을 기획하실 때 타깃으로 삼는 구체적인 연령대가 있나요?

어차피 우리나라 뮤지컬의 티켓을 사는 구매층이 20대 후반, 30대 중반의 여성들이니 국내 관객들을 대상으로 하는 공연은 그분들께 맞춰질 수밖에 없죠. 〈젊음의 행진〉 같은 경우 80, 90년대 가요를 가지고 만든 뮤지컬이거든요. 그 얘기는 20대 후반부터 30대까지의 여성들이 중고등학교 때 즐겨 듣던 노래들을 들려주겠다는 기획을 했다고 볼 수 있는 거죠.

해외에서도 '주크박스 뮤지컬jukebox musical'은 여전히 강세예요. 사실 앤드류 로이드 웨버Andrew Lloyd Weber 이후에 정말 세계적인 거장이라고 할 만한 작곡자가 탄생하지 않다 보니까, 아무래도 있는 곡을 가지고 만드는 그런 주크박스 뮤지컬들이 지금 굉장히 많아졌어요.

Q 그렇다면 창작 뮤지컬이 나아갈 방향은 어떤 모습일까요?

사실 초반에 우리나라에 소개된 뮤지컬들은 대중성이 있었지만 작품성도 강했죠. 연극하는 제작자들이 뮤지컬로 옮겨오면서 작품성이나 철학을 강조하려 했어요. 하지만 뮤지컬이

해외로 수출하는 우리 뮤지컬 〈드림걸스〉

뮤지컬 〈드림걸스〉의 경우, 한국의 자본·배우·스텝과 미국 제작진이 결합한 글로벌 프로젝트였다. 국내에서의 초연이 성공적으로 이뤄진 뒤, 〈드림걸스〉는 오히려 역수출 되어 미국 브로드웨이 아폴로 극장에서 공연하게 됐다. 국내 제작사는 참가 지분만큼 로열티를 받게 된다.

라는 장르 자체는 굉장히 대중적이고 상업적인 장르거든요. 요즘에는 인식이 바뀌면서, 소재도 쉬워지고, 스토리도 쉬워졌죠. 그래서 연예인을 캐스팅하는 등 상업적인 쪽으로 흐르고 있는 것이 추세예요.

최근 창작 뮤지컬의 활동이 여기저기 활발하긴 하지만, 주로 대학로의 소극장들을 위주로 움직이고 있는 형편이에요. 아직까지는 창작 뮤지컬이 중형화되고, 대형화되려면 아무래도 시간이 걸릴 것 같아요. 그렇게 되기에는 우리 인프라가 좀 약해요. 뮤지컬 전문작가, 전문작사가, 전문작곡가 그런 전문가가 별로 없거든요. 돈이 안 되니까요. 방송으로 가면 돈 많이 주고 영화로 가면 돈 많이 주니까. 자본주의 사회에서 돈이 되는 곳에 인재들이 모이게 되는 것은 자연스러운 현상이잖아요.

뮤지컬 전문가가 없다

그래서 앞으로 창작 뮤지컬 중에서 소극장을 벗어나 중극장, 대극장에서 성공하는 킬러콘텐츠들이 몇 개 생기면 유능한 작가나 작곡자들도 뮤지컬로 오게 되고, 그렇게 되면 한국영화처럼 자리를 잡을 수 있게 되겠죠. 이러한 측면에서 우리 시장만 가지고 가는 것에는 한

계가 있는 거고, 시장을 넓히기 위해서 아시아
로의 진출은 필수적이라 생각해요.

Q 아시아 투어라면 어떤 지역을 공
략할 예정인가요?

우리가 생각하는 것 이상으로 아시아에서
의 한류 열기가 굉장히 뜨거워요. 지금 드라
마나 K팝이라고 불리는 한국 가요가 엄청난
반응이 있는데, 이제는 창작 뮤지컬로도 아시
아 투어를 해볼 때가 된 것 같아요. 실제로 내
년에는 공연을 준비 중이고요.

아시아라고 하면, 일본, 중국, 태국, 대만,
홍콩, 싱가포르, 말레이시아 정도인데, 그 외
의 베트남이나 인도네시아 같은 나라는 사실
뮤지컬을 입장료 내고 보기에는 아직 국민소
득이 좀 낮은 편이에요. 따라서 중국의 베이징
이나 상하이, 일본의 도시들, 또 한류 열기가
가장 뜨거운 태국의 방콕, 싱가포르, 홍콩, 대
만 정도로 투어를 하려고 계획 중이에요. **T**

한류스타에만 기대려고 할수록 한류는 사라진다

interview
25

송병준

그룹에이트 대표

"사실 해외 시장을 겨냥한 노골적인 한류 기획물들은 실패하는 경우가 많았어요. 아시아에 소구력 있는 스타들을 기용해서 비싼 값에 선판매하지만, 결국 콘텐츠가 재미없는 경우엔 시청률이 나오지 않죠. 수입한 회사에게는 피해를 주고, 결국 이러한 상황이 되풀이되다보면 한류가 지속되는 데 상당히 장애가 될 수 있어요."

Q 그룹에이트에서는 줄곧 판타지 드라마를 기획했는데요. 사실 판타지는 국내에서 시청률이 그다지 높은 장르는 아니잖아요. 해외 시장을 겨냥하고 만드신 건가요?

굳이 해외에서 통한다는 생각을 하고 한 것은 아니었어요. 예를 들어서 해외 시장을 겨냥한 포석이라면, 많이들 하는 게 아시아에 소구력이 있는 스타들을 기용하는 방식이에요. 그런데 저희는 그러지 않으려고 해요. 저희는 줄기차게 '콘텐츠 자체가 새롭고 신선하고 재미있다면 아시아에서도 받아들여질 것이다' 이런 느낌으로만 접근했죠.

사실 해외 시장을 겨냥한 노골적인 한류 기획물들은 실패하는 경우가 많았어요. 아시아에 소구력 있는 스타들을 기용해서 비싼 값에 선판매하지만, 결국 콘텐츠가 재미없는 경우엔 시청률이 나오지 않죠. 수입한 회사에게는 피해를 주고, 결국 이러한 상황이 되풀이되다보면 한류가 지속되는 데 상당히 장애가 될 수 있어요. 물론 그게 우리나라만의 책임은 아닙니다. "그 한류스타가 나오면 일본 내에서도 장사가 될 거야"라고 먼저 덤비는 해외 업체도 잘못한 거지요.

사실 저희도 한류스타에 기대본 적이 있어
요. 〈이 죽일 놈의 사랑〉 같은 경우, 비를 캐스
팅했죠. 워낙에 비가 이경희 작가를 좋아했고,
이경희 작가도 또 비를 선호했거든요. 그렇게
해봤더니 협찬도 잘되고, 해외 판매에서도 더
경쟁이 붙더라고요. 아, 이래서 스타에 기대서
들 가나보다 하는 생각은 들었어요. 그런데 저
희는 이제 그걸 떠나서 기획으로 승부하려고
해요. 스타에 기대어 드라마가 성공해도, 결국
엔 '비의 드라마'가 되는 거니까요.

스타 대신 기획사 브랜드를 알아본다

〈궁〉 같은 경우 처음에는 대우를 받지 못했
어요. MBC 내부에서도 "윤은혜, 주지훈, 김
정훈이 뭐냐", 심지어는 네티즌들도 난리 났
죠. 그때만 해도 "천하장사 윤은혜가 어떻
게……"라는 평가들이 있었지만 저희들이 꿋
꿋이 이겨낸 거고요. 그래도 시청률이 받쳐주
고 국내에서 화제가 되니까, 해외에서도 좋은
조건에 판매가 됐죠.

그렇게 일련의 작품들의 크레딧이 쌓이다보
니 아시아 시장에서는 '그룹에이트'라는 브랜
드가 생기게 된 거고요. 저희 브랜드가 구축되
고 나니까, 〈꽃보다 남자〉 같은 경우에는 어느
작가, 감독, 배우가 만드느냐가 정해지지 않은

시점에 이미 아시아 전지역에 선판매를 했죠. 이제는 "우리 이런 거 만들 거야"라며 기획안만 들고 와서 판매를 해도 50퍼센트씩 입금을 해주는 수준까지 올라왔습니다.

Q 사실 2009년 국내에서는 진지한 드라마가 딱히 인기를 얻지 못하고, 통속적인 드라마들이 통했습니다. 해외의 경우는 어떤가요?

아시아권의 요즘 추세도 하드한 드라마는 별로 인기를 못 얻고 있고 미니시리즈는 로맨틱 코미디가 대세예요. 그런데 특이한 것은 지금 미니시리즈를 능가하고 있는 것이 안방극장이에요. 대만 같은 경우엔 '막장드라마' 〈아내의 유혹〉이 무척 인기를 끌고 있어요. 시청률이 5퍼센트를 넘으니까요. 그리고 주말연속극이 미니시리즈보다 오히려 잘되고 있어요. 아시아권 국가들의 시청자층이 변화하고 있는 거죠.

아시아에서도 막장드라마가 통한다

해외 젊은 층들도 이제 드라마를 TV에서 보는 것이 아니라 인터넷 등 다른 매체를 통해 보고 있기 때문에 시청률은 떨어질 수밖에 없어요. 〈꽃보다 남자〉 같은 경우도 케이블에서 틀 때는 이미 두 번인가 봤다는 거예요. 게다가 아이들은 더빙을 싫어해요. 차라리 자기들끼리 자막 붙여서 원어로 보는 걸 즐기는 거죠.

반면, 40~60대 아줌마들은 계속 TV 앞에 남아 있어요. 결국 그 연령대에게 어필하는 것은 트렌디 로맨틱 드라마가 아닌, 〈아내의 유혹〉과 같은 막장드라마인 거죠. 옛날에는 우리 트렌디 로맨틱 드라마가 아시아 젊은 층의 인기를 얻어 큰 소구력을 보였고, 아직도 그 인기는 지속되고 있지만, 이젠 흐름이 많이 바뀐 것 같아요.

Q 일본 작가와 한국 배우가 결합하는 식으로 아시아권에서는 함께 기획하는 드라마도 많아지고 있습니다. 합작에 대해 어떻게 생각하세요?

일단 아시아권 시장이라는 화두를 먼저 앞에 놓은 다음에, 아시아 시장 전체에 소구력 있는 게 뭔가 없을까 하는 발상들을 하게 되거든요. 이 나라 요소, 저 나라 요소 다 있으니까 각 나라에 소구력이 생기지 않겠느냐 하는 의미에서 합작이라는 단어가 튀어나오는데, 저는 굉장히 반대죠.

1차원적인 해외합작은 실패로 이어질 것

합작 자체를 반대하는 게 아니라, 아시아 시장을 위해, '합작을 위한 합작'을 하는 식은 아니라고 생각해요. 예를 들어 콘텐츠 자체의 성격이 합작이 아니면 안 되는 작품이거나, 그 자체의 재미를 위해 합작을 해야 의미가 있는 것이죠. 예를 들어 〈북경 내 사랑〉 같은 작품은 합작하려고 하니까 소재가 뭐가 있겠어요. 중국 주인공 나오고 한국 주인공 나오려면 뭐 유학생밖에 없네, 이렇게 내용이 좁아지는 거예요. 아무런 제약 없이 재미있는 얘기 쓰려고 해도 어려운데, 그런 제약 속에서뭔가 정해진 걸 가지고 쓰려면 뭐가 나오겠어요. 저는 그런 건 실패한다고 본다 이거죠.

반대로, 지극히 전통적이고 우리나라 사람들만 이해할 수 있는 코드로 만든 대장금이 아프리카에서는 시청률이 80퍼센트, 중동에서도 "양곰, 양곰" 하면서 시청률이 70~80퍼센트 나올 수 있던 것은 콘텐츠 자체의 경쟁력이 있기 때문이겠죠. **T**

PART 15
손바닥 IT

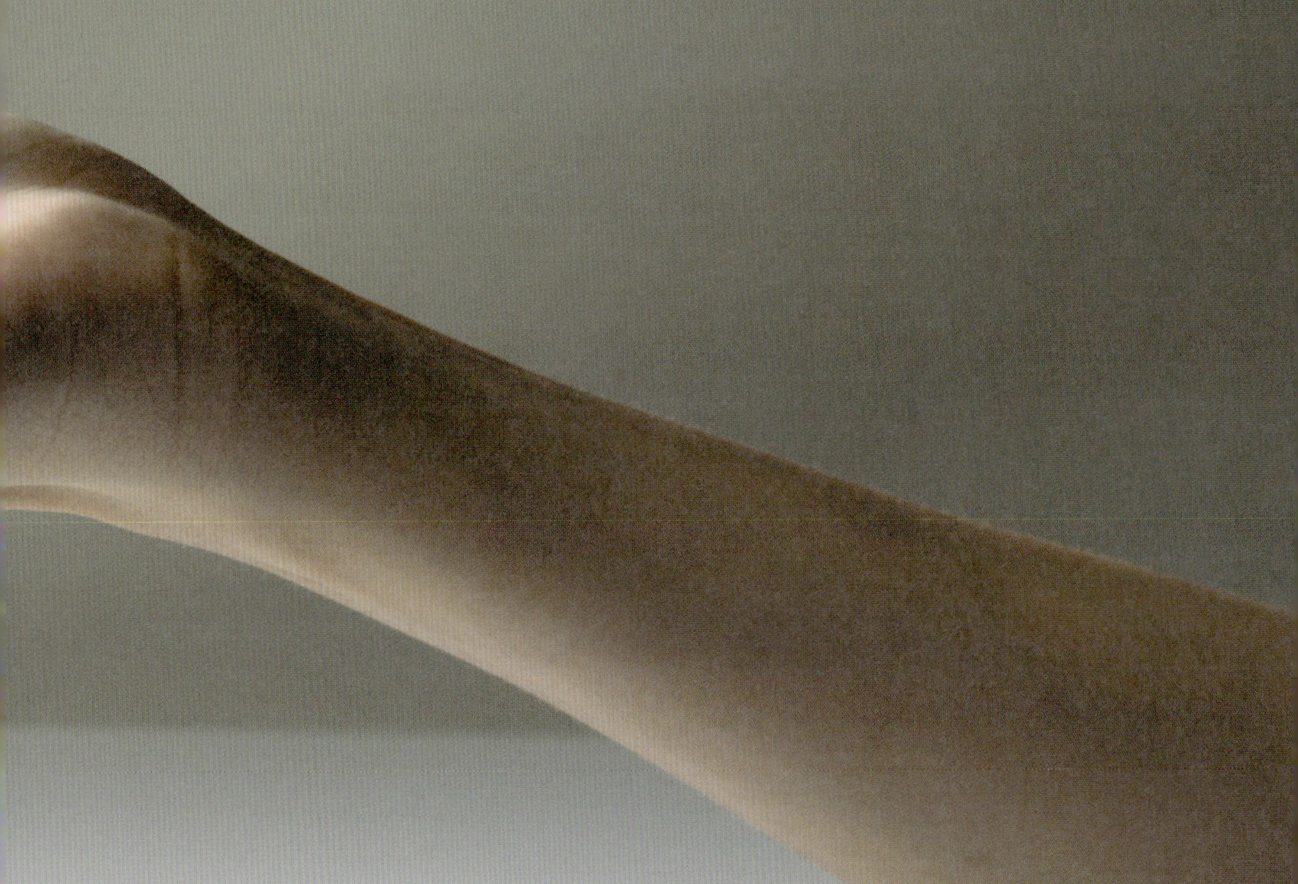

강력한 하드웨어를 바탕으로 업그레이드를 거듭하던 컴퓨터 기기들은 어느 순간부터 성장을 멈춘 것처럼 보였다. "용량이 달려서 미치겠다"라며 메모리를 늘리고, CPU를 교체하던 친구들의 아우성도 최근에는 거의 들은 적이 없다.

어쩌면 붙박이 컴퓨터들의 성능은 이미 충분히 성장했기 때문인지도 모른다. 초고속 인터넷망을 기반으로, 대부분의 사무실과 가정에는 IT생활을 누릴 수 있을 만큼 확실한 인프라가 구축됐다. 몇 년 전 팡파르를 울리며 윈도우비스타가 출현했을 때도 사람들은 그다지 흥분하지 않았고, "이 정도면 충분하다"라며 여전히 구 시스템인 윈도우XP에 머무르고 있었다.

이제 IT산업이 블루오션이라고 여기며 눈길을 돌린 곳은 지하철과 버스, 도서관이나 커피숍이 되어버렸다. 이동하는 사람들에게 맞는 가벼운 IT기기들은 새로운 성장동력이 되어 불타오를 준비를 하고 있다. 물론 과거에도 PDA나 휴대폰을 통한 초보적인 모바일 기기들이 소개되기도 했다. 그들은 작은 글씨, 불편한 인터페이스, 비싼 요금으로 뒤엉킨 서비스를 던져놓은 뒤, "유비쿼터스 시대가 도래했다"라며 자기들끼리 먼저 축배를 들었다. 하지만, 시민들의 호기심은 잠깐뿐, 결국 쓸쓸하게 외면당하고 말았다.

이제 IT기기들은 와신상담, 새로운 변혁을 준비하고 있다. 특히 무선랜Wi-Fi과 결합한 소형 단말기들은 그 파워가 강력해졌다. 이 요물스런 기계들은 과거와 같이, 작은 화면 속에다 PC 전체를 그대로 집어넣으려는 부담스런 시도를 계속하지 않는다. 모바일로서의 한계를 인정하고 필요한 기능만을 해체해 담는 영민함을 보이기 시작했으며, 더 나아가 모바일만이 할 수 있는 기능은 무엇인지 찾아내고 있다.

새로운 혁신을 보여준 모바일 기기들은 양날의 검처럼 보인다. 이전 세대의 IT기기보다 훨씬 더 밀착해 움직이는 이 물건들은, 좀더 인간적인 매체로 성장해 사람들의 삶을 풍족케 할 수도, 또 다른 괴물이 되어 인간성을 파괴할 수도 있을 듯하다.

너무나 풍족한 한국의 인터넷 환경 속에서 휴대폰 정보검색은 큰 의미를 갖지 못했다. 평균 출퇴근 시간 40분. 집에 도착하면 최신 컴퓨터를 사용할 수 있는데, 흔들리는 지하철에서 굳이 깨알 같은 글씨를 넘겨가며 공부할 필요는 없었다.

퇴근길은 그저 친구들과 함께 수다 떠는 일 정도로 충분해 보인다. 싱거운 이야기를 툭툭 던지며 문자를 보내거나, 미니홈피를 구경하며 킥킥대는 풍경이 어울린다. 업계 전문가들은 "휴대폰의 미래는 결국, 처음 목적인 인간관계를 풍성하게 하는 방향으로 가게 될 것"이라고 조심스레 전망한다. 그리고 이제 SNS폰Social Network Service phone이 바람을 일으킬 준비를 하고 있다.

글로벌 휴대폰시장은 스마트폰 중에서도 SNS폰에 관심을 모으고 있다. 이는 블로그나 미니홈피에 특화된 휴대폰으로 페이스북, 마이스페이스MySpace 등에 바로 접속하는 버튼이나 위젯이 탑재돼, 이동 중에도 간편하게 글을 읽고 올릴 수 있다. 또한 키보드와 같은 쿼티QWERTY 자판을 장착, 빠른 문장입력을 돕고 있다.

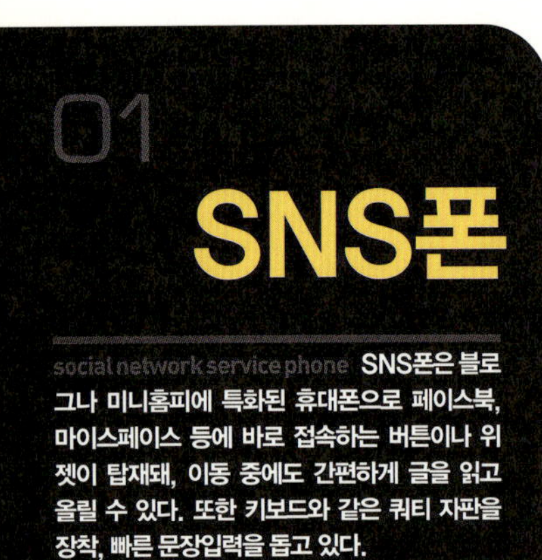

국내에서 처음으로 SNS폰이라는 이름을 전면에 내세운 것은 W폰이다. 이 제품은 소셜네트워크폰이라는 타이틀답게 친구들과의 관계를 친절히 관리해준다.

전화번호부에서 친구의 이름을 찾으면, 그동안 휴대폰 사용기록을 분석해 상대방과의 친밀도 그래프를 보여주고, 친구와 마지막으로 나누었던 메시지나 통화녹음 내용까지도 전해준다. 또한 '통화랭킹 톱 10' 서비스는 사진의 크기와 위치를 달리해 1위부터 10위까지 친구들과의 우정 순위를 알려주기도 한다. 휴대폰이 이 정도까지 관리해준다면, 수십 명의 여자친구를 거느린 바람둥이라도 쉽게 헷갈리는 일은 없을 것 같다.

여자친구들까지 관리해주니 바람둥이라도 걱정 없어

W폰은 휴대폰에서 만들어진 사진, 동영상, 플래너와 같은 콘텐츠를 싸이월드, 네이버, 티스토리, 이글루스 등 국내 주요 블로그에 업로드할 수 있다. 다만, 아직까지는 무선랜 기능이 탑재되어 있지 않아서 정액요금제를 사용하지 않으면, 요금 폭탄을 맞을 수도 있다.

2009년 말에 출시될 예정인 싸이월드폰도 관심을 받고 있다. 이 휴대폰은 더욱 노골적인 SNS 콘셉트로 싸이월드와 네이트온의 인물 정보와 기능을 실시간으로 전달받을 수 있도록 했다. 휴대폰을 켜기만 해도 싸이월드 친구들의 생일이나 기념일, 대화명이나 대문글이 바뀐 것까지 실시간으로 알려준다.

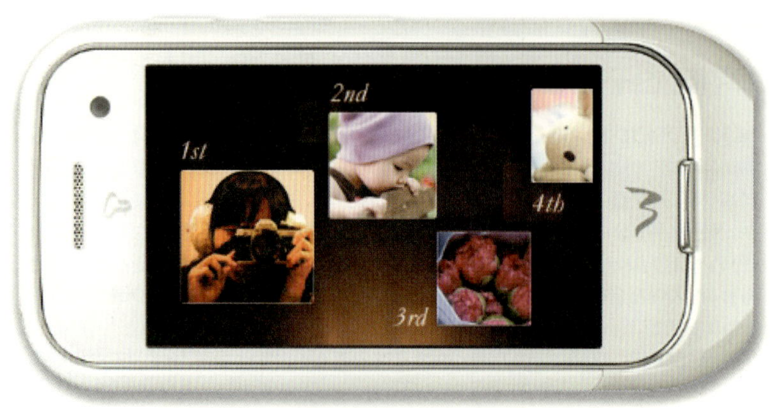

이제 휴대폰의 SNS 기능은 필수

업계에서는 무선랜을 이용한 SNS 기능이 카메라나 MP3처럼 휴대폰에 기본적으로 장착될 것이라고 한다. 휴대폰 제조업체 측은 "기술적으로는 크게 어려운 장치가 아니기 때문에, 굳이 마다할 이유가 없다"라는 입장이다.

하지만 국내 이동통신업계는 그동안 무선랜 장착을 다소 꺼려왔고, 단말기 제조업체는 이동통신사의 눈치를 볼 수밖에 없었다. 무선랜을 장착하면 당연히 데이터 이용요금이 줄어들게 되고, 심지어 무료 인터넷전화까지도 쓸 수 있기 때문이다. 휴대폰을 이용해 인터넷전화를 쓴다면 통신업체의 가장 큰 수익인 통화료가 급감할 것은 불을 보듯 뻔한 일이었다.

최근에는 데이터요금을 정액화하며 이용자의 부담을 줄이려는 노력을 하긴 했지만, 본격적인 SNS폰 활성화를 위해서는 무료로 사용할 수 있는 무선랜 장착이 필수인 것처럼 보인다. 이미 아이폰이나 안드로이드폰을 비롯한 스마트폰들이 무선랜 기능을 기본사양으로 장착하고 국내 시장에 들어오고 있어, 이동통신업계에서도 이를 점차 허용하는 방향으로 돌아서고 있다. 📺

아이팟터치만으로도 전화할 수 있어요

4억5백만 가입자를 가진 세계 최대 인터넷전화업체 스카이프Skype를 이용하면, 전화기가 아닌 아이팟터치를 이용해서도 통화할 수 있다. 애플 앱스토어에서 모바일 스카이프 프로그램을 내려받고, 별도 마이크를 장착하면 인터넷전화 사용이 가능한 것. 물론 무선랜 사용이 가능한 지역에 한해서다.

스카이프의 모바일 인터넷전화는 가입자 간 무료통화가 가능할 뿐 아니라, 일반 유무선전화와 통화할 때의 요금도 저렴하다. 때문에 북미나 유럽 지역에서는 이미 이동통신회사와 스카이프 간에 치열한 신경전이 벌어지고 있다.

이 때문에 핀란드 노키아, 캐나다 림, 대만 HTC 등은 단말기에 스카이프 프로그램을 깔더라도 해외전화만 허용하고, 국내에선 무조건 이동통신사를 이용해 통화하도록 제한했다.

사실 전자책은 1990년대 PC통신 시절에도 있었다. 흑백 화면에 조잡한 글씨체를 보고 있자면 눈이 시리긴 했지만, 『퇴마록』과 같은 판타지 소설은 엄청난 조회수를 기록하며 큰 인기를 누렸고, 귀여니나 견우74등의 스타작가를 탄생시키기도 했다. 이후에도 전자책은 PDA나 휴대폰으로 매체를 다변화하는 노력을 보여주었지만 영향력은 언제나 찻잔 속의 태풍에 그쳤다. 사람들은 여전히 종이냄새 나는 오프라인 서점을 택했기 때문이다.

하지만 이번엔 심상치 않다. 출시 2년 만에 전자책 단말키 킨들 Kindle은 100만 대 이상 판매되고, 미국 유수의 대학들은 무거운 전공서적을 버리고 전자책 단말기에 교과서를 수록하기 시작했다. 게다가 아마존과 구글 같은 대형 사업자들은 전자책 시장의 주도권을 쟁탈하기 위해 소송이 난무하는 혈전을 벌이고 있다. 찻잔 속의 태풍이었던 전자책이, 이번엔 진짜 허리케인이 되어 돌아온 것이다

전자잉크 e-ink를 사용한 디스플레이의 출현은 전자책이 획기적으로 발전하게 된 원동력이 돼주었다. 전자잉크를 사용한 전자종이는 백라이트가 없기 때문에 오랜 시간 봐도 눈이 시큰거리지 않는다. 게다가 일단 화면이 출력되고 나면 전력 소모가 없고 디스플레이에 변화가 필요할 때만 전력을 사용하기 때문에 획기적인 절전 효과도 있다. 이 때문에 휴대용 건전지만으로도 대략 7만5천 페이지를 읽을 수 있다고 한다.

싸다는데 안 쓸 이유 있나요

무엇보다 전자책의 가장 큰 장점은 저렴한 가격이다. 아마존의 킨들에 수록된 전공서적은 종이책 가격의 절반 이하로 판매되어 학생들의 경제적 부담을 줄여줬다. 또한 전자교과서를 주도적으로 이용하는 프린스턴대학교는 연간 5백만 달러에 이르는 인쇄비용과 5천만 장 이상의 종이도 절약할 수 있다며 환경보호 효과를 기대

E
INK
PAPER
DISPLAY
ENABLING
TECHNOLOGY
EASY-TO-READ
REVOLUTIONARY
1
2
3
4
5
6
7
8

하고 있다.

저가를 넘어 아예 무료로 공급되는 책도 많다. 이미 인터넷에서 무료로 다운받을
수 있는 책의 수만 해도 어마어마하며, 저자 사후 50년이 지난 책은 국내에서도 저
작권 보호가 풀리게 되니, 시간이 지날수록 무료 콘텐츠는 점점 늘어날 것으로 보
인다.

또한 전자책은 부피와 무게를 줄여주었다. 보통 책 한 권을 담은 텍스트 파일의
크기는 300~500KB. 일반적인 MP3 파일의 4분의 1 정도밖에 차지하지 않는 셈이
다. 내장 메모리가 1GB정도라 해도 전자책 한 권이면 2천 권 이상의 책을 담을 수
있다. 게다가 무게는 200~300그램에 불과해 휴대가 간편하다는 것을 생각하면, 전
자책 단말기는 배낭여행자들의 필수품이 될 것으로 보인다. 우리 주변에서 레코드
판이 사라졌듯, 수천 권의 책이 있던 먼지 쌓인 서재는 옛 기억이 될지도 모른다.

전자책, 신문사에도 새로운 활로 될까

지하철에서 널찍한 신문을 펼쳐 읽으며 다른 이에게 피해를 주는 일도 사라질지
모른다. 사람들은 지하철 플랫폼에 서서 책받침 같은 전자책으로 조간신문을 읽게

될 것이다. 전자책을 켜두기만 해도, 새벽 5시면 조간신문은 자동으로 배달된다. 아마존 킨들을 통해 뉴스를 공급하는 회사는 현재 38개로 구독료는 월 6~15달러 수준이다. 국내에서도 이미 조선일보, 문화일보, 국민일보, 매일경제, 한국경제, 연합뉴스 등이 네오럭스의 단말기 누트에 뉴스를 공급하는 중이다.

다소 두려움에 떨고 있는 출판계와 달리, 신문사에는 새로운 활로가 될지도 모르겠다. 사실 신문 1부를 1년간 인쇄하는 데 필요한 원가만 해도 20만 원 정도가 드는 실정이라고 한다. 전자책을 이용하면 인쇄비가 전혀 들지 않을 뿐 아니라, 배달비용을 비롯한 부수적인 관리비도 필요 없게 되므로, 신문사로선 보급망의 혁신적인 변화가 생기는 셈이다.

도서관의 풍경도 달라진다. 도서관은 책을 보관하는 곳이 아니라, 거대한 데이터베이스센터로 변할 것이다. 미국의 일부 도서관에서는 클라우드 컴퓨팅cloud computing 방식의 데이터센터를 두고 무선으로 전자책을 읽을 수 있도록 하고 있다. 이용자는 그저 도서관 근처에서 전자책을 켜기만 하면 수백만 권의 장서 리스트에서 책을 다운받아 읽을 수 있다.

물론 대여도 가능하다. 미국 5천4백여 개 도서관에서는 전자책 기술을 이용해 시민들에게 책을 무료로 대여해주고 있다. 몇 번의 클릭으로 책의 내용이 자신의 단말기에 옮겨지고, 대여기간이 끝나면 빌린 책은 단말기에서 자동으로 지워진다.

사실 우리나라 국립중앙도서관도 1990년대 말부터 37만9천여 권의 책을 디지털로 변환했다. 당시에는 그저 책을 보존하고자하는 의도로 유일본과 귀중본 위주로 스캔을 했다고 한다. 비록 현재까지는 도서관 내부와 연구자 위주로 데이터베이스가 제공될 뿐이지만, 머지않아 일반인에게도 전자책 형태로 공급되어 활용도는 더욱 높아질 것으로 예상된다.

국내 시장에서 전자책 지형은?

그렇다면 국내 시장에서 전자책은 어떤 움직임을 보이고 있을까? 디지털 교보문고는 국내 전자책시장이 2006년 약 2천1백억 원 규모에서 2010년에는 1조6백억 원, 2012년에는 2조3천8백억 원 규모로 성장할 것으로 예측하고 있다.

우선 하드웨어 시장은 뜨겁다. 2007년 국내 최초로 전자책 단말기 누트를 판매했던 네오럭스가 최근 성능을 개선한 누트2를 선보였고, 삼성전자가 파피루스를, 아이리버가 스토리를 내놓으며 전자책 대전은 본격화되고 있다.

이에 반해 국내 서점과 출판계는 다소 주춤거리고 있다. 대형 서점에 찾아가면 볼 수 있는 책이 50만 권 정도인데 반해, 전자책으로 읽을 수 있는 콘텐츠는 고작 6만여 권에 불과하다. 더구나 신간 베스트셀러는 거의 찾아보기 힘들고, 순위권 안에 오른 책들은 대부분 청소년을 겨냥한 인터넷 소설들이다. 아마존이 킨들을 통해 35만 권을 서비스하고 있는 것에 비하면 아직은 초라한 실정이다.

한 관계자는 "판권을 소유한 출판사와 이를 유통하는 서점 모두, 아직까지 전자책 시장에 대한 두려움이 있다"라고 전한다. 이들은 무엇보다 불법복제를 가장 우려하고 있다. 불법복제를 방지하기 위해 최근에는 음원시장과 흡사한, 일종의 스트리밍 서비스까지도 모색하고 있다. 무선랜을 이용한 계정으로 책을 볼 순 있지만 다운로드는 안 되는 서비스나, 일정시간이 지나면 전자책이 자동으로 삭제되는 방식도 고려 중이다.

대형 서점들은 이미 물밑 작업을 통해, 음반시장의

아이리버 스토리

친구야, 나 전자책 좀 빌려줘

미국의 서점 반즈 앤드 노블Barns & Noble을 통해 구입한 누크Nook용 전자책은 일반 종이책처럼 친구에게 빌려줄 수 있다. 누크 단말기는 물론, 전용프로그램이 설치된 PC나 PDA, 스마트폰에도 14일간의 대여가 가능하다. 하지만 책을 빌린 지 14일이 지나면 자동 보안시스템이 작동해 콘텐츠 이용은 불가능해진다. 재미있는 것은 전자책을 대여하면 대여해준 사람은 해당 전자책을 14일간 볼 수 없다는 점이다. 종이책을 빌려주면 빌려준 기간만큼 책을 읽을 수 없는 것과 똑같은 이치다.

'멜론'과 같이 쉽게 검색하고 다운받을 수 있는 전자책 전용 포털사이트를 준비하고 있다고 한다. 출판사 관계자는 "그럼에도 불구하고 출판계가 선뜻 나서지 못하는 것은 이미 가요계가 음원 불법 다운로드로 어떻게 망가졌는지 보아왔기 때문"이라며 당분간 추이를 관망할 뿐이라고 속내를 털어놓았다. T

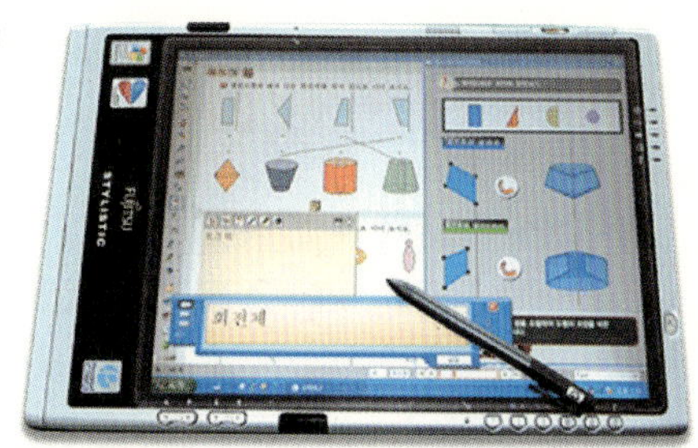

손바닥 IT
SNS폰
전자책
클라우드 컴퓨팅

윈도우비스타의 뼈아픈 실패를 딛고 최근 마이크로소프트는 윈도우7을 내놓았다. 윈도우7의 최대 특징은 빠른 부팅과 가벼워진 용량으로, PC 운영체제에서 하드웨어보다 네트워크가 더 중요해져가는 최근의 트렌드를 그대로 반영하고 있다.

PC는 무거운 하드웨어를 돌려가며 더 이상 스스로를 혹사시킬 필요가 없어졌다. 원하는 프로그램은 대부분 온라인상에 있으니, 랜선을 꽂고 접속해 그 안에서 간단히 해결하면 된다.

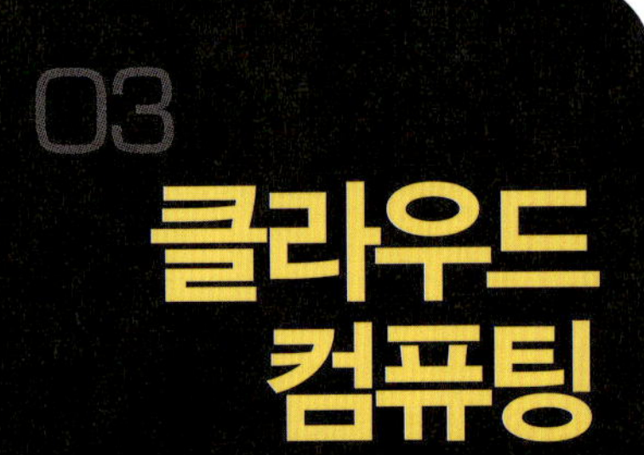

03 클라우드 컴퓨팅

cloud computing 이제 웹에 접속하기만 하면 포토샵, 오피스, 워드프로세서 같은 프로그램을 사용할 수 있고, 작업 후 저장도 웹에서 할 수 있다. 따라서 지금과 같이 소프트웨어를 굳이 구매할 필요도, 시즌이 지날 때마다 귀찮은 유료 업데이트를 받을 필요도 없다. 일정 이용료를 내고 그저 필요할 때만 웹에서 잠시 서비스를 이용하면 될 뿐이다.

프로그램? 빌려서 쓰지 뭐!

바야흐로 클라우드 컴퓨팅cloud computing의 시대가 도래한 것이다. 클라우드 컴퓨팅이란 컴퓨터 사용의 모든 것을 웹에서 해결하는 사용자 중심의 서비스다. 이제 웹에 접속하기만 하면 포토샵, 오피스, 워드프로세서 같은 프로그램을 사용할 수 있고, 작업 후 저장도 웹에서 할 수 있다. 따라서 지금과 같이 소프트웨어를 굳이 구매할 필요도, 시즌이 지날 때마다 귀찮은 유료 업데이트를 받을 필요도 없다. 일정 이용료를 내고 그저 필요할 때만 웹에서 잠시 서비스를 이용하면 될 뿐이다.

이같은 방식을 통하면 어느 장소에서든 자신의 컴퓨팅 환경을 그대로 유지할 수 있다. 특히 외근이 잦은 회사원들은 사무실에서 사용하던 컴퓨팅 환경을 출장지에서도 그대로 사용할 수 있어, 더 이상 무거운 노트북을 가지고 다닐 필요도 없게 된다.

더군다나 개인 사용자에겐 비용 부담이 현격히 덜어진다. 예를 들어 PDF 제작도

구인 어도비 애크로뱃 프로페셔널 같은 경우, 가격이 50~80만 원으로 개인이 구입하기에는 다소 비싼 편이다. 개중에는 1년에 한두 번만 쓰면 되는 사람도 있는데, 이 많은 비용을 지불하라는 것은 억울하기까지 하다. 그래서인지 많은 사용자들은 '어둠의 경로'를 이용하여 다운받아 불법으로 사용하고 있는 실정이다.

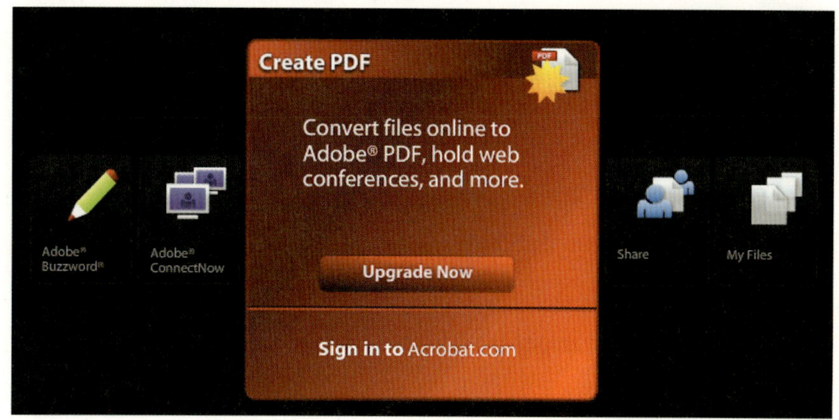

하지만 클라우드 컴퓨팅은 사용자와 개발자 모두에게 적절한 해결방식을 제시했다. PDF 변환을 원한다면, 이제는 어도비 애크로뱃 사이트acrobat.com에 접속하면 된다. 필요할 때마다 소정의 사용료만 내고, 온라인 상에서 변환 서비스를 이용하면 되는 것이다.

20만 원대 컴퓨터로 슈퍼컴퓨터 성능을

이처럼 클라우드 컴퓨팅 서버에서 데이터를 처리하고 저장하는 것이 일반화된다면, 개인용 컴퓨터는 그저 단순한 단말기의 역할만 감당하면 될지도 모르겠다.

실제로 해외에서 출시된 '니비오Nivio 컴퓨터'의 경우, 우리 돈 20만 원 정도에 판매되고 있다. 이 컴퓨터는 클라우드 컴퓨팅을 염두에 두고 제작돼 사양이 극도로 낮다. 대신 월 5파운드의 비용을 내면, 웹상에서 문서작업이나 엑셀, 포토샵 등의 이용이 가능하고 10GB의 저장 공간도 쓸 수 있다. 심지어 니비오 홈페이지nivio.com에 접속하면 운영체제인 윈도우까지도 대여할 수 있다고 한다.

본체의 하드웨어 사양은 낮아져도, 클라우드 컴퓨팅을 이용한다면 대규모 데이터 처리를 훨씬 빠르게 끝낼 수도 있다. 사실 클라우드 컴퓨팅 시스템에는 막강한 계산능력을 가진 슈퍼컴퓨터가 연결되어 있기 때문이다. 개인 PC에서 한두 시간씩 잡아먹는 고용량의 3D 렌더링이라고 해도 클라우드 컴퓨팅 안에선 수분 만에 마치는 간단한 작업이 될 수도 있다.

저사양 컴퓨터로도 운영이 충분하기 때문에, 클라우드 컴퓨팅 환경에서는 PC와 휴대폰 간의 영역 구분까지도 희미해질 것이다. 특히 스마트폰은 컴퓨팅 능력과 이동성을 겸비하고 있고, 항상 전원이 켜져 있다는 장점 때문에 클라우드 컴퓨팅 시대를 주도할 핵심 단말기로 부상할 가능성이 높다.

이 때문에 인텔Intel과 퀄컴Qualcomm, PC와 모바일을 대표하는 두 업체간 플랫폼 경쟁은 불이 붙었다. 인텔은 PC에서 모바일 기능을 덧붙이기 시작했고, 반대로 퀄컴은 이동통신 기술에 컴퓨터 기능을 접하고 있다. 게다가 마이크로소프트–인텔과 구글–퀄컴 연합이 강화되면서 차세대 IT산업의 헤게모니를 둘러싼 대결은 심화될 것으로 보인다.

내 컴퓨터가 할 일을 빅브라더에게 맡겨도 될까

그러나 리눅스 등 자유소프트웨어의 전파운동을 주도한 리처드 스톨먼Richard Stallman은 클라우드 컴퓨팅이 결국 '덫'이 될 것이라고 경고하고 있다. 그는 대부분의 사람들이 클라우드 컴퓨팅의 비용절감 효과나 웹에서의 편의성을 매력적으로 느끼지만, 정작 심각한 문제점은 간과하고 있음을 지적한다.

클라우드 컴퓨팅 환경은 첫째, 사용자 개인의 작업물이 모두 서버에 존재하게 된다. 둘째, 개인의 데이터베이스가 쌓여갈수록 한번 정한 클라우드 컴퓨팅 제공업체를 바꾸기가 어려워진다. 셋째, 사적인 정보가 유출되거나 남용될 수 있다. 넷째, 중앙집중형 시스템이기 때문에 해킹을 당하거나 다운이 될 경우 치명적 위험을 초래할 수 있다. 그는 이같은 이유 때문에 사용자들이 엄청난 혼란을 겪을 수 있음을 경고했다.

또한 현재와 같은 추세로 구글과 마이크로소프트 같은 거대 IT기업의 웹서비스를 사용해나간다면, 이들 거대 기업들은 클라우드 컴퓨팅을 통해 개인과 회사의 모든 정보를 독점하는 '빅브라더'가 될 수도 있고, 독과점적인 지위를 남용해 클라우드 컴퓨팅의 이용료를 마음대로 인상할 수도 있다. 어쩌면 리처드 스톨먼의 조언처럼 클라우드 컴퓨팅 대신 자신의 컴퓨터에 프리웨어를 설치해 독자적인 컴퓨팅을 하는 것만이 IT기업들에 삶의 주도권을 뺏기지 않는 방법일지도 모른다.

하지만 클라우드 컴퓨팅이 우리 삶을 장악하는 것은 미래의 일만은 아니다. 우리는 이미 오래전부터 일종의 클라우드 컴퓨팅 형식인 포털메일을 의심 없이 써왔다. 우리가 알지 못하는 사이에 클라우드 컴퓨팅은 조금씩 그 범위를 넓혀가며, 현대인의 삶 속으로 파고들어오는 중이다. 🅣

진짜 정보는 인간관계 속에 있다

interview
26

안진혁

SK커뮤니케이션즈 서비스기획실장

"이명박 대통령이 뭐라고 얘기한 것도 중요하겠지만, 내 일촌이 뭐라고 한 줄 남긴 게 더 의미 있을 수 있죠. 이게 포털 메인의 헤드라인 뉴스보다 훨씬 중요한 정보가 될 수도 있고요. 이런 것은 객관적인 정보의 질과는 상관이 없어요. 이들에게 정보의 핵심은 관계이기 때문이죠."

Q 최근 포털 시장은 성장을 멈추고 제자리걸음을 하는 것처럼 보입니다. 포털사이트가 생각하는 블루오션은 무엇인가요?

사실 네이버가 정보 탐색은 제일 잘해요. 카메라나 핸드폰 같은 거 살 때, 제일 싼 제품을 귀신같이 찾아주잖아요. 최저가 찾아내고 궁금한 거 있으면 지식인이 다 이야기해주고요. 이건 네이버가 잘 구축한 정보 중심적인 구조라고 생각해요. 하지만 저희는 그것 말고, 관계 중심적인 정보 유통 구조를 통해 새로운 시장을 만들 수 있다고 생각하거든요.

Q 관계 중심적인 정보 유통 구조란 무엇인가요?

사실 우리나라 사람들이 만드는 콘텐츠는 대부분 아주 사소한 것이에요. 대부분 미니홈피에다가 그냥 몇 줄 적는 게 전부예요. "오늘 나 어디서 커피 마셨는데 맛있더라" 하는 식의 글이 90퍼센트를 차지하죠.

이런 게 검색에 나올 리가 있나요. 사실 "커피 맛있더라"가 무슨 정보겠어요. 하지만 내가 누군가를 좋아한다면 이야기가 달라지죠. 좋아하는 사람이 "회사 뒷골목 카페의 커피가 맛

있다"고 하면 거기에 대해서 반짝반짝 관심이 생기잖아요. 사실 저한테도, 이명박 대통령이 뭐라고 얘기한 것도 중요하겠지만, 내 일촌이 뭐라고 한 줄 남긴 게 더 의미 있을 수 있죠. 이게 포털 메인의 헤드라인 뉴스보다 훨씬 중요한 정보가 될 수도 있고요. 이런 것은 객관적인 정보의 질과는 상관이 없어요. 어떤 이들에게 정보의 핵심은 관계이기 때문이죠. 네이버가 잡아내지 못하는 이런 관계들을 저희는 잡아내려고 하는 거예요.

Q 그렇다면 관계 중심적인 정보를 어떻게 활용할 수 있을까요?

사실 일촌은 학연·지연·혈연으로 연결이 돼 있어요. 그냥 온라인으로만 연결해서 일촌을 맺는 경우는 드물어요. 먼저 둘이 친구인데, 온라인으로 연락하자. 이런 식으로 일촌 등록을 하는 거죠. 학교 친구, 동네 친구, 혈연으로 이어졌으니까 쉽게 끊어지지 않는 귀중한 관계죠.

그리고 네이트온 친구 사이에서 일어나는 관계도 엄청나요. 네이트온은 하루에 630만 명이 로그인을 하고, 매일 오가는 쪽지가 1억 통, 대화명 바꾸는 사람만 150만 명이 돼요. 지금 이 시간에도 230만 명이 로그인해 있고

요. 이미 어마어마한 규모의 사람들이 이 안에서 관계를 만들며 일상을 보내고 있죠.

이런 관계망을 바탕으로 '싸이폰'이라는 것을 만들려고 하고 있어요. 커뮤니케이션 기능에 지극히 충실한 휴대폰을 만들어보자는 것이죠. 기본 전화기능은 살리되, 연락할 이유가 되는 여러 가지 정보를 주는 콘셉트죠.

저희는 전화번호 포털이라는 개념에서 출발하려고 해요. 그렇다고 예전처럼 네이트나 무선 웹브라우저 같은 복잡한 통로를 이용하는 게 아니에요. 그냥 무선에서의 임무에 맞게 다시 분해, 해체했어요. 풀브라우징 따위에 욕심 부리지 않고 그냥 콘택트 포인트만 이어가면 된다는 단순한 생각으로 돌아간 거죠.

사람들이 휴대폰을 열었을 때 제일 먼저 켜는 게 웹브라우저나 무선데이터는 아니잖아요. 그냥 전화번호 검색이에요. 사실은 그게 휴대폰 안에서 포털의 역할을 어느 정도 하는 겁니다.

Q 그렇다면 휴대폰의 초기화면에는 무엇을 보여주면 좋을까요?

네이트온하고 똑같아요. 전화기를 열면 일촌과 네이트온 친구의 이벤트, 기념일, 생일을 알려줘요. 미니홈피 대문글이나 네이트온 대화명이 바뀌었다면 실시간으로 뜨게 만들었죠. 생일을 아니까 전화해서 축하해주고, 대화명이나 대문글 읽으면서 이 친구들이 대강 지금 어떤 기분까지 알 수도 있잖아요. 오늘 쓸쓸한 거 같으면 전화 좀 걸어보는 거죠.

이런 식으로 관계를 풍성하게 하는 대부분의 정보를 받을 수 있어요. 게다가 네이트 커넥트라는 서비스에 들어가서 일촌 등록만 하면 따로 전화번호를 입력할 필요도 없어요. 일촌명만 알면 바로 전화까지 연결이 되는 거죠.

Q 해외 같은 경우는 구글을 중심으로 오픈정책이 활발하게 진행되고 있는데요. 국내 대형 사이트는 여전히 폐쇄성을 유지하고 있는 것 같아요.

저희도 이제는 일촌 네트워크를 개방하려고 논의 중이에요. 그동안 저희가 실수해온 건, 모든 관계를 다 미니홈피로만 관리하라고 강요했던 거죠. 예전엔 일촌관계를 유지하려면 싸이월드를 같이 써야 했거든요. 그러니 미니홈피를 안 쓰는 사람은 떠나가게 됐죠. 그런데 이게 바보 같은 개념이라는 자각이 들었어요. 미니홈피가 아니라 티스토리 쓴다고 일촌을 왜 끊어야 하나. 그럴 필요 없잖아요. 그래서 앞으로는 티스토리나 네이버 친구들하고도 일촌 개방을 할 거예요.

네이버 블로그나 티스토리에 글을 올리면,

앞으론 네이트온에도 업데이트 소식이 떠요. 네이트온 보면 미니홈피 연동버튼이 있잖아요. 이젠 거기에 블로그 연동버튼이 하나 더 생깁니다. 저희 회사가 지녀야 하는 핵심가치인 관계를 살릴 수 있다면, 유저에게 불필요한 장벽들을 다 무너뜨릴 생각입니다.

Q 애플은 앱스토어를 통해서도 새로운 콘텐츠를 많이 생산하고 있잖아요. 국내 앱스토어는 아이폰이 들어오면 바로 고사할 거라는 비관적인 전망도 있고요.

사실 현재의 어플리케이션이라는 것은 사실 미니 게임이나 다를 바 없는 거죠. 게다가 이미 한게임에서 플래시게임을 꽉 잡고 있고, 아이팟도 애플스토어를 통해서 미니게임 시장을 장악하고 있어요. 저희가 뒤늦게 들어가도 안 될 겁니다. 그런데 저희는 여기서 '소셜 앱 Social App'이라는 키워드를 추가했어요. 저희가 생각하는 앱스토어는 SNS, 즉 관계를 기반으로 하는 어플리케이션들이거든요.

예를 들면 이런 겁니다. 셋이서 일촌인데, 오늘 점심내기로 사다리를 타고 싶어요. 그러면 제가 일촌 중 이 친구들을 선택하고 사다리 아이콘을 눌러요. 그러면 메신저로 "안진혁 님이 사다리를 신청하셨습니다"라는 신호와 함께 팝업이 뜨는 거죠. ABC 중 하나를 고르

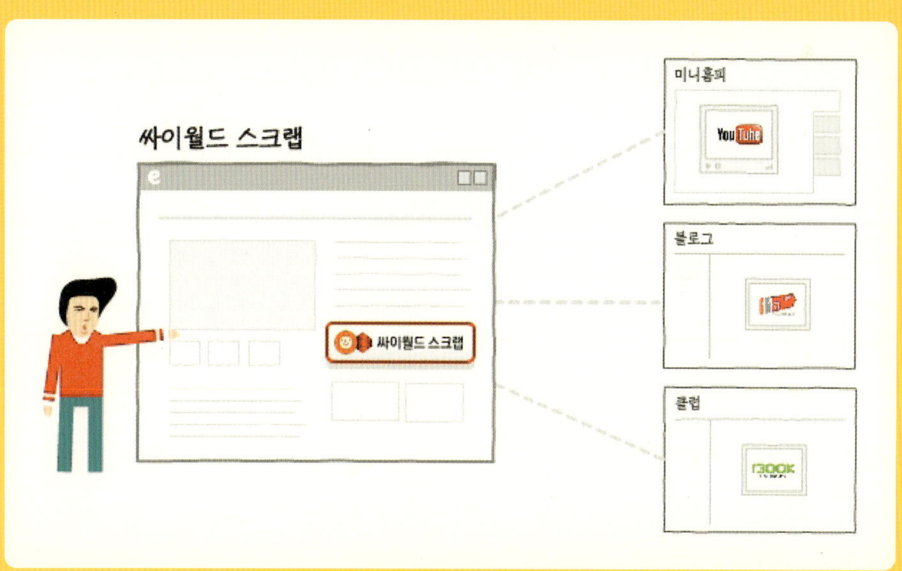

고, 아래에는 천 원, 5천 원, 꽝이 있어요. 그럼 모든 일촌이 선택을 하는 거죠. 물론 실시간이 아니어도 괜찮아요. 각자 선택해놓고, 창을 닫아놔요. 그럼 마지막 사람이 선택하는 순간 다시 팝업으로 결과가 나오죠. 누군 꽝, 누군 5천 원 이렇게 발표되는 거죠. 이게 일종의 소셜 앱이에요. 관계 중심의 앱스토어죠.

허접해도 함께 웃을 수 있는 게임이 즐겁다

사실 우리나라에는 무시무시한 고사양 3D 게임이 난무하든요. 게임 강국이잖아요. 앞에서 말한 사다리 게임은 그런 퀄리티 관점에서 보면 지극히 허접한 거죠. 하지만 게임이 다 퀄리티인가요? 아니죠. 가위바위보도 게임이에요. 다섯 명이 가위바위보 하면 그것도 재밌거든요. 즉 관계 중심으로 보면, 게임의 질은 상관이 없어요. 이것이 소셜 앱의 핵심이에요. 테크놀로지는 중요하지 않죠. 관계의 요소들을 얼마나 잘 집어내느냐의 문제죠.

지금 네이트 앱스토어에는 굉장히 아이디어가 넘치는 게 많아요. 예를 들어 부루마블 같은 것도 있고 육성형 게임도 있어요. 미니홈피에다가 강아지를 기를 수 있어요. 내 강아지랑 일촌이 기른 강아지랑 비교해볼 수도 있고 싸움을 붙일 수도 있는 거죠.

Q 트위터에 대해서는 어떻게 생각하시는지요.

제 생각에 트위터는 국내에서 잘 안 될 거 같아요. 우리나라에서 트위터 현상을 보면, 지금까지는 얼리 어답터 시장 정도의 의미를 갖고 있어요. 지금은 유명한 사람들이 주로 쓰죠. 저도 트위터를 가입했지만 한글과컴퓨터 이찬진씨나 청와대 홍보비서관, 이런 사람들이 써요.

그런데 이런 분들 사이에서 "아이 젠장! 오늘 뭐 어쩌고" 이렇게 한마디 쓰기가 너무 부담스러운 거죠. "국내에 아이폰이 들어온 뒤에 KT의 행보는……" 이런 식으로 쓰지 않으면 못 쓸 것 같은 분위기가 만들어졌죠. 아직까지는 우리나라 사람들이 트위터를 굉장히 부담스러워 하는 것 같아요.

게다가 사소하고 신변잡기적인 일상은 이미 커뮤니케이션할 방법이 있거든요. 우리나라 평균 일촌 수가 46명이에요. 미니홈피 대문글을 바꾸기만 해도 일촌들이 어느 정도는 봐주고, 네이트온 대화명만 바꿔도 웬만한 친구들은 읽어주거든요. 굳이 트위터를 이용하지 않더라도, 20대는 이미 내가 사소한 이야기를 할 때 피드백을 받을 수 있는 방법을 체득하고 있어요. 하루에 150만 명씩 대화명을 바꾸는 데는 이런 이유가 있지 않겠어요?

많은 정치인, 연예인 들이 사건이 발생했을 때 공식입장을 어디에 쓰냐는 거죠. 연예인조차도 미니홈피의 대문글이나 헤드라인에 짧게 쓰죠.

또 우리나라 사람들에게는 독특한 문화가 있어요. 트위터 창업자에게 "한국에서 트위터가 될까요?"라고 물었더니, 자기는 어려울 거라고 생각한대요. 왜 그러냐고 되물었더니 한국 사람들은 뭔가 완벽하게 쓰고 싶어한대요. 무언가 할 얘기가 있으면 길게 얘기하거나, 콘텐츠를 제대로 제작해서 공개하는 성향이 있다는 거죠. 그런 사람들은 트위터보다는 블로그를 쓴다는 거죠.

하지만 외국인은 안 그래요. 140자로 그냥, 치고 만다는 거죠. 그래서 트위터가 맞는 거예요. 그런데 우리나라 사람은 140자로 모든 생각과 얘기들을 하고, 그다음에 일대일로 보내는 게 부담스러운 거죠. 게다가 트위터는 전체에 공개해서 막 떠드는 시스템이거든요. 할 얘기 딱 하고 닫아버리죠. "난 여기까지 말할 테니, 내 말 거슬린다면 고소해."

하지만 미니홈피는, 내가 연출하면서 완벽하게 꾸미고 정리된 이후에도 최종 결과물을 다시 공개할 거냐 말 거냐 하는 의사결정 과정들이 존재하잖아요. 그게 한국과 외국의 문화 차이인 것이죠. 🍎

HOTDOGS

계릴라
크리에이티브

sale

우리는 의식하든 의식하지 못하든 간에 하루에도 수없이 많은 광고와 홍보물을 접하게 된다. 하지만 그중에서 사람들의 뇌리에 각인되는 것은 몇 개 되지 않는다. 소비자들이 노골적으로 드러나는 광고에 대해서는 반감을 가지고 일부러 피하려고 하기 때문이다.

최근에는 TV, 라디오 등의 전통적 광고 매체를 탈피해 색다른 방식으로 사람들에게 즐거움을 주는 마케팅이 눈길을 끌고 있다. 일명 '게릴라 크리에이티브guerilla creative'라 불리는 이 방식은 사람들이 예상하지 못한 상황에서 벌어진다는 점이 특이하다.

게릴라는 소규모 병력이 일정한 진지 없이 지형지물이나 뛰어난 전술을 이용해 적군을 기습공격한 뒤, 신속하게 빠져나와 반격을 피하는 전법을 말한다. 이는 잠재적인 소비자가 많이 모여 있는 곳에 마치 게릴라가 적을 기습공격하듯이 갑자기 나타나 사람들의 이목을 끌고, 이를 통해 브랜드 이미지와 매출을 높이는 마케팅 기법이기도 하다. 게릴라 아이디어는 매체의 제약을 받지 않는다. 광고판은 길거리가 될 수도 있고, 화장실, 지하철 통풍구, 담벼락이 될 수도 있다. 아이디어를 가장 잘 보여줄 수 있는 곳이라면 어디라도 실현시킬 수 있다.

창의적인 아이디어만 있다면 전세계인의 관심을 끄는 마케팅도 가능하다. 독특한 게릴라 크리에이티브를 접한 사람들이 UCC나 블로그를 통해 아이디어를 퍼뜨리며 자발적인 홍보대사가 되어줄 것이기 때문이다.

매일 보는 건물들, 매일 보는 간판과 상점들. 어, 그런데 저건 뭐지? 팝업 스토어pop-up store는 인터넷의 팝업창처럼 갑자기 떴다가 사라지는 가게나 공간을 말한다. 이런 매장은 짧게는 며칠, 길게는 1년 정도만 운영한 뒤 마치 그 자리에 없었던 것처럼 사라진다. 이미 미국과 일본, 유럽 등지에서는 팝업 스토어가 매우 익숙한 개념으로 자리 잡았다.

팝업 스토어의 역사는 2002년으로 거슬러 올라간다. 2002년 미국의 대형 할인점인 타깃Target이 맨해튼에 매장을 개장하려고 했지만 적당한 곳을 찾지 못하자, 짧은 기간 동안만 건물을 임대해 임시매장을 열었다. 그런데 의외로 이 임시매장이 사람들에게 큰 인기를 얻게 되자 수많은 마케터들이 이를 벤치마킹했고, 지금의 팝업 스토어 개념이 생겨났다고 한다.

팝업 스토어는 임대료가 비싸 정식 점포를 갖기 어려운 브랜드가 건물이 잠시 비는 사이 일시적으로 문을 열어 고객을 맞는다는 경제적인 목적도 있다. 하지만 최근의 팝업 스토어는 짧은 시간 안에 사람들의 호기심을 자극하는 프로모션을 목적으로 하는 경우가 대부분이다.

매장도 '리미티드 에디션'이 좋다

2009년 한국의 대표 거리에서도 이전에는 볼 수 없던 팝업 스토어를 종종 만나볼 수 있었다. 새로운 아이템에 민감하고 발 빠르게 받아들이는 젊은이들을 타깃으로 입소문을 노린 것이었다. 이러한 팝업 스토어는 브랜드를 단순히 구매하는 데서 그치는 것이 아니라 직접 체험해보고 좀더 적극적으로 개입하기를 원하는 최근 소비자들의 니즈를 잘 반영한 것이라고 볼 수 있다.

국내에서 선보였던 팝업 스토어의 경우 주로 소비자와의 양방향 커뮤니케이션을 통해 브랜드 이미지를 좀더 젊고 혁신적으로 만들고자 하는 의지가 반영되어 있다.

01

팝업
스토어

pop-up store 매일 보는 건물들, 매일 보는 간판과 상점들. 어, 그런데 저건 뭐지? 팝업 스토어는 인터넷의 팝업창처럼 갑자기 떴다가 사라지는 가게나 공간을 말한다. 이런 매장은 짧게는 며칠, 길게는 1년 정도만 운영한 뒤 마치 그 자리에 없었던 것처럼 사라진다.

기존의 매장보다 규모는 작지만, 더욱 눈에 띄는 볼거리를 제공함으로써 사람들의 발길을 끈다. '뭔가 특이한 구경거리'가 있나 해서 들어갔다가 '여기서만 판다'라는 말에 혹해서 상품을 하나둘 구매하고 돌아오는 것이다.

　2009년 초 홍대앞 거리에서는 약 한 달간 나이키Nike의 팝업 스토어가 선보였다. 이 기간 동안 나이키는 신상품을 전시하고, 홍대앞 거리의 분위기에 맞춰 매장 앞에서 그래피티 아트와 디제잉 파티 이벤트를 선보여 젊은이들에게 큰 호응을 얻었다. 패션 브랜드 구호KUHO의 경우 신사동 가로수길과 백화점 3곳에 팝업 스토어를 한 달 동안 오픈했는데, 비교적 젊은 디자인 위주로 아이템을 선별하고, 가격대를 50퍼센트 낮추는 등 젊은 소비자들이 부담 없이 접근할 수 있도록 했다. 이는 기존의

팔레 드 도쿄 Palais do Tokyo 위 팝업 스페이스

팝업 스토어는 단순히 상품 판매에 국한되지 않는다. 땅에 뿌리를 박고 서 있지 않은 최초의 팝업 호텔인 호텔 에버랜드 Hotel Everland가 그것이다. 단 하나의 객실을 갖춘 박스형 호텔 에버랜드는 기중기를 이용해 움직인다.

스위스의 출신 아티스트 듀오 사비나 랭Sabina Lang과 대니얼 바우만Daniel Baumann의 설치미술 작업의 일환으로 탄생한 호텔 에버랜드는 스위스 이베르동, 독일의 라이프치히를 거쳐 2009년 봄까지 파리의 팔레 드 도쿄 지붕에서 손님을 맞았다. 낮에는 관람객을 받고 밤에는 호텔로 쓰이던 호텔 에버랜드는 현재 다시 스위스로 철수한 상황이다.

투숙객들은 호텔 에버랜드에서 시시각각 변하는 파리의 하늘과, 밤에는 눈앞에서 화려한 조명을 뽐내는 에펠탑을 조용히 즐길 수 있었다. 고정된 자리에서 유서 깊은 역사를 자랑하는 것만이 능사가 아니라는 것을 보여준 호텔 에버랜드는 팝업 스페이스의 개념을 잘 활용한 예다.

호텔 에버랜드가 떠나간 팔레 드 도쿄의 옥상에는 팝업 레스토랑인 노미야Nomiya가 대신 자리하고 있다. 프랑스의 건축가 파스칼 그라소가 고안한 이 레스토랑은 18미터의 단순한 직육면체 구조물로, 프랑스 북부의 셰르부르Cherbourg에 위치한 선박 제작소에서 기본구조를 만든 뒤 팔레 드 도쿄 지붕 위에서 조립됐다고 한다. 노미야는 단 12명만을 수용할 수 있는데, 전 석에서 에펠탑과 세느강을 감상할 수 있어 온라인 예약 경쟁이 매우 치열하다.

주 소비자 연령대가 높아진 것에 대한 자구책으로 마련한 이벤트였다고 한다.

지난 6월 신사동 가로수길에는 글라소 비타민워터의 팝업 스토어가 눈길을 끌었다. 코카콜라는 이 새로운 비타민워터를 아시아에 선보이기 위한 첫번째 론칭 장소로 서울을 선택했다. 서울 사람들이 트렌드에 매우 민감하고 소비 취향이 까다롭기 때문에 서울에서 성공하면 다른 곳에서도 성공할 수 있다는 마케터들의 인식 때문이었다. 건물의 작은 공간을 빌려 음료를 상징하는 화려한 색으로 매장 외관을 단장하고, 내부는 맨해튼의 전경사진으로 꾸몄다. 이 매장에 들른 사람들은 마치 뉴욕을 옮겨온 듯한 내부 디자인과, 할리우드 스타들이 마신다는 음료를 손에 쥘 수 있다는 것에 즐거워했다. 이들은 너 나 할 것 없이 블로그에 사진과 함께 음료 후기를 남겼다. 이 팝업 스토어에는 한 달 만에 1만5천여 명의 방문객이 들렀고, 블로그에 남겨진 수많은 후기는 여전히 이 음료의 훌륭한 홍보물이 되어주고 있다.

　사람들은 아무나 가질 수 없는 한정판에 매력을 느낀다. 그것이 엄청난 고가라면 환상만 품고 그치겠지만, 내가 지불할 수 있을 정도의 상품이라면 욕심낼 만하다. 팝업 스토어는 '한 달 동안만' 혹은 '이 매장에서만' 등 '리미터드 에디션'을 지향하며 오늘도 곳곳에서 사람들을 유혹하고 있다. 🅣

"오늘 점심은 뭐 먹고 싶어?" "글쎄, 아무거나."

인생은 선택의 연속이다. 하지만 아주 간단한 선택조차 귀찮게 느껴지고 남에게 미루고만 싶다. 단순히 메뉴를 정하는 것도 고민하고 망설이는 사람들을 위해서 호프집에서는 '아무거나'라는 메뉴를 준비할 정도다.

싱가포르의 아웃오브박스Out of Box에서는 사람들의 이런 성향에 주목해 '애니싱Anything'과 '왓에버Whatever' 음료수를 만들었다. 애니싱 제품의 캔에는 6가지 맛의 탄산음료 중 하나가 들어 있고, 왓에버에는 6가지의 무탄산음료 중 하나가 들어 있다. 그런데 캔에는 음료 맛에 대한 어떠한 정보도 씌어 있지 않다. 당연히 소비자는 캔 속에 어떤 맛의 음료가 들어 있는지 전혀 알 수 없지만, 마치 자신의 운세를 점쳐보듯 음료수를 사게 된다. 소비자들의 궁금증을 이용한 서프라이징surprising 전략인 것이다.

서프라이징은 획기적인 아이디어를 통해 사람들을 깜짝 놀라게 하는 전략이다. 무방비 상태로 만나게 되는 재미있는 아이디어에 사람들은 기꺼이 지갑을 열고 있다.

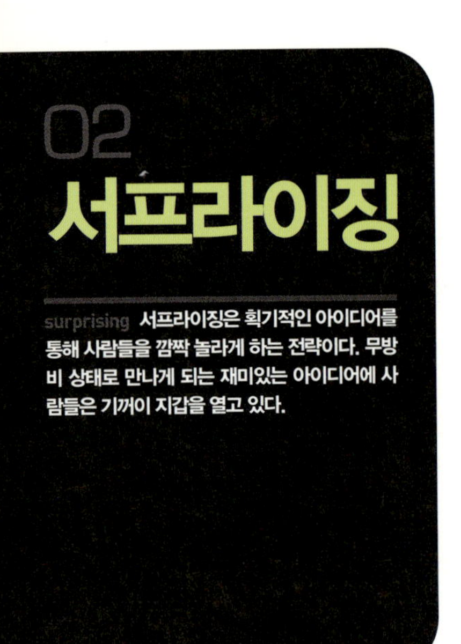

깜짝 놀래주면 성공한다

그래도 이런 음료수는 일단 '마실 것'이라는 최소한의 정보는 알 수 있다. 하지만 섬싱스토어somethingstore.com는 아주 최소한의 정보도 제공해주지 않는다.

섬싱스토어는 돈을 내고 주문은 했는데 도착할 때까지 자신이 무엇을 받게 될지 전혀 모르는 온라인쇼핑몰이다. 홈페이지에는 물음표가 그려진 상자만 덩그러니 있다. 속는 셈 치고 결제를 하면 최신형 가전제품이나 희귀한 책, 보드게임, 핸드메이드 목걸이, 디자이너 청바지 등의 상품이 무작위로 배송된다고 한다. 누군가에게 선물을 받을 때는 포장지를 뜯기까지의 설렘이 있다. 섬싱스토어는 그러한 사람들의 심리를 잘 공략한 서비스라고 볼 수 있다. 단돈 10달러로 선물

Discover Your Something

SomethingStore ships worldwide. Please select your region below.

UNITED STATES | CANADA | OTHER COUNTRIES

HOW IT WORKS

• Choose your quantity then click on the "Buy Now" button to complete your purchase at secure *Google Checkout* site.
• We will then send your something(s) within 7 business days and will confirm shipment via email.
• You will discover what your something is when you receive it and we hope you will love it!

If you prefer, you can pay with PayPal here (US only).

PLEASE NOTE THAT:
- We use secure Google Checkout service to process payments so your information is **safe** .
- SomethingStore will replace a defective or broken item, but because of random selection method, *we are unable to accept return, refund or exchange requests.*

이 내 손에 들어오기까지의 설렘을 즐기는 것도 나쁘지 않을 것 같다. 단, 내가 죽었다 깨도 필요 없을 상품이 배달된다면 다시는 이 사이트를 찾지 않겠지만 말이다.

미국 시카고에 위치한 맥도날드McDonald 매장에 대형 계란이 등장했다. 이 계란은 하루 종일 동그란 형태를 유지하고 있다가 맥도날드가 아침메뉴를 서빙하는 시간부터 서서히 갈라지기 시작한다. 이윽고 '매일 신선한 계란Fresh Egg Daily'이라고 쓰인 노른자가 떠오른다. 달걀은 오전 6시 반부터 10시 반까지 갈라진 채로 있다가 이 시간 이후에는 다시 닫힌 모습을 유지하게 된다.

지하철이 있는 곳이라면 어디든지 통풍구가 있기 마련이다. 사람들은 통풍구에서 몸에 해로운 바람이 나올 것이라 생각해 거리의 흉물로 취급하곤 한다. 미국의 거리 예술가 조슈아 앨런 해리스 Joshua Allen Harris는 이 지하철 통풍구를 이용해 멋진 예술작품을 만들어냈다. 재활용 쓰레기 비닐을 이용해 각종 동물 모양을 만든 뒤 이를 통풍구 위에 설치한 것이다. 통풍구를 통해 공기가 유입되면 비닐은 순식간에 허공으로 솟구치게 된다. 길을 지나다 갑자기 등장하는 거대 괴물을 보고 사람들은 깜짝 놀라 카메라를 꺼내들었다. 뉴욕에서 펼쳐진 이 게릴라 아트 퍼포먼스는 길을 지나던 수많은 행인들의 휴대폰에 담겨 전세계 UCC로 퍼져나갔다.

마트에 마련된 해산물 코너에서 각종 쓰레기가 포장된 팩을 발견했다면 어떻게 하겠는가? 세계적인 광고회사 사치앤드사치 Saatchi & Saatchi가 진행한 게릴라성 이벤트는 이대로 바다가 계속 오염될 경우 쓰레기로 가득 찬 해산물을 맛보게 될 수도 있다는 것을 경고하고 있다. 이 팩에는 여러 바다에서 건져 올려진 담배꽁초, 콘돔, 썩은 음식, 플라스틱 조각 등의 각종 쓰레기가 사용됐으며, 실제로 지역 시장에 진열되었다고 한다. 마트에서 쓰레기팩을 직접 마주한 사람들은 얼마나 깜짝 놀랐을까? 이 이벤트는 프린트물로도 제작돼 전세계인에게 경각심을 전해주었다.

벨기에 적십자와 브뤼셀 스튜디오 Brussels Studio는 물 부족을 겪는 국가의 아이들을 돕기 위한 자선 캠페인을 전개했다. 프라임타임에 전국으로 생방송되는 프로그램에 한 아이가 난입해, 너무 목이 말랐다는 듯 테이블에 있는 물을 '원샷' 하고 쏜살같이 빠져나가는 '방송사고'를 3일 동안 반복적으로 보여준 것이다.

진행자와 출연자들은 황당한 표정과 웃음을 참지 못했고, TV를 보던 시청자들도 방송사고인 줄 알고 깜짝 놀라는 상황이 벌어졌다. 하지만 곧 중간광고를 통해 '이 아이가 식수 부족으로 죽어가는 아이를 상징한다'라는 메시지와 함께, 모금에 참여하는 방법을 전달해줌으로써 시청자들의 어리둥절함을 해결해주었다. 이 캠페인은 약 59억 원의 성금을 모아, 벨기에 역사상 가장 훌륭한 자선 캠페인으로 기록됐다고

한다. 한국에서 방송을 통한 자선 캠페인이 지나치게 진지한 포맷과 내용으로 시청자들에게 외면받기 일쑤라는 것을 생각했을 때, 벨기에의 파격적인 방법은 우리에게 시사하는 바가 크다.

재치가 상품이 되는 시대

바쁘지 않은 사람을 '마치 바쁜 것처럼' 포장해줄 수 있다면? 분주한 사무실에 있는 것 같은 분위기를 만들어주는 CD가 있다. 2007년에 나온 〈스라이빙 오피스 Thriving Office〉라는 CD에는 바쁜 사무실에서 나는 전화벨소리, 웅성거리는 소리 등의 소음이 담겨 있다. 이는 개인 사무실이나 소규모 사업을 하는 사람들이 마치 자신의 일터가 매우 분주한 곳인 것처럼 만들어서 전화를 한 사람들에게 '우리 회사는 잘나가는 회사다'라는 인상을 심어주기 위한 것이라고 한다. CD는 〈바쁜Busy〉 트랙과 〈매우 바쁜Very Busy〉 트랙으로 나뉘어 있어 상황에 따라 트랙을 선택할 수 있다.

누구나 한 번쯤은 편지를 쓰다 글씨체나 문구가 마음에 들지 않아 종이를 구겨버리고 처음부터 다시 썼던 기억이 있을 것이다. 요즘은 컴

퓨터 덕분에 손글씨를 쓸 일이 거의 없지만, 네덜란드의 디자인 스튜디오 '트랩트인서버비아Trapped in Suburbia'가 만든 노트만 있다면 과거의 낭만을 되살려 편지를 쓰고 싶은 마음이 들 것 같다. 이 노트는 뒤에 축구공, 럭비공, 농구공 등의 다양한 무늬가 그려져 있어 구기는 순간 다양한 공으로 변신시킬 수 있다. 자꾸 구기고만 싶어서 오히려 종이 낭비가 되지 않을까 하는 걱정이 들기도 한다.

얼마 전 한 방송 프로그램에 출연한 여성이 "키 작은 남자는 루저"라는 발언을 해 네티즌들이 발칵 뒤집힌 일이 있었다. 그런데 이 일이 터지자마자 이를 풍자한 티셔츠가 등장해 네티즌들의 폭발적인 인기를 얻었다. 일명 '루저티'로 불리는 이 티셔츠는 온라인 쇼핑몰 반8ban8.co.kr에서 제작한 것으로, "키가 180센티미터 이상인 사람들은 알아서 사지 말라"라는 조언까지 하고 있다. 한국 사회의 외모지상주의, 네티즌들의 또 한 번의 마녀사냥, 프로그램 제작진들의 선정적인 연출 등 '루저티'가 인기를 얻기까지의 과정은 씁쓸하지만, 이를 발 빠르게 풍자해 웃음을 준 아이디어는 꽤 칭찬할 만하다. T

게릴라 크리에이티브

팝업 스토어

서프라이징

사람들이 찾아와
놀아줄 판을 벌인다

interview
27

김홍탁

제일기획 글로벌크리에이티브팀 수석국장

"판을 짜서 놀이터를 만들어줄 거예요. "We make story and let them talk"인 셈이죠. 우리는 만들어서 던져놓으면, 그들이 회자시킨다는 거죠. 그 논리거든요. 재미있는 정보를 찾는 사람들은 너무나 많으니까, 아이디어만 좋으면 사람들은 몰려와요."

Q 2009년 한국 광고에서 주목할 만한 흐름은 어떤 것이 있을까요?

한국 광고의 경우, 인터넷을 이용한 온라인 마케팅은 활성화된 편이지만, 여전히 TV광고에 너무 많이 의존하고 있는 상황이에요. 대신 TV광고의 크리에이티브가 연예인에만 의존하던 방식에서 벗어나 아이디어 중심으로 많이 옮겨갔어요. 특히 이동통신사에서는 3~4년 전부터 아이디어 중심으로 가려는 흐름이 커졌죠.

아이디어의 융단폭격을 받아라

아이디어와 함께 양으로 승부하려는 전략도 강했어요. 아무래도 '쇼'나 '비비디바비디부'가 작년 승부처였는데, 한 해 동안 거의 50편이 넘게 제작했을 거예요. 예전의 일반적 방식이라면 한 편 만들어서 3개월, 오래가면 6개월을 틀었거든요. 캠페인을 중요시하는 광고주라 해도, 보통 한 해 3편 정도의 광고를 운영했는데 이제는 50편씩 만들고 동시다발적으로 대여섯 개를 함께 내보내요.

멀티소스의 멀티릴리스 형태를 띠고 있어요. 일종의 융단폭격인 셈이죠. 세뇌를 안 당할 수 없어요. TV라는 게 올드미디어이다보니

웬만해선 콘텐츠 내용으로 차별화할 수 없는
거죠. 그러니 동시에 양이라는 형식으로 차별
화하려는 겁니다.

Q 올드미디어인 TV에서의 싸움과
는 별도로 온라인광고 시장의 변화
는 어떤 것이 있을까요?

온라인 쪽에서는 지금 스토리텔링이 큰 화
두가 되고 있어요. 디지털 스토리텔링. 지금은
정보가 넘치는 세상이에요. 이전에는 한 사람
이 100년에 걸쳐 얻을 정보를 하루아침 조간
신문에서 다 본다는 거죠. 정보량이 너무 많다
보니까, 흔하고 뻔한 방식으로 정보를 전달해
서는 효과가 없어요. 이제는 그걸 이야기 형식
으로 전달하려고 하는 거죠.

한국은 스토리텔링의 강자

우리나라 사람은 우뇌가 발달한 민족이라잖
아요. 우뇌는 정서나 감성을 지배하는 곳이거
든요. 논리보다 감성이 강한 민족에게는 스토
리 중심으로 풀어가는 게 굉장히 잘 소구될 수
있어요. 우리나라 보면 드라마가 꽉 잡고 있잖
아요. 이렇게 드라마가 활성화된 나라가 없어
요, 제가 보니까 3개 주요 공중파 방송사에서

21개의 드라마를 만들고 있더라고요. 한 방송국에서 7개면 엄청난 수거든요.

그런데 그것이 또 충분히 상품가치가 있어서 그게 또 한류를 일으켰잖아요. 〈대장금〉이라든가, 〈겨울연가〉라든가. 우리 민족이 스토리를 좋아하고, 또 그런 스토리를 만드는 능력도 가지고 있단 얘기예요. 그것이 충분히 TV광고 쪽에서도 접목이 될 수 있는 부분이긴 한데, 우린 아직 여건상 15초라는 한계를 가지고 있어요. 사실 15초에 스토리를 담을 수 없잖아요. 그러다보니 모든 광고가 그냥 딱 클라이맥스 하나만 있는 거예요,

연예인 보느라고 이야기는 못 듣는다?

그러니까 그냥 연예인이 나오죠. 사실 연예인 활용하는 게 짧은 메시지를 전달하기에 제일 쉬우니까. 이게 아이러니인데, 연예인을 많이 활용하다보니 도리어 아이디어를 낸다고 하더라도 연예인에 가려버리기도 하고요. 메시지 전달이 잘 안 된다는 이야기예요.

가령 이효리를 모델로 해서 제품의 특장점을 알려주는 스토리를 짰다고 해도, 광고를 보는 사람은 15초 내에 이효리의 얼굴과 몸매만 보는 거예요. 제가 보기엔 15초라는 너무 짧은 시간과 연예인에 의존하는 광고 형식 때문에, 전통적인 광고매체인 TV에서는 스토리텔링이 힘들었죠. 스토리는 있었을지 몰라도, 텔링이 안 통했어요.

그게 디지털 쪽으로 오면서 좀더 자유로워졌어요. 여러 가지가 많이 시도되고 있는데, 최근에 나왔던 것 중에서 '두근두근 투모로우' 같은 걸 예로 들 수 있겠죠. 그런 것들이 TV광고에서는 시도하기 어려운 것이지만 네 명의 친구들이 상품을 소개하는 것이 아니라, 젊은이들의 미래에 대한 콘셉트를 드라마로 표현하면서 자연스럽게 PPL도 시도하는 전략이었죠. 온라인 공간에선 충분히 디지털 스토리텔링을 할 수 있으니까요.

광고주 측에서도 이제는 브랜드 스토리라는 것에 꽂혀 있어요. 어떻게 하면 무언가 얘깃거리를 만들 것이냐. 그래서 처음 재미를 봤던 게 보르도 TV였어요. 거기서도 스토리를 만든 거잖아요. "와인잔의 모습을 보고, 그것을 본떠서 디자인했다"라는 하나의 이야기를 가지고 그걸 대대적으로 모든 곳에 광고를 했어요. 디자인이나 홍보자료도 모두 같은 방향을 가

리켰어요.

상품 속에 담긴 이야기의 힘

지금까지는 그냥 TV광고를 통해서 USP Unique Selling Propositions를 중심으로 콘셉트만 정해서 집중적으로 쪼듯이 광고했죠. 그런데 매체가 확장됐으니까 좀더 시간을 갖고 운용할 수 있는 여유가 생겼어요. 한 편의 브랜드 스토리를 만들어서 그것을 다양한 미디어를 통해서 내보냈단 얘기죠. 당연히 커뮤니케이션의 폭도 훨씬 더 넓어졌어요. 일종의 우산처럼 생각할 수 있는데, 하나의 중심에서 여러 가지 갈래가 쳐질 수 있는 방식이 된 거죠.

크리에이티브 접근 형식이 종합적인 접근으로 바뀌고 있어요. 종합선물세트 같은 거죠. 광고주들도 "TV광고 만들어주십시오" 하면서 오리엔테이션을 주는 게 아니라, "성공할 수 있도록 전체 전략을 짜주세요"라는 식으로 바뀌었어요. 그럼 거기에 따라 온라인 커뮤니케이션이 중심이 되기도 하고 프로모션 활동 위주가 되기도 하죠. TV광고는 오히려 보조장치가 되는 수도 있어요. 이를 위해서는 디지털적인 아이디어가 핵심이에요. TV광고의 경우는 오히려 영화 예고편이나 티저teaser처럼 사람들 사이에서 회자될 수 있는 정도의 역할을 하게 될 때도 많아요. 그리고 본 내용은 사이트에 와서 보라고 할 수 있는 겁니다.

Q 기존의 한계를 뛰어넘는 시도도 많이 보일 것 같은데요.

저도 인터랙티브 쪽 일을 하는데, 이쪽에는 정형화된 게 뭐 없어요. 좋은 아이디어를 내는 사람이 무주공산의 주인이 되는 거죠. 아이디어를 만드는 방식이 이전하고 달라졌어요. 이전에는 미디어가 먼저 정해졌기 때문에, 우리가 미디어의 형식에 맞는 아이디어를 짜는 거였다면, 이제는 빅 아이디어를 생각하고, 그것을 어떻게 효과적인 매체에 담을 것이냐를 고민한다는 얘기죠.

2008년 칸국제광고제에서 가장 회자됐던 HBO 캠페인도 관음증이라는 콘셉트였잖아요. 훔쳐보기를 가장 효과적으로 드러내는 미디어는 어떤 것인가에 대한 고민을 했겠죠. 그래서 맨해튼에 있는 4층 건물 외벽에 여덟 가구를 표시한 거예요. 각각 가구에서 일어나는 일을 영사기처럼 벽에다 대고 투사를 했어요.

HBO에서는 일종의 아트쇼를 한 거죠. 그걸 본 사람들은 이런 일이 있었다며, 블로그에 올리면서 일종의 바이럴viral이 형성됐죠. 본 내용은 마이크로 사이트에 올려서 구체적으로 어떤 일이 일어났는지를 한 편씩 볼 수 있게 만들었고, 모바일까지 전송되는 방식으로 퍼져나가면서 크게 성공을 거뒀어요.

Q 한국에서도 이처럼 독특한 마케팅 기법을 시도한 예는 없었나요?

나이키에서 김연아와 함께 디지털 디스플레이를 이용해 만든 광고가 있었어요. 나이키 매장 밖 윈도에 손모양이 그려져 있는데, 이곳에 손을 대면 김연아가 화면 저 끝에서 뛰어와요. 그리고는 내 손에다 같이 손을 대주거든요. 그러면 실제 김연아의 체온을 느끼듯 짜릿한 느낌이 와요. 그럼 김연아가 멘트를 하죠. "내 손에서 열정이 느껴지시나요?"

Q 일종의 바이럴 마케팅이라는 생각도 드는데요.

바이럴이라는 것은 이제 다시 구전의 시대로 돌아간다는 뜻이거든요. 다 사람의 입에서 입으로 퍼지는 거죠. 이제는 인터넷과 같은 미디어를 통해서 구전을 시키겠다는 얘기잖아요. 요즘의 젊은이들 사이에서 회자되는 것들은 유튜브에 뜬 동영상들이잖아요. 그게 디지털 구전이에요. 사람들에게 충격을 주는 게릴라 크리에이티브라는 것도 다 바이럴 마케팅을 염두에 두고 진행되는 거죠.

지난해 가장 기억에 남는 것은 호주관광청에서 "세상에서 가장 멋진 직업을 제공한다" 하면서 지원자들을 모은 거예요. 6성급 호텔에서 6개월간 지내면서 1억2천만 원의 보수를 받을 수 있어요. 거기서 하는 일이라고는 개인 비행기 몰고 다니며 우편물 배달도 해주고 주위에 있는 물고기 먹이도 주면서, 사는 내용을 자기 블로그에 올리기만 하면 돼요. 친구 한 명을 같이 데려올 수도 있어요.

전세계의 엄청나게 많은 사람들이 지원을 했어요. 지원할 때는 1분짜리 동영상을 만들어서 자기소개를 해요. 그렇게 하다보니 그 프로젝트 자체가 화제가 된 거예요. 이를 통해서 전세계에 퍼지는 바람에 엄청난 홍보효과를 얻었어요. 솔직히 1억2천만 원이라는 돈은 새 발의 피거든요. 그거 가지고 TV광고 한 편 만들 수도 없어요. 제작비도 안 돼요.

재미있는 판을 벌이면 사람들은 놀아준다

판을 짜서 놀이터를 만들어준 거예요. "We make story and let them talk"인 셈이죠. 우리는 만들어서 던져놓으면, 그들이 회자시킨다는 거죠. 그 논리거든요. 재미있는 정보를 찾는 사람들은 너무나 많으니까, 아이디어만 좋으면 사람들은 몰려와요.

근데 중요한 건 그 아이디어가 정말 신선해야 한다는 거죠. 제가 보기에는 호주에서 직업을 준다고 내걸었을 때, 전세계 백수들은 난리 났죠 뭐. 광고인들이 이제는 온라인 쪽을 커다란 플레이그라운드로 생각하는 거예요. 이제 우리는 거기서 어떤 판을 벌일 것인가 계속 고민하는 거죠. 사람들이 와서 함께 놀아주어야 할 판인데, 당연히 매력적인 판이 되어야겠죠.

Q 지금 한국인들이 요구하는 감성은 어떤 것일까요?

우선 한국 사회가 유머로 많이 돌아왔어요. 글쎄 그걸 감성이라고 표현할 수도 있겠죠. 솔직히 대한민국 사람들이 굉장히 터프한 생활을 하잖아요. OECD 가입국 중에서도 노동시간이 제일 길고, 노후대비는 제일 없는 나라잖아요. 그런데 그렇게 시달리고 집에 돌아와서 광고 보고 짜증내고 싶은 사람은 없다는 거죠. 광고라도 좀 재미있어야 하지 않겠어요.

그리고 상황이 어렵다고 하니까 요즘엔 "힘을 내라" 식의 공익성 광고들이 많이 나오고 있어요. 그런데 저는 그렇게 바람직한 현상이라고 보진 않아요. 용기를 주는 그런 메시지가 많이 나온다고 해서, 우리가 거기에서 힘을 받을 만큼의 수준은 아니라는 거죠. 우리나라는 이미 그 수준을 넘어서지 않았겠어요. 60년대라면 몰라도. 지금은 정부뿐 아니라, 기업까지 공익캠페인을 해대고 있으니, 메시지가 남발되고 있어요. 국민들도 "또 저런 광고 하는가 보다"하며 바라보지, 별 감동을 받지는 못 할 거예요. **T**

작은 영화의 성장과 큰 영화에 대한 기대

interview
28

문석

『씨네21』 취재팀장

"유명한 감독들이 위에 포진해 있어 기를 펴지 못했던 좋은 신인 감독들이 자신의 진가를 보이며 나올 수 있다는 기대를 할 수 있는 것 같아요. 또한 올해 〈과속스캔들〉 〈7급 공무원〉 〈해운대〉 등이 히트를 치면서 예전보다 투자심리가 좋아졌고, 그로 인해 내년에는 큰 영화가 활성화될 수 있다는 가능성이 보이고 있어요."

Q 올해 불황의 영향으로 영화시장은 침체되고 제작비도 많이 내려간 것으로 알고 있는데요, 영화에 대한 관객들의 반응은 어땠나요?

작년 후반부터 10~15억 사이의 예산으로 영화를 만드는 것이 주류가 되었어요. 2005~2007년까지만 해도 한국 영화 순수 제작비만 40억이 넘어가곤 했는데, 지금은 30억만 넘어도 투자가 안 돼요. 유명한 스타가 캐스팅되었거나, 감독이 흥행 자체에 대해 보증할 수 있는 무언가가 있지 않는 이상, 일반적인 영화들은 20억 아래의 예산을 갖고 만들어지고 있죠. 또 다른 방향에서 출발하긴 했지만 〈워낭소리〉 같은 저예산 영화가 흥행하게 되면서 저예산으로 효율적인 영화를 만드는 문제가 영화계의 새로운 과제가 되었다고 할 수 있겠죠.

Q 〈워낭소리〉나 〈똥파리〉 〈낮술〉 같은 작은 영화가 흥행한 이유는 어떤 것이라 생각하시나요?

영화에 각각 담겨 있는 내용이 일반 상업영화에서 잘 다루지 않는 세계에 대한 묘사력 때문이라 생각해요. 〈낮술〉은 생각보다 잘되지 않았지만, 〈똥파리〉 같은 경우는 정말 독립영화의 새로운 신기록을 세웠다고 표현할 수 있을 정도로 잘됐죠.

독립영화들의 트렌드를 가장 빨리 읽을 수 있는 곳은 부산영화제예요. 관객들이 부산영화제에 많이 참여하는 만큼 많은 독립영화들이 부산영화제를 노리고 만들어지는 경우가 많거든요. 꼭 독립영화가 아니더라도 독립과 메이저의 어중간한 영화들도 부산영화제의 쇼케이스 등을 통해 입소문을 타서 나중에 개봉할 때 큰 도움을 받는 전략을 사용하기도 해요.

Q 영화의 내용상으로 혹시 달라진 부분이 있다면 어떤 것이 있을까요?

예전에는 극장이 시내 한복판에 위치하고 있어 사람들이 영화를 보러 시내로 나왔다면, 요즘은 멀티플렉스들이 주거지별로 위치하면서 극장이 사람들 사는 곳으로 들어가게 되었잖아요. 그러다보니 가족 단위로 극장을 찾는 것이 자연스러운 모습이 되었죠. 그리고 작년 말부터 시작된 경제위기와 사회적·정치적 불안요소 때문에 사람들이 무겁고 심각한 얘기를 보러 굳이 극장까지 갈 필요 없다고 생각하

는 경향이 생긴 것 같아요.

또 특징적인 것은 조폭코미디라고 포장된 한국적인 소장르가 완전히 없어졌다는 거죠. 그 자리를 채운 게 〈과속스캔들〉이라든가 〈7급 공무원〉과 같은, 정서적으로 순화된 영화가 인기를 얻었죠.

Q 요즘 한·중·일 혹은 한·미와 같이 합작영화를 계속 시도하고 있는 것 같아요. 이러한 합작영화에 대한 가능성은 어떻게 생각하시나요?

합작영화는 2000년대 초반부터 이미 많은 시도가 이루어지고 있었지만, 성공한 케이스는 많지 않아요. 영화계에서 아시아 프로젝트로 가장 관심을 갖고 있는 곳은 중국 시장이죠. 중국 시장에 대한 여러 가지 욕망들 때문에 합작이 시도되는 경우가 많지만, 중국은 영화법 등이 굉장히 복잡하기도 하고 불법복제가 많기 때문에 쉽게 성공할 수 있는 시장이 아니거든요.

중국 영화시장, 탐나는 만큼 정복도 어려워

나비픽처스라는 곳에서 중국 법인을 만들어

서 아예 중국 감독과 중국 배우를 붙여 한국 기획으로 영화를 제작하고 있어요. 완전한 중국 로컬영화이지만, 한국적 콘텐츠가 녹아들어가는 기획을 집어넣은 거죠. 이렇게 중국 시장을 겨냥한 다양한 시도가 이루어지고 있어요.

한국 영화가 뻗어나갈 수 있는 이유는 배우와 기획력 때문이죠. 배우를 지렛대 삼아 한국 영화가 얹혀가는 경우가 많고, 아직 중국인들은 한국 드라마와 영화에 나오는 트렌디한 것들에 대한 동경이 있기 때문에 경쟁력에 우위를 보이고 있죠.

Q 최근 미국에서는 3D영화 제작이 활발하다고 하는데, 국내 시장에서도 내년쯤이면 3D영화가 많이 나올까요?

특히 미국 같은 경우 3D영화가 대세죠. 극장산업은 장기적으로 봤을 때 사양 산업이고, 이것은 서구에서도 마찬가지예요. 예전에는 데이트를 하거나, 심심할 때면 극장으로 가곤 했는데 이제는 IPTV와 휴대폰 DMB, 인터넷 다운로드 등으로 영화를 접할 수 있는 통로가 많아졌기 때문에 굳이 극장으로 가려하지 않잖아요.

뉴미디어가 발전하면서 영화를 함께 엮어갈

수 없는가에 대해 흔히들 이야기하지만, 실질적으로 서로 함께 갈 수 있는 방법은 없는 것 같아요. 이러한 현실에서 3D는 탈출구가 될 수 있는 거죠. 3D는 사람들이 극장에서 영화를 봐야 하는 이유를 설명할 수 있게 하는 거예요.

3D영화, 극장에 가야 하는 새로운 이유

한국에는 많지 않지만, 미국에는 기존의 극장에서 보는 영화보다 스케일이 큰 아이맥스 영화를 볼 수 있는 상영관이 굉장히 많아요. 이미 〈배트맨 비긴스〉〈다크 나이트〉 같은 경우에도 아이맥스 영화관에서 상영되어 전혀 다른 스펙터클을 보여주면서 인기를 끌었죠. 3D는 기존의 아이맥스와는 또 다른 축으로, 주로 애니메이션 계열로 많이 발전되어왔지만, 올 여름에 개봉된 〈블러디 발렌타인〉이라는 공포영화가 3D로 개봉되면서 이슈화되기도 했죠. 3D산업은 이제 막 시작되고 있는 산업이지만, 액션, 에로 등의 장르 구분 없이 점점 커져나갈 것이라 생각해요.

Q 내년에 기대되는 작품이나 예상되는 영화계의 흐름에 대해 알 수 있을까요?

2009년에는 대중들이 좋아하고, 영화를 잘 만들기도 하는 많은 감독들, 예를 들어 봉준호, 박찬욱, 최동훈, 윤제균 감독 등이 일제히 영화를 만들었어요. 그래서 내년 라인업을 올해 초부터 걱정하는 사람들이 많이 있죠. 하지만 긍정적으로 생각하면 유명한 감독들이 위에 포진해 있어 기를 펴지 못했던 좋은 신인 감독들이 자신의 진가를 보이며 나올 수 있다는 기대도 할 수 있는 것 같아요.

신인 감독들에 대한 기대와 큰 영화의 활성화

또한 올해 〈과속스캔들〉〈7급 공무원〉〈해운대〉 등이 히트를 치면서 예전보다 투자심리가 좋아졌고, 그로 인해 내년에는 큰 영화가 활성화될 수 있다는 가능성이 보이고 있어요. 🆃

2010년 개봉 예정 외국 영화

러블리 본스

감독 피터 잭슨 | **출연** 마크 월버그, 레이첼 와이즈 | 무참히 강간으로 살해당한 14세 소녀가 하늘에서 자신의 가족가 살인자들을 바라본다는 내용. 스릴러와 판타지가 혼용된 있는 피터 잭슨의 야심작.

셔터 아일랜드

감독 마틴 스콜세지 | **출연** 레오나르도 디카프리오 | 중범죄자만을 저지른 정신병자만 수용소에 방문했다가 폭풍우에 고립된 두 사람의 연방수사관의 이야기.

이상한 나라의 앨리스

감독 팀 버튼 | **출연** 미아 와시코스카, 조니뎁, 앤 해서웨이 | 루이스 캐롤의 유명한 소설 『이상한 나라의 앨리스』를 원작으로 삼은 판타지 영화.

캑 애스

감독 매튜 본 | **출연** 애런 존슨, 크리스토퍼 민츠 프래지, 니콜라스 케이지 | 만화 속 수퍼히어로를 동경하는 고교생들이 자신이 직접 히어로가 되어나서지만, 아무 능력도 없이 덤비다 오히려 악당들에게 당하고 그 과정중에 진짜 히어로들을 만난다는 이야기.

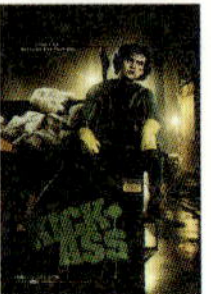

아이언맨 2

감독 존 파브로 | **출연** 로버트 다우니 주니어, 스칼렛 요한슨, 미키 루크 | 2년 만에 돌아오는 〈아이언맨〉의 후속편.

로빈후드

감독 리들리 스콧 | **출연** 러셀 크로, 케이트 블랜칫, 케빈 두런드, 마크 스트롱 | 사자왕 리처드의 군대에 소속된 로빈후드는 십자군 원정에 나섰다가 돌아와 의적이 된다.

슈렉 4

감독 마이크 미첼 | **출연** 마이크 마이어스, 에디 머피 | 슈렉 그 후의 이야기들.

섹스앤더시티 2

감독 마이클 패트릭 킹 | **출연** 사라 제시카 파커, 킴 캐트럴, 크리스 노스, 신시아 닉슨 | 서로 다른 개성을 가진 네 여성들의 성담론을 소재로 한, 삶과 사랑 이야기.

A특공대 극장판

감독 조 카나한 | **출연** 리암 니슨, 브래들리 쿠퍼, 퀸튼 잭슨, 제시카 비엘 | 80년대 방송되었던 〈A특공대〉의 극장판.

토이스토리 3

감독 리 운크리치 | **출연** 톰 행크스, 킴 알렌 | 장난감 나라의 카우보이와 우주비행사 간의 우정과 모험을 그린 영화.

2010년 개봉 예정 한국 영화

포화 속으로

감독 이재한 | **출연** 권상우, 탑, 차승원, 김승우, 박진희 | 1950년 8월 10일 새벽, 포항에서 수백 명의 북한 정예군과 71명의 소년학도병들 사이에 벌어진 12시간 동안의 치열했던 전투를 다룬 실화극.

의형제

감독 장훈 | **출연** 송강호, 강동원 | 서울 한복판에서 의문의 총격전이 벌어진 6년 후, 국정원에서 파면당한 남한 요원과, 버림받은 북한 공작원이 서로 적대감을 보이다가 의기투합하며 사건을 해결한다는 내용.

아름다운 우리

감독 곽경택 | 2002년 6월 29일, 북한의 기습포격으로 6명의 전사자를 낸 '제2연평해전'의 이야기. 3D 입체영상으로 제작될 예정.

디데이

감독 강제규 | **출연** 장동건 | 제2차 세계대전 중 노르망디 상륙작전을 배경으로, 일본군에 징집돼 독일의 나치 병사가 된 남자를 주인공으로 한 전쟁영화. 강제규, 장동건의 할리우드 진출작.

시라노 프로젝트

감독 김현석 | 누군가를 마음에 두면서도 용기가 없어 진심을 말하지 못해 평생 짝사랑만 하는 사람들을 위해 그 사랑을 쥐도 새도 모르게 이어주는 연애코칭회사 '시라노 에이전시'의 이야기.

만추

감독 김태용 | **출연** 현빈, 탕웨이 | 모범수로 특별휴가를 나온 여자가 도주 중인 한 남자를 만나 벌이는 시한부 사랑을 그린 영화. 1966년 신성일 주연 작품의 리메이크작.

이끼

감독 강우석 | **출연** 박해일, 정재영, 유선 | 윤태호 원작 웹툰 〈이끼〉를 영화화한 작품. 아버지의 죽음으로 인해 폐쇄적인 농촌 마을에 들어오게 된 낯선 청년과, 시간이 지날수록 밝혀지는 마을 사람들의 비밀을 그린 영화.

구르믈 버서난 달처럼

감독 이준익 | **출연** 황정민, 차승원, 한지혜 | 박흥용의 동명 만화를 영화화한 작품. 세상을 뒤집고 싶은 왕족 출신의 서자와 그 인간을 꺾고 싶은 기생의 자식, 그리고 이런 인간들의 이상을 믿지 않는 맹인 검객의 이야기.

달빛 길어올리기

감독 임권택 | **출연** 강수연, 박중훈 | 전주를 배경으로 명품 한지를 복원하기 위해 혼신의 힘을 다하는 사람들의 이야기. 임권택 감독의 101번째 영화이자 첫번째 디지털 영화.

MBC 컬처 리포트

2010 트렌드 웨이브

© MBC 2009

1판1쇄	2009년 12월 18일
1판5쇄	2010년 8월 23일

지은이	MBC
사진	토픽포토에이전시, 연합뉴스, MBC, 김종현, 이예슬 외

펴낸이	김정순
책임편집	김경태 박상경
디자인	김리영 모희정
마케팅	정상희 한승일 임정진

펴낸곳	(주)북하우스 퍼블리셔스
출판등록	1997년 9월 23일 제406-2003-055호
주소	121-840 서울시 마포구 서교동 395-4 선진빌딩 6층
전자우편	editor@bookhouse.co.kr
홈페이지	www.bookhouse.co.kr
전화번호	02-3144-3123
팩스	02-3144-3121

ISBN   978-89-5605-426-1 03320

이 도서의 국립중앙도서관 출판도서목록(CIP)은 e-CIP 홈페이지(http://www.nl.go.kr/cip.php)에서 이용하실 수 있습니다. (CIP제어번호 : CIP2009003980)

＊본문에 포함된 사진 및 통계, 기사, 인용문 등은 가능한 한 저작권과 출처 확인 과정을 거쳤습니다. 그 외 저작권에 관한 문의사항은 북하우스 편집부로 해주시기 바랍니다.